高职高专商检技术专业规划教材
建设委员会
（按姓名汉语拼音排列）

主　任	李斯杰				
副主任	丛建国	戴延寿	韩志刚	郎红旗	杨振秀
委　员	丛建国	戴延寿	丁敬敏	傅高升	郭　永
	韩志刚	蒋锦标	孔宪思	赖国新	郎红旗
	李斯杰	李小华	林流动	刘庆文	吕海金
	穆华荣	荣联清	王建梅	魏怀生	吴云辉
	熊　维	薛立军	杨登想	杨振秀	杨芝萍
	尹庆民	余奇飞	张　荣	张晓东	

高职高专商检技术专业规划教材
编审委员会
（按姓名汉语拼音排列）

主　任	韩志刚	杨振秀			
副主任	丁敬敏	刘庆文	荣联清	荣瑞芬	魏怀生　杨芝萍
委　员	曹国庆	陈少东	陈　微	丁敬敏	傅　凯
	高剑平	高　申	韩志刚	黄德聪	黄艳杰
	姜招峰	赖国新	黎　铭	李京东	刘冬莲
	刘丽红	刘庆文	牛天贵	荣联清	荣瑞芬
	孙玉泉	王建梅	王丽红	王一凡	魏怀生
	吴京平	谢建华	徐景峰	杨学敏	杨振秀
	杨芝萍	叶　磊	余奇飞	曾　咪	张彩华
	张　辉	张良军	张玉廷	赵　武	钟　彤

高职高专商检技术专业规划教材
建设单位
（按汉语拼音排列）

北京联合大学师范学院
常州工程职业技术学院
成都市工业学校
重庆化工职工大学
福建交通职业技术学院
广东科贸职业学院
广西工业职业技术学院
河南质量工程职业学院
湖北大学知行学院
黄河水利职业技术学院
江苏经贸职业技术学院
济宁职业技术学院
辽宁农业职业技术学院
柳州师范高等专科学校
湄洲湾职业技术学院
南京化工职业技术学院
萍乡高等专科学校
青岛职业技术学院
山东理工职业学院
唐山师范学院
天津渤海职业技术学院
潍坊教育学院
厦门海洋职业技术学院
扬州工业职业技术学院
漳州职业技术学院

高职高专"十三五"规划教材

商品学基础

第二版

傅 凯 李 宁 主 编
翟洁萍 刘 欣 副主编

化 学 工 业 出 版 社

·北京·

《商品学基础》(第二版)以商品使用价值为基础,以商品质量为中心,详细介绍了商品分类与编码、商品自然属性、商品质量与品种、商品标准化与质量认证、商品检验、商品包装、商品养护、商品与环境等商品学理论知识和实践性内容,以及副食品、纺织品、日用工业品等常见商品的结构、性能、质量要求等知识。全书共分十二章,在内容安排上以"必需、够用"为度,突出应用性,便于学习,体现了理论知识与实践能力的有机结合。

《商品学基础》(第二版)理论内容具有较强的实用性,实践内容具有较强的可操作性,既适合作为高职高专经济管理类专业的教材或参考用书,也适合作为成人教育和企事业单位从事经营管理工作的在职人员的培训用书。

图书在版编目(CIP)数据

商品学基础/傅凯,李宁主编. —2版. —北京:化学工业出版社,2018.5 (2022.1重印)
ISBN 978-7-122-31698-1

Ⅰ.①商… Ⅱ.①傅…②李… Ⅲ.①商品学-高等职业教育-教材 Ⅳ.①F76

中国版本图书馆CIP数据核字(2018)第045131号

责任编辑:蔡洪伟　　　　　　　　　　　　文字编辑:林　媛
责任校对:边　涛　　　　　　　　　　　　装帧设计:张　辉

出版发行:化学工业出版社(北京市东城区青年湖南街13号　邮政编码100011)
印　　装:三河市双峰印刷装订有限公司
787mm×1092mm　1/16　印张15¼　字数396千字　2022年1月北京第2版第3次印刷

购书咨询:010-64518888　　　　　售后服务:010-64518899
网　　址:http://www.cip.com.cn
凡购买本书,如有缺损质量问题,本社销售中心负责调换。

定　　价:39.80元　　　　　　　　　　　　　　　　　　版权所有　违者必究

前　言

"商品学"是高等职业技术教育经济贸易、市场营销、工商管理、物流管理等经济管理类专业基础课（或专业课）之一，学生学习本课程后，可以比较全面地了解和掌握商品品种、商品质量和质量管理、商品包装、商品储存和养护的基本知识，以及熟悉和掌握食品、纺织品、日用工业品、家用电器等几大类商品的主要结构、性能、质量要求等相关知识，为以后的专业学习和从事专业工作打下一定的基础。

商品学是一门综合性很强的学科，既涉及经济学、管理学、社会学等方面的知识，又涉及物理、机械、化学、生物、电子电工学等方面的有关知识，如商品的成分、结构、原理、机械性能等。在高职教育中，一般经济管理类专业的商品学理论教学学时数相对较少，且经济管理类专业所招收的大多是文科学生，他们理工科类知识基础相对薄弱。

根据以上特点，按照高职职业教育的人才培养要求，本书理论上以"必需、够用"为度，减少不必要的理论探讨和阐述，注重内容的科学性、先进性和实用性。本书在每一章均附有复习思考题，利用各种题型的相应练习加宽知识点的覆盖面，达到强化训练的目的，使学生扎实地掌握所学知识。同时在每一章均设计了案例分析或实践训练，以适应教学中对学生分析能力和实践能力培养的要求。

本书第一版自2010年出版后，受到了广大读者的厚爱，发行量已达到数万册。根据读者的提议、化学工业出版社的要求及有关专家的意见，编者在第一版的基础上对本书进行了修订，与上版相比较，本次修订重点更新了陈旧过时的教学案例和教学资料。

本书由山东理工职业学院傅凯、李宁担任主编，由济宁职业技术学院翟洁萍、山东理工职业学院刘欣担任副主编。具体编写分工如下：第一章、第五章、第十二章由翟洁萍编写，第二章、第三章、第六章、第七章由李宁编写，第四章、第八章由刘欣编写，第九章、第十章、第十一章由傅凯编写。全书由山东理工职业学院副教授陈国民主审。在本书编写过程中，得到了化学工业出版社的关心和支持，在此表示衷心的感谢。

由于编者学识所限，加之编写时间有限，书中难免有不当和错误之处，敬请读者不吝赐教和批评指正。

编者
2018年1月

第一版前言

商品学基础是我国高职高专经济管理类专业基础课或专业主干课之一。通过本课程的学习，学生可以初步掌握商品学的基础理论、基本知识和基本技能，为学好后续各门专业课以及从事具体经营管理工作奠定基础。

本书共分十二章。第一章商品学概述，主要阐述了商品的概念与构成、商品学的研究对象、研究内容与研究任务；第二章商品分类，主要阐述了商品分类的原则和方法、常用的商品分类标志、商品编码的方法以及条码的有关知识；第三章商品的成分、结构与性质，阐述了商品成分、结构和性质三者之间的关系，并着重对商品的各种性质进行了介绍；第四章商品质量与商品品种，阐述了质量与品种对于商品使用价值的重要意义，并主要介绍了商品质量的基本要求与影响商品质量的各种因素；第五章商品标准化，主要阐述了商品标准化的重要意义、我国商品标准的分类及常见的质量认证标志；第六章商品检验，主要阐述了商品检验的基本方法及在抽样检验中的具体要求和实施步骤；第七章商品包装，主要阐述了常用的包装材料和包装技术，并对包括商标在内的各种商品包装标志进行了介绍；第八章商品养护，主要阐述了在储运过程中维护商品质量的常用技术方法，并对仓库温湿度变化的基本规律和控制措施进行了介绍；第九章副食品商品知识，重点介绍了茶叶、酒、烟等商品的种类、成分与工艺、质量鉴别等知识；第十章纺织品商品知识，阐述了从纺织纤维到服装的形成过程，重点介绍了纺织纤维的主要品种及鉴别方法；第十一章日用工业品商品知识，主要阐述了玻璃制品、日化商品、塑料制品等商品的性质与特点、成分与工艺、品种鉴别等知识；第十二章商品与环境，阐述了商品与环境的关系，并对环境管理体系认证进行了系统的介绍。

本书由山东理工职业学院傅凯担任主编，由济宁职业技术学院翟洁萍、柳州师范高等专科学校邓小明担任副主编。具体编写分工如下：第一章、第五章、第十二章由翟洁萍编写；第二章、第六章由郭松林（萍乡高等专科学校）编写；第四章由牛序芹（山东理工职业学院）编写；第三章、第七章由邓小明编写；第八章、第九章、第十章、第十一章由傅凯编写。全书由傅凯总纂，由山东理工职业学院阮美菊主审。

由于编者学识所限，加之编写时间有限，书中难免有不当和错误之处，敬请读者不吝赐教和批评指正。

编者
2010 年 6 月

目 录

第一章 商品学概述 ·· 1
  第一节 商品概述 ·· 1
    一、商品的概念 ·· 1
    二、商品的构成 ·· 2
    三、商品的属性 ·· 2
  第二节 商品学的产生与发展 ·· 3
    一、商品学的产生 ··· 3
    二、商品学的发展 ··· 3
  第三节 商品学的研究对象、内容与任务 ·· 5
    一、商品学的研究对象 ··· 5
    二、商品学研究的基本内容 ·· 5
    三、商品学研究的任务 ··· 7
    四、商品学研究方法 ·· 7
  复习思考题 ·· 8
  案例分析 ·· 8

第二章 商品分类 ·· 10
  第一节 商品分类概述 ·· 10
    一、商品分类的概念 ·· 10
    二、商品分类的作用 ·· 11
  第二节 商品分类的原则和方法 ··· 12
    一、商品分类的基本原则 ··· 12
    二、商品分类的方法 ·· 12
    三、商品分类标志 ··· 14
  第三节 商品编码 ·· 15
    一、商品编码的基本原则 ··· 16
    二、商品编码方法 ··· 16
    三、中国商品分类代码 ··· 17
  第四节 商品条码 ·· 19
    一、商品条码概述 ··· 19
    二、商品条码的结构 ·· 21
  复习思考题 ·· 25
  实践训练 ·· 26

第三章 商品的成分、结构和性质 ··· 27
  第一节 商品的成分 ··· 27

一、食品的化学成分 …………………………………………………………… 27
　　二、纺织品的化学成分 ………………………………………………………… 31
　　三、日用工业品的化学成分 …………………………………………………… 32
　第二节　商品的结构 ……………………………………………………………… 34
　　一、固体商品的宏观结构 ……………………………………………………… 34
　　二、固体商品的微观结构 ……………………………………………………… 36
　　三、固体商品的内部结构 ……………………………………………………… 36
　第三节　商品的性质 ……………………………………………………………… 37
　　一、商品的化学性质 …………………………………………………………… 37
　　二、商品的物理性质 …………………………………………………………… 38
　　三、商品的机械性质 …………………………………………………………… 41
　　四、商品的生物学性质 ………………………………………………………… 43
　复习思考题 ………………………………………………………………………… 45
　实践训练 …………………………………………………………………………… 46

第四章　商品质量与商品品种 …………………………………………………… 47
　第一节　现代商品质量观 ………………………………………………………… 47
　　一、商品质量的概念 …………………………………………………………… 47
　　二、提高商品质量的意义 ……………………………………………………… 48
　第二节　商品质量的基本要求 …………………………………………………… 49
　　一、对食品质量的基本要求 …………………………………………………… 49
　　二、对纺织品质量的基本要求 ………………………………………………… 51
　　三、对日用工业品质量的基本要求 …………………………………………… 52
　　四、对家用电器质量的基本要求 ……………………………………………… 53
　　五、对商品的总质量要求 ……………………………………………………… 54
　第三节　影响商品质量的因素 …………………………………………………… 55
　　一、生产过程中影响商品质量的因素 ………………………………………… 55
　　二、流通过程中影响商品质量的因素 ………………………………………… 56
　　三、使用过程中影响商品质量的因素 ………………………………………… 57
　第四节　商品品种 ………………………………………………………………… 57
　　一、商品品种的概念 …………………………………………………………… 57
　　二、商品使用价值与商品品种和质量 ………………………………………… 58
　　三、商品品种分类 ……………………………………………………………… 59
　　四、商品品种策略 ……………………………………………………………… 59
　复习思考题 ………………………………………………………………………… 60
　案例分析 …………………………………………………………………………… 61

第五章　商品标准化 ……………………………………………………………… 63
　第一节　商品标准化概述 ………………………………………………………… 63
　　一、商品标准化 ………………………………………………………………… 63
　　二、商品标准的概念及作用 …………………………………………………… 66
　第二节　商品标准 ………………………………………………………………… 67
　　一、商品标准的分类 …………………………………………………………… 67
　　二、商品标准的分级 …………………………………………………………… 69

三、商品标准的基本内容 …………………………………………………… 73
　第三节　商品质量认证 …………………………………………………………… 74
　　一、商品质量认证的内容 …………………………………………………… 74
　　二、质量体系认证及其他体系认证 ………………………………………… 78
　　三、商品质量认证标志 ……………………………………………………… 80
　复习思考题 ………………………………………………………………………… 88
　案例分析 …………………………………………………………………………… 88

第六章　商品检验 …………………………………………………………………… 90
　第一节　商品检验概述 …………………………………………………………… 90
　　一、商品检验的概念 ………………………………………………………… 90
　　二、商品检验的作用 ………………………………………………………… 93
　　三、商品检验的种类 ………………………………………………………… 94
　　四、商品检验的程序 ………………………………………………………… 96
　第二节　商品的抽样与抽样检验 ………………………………………………… 97
　　一、抽样的概念 ……………………………………………………………… 97
　　二、随机抽样技术 …………………………………………………………… 98
　　三、抽样检验方法 …………………………………………………………… 100
　　四、抽样检验方案 …………………………………………………………… 100
　第三节　商品质量检验的方法 …………………………………………………… 102
　　一、感官检验法 ……………………………………………………………… 102
　　二、理化检验法 ……………………………………………………………… 104
　　三、试验性使用检验法 ……………………………………………………… 106
　第四节　商品分级 ………………………………………………………………… 106
　　一、商品分级的概念 ………………………………………………………… 106
　　二、商品分级方法 …………………………………………………………… 106
　复习思考题 ………………………………………………………………………… 107
　实践训练 …………………………………………………………………………… 108

第七章　商品的包装 ………………………………………………………………… 110
　第一节　商品包装概述 …………………………………………………………… 110
　　一、商品包装的概念 ………………………………………………………… 110
　　二、商品包装的基本功能 …………………………………………………… 111
　　三、商品包装的分类 ………………………………………………………… 111
　　四、商品包装的原则 ………………………………………………………… 112
　第二节　商品包装材料与包装技术 ……………………………………………… 113
　　一、包装材料的性能要求 …………………………………………………… 113
　　二、主要包装材料的特点与应用 …………………………………………… 114
　　三、商品包装技术 …………………………………………………………… 116
　第三节　商品包装标志 …………………………………………………………… 119
　　一、销售包装标志 …………………………………………………………… 119
　　二、运输包装标志 …………………………………………………………… 121
　第四节　商标 ……………………………………………………………………… 126
　　一、商标概述 ………………………………………………………………… 126

二、商标的分类 ··· 128
　　三、商标的注册 ··· 132
　复习思考题 ··· 133
　案例分析 ·· 134
　实践训练 ·· 135

第八章　商品养护 ·· 136
　第一节　商品的质量变化 ··· 136
　　一、商品质量变化的类型 ·· 136
　　二、影响商品质量变化的因素 ··· 140
　　三、商品的质量管理 ·· 141
　第二节　保护储运商品质量的技术方法 ····································· 143
　　一、防霉腐方法 ··· 143
　　二、防治害虫的方法 ·· 145
　　三、防鼠与灭鼠的方法 ··· 146
　　四、防腐蚀方法 ··· 147
　　五、防老化方法 ··· 147
　第三节　商品储存环境的控制和调节 ··· 148
　　一、温、湿度的基本知识 ·· 148
　　二、仓库温、湿度的控制与调节 ·· 149
　复习思考题 ··· 153
　实践训练 ·· 154

第九章　副食品商品知识 ·· 155
　第一节　茶叶 ··· 155
　　一、茶叶的化学成分及对人体的作用 ··································· 155
　　二、茶叶的种类 ··· 156
　　三、茶叶的感官质量鉴别 ·· 158
　　四、茶叶的特性与保管 ··· 159
　第二节　酒类 ··· 160
　　一、酿酒的原理 ··· 160
　　二、酒的分类 ·· 160
　　三、白酒 ··· 161
　　四、啤酒 ··· 165
　　五、葡萄酒 ·· 167
　　六、黄酒 ··· 168
　　七、洋酒 ··· 169
　第三节　烟草制品 ··· 170
　　一、烟草的种类及分布 ··· 170
　　二、烟丝的化学成分 ·· 172
　　三、卷烟的真伪鉴别 ·· 173
　复习思考题 ··· 174
　实践训练 ·· 175

第十章　纺织品商品知识 ·· 177

第一节　纺织纤维 …………………………………………………………………… 177
　　　　一、天然纤维 ………………………………………………………………… 177
　　　　二、化学纤维 ………………………………………………………………… 180
　　　　三、纺织纤维的鉴别 ………………………………………………………… 183
　　第二节　纱线 ………………………………………………………………………… 183
　　　　一、纱线的形成 ……………………………………………………………… 183
　　　　二、纱线细度的表示方法 …………………………………………………… 184
　　　　三、纱线的质量 ……………………………………………………………… 185
　　第三节　纺织品 ……………………………………………………………………… 186
　　　　一、纺织品的形成 …………………………………………………………… 186
　　　　二、纺织品的质量 …………………………………………………………… 187
　　第四节　服装 ………………………………………………………………………… 190
　　　　一、服装的概念 ……………………………………………………………… 190
　　　　二、中国服装的历史 ………………………………………………………… 190
　　　　三、服装的功能 ……………………………………………………………… 191
　　　　四、服装的分类 ……………………………………………………………… 191
　　　　五、服装设计 ………………………………………………………………… 192
　　　　六、服装穿着常识 …………………………………………………………… 194
　　复习思考题 …………………………………………………………………………… 195
　　实践训练 ……………………………………………………………………………… 196

第十一章　日用工业品商品知识 …………………………………………………………… 197
　　第一节　玻璃制品 …………………………………………………………………… 197
　　　　一、玻璃的化学成分 ………………………………………………………… 197
　　　　二、玻璃的性质 ……………………………………………………………… 198
　　　　三、玻璃的原料与生产工艺 ………………………………………………… 199
　　　　四、玻璃的品种 ……………………………………………………………… 200
　　第二节　日用化工商品 ……………………………………………………………… 201
　　　　一、肥皂 ……………………………………………………………………… 202
　　　　二、洗衣粉 …………………………………………………………………… 204
　　　　三、牙膏 ……………………………………………………………………… 206
　　　　四、化妆品 …………………………………………………………………… 208
　　第三节　塑料 ………………………………………………………………………… 212
　　　　一、塑料的分类 ……………………………………………………………… 212
　　　　二、塑料的原料与加工方法 ………………………………………………… 213
　　　　三、塑料的主要品种 ………………………………………………………… 214
　　　　四、常用塑料制品的鉴别 …………………………………………………… 216
　　复习思考题 …………………………………………………………………………… 218
　　实践训练 ……………………………………………………………………………… 219

第十二章　商品与环境 ……………………………………………………………………… 221
　　第一节　商品对环境的污染及防治 ………………………………………………… 221
　　　　一、环境和环境污染 ………………………………………………………… 221
　　　　二、商品与环境的关系 ……………………………………………………… 222

三、商品对环境污染的防治措施……………………………………………………… 223
　第二节　环境管理体系认证………………………………………………………… 224
　　一、环境管理体系认证的概念……………………………………………………… 224
　　二、ISO 14000 环境管理体系……………………………………………………… 224
　　三、环境管理体系认证的作用……………………………………………………… 225
　第三节　商品生命周期环境管理…………………………………………………… 226
　　一、生命周期环境管理……………………………………………………………… 226
　　二、环境标志………………………………………………………………………… 226
　　三、生命周期评价…………………………………………………………………… 227
　复习思考题…………………………………………………………………………… 228
　案例分析……………………………………………………………………………… 229
参考文献 …………………………………………………………………………… 230

第一章 商品学概述

【学习目标】
① 了解商品不同于一般物品、产品的特征。
② 掌握商品的概念及构成。
③ 熟悉商品学的研究对象和研究内容，明确商品学的研究任务。

商品学与社会生产和人们的物质生活息息相关，学好商品学知识，对于发展经济贸易、开发消费市场、评价商品质量、维护国家和消费者利益及促进企业现代化管理等具有重要的现实意义。正确理解商品的概念、构成和商品学的研究内容、任务及发展概况，对学好商品学具有重要的意义。

第一节 商品概述

一、商品的概念

随着科学技术的快速发展，社会的不断进步，消费者需求特征的日趋个性化，市场竞争程度的加深加广，商品的内涵和外延也在不断扩大。

（一）商品的产生

在社会分工之前，人类劳动分工简单、效率低下，产品的生产只是用来满足生产者自己的需要。随着人类劳动技能和劳动工具的发展，产品在满足自身需要的基础上出现了剩余，于是，人们把剩余的劳动产品与其他人剩余的劳动产品进行交换，商品由此而产生。商品的大量产生与交换，是以社会分工和所有权不同为前提条件的。因为社会分工，才提出了进行交换的要求，也才有了进行交换的可能；因为生产资料和劳动产品属于不同的所有者，才发生了交换行为，由此，人类社会进入了商品经济时代。

（二）商品的概念

> **小问题**
>
> 我们在日常生活中会接触到很多物品，商场以及超市货架上琳琅满目的货物让我们应接不暇。但大家有没有仔细思考过，我们周围所接触到的下列物品是不是商品？为什么？
> ①空气；②河流里的水；③劣质电器；④自用的农产品；⑤库存积压产品；⑥服务。

商品是特殊的劳动产品，它具有以下4个特征。

1. 商品必须是劳动产品

未经劳动加工的天然物不能称之为商品，比如空气、河流里的水，它们不属于劳动产品，因此不能称之为商品。

2. 商品要能够满足人们的某种需要

也就是说商品要具有使用价值，不能满足人们消费需要的，甚至危害人体健康和财产安全的产品不能称之为商品。比如劣质电器和假药，它们虽然是劳动产品，但是不能够满足人们的消费需要，所以不能叫商品。

3. 商品是供别人消费的

供自己消费的劳动产品不是商品,比如农民留下自用的那部分农副产品,就不能算作商品。

4. 商品必须要通过交换

使用价值是通过交换体现出来的,商品对于其生产者来说没有直接的使用价值,只有通过交换到达别人手中才能实现其使用价值。所以,库存积压卖不出去的产品,也不能称之为商品。

由以上4个特点,可以得出商品的概念。商品就是为了交换而生产的能够满足人们消费需要的劳动产品。

商品包括有形商品和无形商品两类。有形商品,也就是传统的商品,是指物质形态的劳动产品;无形商品,如服务行业提供的服务、科技工作者的科技成果、各种有偿信息,是非物质形态的劳动产品。

二、商品的构成

消费者购买商品,本质上是购买一种需要,这种需要不仅体现在商品消费时,而且还表现在商品购买和消费全过程中。因此,完整的商品是由核心部分、有形部分和无形部分三部分组成,如表1-1所示。

表1-1 商品的整体构成

核心部分	有形部分	无形部分
商品功能 购买者追求的利益	质量 品种 外观 标志 包装 商标 成分 结构	售后服务 质量保证 安装调试 广告宣传 提供信贷 免费送货 奖励 信息咨询

1. 核心部分

核心部分是指消费者购买某种商品时所追求的利益,是顾客真正要买的东西,因而在商品整体构成中也是最基本、最主要的部分。消费者购买某种商品,并不是为了占有或获得商品本身,而是为了获得能满足某种需要的效用或利益。

2. 有形部分

有形部分是核心部分借以实现的形式,即向市场提供的实体和服务的形象。如果有形部分是实体品,则它在市场上通常表现为商品质量水平、外观特色、式样、品牌名称和包装等。商品的基本效用必须通过某些具体的形式才能得以体现。

3. 无形部分

无形部分是顾客购买有形产品时所获得的全部附加服务和利益,包括提供信贷、免费送货、质量保证、安装、售后服务等。美国学者西奥多·莱维特曾经指出:"新的竞争不是发生在各个公司的工厂生产什么产品,而是发生在其产品能提供何种附加利益(如包装、服务、广告、顾客咨询、融资、送货、仓储及具有其他价值的形式)",因此善于开发和利用商品的无形部分,对于消费者和生产经营企业来说都具有重要意义。

三、商品的属性

商品的属性是多方面的,可概括划分为自然属性和社会属性。商品的自然属性包括商品的成分、结构、形态和化学性质、物理性质（力学、电学、热学、光学、声学等性质）、生物学性质等。商品的社会属性包括商品的经济属性、文化属性（民族、宗教、审美、道德等）、政治属性和其他社会属性。正是由于商品不同属性的组合，才使商品能够满足人们不同的消费需要。

一般来说，在形成商品的使用价值或有用性时，起直接和主导作用的是商品的自然属性，它是商品社会属性存在的前提和基础。

第二节　商品学的产生与发展

一、商品学的产生

商品学是基于商品的生产和发展的需要而产生的，是随着商品经济的发展和商人经商的迫切需要而逐渐形成的一门独立学科。

随着人类社会的不断进步，生产力逐步发展，科学文化水平逐步提高，商品经济和商业贸易也随之繁荣起来。特别是进入资本主义时期，生产力发展较快，高效率的机器大工业生产导致了大量剩余产品的出现，商品竞争也就日益激烈。与此同时，人们在长期的实践活动中，不断地丰富着自己的商品知识。加之其他各门科学的进一步发展，为商品学的产生奠定了坚实的理论基础，在实践的基础上，再经过许多理论工作者的总结和提高，逐步形成了这样一门具有独立科学体系的学科——商品学。可以说商品学的产生离不开商业实践活动，它是商业实践活动的产物，同时它又随着商品社会的发展而不断地完善和充实。

> **小知识**
>
> 　　1976年8月6日，国际商品学会在奥地利的萨尔茨堡成立，以德文缩写IGWT为会徽标志，会刊为《商品论坛——科学与实践》，活动中心设在维也纳经济大学。国际商品学会成立以前，国际上的商品学术活动分为两部分：前苏联、东欧各国等实行计划经济国家为一部分；日本、西欧各国等实行市场经济国家为另一部分。国际商品学会的成立，实现了国际商品学学术交流活动一体化，对商品学的学科建设和发展起到了重要的推动作用。国际商品学会自1978年以来已经在世界范围内举办了16届国际商品学学术研讨会，其中第十届和第十四届国际商品学学术研讨会分别于1995年8月和2004年8月在中国的北京举行，会议主题分别为：市场经济下现代商品学的发展和聚焦新世纪——商品、贸易、环境。

二、商品学的发展

商品学的发展在不同历史时期以及不同的国家有着不同的发展阶段。因为不同的历史时期，生产力和科学文化水平不一样，不同的国家存在不同的政治制度和经济体制，这些都直接或间接地影响着商品学的发展。

1.国外商品学的发展

国外商品学的发展相对于我国商品学来说比较早也比较快，商品学在16世纪的欧洲开始萌芽。16世纪中叶，随着欧洲工业的发展和新技术的应用，社会化大生产和生产关系的变革极大地促进了商品经济的发展。为了进口原料和出口工业制成品，商人们急需系统地了解有关商品的知识，在这个背景下，对于商业的研究不断向商品研究方向拓展。这个时期的著作有意大利药剂师普那裴特的《生药学》、法国人沙瓦利的《完美商人》等。

1780年，德国经济学教授、自然历史学家约翰·贝克曼在哥廷根大学创建了经济学与商业科学教研室，首先开设商品学课程，并出版了《商品学导论》一书。该书分为两册，第一册主要是商品生产技术方法、工艺学等方面的知识，第二册主要叙述商品的产地、性能用途、质量规格、分类、包装、保管、主要市场等。贝克曼的理论明确了商品学研究的范围，建立了商品学的学科体系，受到了社会科学界的广泛欢迎，他在西方被称为商品学创始人，他所创立的商品学体系被誉为"贝克曼商品学"。随后商品学相继传入意大利、德国、日本、中国以及西欧和东欧的一些国家，使商品学得到迅速发展。1810年，俄国莫斯科商学院将商品学列为必修课；1884年，日本东京商学院也正式开设了商品学课程。

第二次世界大战之后，商品学产生了两个研究方向：一个是把经济观点和方法引进到商品学研究中，研究商品的经营质量以及商品与人、商品与环境的关系的经济论商品学；另一个是从自然科学和技术科学角度研究商品的使用价值的技术论商品学。从20世纪80年代起，商品学步入了经济型和技术型相互融合的时代，即现代商品学时代。现代商品学是一门包括自然科学和社会科学在内的、多学科交叉的技术经济应用学科。

2. 我国商品学的发展

我国商品学的研究开始得很早，但没有形成体系。据有关史料记载，东晋戴凯的《竹谱》、唐代陆羽的《茶经》、北宋蔡襄的《荔枝谱》以及明代李时珍的《本草纲目》等书籍，都对有关的商品知识作了介绍。尤其是陆羽的《茶经》，总结概括了茶叶的质量、审评、饮用方法和保管等知识，这是我国第一部关于茶叶商品学著作，它比欧洲人奉为商品学之祖的《生药学》要早700多年。

清朝末期，开始有人主张设立商学来研究商品交易之道。在废除科举制度之后，我国学校式商品教育开始，在当时商品学被列为商业学堂课程的必修课，由此可见，我国商业学校教育的初期，就已把商品学作为培养商业人才的一门必修课程。自此，我国的商品学教育伴随着商业教育逐步普及和发展。

新中国成立后，我国国民经济得以恢复和发展，从1950年开始在高等财经院校设立对外贸易、贸易经济和合作经济等专业，并开设了商品学教程。20世纪60年代初，我国有关商品学的专业书籍相继出版，特别是1961年9月在哈尔滨召开了全国首届商品学学术讨论会，这在我国商品学发展史上是一个重要的里程碑。中国商品学会于1994年4月正式成立，并加入国际商品学会，把我国商品学的学科建设和教学与科研推向了一个新的高度。中国商品学会的主要任务是：积极开展商品科学研究，促进我国商品科学的发展，开展国内外学术交流活动，推动商品学教育工作，开展相关的培训普及活动；面向经济建设，开展商品学应用研究，进行商品指导与咨询、商品质量诊断分析，指导新产品开发等工作；参与商品质量监督管理与认证等。

小知识：《茶经》介绍

陆羽，名疾，字鸿渐、季疵，号桑苎翁、竟陵子，唐代复州竟陵人（今湖北天门）。幼年托身佛寺，好学用功，学识渊博，诗文亦佳，且为人清高，淡泊功名。公元760年为避安史之乱，陆羽隐居浙江苕溪（今浙江湖州）。其间在其亲自调查和实践的基础上，认真总结、悉心研究了前人和当时茶叶的生产经验，完成创始之作《茶经》。因此被尊为茶神和茶仙。《茶经》分三卷十节，约7000字。

上卷3节：

一之源，讲茶的起源、形状、功用、名称、品质；

二之具，谈采茶制茶的用具，如采茶篮、蒸茶灶、焙茶棚等；

> 三之造，论述茶的种类和采制方法。
> 中卷1节：
> 四之器，叙述煮茶、饮茶的器皿，即24种饮茶用具，如风炉、茶釜、纸囊、木碾、茶碗等。
> 下卷6节：
> 五之煮，讲烹茶的方法和各地水质的品第；
> 六之饮，讲饮茶的风俗，即陈述唐代以前的饮茶历史；
> 七之事，叙述古今有关茶的故事、产地和药效等；
> 八之出，将唐代全国茶区的分布归纳为山南（荆州之南）、浙南、浙西、剑南、浙东、黔中、江西、岭南八区，并谈各地所产茶叶的优劣；
> 九之略，分析采茶、制茶用具可依当时环境，省略某些用具；
> 十之图，教人用绢素写茶经，陈诸座隅，目击而存。
> 《茶经》系统地总结了当时的茶叶采制和饮用经验，全面论述了有关茶叶起源、生产、饮用等各方面的内容，传播了茶叶科学知识，促进了茶叶生产的发展，开中国茶道的先河。《茶经》是中国古代最完备的茶书，除茶法外，凡与茶有关的各种内容，都有叙述。以后茶书皆本于此。

第三节 商品学的研究对象、内容与任务

一、商品学的研究对象

商品学是研究商品使用价值及其变化规律的应用学科，即商品学研究的对象是商品的使用价值。

一切商品都具有价值和使用价值。商品的价值是指凝结在商品中的一般人类劳动，它是由政治经济学研究的。而商品的使用价值是指商品对其消费者的有用性或效用，它为商品学这门学科提供材料。人们购买和消费某种商品，并不是为了获得商品本身的物质形态，而是为了得到它的功能和效用。使用价值是一切商品都具有的属性，任何物品要想成为商品都必须具有可供人类使用的价值；反之，毫无使用价值的物品是不会成为商品的。

商品的使用价值是由商品体本身的属性所形成的。马克思指出"物的有用性使物成为使用价值。但这种有用性不是悬在空中的。它决定于商品体的属性，离开了商品体就不存在。"商品的属性构成了使用价值的物质基础。研究商品的使用价值就必须从商品有用性的相关属性着手，来研究有关的理论和技术。

二、商品学研究的基本内容

商品学的研究对象决定了商品学的研究内容。商品学是研究商品使用价值的一门科学。商品质量和商品品种是商品使用价值的基础，因此商品学是围绕商品质量和商品品种这两个中心内容来进行研究的。整体来说，商品学研究的一般内容有商品的成分、结构、性质、生产工艺、工作原理、功能用途、分类品种、质量要求、检验评价、使用维护等。另外，商品学研究内容还包括商品与人、商品与时代、商品与环境的关系等。

如图1-1所示，本书研究商品学的内容主要如下。

（一）商品分类与编码

商品分类与编码主要研究分类与编码的原则、方法及应用，国际和国内商品分类与编码体

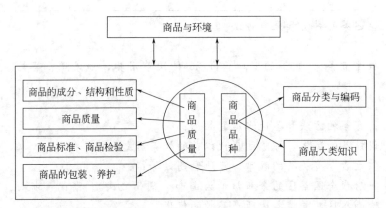

图 1-1　商品学的研究内容

系的比较，商品条码技术等知识。商品种类繁多，性质各异，用途复杂，在贸易中的地位有主有次，因此必须采用科学的商品分类，以便分工负责，分类经营管理。同时为便于研究商品的使用价值，有助于从整体上更好地把握所研究和管理的商品集合体，也需对商品进行分类。

（二）商品大类知识

商品大类知识主要是研究一些常见的生活用商品的分类、特点、鉴别方法以及保管方式，如茶叶、酒、卷烟、纺织品、玻璃制品、日化商品、塑料制品等。

（三）商品的成分、结构和性质

商品的成分、结构和性质都是商品的自然属性，商品的成分和结构决定了商品的性质，商品的性质又决定了商品的使用价值，因此需要研究商品的成分、结构和性质。内容主要包括商品的主要成分、结构、形态、物理性质、化学性质、机械性质和生物学性质。

（四）商品质量

商品质量是商品学研究的中心内容，是企业和消费者关注的热点，也是商品进入市场流通的通行证。提高和保证商品质量是满足人们生活水平日益提高的需要，也是增强我国国家实力的需要。研究商品质量的内容主要有商品质量的概念及商品质量的构成，商品质量的基本要求，生产、流通和消费过程对商品质量的影响。

（五）商品标准和商品检验

商品标准是评价商品质量好坏的技术依据，采用国际标准和国外先进标准，对促进技术进步，提高产品质量，与国际惯例接轨具有重要的意义。商品检验的目的是确定商品的质量，是对商品质量进行控制和管理的一种有效手段。建立快速、准确、实用的商品检验方法，对防止不合格商品和假冒伪劣商品进入流通领域，确保商品的质量，保护消费者的利益有着重要的作用。研究商品标准和商品检验的内容主要有商品标准的概念、分类，商品标准的分级，商品标准化；商品检验的概念、种类和作用，商品检验中的抽样，商品检验的常用方法。

（六）商品的包装、养护

商品的包装和养护都是保护商品的一种手段。商品包装是商品生产的重要组成部分，绝大多数商品只有经过包装，才算完成生产过程，才能进入流通领域和消费领域。商品的储存养护是商品流通过程中一个必不可少的环节，是降低商品损耗、维护商品质量的重要措施，是保证商品使用价值实现的主要手段之一。商品包装的主要研究内容有包装概念、功能，包装材料、包装技法和包装标志；商品养护的内容主要有商品储运期间的质量变化，影响商品质量变化的主要因素及控制，商品养护的技术和方法。

（七）商品与环境

随着商品生产和消费规模的扩大，自然资源危机和环境污染的问题越来越引起人们的关注。是否能合理利用资源，减少和消除商品生产和消耗对环境的污染，成为了评价商品质量和发展商品品种的重要标准之一。主要研究内容包括商品对环境的污染和防治、环境管理体系认证、商品生命周期的环境管理。

三、商品学研究的任务

商品学研究的根本任务就是站在商品流通的角度，以提高商品质量为中心，为社会提供令消费者满意的、质量合格的商品，促进工农业生产乃至整个国民经济的健康发展。具体任务如下。

1. 指导商品使用价值的形成

通过对商品各种属性、商品资源研究，不仅可以促进对商品个体使用价值内容的掌握，同时也可以促进对商品群体使用价值的了解，为有关部门进行商品结构调整、制定商品标准及政策法规提供决策的依据；为企业提供有效的商品需求信息，指导商品质量改进和新产品的开发。

2. 评价商品使用价值的优劣

通过商品检验与鉴定、技术监督与管理、品质分析与评价，杜绝假冒伪劣商品进入流通领域，保证商品符合规定的标准与协议，创造公平、平等的市场竞争机会，奖优罚劣，繁荣社会主义市场经济。

3. 促进商品使用价值的实现

通过合理的储藏与运输，充分发挥生产与消费联系的纽带与桥梁作用。一方面通过商品信息和广告等促销手段宣传商品、推销商品，另一方面通过大力普及商品知识和消费知识，使消费者认识商品、了解商品，促进商品市场交换的完成，实现商品使用价值的转移和让渡。

4. 维护商品使用价值的安全

由于商品在流通领域中的运转和停留，必然要受到各种外界因素的影响，从而发生质量变化。商品学要研究分析商品质量变化的原因，通过确定适宜的商品包装、运输、保管的条件和方法，防止商品质量发生不良变化而造成损失。

5. 监督商品使用价值的效用

通过全面阐述商品的有用性，分析商品的特征和特性，开展对商品使用方法和使用条件的研究，以便进一步研究提高商品质量的途径和扩大商品品种的可能性，为商品开发和升级换代进行理论研究和实践指导，并在消费者权益受到商品质量问题的侵害时维护消费者的利益。

四、商品学研究方法

1. 科学实验法

科学实验法是指在实验室内或一定试验场所，运用一定的实验仪器和设备，对商品的成分、构造、性能等进行理化鉴定的方法。这种方法具有良好的控制和观察条件，所得的结论正确可靠，是分析商品成分，鉴定商品质量，研制新产品的常用方法。但是这种方法需要一定的物质技术设备，投资较大。

2. 现场实验法

现场实验法是指通过一些商品学专家或有代表性的消费者群，凭人体感官的直觉，对商品的质量做出评价的研究方法。这种方法运用起来比较简便易行，但正确程度易受参加者的技术水平和人为因素的影响。适用于商品的质量评定，茶叶、酒类、某些新产品的试用等大多采用现场实验法。

3. 技术指标法

技术指标法是指在科学实验的基础上，对一系列同类商品，根据国内或国际生产力发展水平，确定质量技术指标，供生产者和消费者共同鉴定商品质量的方法。这种方法有利于促进商品质量的提高，但确定各类商品的质量指标是一项复杂而巨大的工程。

4. 社会调查法

商品的使用价值是一种社会性的使用价值，全面考察商品的使用价值需要进行各种社会调查，特别是在商品不断升级换代、新产品层出不穷的现代社会里，这方面的调查就显得更加重要，该方法具有双向沟通的作用，在实际调查中既可以将生产信息传递给消费者，又可以将消费者的意见和要求反馈给生产者。社会调查法主要有现场调查法、调查表法、直接面谈法、定点统计调查法。

5. 对比分析法

对比分析法是将不同时期、不同地区、不同国家的商品资料收集积累，加以比较，从而找出提高商品质量，增加花色品种，扩展商品功能的新途径。运用对比分析法，有利于经营部门正确识别商品和促进生产部门改进产品质量，实现商品的升级换代，更好地满足广大消费者的需要。

复习思考题

一、填空题

1. 商品学的研究对象是商品的_____。
2. 完整的商品包括_____、有形部分和_____三个部分。
3. 商品的属性是多方面的，可概括划分为_____属性和_____属性。
4. 唐代陆羽所著的_____，是我国第一部关于茶叶商品学著作。
5. 社会调查法主要有_____、_____、直接面谈法和_____。

二、单项选择题

1. 商品学的创始人是（　　）。
   A. 沙瓦利　　　　B. 约翰·贝克曼　　　　C. 陆羽　　　　D. 李时珍
2. 商品的使用价值就是商品的（　　）。
   A. 功能　　　　B. 价值　　　　C. 效用　　　　D. 结构
3. 下列物品当中属于商品的是（　　）。
   A. 库存积压商品　　　　B. 劣质电器　　　　C. 空气　　　　D. 自来水
4. 下列不属于商品的自然属性的是（　　）。
   A. 商品的成分　　　　B. 商品的结构　　　　C. 商品的性质　　　　D. 商品的价格
5. 凭人体感官的直觉，对商品的质量做出评价的研究方法属于（　　）。
   A. 科学实验法　　　　B. 现场实验法　　　　C. 技术指标法　　　　D. 社会调查法

三、问答题

1. 如何理解商品的概念？
2. 商品学的研究任务是什么？
3. 怎样才能学好商品学？
4. 简述商品强度的主要表现形式。

案 例 分 析

从"iPhone"这个词语出现的那一刻起，就注定了这款产品的与众不同以及其前期无法预估的影响力。2007年1月，苹果公司在Mac World大会上正式发布了第一款手机iPhone，自发布日起，这款手机得到了人们的追捧。仅仅过去四年多，苹果公司一举成为全球市值最高的科技公司。

iPhone手机已经在消费者心目中有了一个鲜明的印记，那就是：优越的性能、特造的外形和完美的设计，iPhone手机意味着特立独行，意味着"酷"的工业设计，意味着时尚。

2008年美国《商业周刊》评选上，苹果公司获得最具创新能力企业，并连续排名第一。"革命性"是乔布斯最喜欢的词之一，他极力夸赞苹果公司的每一个发明创造都是独一无二和有创造性的。10年来苹果公司的声名大震就因其是业界最具创新力的公司，苹果公司一直在推陈出新，不断涌现更多非常吸引用户眼球的产品。

北京时间2017年9月13日凌晨，苹果公司在Apple Park乔布斯剧院举行秋季发布会，发布新一代iPhone 8，这是一款纪念苹果公司进入手机市场十周年的重大升级手机。iPhone 8采用了全新的双面全玻璃设计，还让备受用户喜爱的相机变得倍加出色。iPhone 8搭载最新一代A11 Bionic仿生芯片，A11处理器运行速度比A10处理器快了25%，采用了6核处理器、64位架构，全新的GPU也要比前代处理速度快30%。苹果为iPhone 8配备了无线充电功能和蓝牙5.0，以后，在餐馆、商店、车里都能方便地给iPhone 8兼容充电。只要将兼容的iPhone、Apple Watch或AirPods随意放置在聪明的AirPower充电枕表面，充电枕就会开始为它们充电了。

"重要的不是你能实现什么，而是你怎么实现。"没有问消费者他们想要什么，而是去创造那些消费者需要但表达不出来的。iPhone制造商可以发现并有能力满足用户的隐性需求，不断地技术创新，力求达到更完美。这就是它的核心竞争力，就是它可以卖得比别人贵但还能卖得比别人火的关键。

思考题：
1. 从商品的整体构成出发，说明iPhone手机这种商品的核心部分、有形部分、无形部分。
2. 从商品使用价值出发，如何理解"重要的不是你能实现什么，而是你怎么实现"这句话？

第二章　商品分类

【学习目标】
① 了解商品分类的作用。
② 理解商品分类的原则和方法。
③ 掌握常用的商品分类标志。
④ 掌握商品编码原则及编码方法。
⑤ 掌握主要商品条形码的结构。

第一节　商品分类概述

在市场上流通的商品数以万计，只有对商品进行科学、系统的分类才能满足商品生产和流通的需求，方便消费者识别、选购和使用。

一、商品分类的概念

宇宙中的任何事物、现象、概念都是概括一定范围的集合总体，如建筑物、学校等，分类就是将集合总体按照一定的标志和特征，逐项划分为概括范围更小、特征更趋一致的局部集合体，直至划分成最小的单元的过程。

商品分类是对商品集合体的划分，它是指根据一定的目的或需要，选择适当的分类标志，科学地、系统地将商品逐级划分为门类、大类、中类、小类、品类或品目、品种，乃至规格、品级、花色等细目的过程。

商品门类是按国民经济行业共性对商品总的门别分类。商品门类是根据商品生产和流通领域的行业来划分的，如食品、纺织品、日用工业品等。

商品大类一般根据商品生产和流通领域的行业来划分，既要同生产行业对口，又要与流通组织相适应。例如，五金类、百货类、纺织品类、食品类、日用工业品类等。

商品中类是若干具有共同性质或特征的商品总称。例如，塑料制品、针棉织品等。

商品小类是根据商品的某些特点和性质进一步划分的，例如，针棉织品又可分为针织内衣类、针织外衣类等。

商品品类或品目是具有若干共同性质或特征的商品的总称，它包括若干商品品种。如绿茶包括烘青绿茶、炒青绿茶等。

商品种类是指商品具体的名称，如电视机、牛奶等。

商品品种是按商品的性能、成分等方面的特征来划分的具体商品的名称。如全脂饮用牛奶、茉莉香型香皂等。

商品细目是对商品品种的详尽描述，包括商品的规格、花式、质量等级等，它更能具体反映商品的特征。

商品分类应用，如表2-1所示。

表 2-1　商品分类应用实例

商品类目名称	应用实例	
商品门类	消费品	消费品
商品大类	食品	日用工业品
商品中类	食粮	日化商品
商品小类	乳和乳制品	洗涤用品
商品品类	奶粉	肥皂
商品种类	全脂奶粉	香皂
商品品种	婴儿全脂牛奶	茉莉香型香皂
质量等级	特级	

二、商品分类的作用

商品分类是商品学研究的基础，也是国民经济管理现代化的先决条件。随着科学技术的进步和市场经济的不断发展，商品种类日趋增多，商品分类的作用也越来越大。

1.商品的科学分类为政府各部门、行业和企业实施各项管理活动以及实现信息化管理奠定了科学基础

商品的种类繁多、特征多样、价值不等、用途各异，只有将商品进行科学的分类，从生产到流通领域的计划、统计、核算、税收、物价、采购、运输、养护、销售等各项管理工作才能顺利进行，统计数据才具有实用价值。国民经济各部门和各企业必须在商品科学分类的基础上编制各自的商品目录，以保证商品目录的科学性，为开展各项经济管理活动创造先决条件，同时也对商品分类和编码提出了更高的要求。目前，在许多国家的内贸和国际贸易中，都得用计算机和商品信息系统查询商品的性能、生产国别、厂商、价格、资源量、存放地点、贸易资料等商品信息，以实现商品信息流和物流管理的现代化；在超级市场，对商品进行自动计价结算和盘结。这些都是依靠科学的商品分类、编码来实现的。因此，商品的科学分类为实现经济现代化和实施各项管理活动以及信息化管理奠定了基础。

2.商品的科学分类有利于商品标准化的实施和商品质量标准的制定

通过科学的商品分类，可使商品的名称、类别统一化、标准化，从而可避免同一商品在生产和流通领域的不同部门由于商品名称不统一而造成的困难，便于安排生产和流通，并可加强国内产、供、销平衡，有利于发展国际贸易，提高经济管理水平和经济效益。制定各种商品标准时，必须明确商品的分类方法、商品的质量指标和对各类商品的具体要求等。所有这些都应建立在商品科学分类的基础上。

3.商品的科学分类便于商品经营管理和顾客选购、消费商品

在经营管理和销售环节中，经营者可按商品分类和商品目录的要求，设立商品部、柜组，有秩序地安排好市场供应，从而便于消费者和用户选购。

4.商品的科学分类有利于开展商品研究和教学工作

在教学中，按教学需要对商品进行科学分类，可以使知识系统化、专业化，便于理解和掌握，有利于开展商品的质量分析与评价、商品检验、商品包装与储运养护等专题教学和研究。

5.商品的科学分类有利于开展商品检验工作

由于商品品种繁多、特征及性能各异，只有通过对商品的科学分类，将研究对象从个别商品特征归结综合为某类商品的类别特征，才能深入分析和了解商品的性质和使用性能，全面分析和评价商品质量以及研究商品质量变化规律，从而有助于商品质量的改进和提高，有利于开展商品检验。通过商品的科学分类，还有利于对商品品种和品种结构进行研究，从而为商品品种发展和商品新品种开发提出科学的依据。

第二节　商品分类的原则和方法

一、商品分类的基本原则

商品分类的原则是建立科学商品分类体系的重要依据。为了使商品分类能满足特定的目的和需要，在商品分类时必须遵循以下基本原则。

1. 必须明确分类的商品集合体所包括的范围

不同国家、不同历史阶段，商品所包括的范围并不完全相同，各行业、各部门所管理的商品范围也不相同，因此商品分类的对象也不尽相同。商品分类时，首先要明确拟分类的商品集合体所包括的范围，商品分类结果才有实用价值。

2. 必须提出明确的商品分类目的

由于各部门对商品进行分类的目的、要求不同，因此商品分类体系也是多种多样的。例如国家标准商品分类、商品贸易分类、海关税收和统计商品分类、危险货物分类、商品的教学分类等。每一种商品分类体系只有根据一定的分类目的来制订，才会科学、实用。因此，对商品进行分类时必须提出明确的分类目的。

3. 必须选择恰当的标志

在商品分类前，选择合理的分类标志至关重要。商品具有多种本质的和非本质的属性特征，如商品的原材料、加工方法、主要成分、用途、尺寸、重量、体积、式样、颜色等属性特征是本质的、稳定不变的，而商品所属的企业、上级主管部门若作为分类特征，则是非本质的、可能发生变化的。因此，要保证商品分类的唯一性和稳定性，必须选择商品稳定的本质属性特征作为分类标志，这样才能明显地把分类对象区分开，保证分类清晰和体系稳定。

二、商品分类的方法

通常商品分类时采用的方法有线分类法和面分类法两种。在建立商品分类体系或编制商品分类目录中，常常结合采用这两种分类方法。

（一）线分类法

1. 线分类法概念

线分类法又称层级分类法或垂直分类法，是将确定的商品集合总体按照一定的分类标志，逐次地分成相应的若干个层级类目，并排列成一个有层次的、逐级展开的分类体系，一般按大类、中类、小类、细类等一层一层地具体进行划分，在每个分类体系里每个层级只能选择一个分类标志，各层级选用的分类标志可以不同，各个类目之间构成并列或隶属关系，同一层级各类目之间构成并列关系，彼此称为同位类，上下层级之间构成隶属关系，相对互为上、下位类。

线分类法属传统的分类方法，使用范围广泛，在国际贸易和我国商品流通领域中，许多商品分类均采用线分类法，如表 2-2 所示。

2. 线分类法的特点

线分类法信息容量大，层次清楚，能较好地反映类目之间的逻辑关系，既适合手工处理，又便于计算机处理，是商品分类中经常使用的方法。但线分类法结构弹性差，目录形成后，没有更多的后备位置可供新的分类集合插入。

3. 采用线分类法的基本要求

① 在线分类法中，由某上一位类目划分的下位类类目的总范围应与上位类类目范围相同（如实例中都属于家具）。

表 2-2　家具线分类法

分类层次	类目名称	关　　系
大类	家具	中类的上位类（上一层级类目）
中类	木制家具 金属家具 塑料家具 竹藤家具	大类的下位类（下一层级类目） 同位类（同一层级类目） 小类的上位类
小类	椅 凳 桌 箱 架 橱	中类的下位类 同位类

② 当一个上位类类目划分成若干个下位类类目时，应选择一个划分标志（如实例中选择制作原料）。

③ 同位类类目不交叉、不重复，并只对应一个上位类（如实例中木椅、木凳、木桌、木箱、木架等只对应木制家具）。

④ 分类要依次进行，不应有空层或加层。

（二）面分类法

1. 面分类法概念

面分类法也称平行分类法，把分类的商品集合总体按不同的分类标志划分成相互之间没有隶属关系的各个分类集合（面），每个分类集合中都包含一组类目，将某个分类集合中的一种类目与另一分类集合中的一个类目组配在一起，形成一个新的复合类目。

例如，服装的分类就是按照面分类法组配的。把服装的面料、式样、款式作为三个互相之间没有隶属关系的"面"，每个"面"又分成若干个独立的类目，使用时将有关类目组配起来，便成为一个复合类目，如全棉男式衬衫、丝绸女式连衣裙、全棉女式套装等，如表 2-3 所示。

表 2-3　服装面分类法

第一面	第二面	第三面
面料	式样	款式
纯棉	男式	西服
纯毛	女式	衬衫
化纤		套装
混纺		休闲服

2. 面分类法的特点

面分类法灵活方便、结构弹性好，适用于计算机处理，但因组配结构复杂而不利于手工处理，也不能充分利用其信息容量，使用时一般把面分类法作为线分类法的补充。

3. 采用面分类法的基本要求

① 根据需要，应将分类对象的本质属性作为分类对象的标志。

② 不同面的类目之间不能相互交叉，也不能重复出现。

③ 每个面有严格的固定位置。

④ 面的选择以及位置的确定应根据实际需要而定。

三、商品分类标志

（一）选择分类标志的基本原则

商品的分类标志是编制商品分类目录和分类体系的重要依据和基准。进行商品分类，可供选择的标志很多，分类标志的选择应遵循以下基本原则。

1. 目的性

分类标志的选择必须确保分类体系适宜于分类的目的和能满足分类的要求，否则没有使用价值。

2. 明确性

分类标志本身含义要明确，要能从本质上反映每类商品的属性特征。

3. 包容性

分类标志的选择要能够囊括分类体系或目录的全部商品，并有不断补充新商品的余地。

4. 区分性

同一层级范围内只能采用一种分类标志，不能同时采用几种分类标志。要保证每个商品只能出现在一个类别中，不能在别的类别中重复出现。

5. 逻辑性

必须使商品分类建立在并列从属关系的基础上。高一层级的类别可与从属的类别间存在有机的联系，下一层级的分类标志是上一层级分类标志的合乎逻辑的继续和具体化。

（二）常用的商品分类标志

商品的分类标志按照其适用范围，可分为普遍适用分类标志和局部适用分类标志两大类。

普遍适用分类标志是所有商品种类共存的特征、性质、功能等，如物质形态、体积、产地、原材料、加工方法、用途等，一般用做大类、中类、小类、品类等高层次类目的分类标志。

局部适用分类标志是部分商品共有的特征，也称为特殊分类标志，如包装形式、贮藏方法以及特殊的物理化学性质、功率、效率等。这些分类标志概念清楚，特征具体，容易区分，常用于商品种类、商品品种以及规格、花色、质量等级、型号等细目的划分。

虽然商品分类的标志很多，但很难提出一种能贯穿商品分类体系始终，对所有商品类目直至品种和质量等级都适用的分类标志。因此，在一个分类体系中常采用几种分类标志，往往是每一个层级用一个适宜的分类标志。在商品分类实践中，由于商品的用途、原材料、生产加工方法、主要化学成分等是商品最本质的属性和特征，故将其作为分类标志。

1. 以商品的用途作为分类标志

商品的用途是体现商品使用价值的重要依据，与消费者需要密切相关。以商品用途作为分类标志，不仅适用于商品大类的划分，也适用于对商品种类、品种等的进一步详细分类。以商品的用途作为分类标志在实际中应用最广，如根据用途的不同，商品可分为生产资料和生活资料两大类。生活资料商品又可按用途不同划分为食品、衣着用品、日用工业品、日用杂品等；日用工业品按用途可分为器皿类、洗涤用品类、化妆品类、家用电器类、文化用品类等；化妆品类按用途分为面部化妆品、发用化妆品、身体化妆品等；面部化妆品又可按用途分为彩妆类、洗面类、护肤类等。

以商品用途作为分类标志，便于对同一用途商品的质量和性能进行比较和分析；有利于消费者根据用途选购商品；有利于生产企业提高商品质量，开发新品种。但对多用途的商品不宜采用此种分类标志。

2. 以原材料作为商品分类标志

原材料是决定商品质量、使用性能、特征的重要因素。由于原材料的不同，可使商品具有截然不同的特性和特征，并反映在商品的化学成分、性能、加工、包装、储运、使用的条件要求不同上，因而也常作为商品的分类标志。

按原材料不同的来源，食品可分为植物性食品、动物性食品和矿物性食品，它们的化学成分和营养价值有明显的差别；食糖可分为甘蔗糖和甜菜糖两大类；皮鞋可分为牛皮鞋、猪皮鞋、羊皮鞋、人造革皮鞋等；服装面料可分为棉织品、毛织品、麻织品、丝织品、人造棉织品、涤纶织品、锦纶织品等。

以原材料作为商品的分类标志，不仅分类清楚，而且还能从本质上反映出每类商品的性能、特征、使用方法、保管、包装、养护要求。这种分类标志特别适用于原料性商品和原料对成品质量影响较大的商品，但对那些由多种原料制成和成品质量及特性与原材料关系不大的商品（如电视机、照相机、汽车等）则不宜采用。

3. 以商品的加工方法作为商品分类标志

很多商品即使采用相同的原材料制造，由于生产方法和加工工艺不同，所形成商品的质量水平、性能、特征等都有明显差异，因此，对相同原材料可选用多种加工方法生产的商品，适宜以生产加工作为分类标志。例如，酒类按生产加工方法分为蒸馏酒、发酵酒、配制酒等；茶叶按生产加工方法分为发酵茶、半发酵茶、不发酵茶等；纺织品按生产工艺不同可分成机织品、针织品和无纺布。

以生产加工方法作为分类标志，有利于明确不同类别商品的质量特性及其成因，适用于那些生产加工方法与成品质量特性有本质联系的商品。对那些虽然加工方法不同，但成品质量特征不会产生实质性区别的商品，则不宜采用此种分类标志进行分类。

4. 以商品化学成分作为分类标志

商品的化学成分是形成商品质量和性能、影响商品质量变化的最基本因素。按化学成分可将所有商品分为有机商品和无机商品两大类。在很多情况下，商品的主要化学成分可以决定其性能、用途、质量或储运条件，因而是决定商品品种、等级的重要因素。对这类商品进行分类时，应以主要化学成分作为分类标志。例如，化学肥料可分为氮肥、磷肥、钾肥等，合成纤维制品可分为丙纶、腈纶、涤纶、维纶、氨纶等，塑料制品可分为聚乙烯制品、聚丙烯制品、聚氯乙烯制品等。有些商品的主要化学成分虽然相同，但由于含有的特殊成分不同，可形成质量、特征、性质和用途完全不同的商品，对这类商品进行分类时，可将这些特殊成分作为分类标志。如玻璃的主要化学成分是二氧化硅，根据其所含特殊成分的不同可分为钠玻璃（含有氧化钠）、钾玻璃（含有氧化钾）、铅玻璃（含有氧化铅）、硼硅玻璃（含有硼酸）等；钢材也可按其所含的特殊成分划分为碳钢、硅钢、锰钢等。

按化学成分进行分类能够更细微地分析商品特性，对研究商品的加工、包装、使用以及商品在储运过程中的质量变化有重要意义。化学成分已知且对商品性能影响比较大的商品宜采用这种分类标志进行分类，但对一些化学成分复杂及化学成分对商品性能影响不大的商品，则不宜采用。

第三节　商品编码

商品编码又称商品代码，它是赋予某种或某类商品的一个或一组有序的代表符号，符号可以由字母、数字和特殊标记组成。

商品科学分类是合理编码的前提，而商品编码是商品分类体系和商品目录的一个重要组成部分，是进行科学商品分类的一种手段。商品编码可使多种多样、品名繁多的商品便于记忆、简化手续、提高工作效率和可靠性，有利于计划、统计、管理等业务工作，并为利用计算机进行自动化管理打下基础。

商品实行分类编码标准化，可以提高分类体系的概括性、科学性，有利于商品分类的通用化、标准化，为建立商品信息系统以及运用电子计算机进行商品信息流和物流的现代化科学管理创造条件。目前，许多国家已在商品分类编码标准化的基础上建立了现代化的统一商品分类编码系统和商品信息自动化管理系统，实现了商品信息的自动化管理，从而避免了物资的重复设计、制造、采购、储存和运输所造成的浪费，有效地促进了物资流通和国际贸易，提高了物资供应和利用效率以及工作效率和工作质量，加速了资金周转，并获得了显著的经济效益。

一、商品编码的基本原则

商品分类和编码是分别进行的，商品分类在先，编码在后。商品科学分类为合理编码提供了前提条件，但是编码是否科学得当会直接影响商品分类体系的实用价值。一个好的商品分类体系如果没有一套运用方便的代码，就会给组织商品信息和运用商品信息以及商品流通合理化和经济管理现代化带来困难和麻烦。合理的商品编码必须遵循以下原则。

1. 唯一性原则

所谓唯一性是指所标识商品应与其编码一一对应。也就是说，每一个编码对象（商品类目）只能有一个代码，每一个代码只能标识同一商品类目。

2. 简明性原则

商品编码应尽可能简明，即尽可能使代码的长度最短，这样既便于手工处理，减少差错，也能减少计算机的处理时间和存储空间。

3. 层次性原则

商品编码要层次清楚，能清晰地反映商品分类体系和分类目录内部固有的逻辑关系。

4. 可扩性原则

在商品编码结构体系里应留有足够的备用码，以适应新类目增加和旧类目删减的需要，使扩充新代码和压缩旧代码成为可能，从而使分类和编码可以进行必要的修订和补充。

5. 稳定性原则

商品编码一旦确定后就不要变更，即使该类目商品停止生产或停止供应，也不要马上就分配给其他的商品类目，只有这样才能够保持编码体系的稳定性。

6. 统一性和协调性原则

商品编码要同国家商品分类编码标准相一致，与国际通用商品分类编码制度相协调，以利于实现信息交流和信息共享。

7. 具备自检能力原则

商品编码一般位数较长，在输入计算机时容易发生差错，所以编码必须具有检测差错的自身核对性能，以适应计算机的处理。

在编制商品分类体系和商品分类目录时，对以上原则可根据使用的要求综合考虑，以达到最优化的效果。

二、商品编码方法

商品编码按其所用的符号类型分为数字型代码、字母型代码、字母-数字混合型代码和条形码四种。下面首先介绍前三种类型。

（一）数字型代码

数字型代码是用一个或若干个阿拉伯数字表示分类对象（商品）的代码，其特点是结构简单，使用方便，易于推广，便于利用计算机进行处理，是目前大多数国家采用的一种代码。

编制商品数字代码的方法有顺序编码法、层次编码法、平行编码法和混合编码法四种。

1. 顺序编码法

顺序编码法是按商品类目在分类体系中先后出现的次序，依次给予顺序代码。通常为了满足信息处理的要求，多采用等长码，即每个代码标志的数列长度（位数）完全一致。顺序编码法通常用于容量不大的编码对象集合体，编码时可以留有"空号"（储备码），以便随时增加类目。系列顺序编码法适用于分类深度不大的编码对象集合体。应用这种编码方法时，把整个编码对象集合体按一定的属性或特征划分为系列。集合体的每一系列，通常按顺序登记获得代码，在每个系列中留有储备码。

2. 层次编码法

层次编码法即代码的层次与分类层级相一致。这种编码方法常用于线分类（层级分类）体系。由于分类对象是按层级归类的，所以在给类目赋予代码时，编码也是按层级依次进行，分成若干个层次，使每个分类类目按分类层级，一一赋予代码。从左至右的代码，第一位代表第一层级（大类）类目，第二位代表第二层级（中类）类目，依此类推。这样，代码的结构就反映了分类层级的逻辑关系。层次编码法的优点是逻辑性较强，能明确地反映出分类编码对象的属性或特征及其相互关系，便于机器汇总数据，缺点是结构弹性较差，为延长其使用寿命，往往要用延长代码长度的办法，预先留出相当数量的备用号，从而出现代码的冗余。

3. 平行编码法

平行编码法用于面分类体系，每一个分类面，确定一定数量的码位。平行编码法的优点是编码结构有较好的弹性，可以比较简单地增加分类面的数目，必要时还可更换个别的面，可用全部代码，也可用部分代码；缺点是代码过长，冗余度大，不便于计算机管理。

4. 混合编码法

混合编码法是层次编码法和平行编码法的合成，代码的层次与类目的等级不完全相适应。当把分类对象的各种属性或特征分列出来后，其某些属性或特征用层次编码法表示，其余的属性或特征则用平行编码法表示。这种编码方法吸取了两者的优点，效果往往较理想。

（二）字母型代码

字母型代码是用一个或若干个字母表示分类对象的代码。按字母顺序对商品进行分类编码时，一般用大写字母表示商品大类，用小写字母表示其他类目。在中欧国家，主要用拉丁字母和希腊字母按其顺序为商品编制代码。字母型代码便于记忆，适合人们的使用习惯，可提供便于人们识别的信息，但不便于机器处理信息，特别是当分类对象数目较多时，常常会出现重复现象。因此，字母型代码常用于分类对象较少的情况，在商品分类编码中很少使用。

（三）字母-数字混合型代码

混合型代码是由数字和字母混合组成的代码，它兼有数字型代码和字母型代码的优点，结构严密，具有良好的直观性和表达式，同时又有使用上的习惯。但是，由于代码组成形式复杂，给计算机输入带来不便，录入效率低，错码率高。因此，在商品分类编码中并不常使用这种混合型代码，少数国家在标准分类时采用混合代码。

三、中国商品分类代码

中国国家标准《全国主要产品分类与代码》[GB/T 7635.1（2）—2002]是由中国标准研究中心负责，会同国内50多个部门上百名专家历时多年制定完成的。该标准是在采用联合国统计委员会制定的《主要产品分类》（CPC）的基础上，对 GB 7635—1987《全国工农业产品（商品物资）分类与代码》进行修订而成的。该标准是标准化领域中一项大型的基础性标准，可提供一种具有国际可比性的通用的产品目录体系，为国家、部门、行业及企业对产品的信息化管理和信息系统提供依据，以实现各类产品的各种信息数据的采集、处理、分析和共享。

《全国主要产品分类与代码》由相对独立的两个部分组成，第一部分为可运输产品，第二部分为不可运输产品。

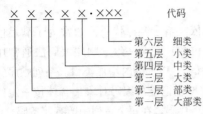

图 2-1　GB/T 7635.1—2002 代码结构

GB/T 7635.1—2002 与 CPC 的可运输产品部分相对应，一致性程度为非等效。分类代码表由五大部类组成。此部分采用层次码，依次为大部类、部类、大类、中类、小类和细类。代码结构的前五层与 CPC 相同，每层 1 位码，其内容采用了 CPC 可运输产品的全部类目和代码（447"武器和弹药及其零件"除外），与 CPC 的 5 位代码结构相对应；第六层是新增加的产品类目（细类），用 3 位码表示，如图 2-1 所示。分类代码表中共列入 51219 个产品类目。其中，第一层至第五层各用一位数字表示，第一层代码为 0~4，第二层、第五层代码为 1~9，第三层、第四层代码为 0~9，第六层用三位数字表示，代码为 010~999，采用了顺序码和系列顺序码；第五层和第六层代码之间用圆点（·）隔开，信息处理时应省略圆点符号。《全国主要产品分类与代码　第 1 部分　可运输产品》（GB/T 7635.1—2002）的各大部类及部分代码结构示例如表 2-4 所示。

表 2-4　《全国主要产品分类与代码　第 1 部分　可运输产品》（GB/T 7635.1—2002）
的各大部类及部分代码结构示例

代　码	名　称	代　码	名　称
0 大部类	农林(牧)渔业产品；中药	2 大部类	加工食品、饮料和烟草；纺织品、服装和皮革制品
01	种植业产品		
011	谷物、杂粮等及其种子	21	肉、水产品、水果、蔬菜、油脂类等加工品
0111	小麦及混合麦		
01111	小麦	22	乳制品
01111·010	冬小麦	…	…
—·099		29	天然皮革、再生革和皮革制品及非皮革材料的同类制品、鞋
01111·011	白色硬质冬小麦		
01111·012	白色软质冬小麦		
01111·013	红色硬质冬小麦	3 大部类	除金属制品、机械和设备外的其他可运输物品
01111·014	红色软质冬小麦		
01111·100	春小麦	31	木(材)和木制品、软木制品、稻草、麦秆和缏条材料制品
—·199			
01111·101	白色硬质春小麦		
01111·102	白色软质春小麦	32	纸浆、纸和纸制品；印刷品和相关物品
02	活的动物和动物产品	…	……
03	森林产品和森林采伐产品	38	家具；其他不另分类的可运输物品、旧物、废弃物和残渣
04	鱼和其他渔业产品		
06	中药		
1 大部类	矿和矿物；电力、可燃气和水	39	金属制品、机械和设备
11	无烟煤和褐煤等煤；泥炭（包括煤加工产品等）	4 大部类	主要金属材料
		41	除机械设备外的金属制品
12	原油和天然气等	42	……
…	…	…	
16	其他矿物	49	交通运输设备

GB/T 7635.2—2002 与 CPC 的服务、资产部分（不可运输部分）相对应，一致性程度为非等效。该部分由五个部类组成。代码用 5 位阿拉伯数字表示，代码结构采用层次码，分成五层，各层分别命名为部类、门类、大类、中类和小类，每层 1 位码，其代码结构如图 2-2 所示。第 1 层代码（部类）从"5"开始，以便与 GB/T 7635.1—2002 代码相衔接，《全国主要产品分类与代码　第 2 部分　不可运输产品》（GB/T 7635.2—2002）的各部类及部分代码结构示例如表 2-5 所示。

图 2-2　GB/T 7635.2—2002 代码结构

表 2-5　《全国主要产品分类与代码　第 2 部分　不可运输产品》（GB/T 7635.2—2002）的各部类及部分代码结构示例

代　码	名　　称
5 部类	无形资产;土地;建筑工程;建筑物服务产品
51	无形资产
511	金融资产和负债
5110	金融资产和负债
51100	金融资产和负债
512	非金融无形资产
5121	专利
51210	专利
5122	商标
51220	商标
5123	版权
51230	版权
…	
6 部类	经销业服务;住宿服务;食品和饮料供应服务;公用事业商品销售服务产品
7 部类	金融及有关服务;不动产服务;出租和租赁产品服务
8 部类	商务和生产服务产品
9 部类	社区、社会和个人服务产品

第四节　商 品 条 码

一、商品条码概述

（一）条码的概念

GB/T 12905—2000《条码术语》中条码的定义：条码（bar code）是由一组规则排列的条、空及其对应字符组成的标记，用以表示一定的信息。如图 2-3 所示。

（二）条码的产生和发展

对条码的研究始于 20 世纪中期。20 世纪 50 年代美国就有关于铁路车辆采用条码标示的报道，60 年代美国开始将条码的研究集中在食品零售业。自 70 年代以来，条码在北美地区和西欧地区相继使用。

美国于 1971 年成立了统一编码委员会（简称 UCC）。1973 年，UCC 从若干种条码方案中选定 IBM 公司提出的条码系统，并将它作为北美地区的通用产品代码，简称 UPC 条码。

1977 年 2 月，欧洲共同体正式成立了欧

图 2-3　条码的图形

洲物品编码协会（简称 EAN）。EAN 开发出与 UPC 条码相兼容的欧洲物品编码系统，简称 EAN 条码。

1981 年，欧洲物品编码协会更名为国际物品编码协会，仍简称 EAN。2002 年 11 月 26 日，欧洲物品编码协会 EAN 正式接纳美国统一编码委员会 UCC 成为会员，致力于建立一套国际通行的全球跨行业的产品、运输单元、资产、位置和服务的标识标准体系和通信标准体系，即"全球商务语言——EAN·UCC 系统"。随着全球经济一体化对物流供应链管理要求的不断提高，国际物品编码协会也在不断地完善 EAN·UCC 系统，并相应调整自身的组织架构。2005 年 2 月，该协会正式向全球发布了更名信息，将组织名称由 EAN 正式变更为 GS1。

我国条码技术的研究始于 20 世纪 70 年代，80 年代末，条码技术开始用于一些领域。1988 年 12 月，中国物品编码中心正式成立，负责研究推广条码技术，统一组织协调和管理我国的条码工作。1991 年 4 月，中国物品编码中心代表我国加入国际物品编码协会（GS1），负责推广国际通用的、开放的、跨行业的全球统一编码标识系统和供应链管理标准，向社会提供公共服务平台和标准化解决方案。

（三）条码的优势

条码是迄今为止最经济、实用的一种自动识别技术。条码技术具有以下几个方面的优点。

1. 输入速度快

与键盘输入相比，条码输入的速度是键盘输入的 5 倍，并且能实现"即时数据输入"。

2. 可靠性高

键盘输入数据出错率为三百分之一，利用光学字符识别技术出错率为万分之一，而采用条码技术误码率低于百万分之一。

3. 采集信息量大

利用传统的一维条码一次可采集几十位字符的信息，二维条码更可以携带数千个字符的信息，并有一定的自动纠错能力。

4. 灵活实用

条码标识既可以作为一种识别手段单独使用，也可以和有关识别设备组成一个系统实现自动化识别，还可以和其他控制设备连接起来实现自动化管理。

另外，条码标签易于制作，对设备和材料没有特殊要求，识别设备操作容易，不需要特殊培训，且设备也相对便宜。

（四）条码技术在商品流通管理中的应用

近年来，经过中国物品编码中心和全国各地分中心、系统集成商等有关各方面的大力宣传和推广，条码技术的应用已被越来越多的人所认识和接受，特别是条码技术在商品流通管理中的应用取得了十分可喜的成绩。条码技术在商品流通管理中的应用不仅可以避免差错和提高工作效率，而且可以提高经营管理水平。

1. 条码技术在 POS 系统的应用

POS（point of sales）是一个商业销售点实时系统。该系统以条码为手段，计算机为中心，实现对商店的进、销、存的管理，快速反馈进、销、存各个环节的信息，为经营决策提供信息。条码在 POS 系统的应用如图 2-4 所示。

2. 条码在库存管理的应用

条码技术不仅可用于商品销售，而且可用于库存管理。利用便携式数据采集器，通过条码阅读器扫描，可快速、准确地进行库存盘点，然后送入 POS 系统，与 POS 系统中的数据进行比较后产生盘盈、盘亏表。如果采用手工进行库存盘点，不仅费工、费时，而且不易盘准，容易产生差错。因此，使用条码进行库存管理是实现仓库现代化管理的重要手段。

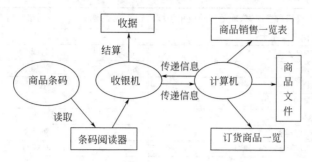

图 2-4　条码在 POS 系统的应用流程

> **小资料**
>
> 　　美国最大的百货公司沃尔玛公司在全美有 25 个规模很大的配送中心,一个配送中心要为 100 多家零售店服务,日处理量约为 20 多万个纸箱。每个配送中心分三个区域:收货区、拣货区、发货区。在收货区,一般用叉车卸货。先把货堆放到暂存区,工人用手持式扫描器分别识别运单上和货物上的条码,确认匹配无误才能进一步处理,有的要入库,有的则要直接送到发货区,称作直通作业以节省时间和空间。在拣货区,计算机在夜班打印出隔天需要向零售店发运的纸箱的条码标签。白天,拣货员拿一叠标签打开一个个空箱,在空箱上贴上条码标签,然后用手持式扫描器识读。根据标签上的信息,计算机随即发出拣货指令。在货架的每个货位上都有指示灯,表示那里需要拣货以及拣货的数量。当拣货员完成该货位的拣货作业后,一按"完成"按钮,计算机就可以更新其数据库。装满货品的纸箱经封箱后运到自动分拣机,在全方位扫描器识别纸箱上的条码后,自动分拣机把纸箱拨入相应的装车线,以便集中装车运往指定的零售店。

二、商品条码的结构

下面以普遍使用 EAN 条码为例,说明商品条形码的结构。EAN 条码有两种版本——标准版和缩短版。标准版表示 13 位数字,又称为 EAN-13 码,缩短版表示 8 位数字,又称 EAN-8 码。EAN 条码标准版的结构如图 2-5 所示。

（一）EAN-13 条码的数字码的结构

EAN-13 条码的数字码由 13 位数字组成,自左向右分别为前缀码、制造厂商代码、商品代码、校验码。

1. 前缀码

前缀码由 2～3 位数字组成,是国际物品编码协会 EAN 分配给国家（或地区）编码组织的代码,用以标示商品来源的国家或地区。EAN 分配给中国大陆使用的前缀码为"690～695"。

图 2-5　EAN-13 条码的结构

不同的 EAN 的成员组织有不同的前缀码,以确保前缀码在国际范围内的唯一性。已分配的前缀码见表 2-6。

表 2-6　EAN 已分配的前缀码（部分）

前缀码	编码组织所在国家(或地区)/应用领域	前缀码	编码组织所在国家(或地区)/应用领域
00~13	美国和加拿大	76	瑞士
20~29	店内码	880	韩国
30~37	法国	888	新加坡
40~44	德国	890	印度
450~459、490~499	日本	90、91	奥地利
460~469	俄罗斯	93	澳大利亚
471	中国台湾	94	新西兰
489	中国香港特别行政区	955	马来西亚
50	英国	958	中国澳门特别行政区
520	希腊	977	连续出版物
600、601	南非	978、979	图书
64	芬兰	980	应收票据
690~695	中国	981、982	普通流通券
73	瑞典	99	优惠券

2. 制造厂商代码

制造厂商代码一般由 4~5 位数字组成，由中国物品编码中心负责分配和管理，用以标示生产企业。

以 690、691 为前缀码的 EAN 条码只能分别对 1 万个制造厂商进行编码（因其制造厂商代码只有 4 位，制造厂商代码只能从 0000~9999 这一万组数字中进行分配）。而每一个制造厂商则可以对自己生产的 10 万个商品进行编码（因商品代码为 5 位，商品代码可以为 00000~99999）。

前缀码为 692、693 的 EAN 条码的制造厂商代码为 5 位，其编码容量由 1 万家扩大到 10 万家，每一个制造厂商则可以对自己生产的 1 万个商品进行编码（因商品代码为 4 位，商品代码可以从 0000~9999）。

3. 商品代码

商品代码由 3~5 位数字组成，由厂商自己负责编制，用以标示商品的特征及属性或表示具体的商品项目，即具有相同包装和价格的同一种商品。在编制商品代码时，厂商必须遵守商品编码的基本原则：对同一商品项目的商品必须编制相同的商品代码；对不同的商品项目必须编制不同的商品代码。保证商品项目与其一一对应，即一个商品项目只有一个代码，一个代码只标识一个商品项目。

由 3 位数字组成的商品项目代码有 000~999 共 1000 个编码容量，可标识 1000 种商品；同理，由 4 位数字组成的商品项目代码可标识 10 000 种商品，由 5 位数字组成的商品项目代码可标识 100 000 种商品。

4. 校验码

校验码为 1 位数字，用来校验前 12 位数字码的编码正确性。校验码是根据前 12 位的数值按一定的数学算法计算而得。

校验码的计算步骤如下所示。

① 包括校验码在内，由右至左编制代码位置序号（校验码的代码位置序号为 1）。

② 从代码位置序号 2 开始，所有偶数位的数字代码求和。

③ 将②的和乘以 3。

④ 从代码位置序号 3 开始，所有奇数位的数字代码求和。

⑤ 将③与④的结果相加。

⑥ 用一个大于或等于⑤所得结果且为 10 最小整数倍的数减去⑤所得结果，其差即为所求校验码的值。

［例］已知 EAN-13 条码前 12 位：690123456789 X_1，计算校验码 X_1。

校验码 X_1 的计算方法如下。

第一步：将代码 690123456789X_1 由右至左编制代码位置序号，如表 2-7 所示。

表 2-7　EAN-13 条码数字码排列顺序

位置	13	12	11	10	9	8	7	6	5	4	3	2	1
条码	6	9	0	1	2	3	4	5	6	7	8	9	X_1

第二步：9＋7＋5＋3＋1＋9＝34

第三步：34×3＝102

第四步：8＋6＋4＋2＋0＋6＝26

第五步：102＋26＝128

第六步：130－128＝2

校验码 X_1 的值为 2。

（二）EAN-13 条码的符号结构

① EAN 条码符号的整体形状为矩形，由一系列相互平行的条和空组成，自左向右分别为左侧空白区、起始符、左侧数据符、中间分隔符、右侧数据符、校验符、终止符及右侧空白区（如图 2-5 所示）。

② EAN 条码是模块组合型条码，模块是组成条码符号的最基本宽度单位，一个条模块表示二进制的"1"，一个空模块表示二进制的"0"，每个模块的宽度为 0.33 毫米。

③ 起始符用以标示条码信息的开始，由 3 个模块组成，二进制表示为"101"；终止符用以标示条码信息的结束，由 3 个模块组成，二进制表示为"101"。如图 2-6 所示。

④ 中间分隔符用以平分条码符号，由 5 个模块组成，二进制表示为"01010"。如图 2-7 所示。

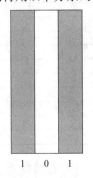

图 2-6　起始符、终止符的二进制表示

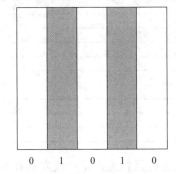

图 2-7　中间分隔符的二进制表示

⑤ 表示数字的每个条码字符均由 7 个模块构成两条两空，有 3 种二进制表示，分别为奇排列、左偶排列、右偶排列。如表 2-8 所示。

表 2-8　EAN 条码数字码的二进制表示

数字字符	奇排列	左偶排列	右偶排列
0	0001101	0100111	1110010
1	0011001	0110011	1100110
2	0010011	0011011	1101100
3	0111101	0100001	1000010

续表

数字字符	奇排列	左偶排列	右偶排列
4	0100011	0011101	1011100
5	0110001	0111001	1001110
6	0101111	0000101	1010000
7	0111011	0010001	1000100
8	0110111	0001001	1001000
9	0001011	0010111	1110100

[例] 数字符 "1" 的三种表示方法，如图 2-8 所示。

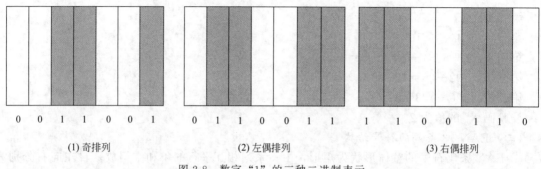

    0 0 1 1 0 0 1   0 1 1 0 0 1 1   1 1 0 0 1 1 0

     (1) 奇排列   (2) 左偶排列   (3) 右偶排列

图 2-8 数字 "1" 的三种二进制表示

⑥ 前缀码的第 1 位为前置码，不用条码表示，它决定了左侧数据符的奇偶排列组合顺序。如表 2-9 所示。

表 2-9 左侧数据符的奇偶排列组合规则

前置码 \ 位置	12	11	10	9	8	7
0	A	A	A	A	A	A
1	A	A	B	A	B	B
2	A	A	B	B	A	B
3	A	A	B	B	B	A
4	A	B	A	A	B	B
5	A	B	B	A	A	B
6	A	B	B	B	A	A
7	A	B	A	B	A	B
8	A	B	A	B	B	A
9	A	B	B	A	B	A

⑦ 左侧数据符为奇排列或左偶排列。右侧数据符及校验符均为右偶排列。左侧数据符用以表示 6 位数字，共 42 个模块。

⑧ 左侧空白区用以提示阅读器准备对条码进行扫描，由 11 个空模块组成；右侧空白区用以提示阅读器结束对条码进行扫描，由 7 个空模块组成。

⑨ EAN-13 条码总共由 113 个模块构成，每个模块宽 0.33 毫米，条码符号总宽度为 37.29 毫米，如表 2-10 所示。

表 2-10 EAN-13 条码的模块构成

左侧空白区	起始符	左侧数据符（6 位）	中间分隔符	右侧数据符（5 位）	校验符（1 位）	终止符	右侧空白区
11 个模块	3 个模块	42 个模块	5 个模块	35 个模块	7 个模块	3 个模块	7 个模块

[例] 分析下列 EAN-13 条码各数字码的二进制表示

6 9 0 1 2 3 4 5 6 7 8 9 2
前置码　　左侧数据符　　　右侧数据符　校验符

最左侧的数字码 6 为前置码，不用二进制表示，它决定了左侧数据符的奇偶排列顺序。其余数字码的二进制表示如表 2-11 所示。

表 2-11　EAN-13 条码数字码的二进制表示

代码	9	0	1	2	3	4
排列规则	奇排列	左偶排列	左偶排列	左偶排列	奇排列	奇排列
二进制表示	0001011	0100111	0110011	0011011	0111101	0100011
代码	5	6	7	8	9	2
排列规则	右偶排列	右偶排列	右偶排列	右偶排列	右偶排列	右偶排列
二进制表示	1001110	1010000	1000100	1001000	1110100	1101100

复习思考题

一、填空题

1. 通常商品分类时采用的方法有_____和_____两种。
2. 商品的分类标志按照其适用范围，可分为_____标志和_____标志两大类。
3. 根据用途的不同，商品可分为_____和_____两大类。
4. 商品编码又称_____，它是赋予某种或某类商品的一个或一组有序的代表符号，符号可以由字母、数字和特殊标记组成。
5. 商品编码按其所用的符号类型分为_____代码、_____代码、_____型代码和条码四种。
6. 编制商品数字代码的方法有_____、_____、_____和混合编码法四种。
7. 《全国主要产品分类与代码》由相对独立的两个部分组成，第一部分为_____，第二部分为_____。
8. 目前国际通用的商品条码为_____条码。
9. EAN-13 条码的数字码由 13 位组成，自左向右分别为_____、_____、_____和校验码。
10. EAN-13 条码总共由_____个模块构成，每个模块宽 0.33 毫米，条码符号总宽度为_____毫米。

二、单项选择题

1. 纺织品类、食品类这属于商品的（　　）。
   A. 门类　　　　　　B. 大类　　　　　　C. 中类　　　　　　D. 小类
2. 商品分类的最主要标志是（　　）。
   A. 商品成分　　　　B. 商品原材料　　　C. 商品用途　　　　D. 商品制造方法
3. 茶叶可分为红茶、绿茶、乌龙茶，这是以（　　）作为分类标志的。
   A. 商品成分　　　　B. 商品原材料　　　C. 商品用途　　　　D. 商品制造方法
4. 胶鞋可分为劳保鞋、雨鞋、运动鞋，这是以（　　）作为分类标志的。
   A. 商品成分　　　　B. 商品原材料　　　C. 商品用途　　　　D. 商品制造方法
5. 塑料商品可分为聚乙烯、聚氯乙烯、聚丙烯等塑料商品，这是以（　　）作为分类标志的。
   A. 商品成分　　　　B. 商品原材料　　　C. 商品用途　　　　D. 商品制造方法
6. 商品分类和商品编码的关系是（　　）。
   A. 编码在前　　　　B. 分类在前　　　　C. 同时进行　　　　D. 不分先后
7. EAN 分配给中国香港特别行政区的前缀码是（　　）。
   A. 690　　　　　　B. 471　　　　　　C. 489　　　　　　D. 958
8. EAN 条码中表示数字的每个条码字符均由（　　）个模块构成两条两空。
   A. 3　　　　　　　B. 5　　　　　　　C. 7　　　　　　　D. 9

9. 在 EAN-13 条码数字码 6901234567892 中，前置码为（　　）。
A. 6　　　　　　　　B. 9　　　　　　　　C. 0　　　　　　　　D. 2
10. EAN-13 条码总共由（　　）个模块构成。
A. 95　　　　　　　　B. 115　　　　　　　C. 103　　　　　　　D. 113

三、问答题

1. 商品科学分类的作用有哪些？
2. 简要说明商品分类的原则和方法。
3. 举例说明常用的商品分类标志。
4. 商品编码的方法有哪几种？
5. 商品条码的概念和特点。
6. 简述 EAN-13 条码数字码和符号的结构。

实 践 训 练

实训项目：根据 EAN 条码的数字码绘制 EAN 条码图形

（一）实训目的：掌握 EAN 条码的结构，并能够独立分析 EAN 条码条空图形的构成。

（二）实训道具：本教材封底的 EAN 条码

（三）实训步骤

1. 明确训练任务，分成五个小组共同完成。
2. 计算教材封面 EAN 条码数字码中的校验码。（由第 1 组完成）
3. 写出每一数字码对应的二进制表示。（由第 2 组完成）
4. 根据黑板宽度，设定模块宽度为 5 厘米（数字符的长度为 40 厘米，起始符、中间分隔符、终止符的长度为 50 厘米），绘制数字码所对应的条空图形。（由第 3~5 小组完成）

（1）第 3 组选三位同学分别在黑板的最左边、中间、最右边绘制起始符、中间分隔符、终止符。

（2）第 4 组选六位同学在黑板的左侧依次绘制左侧数据符。第 5 组选六位同学在黑板的右侧依次绘制右侧数据符。两组同时进行。

（四）实训总结：把同学们绘制的条空图形与教材封面印刷的条空图形进行对照，判断同学们绘制得是否准确，对于同学们在作图过程中出现的问题予以纠正，使学生对于 EAN 条码由感性认识上升到理性认识。

第三章 商品的成分、结构和性质

【学习目标】
① 掌握食品的主要营养成分。
② 了解常用纺织品、日用工业品的主要化学成分。
③ 理解商品结构对商品质量产生的影响。
④ 掌握商品的物理性质、化学性质、机械性质。
⑤ 了解生鲜食品的生物学性质。

商品的成分、结构和性质都是商品的自然属性，其中商品的性质决定了商品的使用价值，而商品的成分和结构又决定了商品的性质。因此，要研究商品在流通和使用过程中质量变化的规律，合理组织商品购销，科学进行商品的运输与储存，开发新产品以满足消费者需求，必须深入研究商品的成分、结构和性质。

第一节 商品的成分

商品的成分是商品体所含各种化学组分的总称。商品的品种繁多，使用价值及所用原料各不相同，其化学成分亦各不相同。有的商品所含化学成分比较单纯，有的则相当复杂。我们要着重研究各成分与质量的关系，并了解商品标准中对各成分的规定含量，这样，才能从本质上认识商品的自然属性，掌握商品质量变化的规律，适应商业实践的需要。

一、食品的化学成分

食品的化学成分是研究食品质量、营养价值和食品贮藏的重要依据。食品的成分比较复杂，不同食品的成分及含量都是不同的，食品营养价值主要取决于其所含的营养成分，因此我们只研究食品的营养成分。食品的主要营养成分有糖类、蛋白质、脂肪、维生素、矿物质和水分等。

（一）糖类

糖类又称碳水化合物，广泛存在于动植物体内，是自然界存在最多的一类有机物。糖类在人体内除少量的粗纤维不能被消化外，大部分都能被人体利用产生热量，是食品中比较经济的热量来源。目前我国居民膳食中来自糖类的能量约为 60%~70%。糖类由 C、H、O 三种元素组成，按其分子结构可以分为单糖、双糖和多糖。

1. 单糖

单糖是不能被水解的最简单的碳水化合物，它能被人体直接利用。单糖有葡萄糖、果糖和半乳糖三种，它们的分子式均为 $C_6H_{12}O_6$。葡萄糖广泛存在于果品、蔬菜、粮食等植物性食品中，动物血液中也含有一定量的葡萄糖。果糖是糖类中最甜的糖，甜度为蔗糖的 1.15~1.5 倍，它广泛存在于瓜果中，尤其在蜂蜜中含量较多，动物性食品中不含有果糖。果糖在人体内能转化为葡萄糖被吸收。半乳糖可由动物乳品中的乳糖经水解以后产生，半乳糖进入人体中可转化为葡萄糖被吸收，并且促进人体内钙的吸收，所以对婴幼儿和老人非常有益。

2. 双糖

双糖是能被水解为两个单糖分子的碳水化合物。食品中主要的双糖有蔗糖、麦芽糖和乳糖，它们的分子式均为 $C_{12}H_{22}O_{11}$。蔗糖是食糖的主要成分，易溶于水，在酸和酶的作用下，可水解生成等量的葡萄糖和果糖的混合物，称为转化糖。谷物的芽（尤其是大麦芽）中存在的淀粉酶能水解淀粉，可生成中间产物麦芽糖，麦芽糖进一步水解即可生成葡萄糖。麦芽糖易溶于水，具有温和的甜味，其甜度低于葡萄糖、半乳糖。乳糖主要存在于哺乳动物的乳汁中，人乳中含5%～7%，牛乳中含5%。乳糖经人体肠道中存在的乳糖酶水解为半乳糖和葡萄糖。有些人的肠道中乳糖酶的活性不强，食用乳品后消化不良易发生过敏反应。双糖不能被人直接吸收，只有被消化和水解成单糖，才能被人吸收。

3. 多糖

多糖是由许多单糖分子缩合而成的较复杂的糖。食品中常见的多糖有淀粉、糖原、半纤维素和纤维素等，它们的分子式为 $(C_6H_{10}O_5)_n$。

（1）淀粉　淀粉是我国居民饮食中热量的主要来源，淀粉在谷类、豆类、薯类中含量最多，淀粉有吸湿性，不溶于水，没有甜味，也不能直接被人吸收。

> **小知识**
>
> 从淀粉颗粒的大小和形状可以识别淀粉的来源。在显微镜下观察：马铃薯淀粉的颗粒直径平均为65微米，呈蚌壳状，并有明显的轮纹；大米淀粉颗粒直径平均为5微米，多为三角形。小麦淀粉颗粒平均直径为20微米，是大小不等的圆形。玉米淀粉颗粒直径平均为16微米，呈多边形。

（2）糖原　糖原又称动物淀粉，大多存在于动物肝脏、肌肉和贝类中，软体动物中含量较高。人体吸收的葡萄糖，除用作正常的热量消耗外，多余可转化为糖原，储存于肝脏中，需要时在经酶作用分解为葡萄糖以解决人体热量供应的不足。

（3）纤维素和半纤维素　纤维素和半纤维素统称为粗纤维，是植物细胞壁的主要成分。人体因缺乏分解粗纤维的酶而不能消化吸收粗纤维。粗纤维在营养上没有利用价值，但适量的粗纤维可刺激肠壁分泌消化液和胃肠蠕动，有助于食物的消化吸收，也有利于废物的排泄。人们适量食用含粗纤维高的蔬菜和水果，不仅能帮助人体消化，而且可防止便秘和废物中有毒物质积累诱发的直肠癌，对降低血糖过高时引起的糖尿病有一定的效果。

（二）蛋白质

蛋白质是由多种不同的氨基酸构成的天然高分子化合物。蛋白质由C、H、O、N 4种元素组成，多数蛋白质还含S、P，少数蛋白质含有Fe、Mn、Zn、I等。通常，蛋白质必须在人体内由蛋白酶水解（消化）为各种氨基酸后，经血液输送到人体各部分组织，再重新合成人体所需的各种蛋白质。食品中的蛋白质含有20多种氨基酸，其中有8种是人体不能合成必须从饮食中获得的，叫做必需氨基酸，另一些可以由其他氨基酸在人体内转化而获得，称为非必需氨基酸。食品中能提供的必需氨基酸的含量直接决定着食品中蛋白质的质量。

根据蛋白质所含氨基酸种类和营养价值的不同，可以分为完全蛋白质和不完全蛋白质。必需氨基酸比较齐全，比例与人体蛋白质接近的蛋白质，称为完全蛋白质。肉类、蛋类、鱼类、乳类等动物性食品的蛋白质多属于完全蛋白质。而植物性食品中，除了黄豆外，小麦、玉米、苹果等所含的蛋白质由于8种必需氨基酸的含量和比例不能满足人体蛋白质的需要，它们多属于不完全蛋白质。

食品中蛋白质的营养价值，不仅取决于蛋白质的氨基酸组成，还与蛋白质的消化率等因素有关。蛋白质的消化率是指食品中蛋白质可被蛋白酶分解的程度。蛋白质的消化率越高，被人体吸收利用的可能性越大，营养价值越高。动物性食品的蛋白质消化率均高于植物性食品的蛋白质。经过合理加工，可以提高植物性食品蛋白质的消化率，如煮熟的整粒黄豆蛋白质的消化率只有65%左右，制成豆腐后蛋白质的消化率可提高到90%以上。

蛋白质在微生物的作用下，会水解为氨基酸，并进一步分解产生氨、硫化氢、吲哚类等腐败产物，不仅产生强烈的臭气，并且具有毒性。因此，凡是发生了蛋白质腐败的食品，均不得销售，更不得食用。

> **小知识**
>
> 　　俗话说"金豆、银豆不如黄豆"，黄豆素有"绿色乳牛""植物肉"的美称，黄豆的蛋白质含量高达40%~50%，接近于燕窝，高于大米6倍。据分析，500克黄豆的蛋白质含量相当于1000克瘦肉或1500克鸡肉的蛋白质含量，脂肪含量在20%以上，且为不饱和脂肪酸，还含有维生素A、B族维生素、维生素D、维生素E等。每100克黄豆含铁11毫克（治疗贫血）、含磷471毫克（营养大脑），还可以降低血清胆固醇，预防心脏病。
>
> 　　鲜鱼蛋白质属优等蛋白质，极易被人体消化，消化利用率高达96%，这是因为鱼肉与人体肌肉化学成分很接近，氨基酸组成与人体相似。鱼的脂肪含量仅为5%。鱼肉含多种矿物质，如钙、磷、硒。最具优势的是，鱼肉是动物肉类中最容易消化的一种，鱼肉肉质细嫩、松软，进食之后容易受到消化液的作用，消化吸收很完全。鱼肉中脂肪富含EPA，具有减少胆固醇、预防动脉硬化的作用。

（三）油脂（脂肪）

油脂来源于动植物组织，其主要成分是高级脂肪酸甘油酯。油脂根据其来源分为植物性油脂和动物性油脂两类。常温下，植物油脂大多为液态，简称油；动物油脂大多为固态、半固态，简称脂。因此，动植物油脂习惯统称为油脂。

油脂是产生能量最高的营养成分，每克油脂能产生能量约9千卡（3.8×10^4焦耳）。油脂还是人体内能量储存的最主要成分。人体内吸收了多余的糖类和蛋白质也会转变成油脂储存于体内。尽管糖原也是一种储存能量的成分，但同样重量的油脂所占空间仅为糖原所占空间的3/10，储存于人体内的油脂还具有保护内脏、保持体温等功能。根据现代营养学的研究，由油脂提供人体的能量以占总热量的20%~30%较为适宜。长期摄取油脂过多时，易导致肥胖病并增加心脏的负担。

油脂在烹调受热过程中能产生优美的滋味和香味，油脂能与其他营养成分形成乳状物，促进食品的消化吸收。但油脂加热时间过长，会发生聚合反应，二分子或三分子的油脂可聚合成二聚体或三聚体，使油脂黏度增加，还会产生刺激性气味，不仅营养价值下降，而且不利于人体健康，所以油脂不宜长期加热，在加工油炸食品时应及时更换新油。

（四）维生素

维生素是人体为维持正常生理功能而必须由食品中获取的一类微量营养成分。它们对人体内营养成分的消化吸收、能量的转变和正常的生理活动，都具有重要的作用。维生素是个庞大的家族，就目前所知的维生素就有几十种，大致可分为脂溶性和水溶性两大类。

1. 脂溶性维生素

脂溶性维生素只能溶解在油脂中，主要有维生素A、维生素D、维生素E、维生素K等。胡萝卜素在人体内能转变成维生素A，被称为维生素A原。脂溶性维生素见表3-1所示。

表 3-1　主要的脂溶性维生素

脂溶性维生素	生化作用	食物来源
维生素 A	防止夜盲症、干眼症、角膜软化等病症	动物肝脏、蛋黄、乳品、蔬菜中胡萝卜、番茄、菠菜等
维生素 D	调节钙、磷代谢	蛋黄、鱼、动物肝脏等
维生素 E	预防不育症、减缓老化、防止肌肉萎缩、肾脏损害	棉籽油、花生油、大豆油、芝麻油等
维生素 K	促进血液凝固	菠菜、菜花、黄豆以及鱼肉

2. 水溶性维生素

水溶性维生素能溶于水，主要有 B 族维生素（主要有维生素 B_1、维生素 B_2、维生素 B_3、维生素 B_5、维生素 B_6、维生素 B_{11}、维生素 B_{12} 等）、维生素 C、维生素 P、维生素 H 等，如表 3-2 所示。

表 3-2　主要的水溶性维生素

水溶性维生素	生化作用	食物来源
维生素 B_1	防止神经炎和脚气病，增进食欲，促进生长、发育	谷类、豆类、猪肉、蛋类等
维生素 B_2	促进机体内氧化还原作用，预防脱发、口角溃疡、角膜炎等	花生、豆类、牛奶、蛋类、动物肝脏等
维生素 B_6	与氨基酸代谢有关，若缺乏会使中枢神经兴奋，使人不安	米糠、蛋黄、大豆、动物肝脏、蜂王浆等
维生素 C	预防和治疗坏血病，促进伤口愈合，预防感冒和消化道癌症	多存于水果、蔬菜中，尤其是柑橘、枣、山楂、番茄、豆芽含量丰富
维生素 P	保持毛细血管完整，降低毛细血管壁的脆性，防止机体内出血	柑橘、芹菜等
维生素 H	预防皮肤病，促进脂类代谢	酵母、牛奶、蛋黄、动物肝脏、蔬菜等

（五）矿物质

矿物质是一个总称，它就是食品中除 C、H、O、N 4 种元素以外的人体所需的各类元素。迄今为止，已查明人体中含有 36 种矿物质元素。

人体每日必需微量矿物质有碘、硒、钙、铁、锌 5 种，需求量较大的是钙，普通成人钙日摄入量要求在 800～1200 毫克之间，其次为碘，日需求量一般为 200 毫克，硒的日需求量为 50 毫克，铁和锌的日需求量均为 15～20 毫克。

1. 碘

碘被称为"智慧之泉"。人体内碘的摄入 80%～90% 来源于食物，10%～20% 来自饮水。碘缺乏病是由于自然界的水、土壤缺碘，造成植物、粮食中碘含量低，使机体碘的摄入不足而导致的一系列的损害。成人表现为甲状腺肿大，并可导致下一代婴幼儿童呆傻、聋哑或智力低下，造成不可逆转的终生残废。一般来说，大多数陆地植物的碘含量都较低，平均每千克不超过 1.0 毫克，唯有菠菜和芹菜的碘含量较高，每千克可达到 1.64 毫克和 1.60 毫克。海产品中的碘是陆地植物的几倍，有的甚至高达几十倍。通常人们吃的海带，其碘含量每千克约 10.0 毫克。

> **小知识**
>
> 我国除上海以外，绝大多数地区都有碘缺乏病的流行，每年的 5 月 15 日被定为全国碘缺乏病防治日。食盐加碘是公认的补碘方法，从 1995 年起，我国开始实施全民食盐加碘，国家强制在食用的氯化钠食盐中加入少量的碘酸钾。10 年后，我国 7～14 岁学生的甲状腺肿大率由平均 20.4% 降低到 5% 以下，过去隐性缺碘地区新出生儿童的平均智商提高了 11～12 个智商点。

> 2009年5月,一项"沿海地区居民碘营养状况"调查由卫生部牵头,在浙江、辽宁、福建、上海四省市低调展开。原本预防甲状腺肿大的碘盐,反而导致市民碘过量,存在巨大的健康风险。世界卫生组织推荐每人每天的食盐摄入量是6克,但中国居民食盐摄入量每日普遍超过20克。这就需要同时提供不含碘的盐供人选择,否则碘摄入过量的危险性极大。
>
> 2012年3月15日开始,国家新的食用盐碘含量标准开始实施,食盐的平均加碘量,由原来统一的加工水平35毫克/千克,下调至20~30毫克/千克,并且提供了3种标准,允许各省自主选择加碘水平。2016年5月,国务院发布《盐业体制改革方案》,在颇受老百姓关注的食盐加碘制度方面,方案提出:有效拓宽碘盐供应渠道,确保合格碘盐覆盖率在90%以上,同时满足特定人群非碘盐消费需求。

2.硒

硒被称为"抗癌元素之王",人体缺硒易降低机体免疫能力,导致多种癌症的发生。黑色食品(黑米、黑豆、黑芝麻、黑木耳等)中含硒量较其他食品多,经常食用对抗癌具有十分明显的作用。除此之外,海产品、肉类、芦笋、蘑菇、大蒜也是硒的良好来源。

3.钙

钙是人体生长发育和新陈代谢不可缺少的重要矿物质。儿童的骨骼生长发育需要大量的钙,缺钙可发生佝偻病,中老年人缺钙则可发生骨质疏松等症。牛奶、牛奶制品(奶酪、酸乳酪等)和鸡蛋是食品中钙的主要来源,绿色蔬菜尤其是卷心菜、豆类和果核也含有钙。

4.铁

铁是形成血红蛋白所需要的成分,对于维持血液的供应必不可少,缺铁可导致缺铁性贫血。所有的肉类食物都含有铁,绿色蔬菜中也含有丰富的铁。

5.锌

锌对儿童和青少年智力和身体的发育有很大的影响,缺锌可导致儿童发育迟缓、身材矮小、智力低下。动物性食品中含锌量较高,蔬菜、水果中含量较少。

(六)水分

水分虽没有营养价值,但它直接参与人体各种生理活动,如营养成分的消化吸收和运送、人体组织的完善和更新、废物的排泄以及体温的调节平衡等都不能缺少水的参与。

动植物食品中都含有不同数量的水分,几种常见的食品含水量如表3-3所示。

表3-3 几种常见食品的含水量

食品	面包	米饭	鱼	肉	鸡蛋	蔬菜	水果
含水量	30%~37%	65%	48%~50%	60%~70%	75%	90%~96%	76%~89%

食品中的水分有两种存在形式:部分水分与胶体物质(蛋白质、淀粉等)结合在一起,称为结合水,它与普通水不同,不能溶解溶质,0℃时也不结冰;没有被束缚的水分,称为自由水或游离水,其性质与普通水相同。微生物生长和繁殖只能利用自由水,所以就食品的储藏稳定性来说,食品中自由水比食品中的总水分更有实际意义。

二、纺织品的化学成分

纺织品是利用纺织纤维经纺纱、织造而成的,纺织纤维的种类和性质,直接决定纺织品的特点和质量。纺织品虽然品种很多,但其所用的原料可以分为两大类,即天然纤维和化学纤维。

(一)天然纤维

1.棉纤维

棉纤维一般呈白色或淡黄色，其主要成分是纤维素，约占 94.5%，其余是水分、蜡质、含氮物、果胶质等杂质及少量色素。纤维素的性质决定棉纤维织品的性质。棉纤维多孔且含有亲水基团，故吸湿性良好。棉纤维对碱的抵抗力强，对酸的抵抗力弱，其制品可用碱性洗涤剂洗涤。棉纤维有一定的耐热性，温度在 160℃ 以上时发生氧化、分解，颜色变黄，强度和弹性下降，棉纤维防燃性较差。

2. 麻纤维

麻纤维是麻作物的茎部或叶子中剥下的韧皮纤维或叶纤维。叶纤维质地粗硬，如剑麻、焦麻等，多用作绳索，不宜作纺织原料。韧皮纤维中，较粗硬的黄麻、槿麻等用于包装用布、麻袋、绳索、地毯底部等，柔软的苎麻、亚麻则是重要的纺织原料。纤维素是麻纤维的主要成分，含量越多质量越好。麻纤维的木质素会使纤维发硬和粗糙。见表 3-4 所示。

表 3-4 苎麻、亚麻和黄麻成分的比较

成分 种类	纤维素	半纤维素	木质素	果胶	蜡质	其他
苎麻	65%~75%	14%~16%	0.8%~1.5%	4%~5%	0.5%~1%	6%~13%
亚麻	70%~80%	12%~15%	2.5%~5%	1.4%~5.7%	1.2%~1.8%	1.1%~1.9%
黄麻	57%~60%	14%~17%	10%~13%	1%~1.2%	0.3%~0.6%	10.5%~12.5%

苎麻和亚麻的吸湿性好，但柔软性差，不易弯曲，手感粗硬，耐磨性差。由于纤维长短和粗细有较大差异，因此成纱较粗，条干不均。

3. 羊毛纤维

羊毛纤维一般指绵羊毛。山羊毛中的绒毛称为山羊绒，是高贵的纺织原料，而其粗毛因质地粗硬，主要用作刷子、毛笔等。羊毛纤维的主要成分是角质蛋白质，含量约为 97% 以上，另外含少量的动物胶原、色素和矿物质。羊毛纤维的性质主要取决于角质蛋白质的性质。羊毛纤维的耐酸性较强，而耐碱性较差，受氧化剂作用易氧化分解。羊毛具有良好的弹性和吸湿性，并具有可塑性和缩绒性，由此形成了毛织品独特的风格和特征。

4. 蚕丝

蚕丝是蚕在结茧时吐出的丝缕，用作纺织纤维的主要是桑蚕丝（俗称真丝）和柞蚕丝。蚕丝的主要成分是丝素（约占干重的 72%~80%）和丝胶（约占 18%~25%），另含有少量的脂肪、蜡质和灰分等。因为丝素和丝胶均为蛋白质，所以蚕丝的性质与羊毛有些相似，也是耐酸性好，耐碱性差。蚕丝对光很敏感，尤其是紫外线能使蚕丝脆化，如日照 200 小时，纤维强力就降低 50%。

（二）化学纤维

1. 人造纤维

人造纤维是以天然高分子物（如木材、短棉绒、芦苇、大豆等）为原料，用化学方法和机械加工制得的纤维，包括黏胶纤维、醋酸纤维和铜氨纤维等。其中最常见的是黏胶纤维，它是以木材、短棉绒等天然纤维素为原料生产的，所以其主要成分为纤维素。黏胶纤维与棉纤维一样耐碱不耐酸，具有良好的吸湿性，光泽和染色性均较好，但其弹性和耐磨性较差，织物易起皱变形。

2. 合成纤维

合成纤维是从煤、石油、天然气原料中提取简单有机物，用有机合成的方法制成单体，再聚合为高分子化合物，最后纺丝而制成的纤维。常见的合成纤维有锦纶、涤纶、腈纶、维纶、丙纶等。合成纤维的成分不含营养物质，所以合成纤维都不易发霉、不易被虫蛀。

三、日用工业品的化学成分

日用工业品的种类很多，用途复杂，因此日用工业品的化学成分最复杂，可以概括地分为无机物、低分子有机物和高分子有机物三大类。

（一）无机物商品

日用工业品中无机物商品主要包括各种金属制品和硅酸盐制品等。

1. 金属制品

金属制品的主要成分是各种金属单质。一种金属可以独立形成某一制品，也可以与另一种（或几种）金属或非金属熔合而成为合金，合金的性质不是其组成成分性质的简单的总和，而是形成新的独特的性质。如生铁易生锈，在铁中加入一定量的铬和镍炼成不锈钢，改变了铁易生锈的性质，且耐酸碱，成了优良的金属材料；纯铝的强度低，用途受到限制，向铝中加入适量的硅、铜、镁、锰等合金元素，铝的强度显著地提高。日用工业品中的金属主要有铁、铝、铜及相应的合金和化合物。

2. 硅酸盐制品

硅酸盐制品的主要成分是二氧化硅（SiO_2）。自然界中有大量的二氧化硅存在，各种岩石、陶土、沙子都含有二氧化硅，白亮的石英就是最纯净的二氧化硅。二氧化硅是一种坚硬难溶的物质，它的化学性质非常稳定。但在高温下能跟碱和碱性氧化物反应生成硅酸盐。以二氧化硅和硅酸盐为主要原料制成的商品有玻璃、陶瓷制品、水泥、耐火材料等，搪瓷物品的瓷釉也是硅酸盐。生产这些商品的工业称为硅酸盐工业，是国民经济的重要部门。

（二）低分子有机物商品

日用工业品中含低分子有机物的商品主要有肥皂和合成洗涤剂等。

1. 肥皂

早期的肥皂是用猪的胰脏和天然土碱捣合而成，俗称"胰子"。目前绝大多数肥皂是用天然油脂与氢氧化钠制成，其主要成分为高级脂肪酸钠。高级脂肪酸钠溶于水，具有洗涤去垢作用。

2. 合成洗涤剂

合成洗涤剂的主要成分是以石油等为主要原料，经过化学合成而制得的表面活性剂。其品种很多，产量较大的有 20 多种。根据表面活性剂在水溶液中离解出来的表面活性离子的电荷不同，可分为阴离子型、非离子型、两性型、阳离子型四大类。

（1）阴离子型　在水溶液中离解出来的阴离子呈表面活性的一类表面活性剂，称为阴离子型表面活性剂。其用量最大，占洗涤表面活性剂总量的 65%～80%。它的用途最广，适于制造各种类型的洗涤剂，尤其适于生产棉、麻洗涤剂。其主要品种有脂肪醇硫酸钠、烷基磺酸钠、烷基苯磺酸钠等。

（2）非离子型　在水溶液中不会离解成带电离子而呈电中性的分子状态或胶束状态的一类表面活性剂，称为非离子型表面活性剂。其水溶性呈中性，耐硬水性好，润湿、分散、乳化、增溶、防再沉淀性、去污力都很好，多用于生产洗涤丝、毛织物的液体洗涤剂。

（3）两性型　两性型表面活性剂在水溶液中同时带有阴阳两种电荷的表面活性离子。在碱性溶液中呈阴离子，在酸性溶液中呈阳离子，在中性溶液中呈非离子型。其溶解度、泡沫等都较好，是新型品种，但成本较高。

（4）阳离子型　阳离子型表面活性剂只能在酸性溶液中发挥洗涤作用，因此主要用于制造工业用洗涤剂。

（三）高分子有机物商品

日用工业品中的高分子有机物商品主要有塑料、橡胶、纸张、皮革等制品。

1. 塑料

塑料是在一定条件下具有可塑性的高分子材料。它的主要成分是合成树脂，所以塑料的名称与其所用合成树脂的名称是一样的，如聚乙烯塑料、聚丙烯塑料、聚苯乙烯塑料。塑料的品种很多,既有单一组分的,即只用一种合成树脂加工的,也有多组分的,即除合成树脂外,还加入增塑剂、稳定剂、固化剂等辅助材料。

2. 橡胶

橡胶是一种在室温时具有高弹性的高分子化合物。橡胶按其原料来源分为天然橡胶、合成橡胶和再生橡胶三类。

(1) 天然橡胶　天然橡胶的原料来自于橡胶树。从橡胶树上采取橡胶的过程称为割胶,割胶流出的乳汁称为胶乳(含水60%),经干燥后制成胶片,其主要成分为聚异戊二烯,含量达98%以上。天然橡胶具有良好的透气性和电绝缘性能,还具有较好的机械性能。天然橡胶是综合性能最好的通用橡胶,可广泛用于生产汽车轮胎、胶管胶带、密封垫圈等工业制品以及胶鞋、热水袋等日用生活用品。

(2) 合成橡胶　合成橡胶是以石油、天然气、煤等为原料,经人工方法合成的具有高弹性的材料。日用工业品中主要有顺丁橡胶、丁苯橡胶、丁腈橡胶等。常用的合成橡胶如表3-5所示。

表3-5　常用的合成橡胶

种　类	主要特性	用　途
顺丁橡胶	弹性、耐低温性最好	用于制造轮胎,与天然胶混合使用
丁苯橡胶	耐磨性、耐老化性好	用于制造轮胎、胶鞋、涂料等产品
丁腈橡胶	耐油性好	用于制造耐油的橡胶制品,还可作黏合剂
氯丁橡胶	耐老化性、耐化学腐蚀性好	用于制造电线、电缆外皮等耐老化制品
丁基橡胶	气密性好	用于制造轮胎的内胎
硅橡胶	具有生理惰性、无毒、耐热	用于制造人造心脏瓣膜、高压锅密封材料等

(3) 再生橡胶　再生橡胶是用废旧硫化橡胶经加工处理制得的,也称再生胶。它能代替部分生胶,降低了成本,适用于胶鞋的海绵底、鞋后跟等部件。

3. 纸张

纸张所采用的原料主要是植物纤维。木材、稻草、竹子、芦苇、树皮、麻类、破布都可以作为造纸的原料。植物纤维的主要成分是纤维素,此外还含有半纤维素、木质素、果胶等。

4. 皮革

皮革是以动物皮为原料,经物理及化学加工而成的一种不易腐烂、具有柔韧性和透气性的物质。皮革的主要成分是蛋白质及少量脂肪、矿物质及加工中添加的化学药剂等。皮革具有良好的耐热性和耐寒性,机械强度高,还具有良好的保温性、透气性和卫生性。

第二节　商品的结构

商品的结构就是商品各个部分的总配合,包括原材料及其组合、商品形态以及商品体内部的原子、分子组合等。不同种类的商品,由不同成分的原材料,经过不同的生产工艺加工制成,因而具有不同的结构。必须认真研究与商品质量有关的商品结构及其与商品性质之间的关系,才能掌握商品质量的特征及其在运输、保管、销售和使用过程中质量的变化规律。

商品的种类繁多,形态各异,概括地说,其物理状态一般分为气态、液态和固态三类。无论是气态、液态和固态,其结构都会影响商品的性能。但工业品中只有少数商品是气体和液体,绝大部分是固体。因此,在这里着重分析固体商品的结构。

一、固体商品的宏观结构

固体商品的宏观结构是指商品体的外形结构、组织结构以及一切可被肉眼或放大镜(10倍以下)所观察到的结构。

商品的宏观结构使商品显示一定的物理机械性能，是衡量商品质量的一个重要因素。因此，分析商品的宏观结构是研究商品质量的前提，也为其包装、贮存和使用提供依据。固体商品的结构极为复杂，从而使各种结构不同的商品性质以及质量特征各自具有明显的区别。

农副产品的结构一般是天然形成的，不是人为设计的，不作为学科研究的重点，而加工品的结构，是在生产过程中人为设计的，这类商品的宏观结构是衡量商品质量的一个重要因素。下面以皮鞋为例，皮鞋是由鞋帮、鞋底和鞋跟三部分构成。

1. 鞋帮

鞋帮是除鞋底部件和鞋跟部件之外的其余部分。鞋的身价主要体现在鞋帮，是整个皮鞋使用寿命长短的决定因素之一。鞋帮由帮面、帮里及一些附件构成。

（1）帮面　根据其所处的部位或功能，帮面一般包括前帮、中帮和后帮三部分。前帮是指包裹在脚背前部的部件。为了使皮鞋美观耐用，前帮用革料应选择表面平整无伤残，色泽光亮均匀，结构紧密挺硬的面革作原料制成。中帮是指前帮小趾端点之后、后帮之前的部件，要受到体重的撑压和反复的伸屈，是鞋帮承受外力最大的部分。中帮所用革料要求柔软致密，机械强度高，延伸性好，不应有伤残和裂痕。后帮是指包裹在脚跟部位的部件，用以托住脚跟，后帮不负荷过大的重力，穿用时也不显露。后帮使用的革料质量要求不高，厚度也可低于前帮。有些鞋在前帮和后帮里层垫有硬革，分别称为内包头和主跟，用以支撑定型，维持鞋的形状。

（2）帮里　帮里泛指鞋帮的里子（鞋垫也属里类），它处于鞋的内腔，但对它的技术要求也不能忽视。帮里必须具备吸湿、耐磨、支撑、耐屈挠等要求，凡显露之处，还必须注意雅观。

2. 鞋底

鞋底主要由外底、内底、中底等部件组成。

（1）外底　外底又称大底，是皮鞋与地面直接接触的部分。它随不同环境地面的冲击、摩擦，不仅保护皮鞋底部和脚，而且对人身体起缓冲等作用。制作鞋外底的材料要求结构紧密、质地坚实、耐磨性好，从材质上看，外底主要有皮底、橡胶底、塑料底、橡塑底和 PU 底 5 类。

（2）内底　位于鞋底面部，接触脚底的鞋底称为内底。作为皮鞋的基础，内底的作用是保持皮鞋内部固定的底形，使脚掌接触在一个平整舒适的底面上。内底一般选用厚度为 3 毫米左右的皮革制成，表面应光滑平整，具有一定的透气性。

（3）中底　中底介于外底和内底之间，主要用于军用鞋、劳保鞋等重型鞋靴。

3. 鞋跟

鞋跟位于外底后端，又称后脚。它起到调节人体平衡以及缓冲等作用，也是磨损集中点。不同类型的皮鞋须有不同的高度，以增加皮鞋的穿着舒适程度和美观性。从材质上看，鞋跟有皮跟、胶跟、木跟和塑料跟 4 类。

小知识

美国加利福尼亚州州立大学的人体工程学研究人员卡特·克雷加文对 700 多名时尚女性的调查发现，70% 以上的女性喜欢穿鞋跟高度为 6～7 厘米的高跟鞋。因为它可以使脚背文雅地拱起，让脚部显得更加小巧，脚踝、小腿、大腿的肌肉能够紧绷，形成优美的腿部线条，臀部肌肉也会受力紧缩，显得更加性感。然而，卡特进行的人体工程学研究结果表明，鞋跟在 3 厘米高度为最佳，穿 6 厘米以上的高跟鞋会给踝骨和膝盖增加负担，腿肚、背部等处的肌肉非常容易疲劳。

> 卡特还建议,女性在办公室里最好常备一双软底鞋或低跟鞋,工作时换上,让双脚享受轻松的感觉。即使穿高跟鞋,也要选择有足弓垫的,避免走路时脚尖前滑,脚趾过分受压,或是选择一双粗跟鞋,能增加脚部的着力点。最重要的是高跟鞋不要天天穿,最好与低跟鞋穿插着穿。

二、固体商品的微观结构

商品的微观结构是指用光学显微镜(放大数十倍、数百倍)可以观察到的结构单元的组合。以下是几种天然纤维的微观结构,见表3-6所示。

表3-6 天然纤维的微观结构

纤维种类	纵向形态特征	断面形态特征
棉纤维	扁平带状,有天然转曲	腰圆形,有中腔
苎麻纤维	纵向有条纹,竹节状	椭圆,有中腔
羊毛	表面有鳞片,圆柱状	圆形或接近圆形
桑蚕丝	光滑的柱状	不规则三角形

研究商品的微观结构,是为了深入了解商品的内在质量及与商品质量有关的因素,确定商品加工、销售和使用的正确方法。如用显微镜观察到棉纤维的结构状态,可以判定棉纤维的成熟度。成熟度是纤维胞壁的加厚程度,胞壁越厚,成熟越好。正常成熟的棉纤维,胞壁厚,截面大,转曲多,强度高,色泽乳白、光亮,可纺性和染色性好。未成熟或过熟棉纤维,天然转曲少,抱合力差,可纺性也差。因此,成熟度是棉纤维的重要性质,也是评定其品级的依据之一。

三、固体商品的内部结构

商品的内部结构是指用光学显微镜观察不到的物质内部的原子、分子的结构或者更大一些的结构单元。

工业品有许多是以高分子物为原料制成的。高分子的几何结构根据大分子的聚合形式不同可分为线型结构和体型结构。

1. 线型结构

线型结构是由许多基本链节联成一个长链的大分子,这些长链柔顺、卷曲,彼此缠绕在一起,呈现不规则的线团,如图3-1所示。

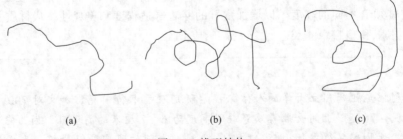

(a)   (b)   (c)

图3-1 线型结构

线型结构中,有的在线型主链的两侧带有许多侧链,称为支链型结构,如图3-2所示。

线型结构高聚物的主要性能:具有良好的弹性和可塑性;在适宜的溶剂中能溶胀并溶解;当温度升高时,能软化,甚至流动。如聚氯乙烯、聚丙烯、ABS树脂等。

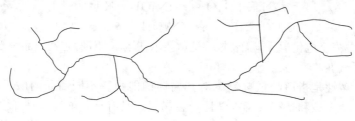

图 3-2　支链型结构

2. 体型结构

大分子相互以三维空间交联构型，形成不规则的体型结构（或称网状结构），如图 3-3 所示。

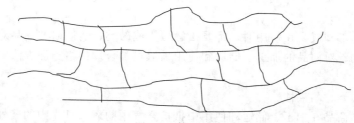

图 3-3　体型结构

体型结构高聚物的性能主要是脆性大、无可塑性和弹性；不溶解任何溶剂，最多只能溶胀而不溶解；当温度升高时不能软化、流动，温度再升高则碳化分解。

第三节　商品的性质

商品的成分和结构决定商品的性质。工业品主要与原材料和加工工艺有关，而食品则与品种和外界因素的影响有关，概括地可以分为商品的化学性质、物理性质、机械性质和生物学性质。商品的性质是决定商品质量的主要因素，也是确定商品包装、运输、贮存和使用条件的重要依据。

一、商品的化学性质

商品的化学性质是商品抵抗各种外界因素对其发生化学作用的能力，即商品的化学稳定性。就是说，商品在流通和使用过程中经受各种化学物质作用时，其化学成分变化的程度。化学性质不够稳定的商品易于发生成分组成和结构的改变，从而导致降低或丧失使用价值。

1. 耐水性

耐水性是商品在不同温度下，对于水（包括空气中的水分）的连续作用或间歇作用所产生的反应。耐水性包括两个内容：一是商品抵抗水溶解其成分的能力；二是商品对于水的水解作用的稳定性。

例如保温瓶胆在长期使用中，由于不同温度的水，尤其是沸水的作用，玻璃中碱性硅酸盐会被水缓缓溶出和分解，结果使瓶胆玻璃逐渐被浸蚀出凹凸不平的麻点并失去光泽，严重时还会出现脱片现象，使玻璃强度降低，影响保温瓶的使用寿命。因此，对这类商品的耐水性要求要高。肥皂、合成洗涤剂等商品，应具有遇水溶解性和水解性，但在流通环节也易发生溶解和水解现象，这就需要针对其性质采取密封包装或防潮包装，防止水和空气中的水汽侵入而影响其质量。空气中的水分是难以控制的，而有些商品遇到空气中的微量水分就会迅速发生反应而变质，如金属钠、电石遇水即发生化学反应。

$$2Na+2H_2O = 2NaOH+H_2\uparrow$$
$$CaC_2+2H_2O = Ca(OH)_2+C_2H_2\uparrow$$

金属材料遇水易发生电化学反应而锈蚀。这就要求在运输和储存这些商品时必须加强防范。

2. 耐酸性和耐碱性

商品的耐酸、碱性是指商品抵抗酸碱对其腐蚀的能力。不同商品耐酸或碱的能力差异很大，如在常温下，金属银和铁都具有抗碱性，金属银还具有抗稀酸性，铁却没有抗稀酸性，而易发生化学置换反应。

$$Fe+H_2SO_4(稀) = FeSO_4+H_2\uparrow$$

再如棉、麻等纤维的主要成分为纤维素，纤维素在碱性条件下比较稳定，在酸性条件下能水解，所以洗涤棉、麻料的衣服饰物应选择弱碱性的合成洗涤剂或肥皂。羊毛和丝绸的主要成分是蛋白质，而蛋白质在酸性或碱性条件下能够水解，所以洗涤毛料和丝绸的衣服，最好使用中性的合成洗涤剂。

很多材料在加工和成品在使用时，都要接触酸类或碱类，所以研究商品对酸或碱的化学作用的稳定性，有利于对商品的加工、储运和使用采取科学合理的措施和方法，提高和延长商品的使用寿命。

3. 耐氧化、耐光、耐候性

这一性质是指商品在加工、储运和使用中抵抗空气中的氧、日光中的紫外线和气候等外界因素作用的能力。耐氧化、耐光、耐候性差的商品受上述外界因素作用较长时，会使成分发生氧化而变质。

商品中的无机成分，所发生的化学变化多为化合或分解反应。而有机成分的变化则十分复杂，例如纺织纤维、塑料、橡胶等高分子材料及其制品，在受到氧、光、冷、热等因素的作用下能发生降解、交联等反应而导致老化。降解的结果使大分子断裂、分子量降低；而交联的结果使线型或支链型分子交联形成网状大分子。多数情况下降解和交联同时发生，降解反应占优势，将使高分子有机物商品失去机械强度，并出现发黏现象。交联反应占优势则使商品发硬变脆失去弹性。

商品的耐氧化、耐光、耐候性是工业品商品的一项重要化学性质。要提高商品的这些性质，除选用化学稳定性高的材料外，主要是在成品制造过程中加入抗氧、抗光、抗热的稳定剂或在成品表面涂上保护涂层，以保证商品质量的稳定。

二、商品的物理性质

商品的物理性质是指商品在重力、湿、热、光等物理因素作用下的反应。与商品质量有关的重要物理性质有重量、吸湿性、热学性质和光学性质等。

（一）重量

商品的重量是一项重要的物理量，它可以直接用来表示和评价某些商品（如金属、纺织品、纸张、皮革、包装食品等）的质量，并可作为鉴定商品或确定材料性质的指标，用来判断材料的本质、结构特点等。通过判定商品重量还可以计算出原材料消耗和商品的用途，以及运输商品的装载量。商品的重量指标通常在国家标准或专业技术标准的技术条件中有严格的规定，如某些食品规定其中的营养成分每千克不得少于多少克，某种添加剂每千克不得多于多少克等。比较重要的重量指标有：平方米重、密度和容重。

1. 平方米重

平方米重是指单位面积（每平方米）材料或成品的重量，它用于表示纺织品、纸张等的某些质量特征。测定平方米重应在标准温度（我国规定温度为20℃±2℃，相对湿度为62%±2%）条件下进行。这是因为此类商品多具有吸湿性，其含水量在不同温度下差异很大。平方米重可用来判断原材料消耗和商品质量。如对纸张的规定是每平方米重小于200克或厚度在

0.1毫米以下，各种纸张单位面积重量不同，其质量、厚薄、强度也就不同。另一方面，平方米重常应用于纺织品生产消耗定额。纺织品每平方米都有规定的重量范围，如超过定额造成原材料的浪费，同时影响质量；低于定额，商品质量不符合标准要求。

2. 密度

密度（旧称比重）是指商品单位体积的重量，单位一般为克/厘米^3，是鉴别某些商品纯度和致密度的指标之一。测定时，如果商品的实际密度与指标要求的密度不符，就说明该商品含有空洞或其他密度不同的杂质。密度范围越接近规定值，则被测定商品的纯度越高。密度也是区分不同材料商品的手段之一，如聚乙烯、聚丙烯两种塑料制品外观相似，难以区别，若将它们同时倒入酒精溶液（浓度58.4%，密度0.91克/厘米^3）中，此时沉入液底的是聚乙烯（密度0.91~0.95克/厘米^3），浮在液面的则是聚丙烯（密度0.90~0.91克/厘米^3）。密度还广泛用于液体有机商品的鉴别和分级。

3. 容重

容重是指多孔性商品的单位体积重量，亦称为"视密度"，以区别于致密体的密度。利用它可以对同一材料的密度和容重进行比较，来确定材料的多孔性大小——多孔率。计算公式为

$$多孔率 = (1 - 密度/容重) \times 100\%$$

非多孔性（致密性）材料的容重等于密度，多孔性材料的容重小于密度，并随多孔性的增大而容重减小，即多孔率越高，则商品的容重越小。

（二）吸湿性

物体吸附和放出水分的性质称为吸湿性。商品在潮湿环境中能吸收水分，在干燥环境中能放出水分，所以说，吸湿与解吸过程是物体在某一条件下含水量多少的动态平衡过程。商品的含水量随着外界温湿度的变化而改变，吸湿性越大其含水量改变的范围越大。

商品吸湿性的强弱决定商品的成分和结构，商品吸附水分的现象也表现为两种类型：一类是与水发生离子或分子间的结合；另一类是表面的吸附。

商品与水发生离子或分子间的结合，是因为商品中含有易于与水结合的亲水基团，如羟基（—OH）、羧基（—COOH）、氨基（—NH$_2$）等成分，这些成分能溶于水，或可与水发生化学反应，或产生分子间的氢键结合。在商品结构方面，由于有些商品有疏松多孔的组织结构或呈粉末状态，表面面积大或形成毛细管，从而水分子进入的机会就多。如天然纤维织品既含有大量亲水基团又疏松多孔，所以它们的吸湿性就高；相反，玻璃、陶瓷、橡胶等制品既不含亲水基团，结构又比较紧密，吸湿仅是表面的吸附，其吸湿性就小。

商品的吸湿性指标用含水率或回潮率表示。含水率是指商品水分含量与商品湿重的百分比，公式为

$$商品含水率 = \frac{商品含水量}{商品含水时重量} \times 100\%$$

回潮率是指商品中水分含量与商品干燥时重量的百分比，公式为

$$商品回潮率 = \frac{商品含水量}{商品含水时重量 - 含水量} \times 100\%$$

以下是几种纺织纤维的标准回潮率（温度为20℃，相对湿度为65%）。回潮率越高，其吸湿性越强。见表3-7所示。

表3-7 常用纺织纤维的标准回潮率

纤维种类	棉纤维	麻纤维	羊毛	蚕丝	涤纶
标准回潮率	11.1%	12%	15%	11%	0.4%

(三) 透水性和透气性

透气性和透水性的本质相同，都是指水的透过，不过其水的物理状态不同。物体能被水蒸气透过的性质称为透气性，能被水透过的性质称为透水性。具有透水性的商品必具有透气性，而且其他的气体也易于透过，透水性大则透气性也大。

商品透气、透水性的大小主要决定于其结构的紧密程度，组织松弛则透气、透水性大。商品的透水性、透气性还与其成分有关，成分中含有亲水基团多的商品，虽然结构紧密，透水性可能很小，但由于成分的吸湿性也就具有相当的透水性和透气性。另外，透水性和透气性的多少也与外界的温度、压力等条件有关。

由于各种商品的用途不同，对于其透气性、透水性也各有不同的要求。从衣着用品来说，透气性是一项重要的卫生属性，衣帽鞋袜都必须具有适当的透气性，才能使人体所分泌的各种挥发性物质透过衣物而消散，而对密封件和防潮所用的包装物却要求具有不透水、不透气的性质。

(四) 导热性和耐热性

1. 导热性

导热性是物体传递热能的性质。影响商品导热性的主要因素是其成分和组织结构以及商品表面的色泽等。外界因素如温度、湿度、气流的速度和压力对商品体的导热性也有影响。

各种成分不同的商品，其导热性的差别很大。如金属材料都是热的良导体，动植物纤维、玻璃、橡胶等都是热的不良导体。纺织品、皮革等导热性差，而具有保温性；多孔性材料如泡沫塑料导热性很差，因而是良好的保温、隔热材料。

商品导热性的表示方法，因商品的种类不同而不同。金属及其制品用比热容表示［比热容是指1克物质温度升高1℃时需要的热量，或温度降低1℃时所放出的热量，单位为焦/（克·摄氏度）］；纺织品以传热系数或热传导率表示；某些商品则以一定时间内温度下降的度数来表示，如五号保温瓶（容积为2000毫升）灌入100℃沸水，室温在10℃以上，在24小时内，若瓶内水温保持在68℃以上则为合格品。

2. 耐热性

耐热性即商品的抗热性，是指商品经受温度变化而不致破坏或显著降低强度的性质。商品的成分和结构的均匀性对其耐热性的影响最大，与导热性和热膨胀系数也有关，其导热性能好、热膨胀系数小则耐热性好，反之则差。

玻璃、陶瓷等商品的导热性较差，在温度变化时，由于传热慢以致各部分膨胀不均，因此易于破裂。这些商品常盛装沸水或直接与热源接触、要承受突然发生的温度变化，故其耐热性是用商品所承受急剧温度变化而不致破裂的最大温度差来表示。如普通钠玻璃可承受90℃的温度急变差，若超过这一界限该类玻璃就易破碎。

高分子材料中的橡胶、塑料及其制品在温度变化的条件下，将发生成分结构的变化而导致性能改变，出现老化变质现象，从而降低商品的使用寿命。这种商品的耐热性一般是用某一定温度下，强度降低的百分率来表示。

(五) 光学性质

物体受到光线作用时所表现出来的性质，称为光学性质。商品的耐光性也是其光学性质的表现形式。

在可见光范围内，不同波长的光引起不同的颜色感觉。当光照射物体时，会发生透过、吸收、反射三种不同的现象，因而不同商品具有不同的颜色和光泽。颜色和光泽是商品的一项重要外观质量指标。

不透明体的颜色是它所反射的色光的混合色。物体如只能反射红光则呈红色，全部吸收则呈黑色，全部反射则呈白色。透明体的颜色是透过它的色光的混合色，无色透明体是对色光吸收和反射很少的物体。

商品的颜色，一般是指在日光下所呈现的颜色。在不同的色光照射下，商品的颜色将发生相应的改变。白色商品在蓝光下仅反射蓝光，故呈蓝色；黄色商品在蓝光下无黄色反射，故呈暗色。日光灯与白炽灯是有区别的，白炽灯的黄光成分较多，会使商品黄色转浓、红色泛黄、蓝色显绿、藏青色发黑。因此，在商店的柜台、货架、橱窗中陈列的商品应利用非直射日光或标准光源，创造消费者能正确判断和选择商品色彩的环境。

商品的光泽主要决定于表面的光滑程度。光滑的表面对于光的反射主要是向着同一方向的镜反射，因而呈现较好的光泽；粗糙的表面则发生漫反射，故缺少光泽。具有光泽的商品，其颜色浅但显得鲜明，同一颜色的无光泽商品则显得色泽深厚。光泽及其均匀一致性，不但是商品外观质量的重要内容，也是商品内部结构和内在质量的反映，因而是商品感官鉴定的一项重要指标。

除可见光外，光还包括紫外线、红外线等不可见光。纺织品、塑料制品、纸张等商品受紫外线长时间照射，机械强度会显著下降，因此不宜在强光下暴晒。

三、商品的机械性质

机械性质是指商品在受到外力作用时所表现出来的性质，即商品抵抗使其破坏或改变形状的各种外力的能力，它是反映商品耐用性的重要质量指标。

（一）弹性和塑性

弹性和塑性是指物体承受外力作用时发生形变的性质。

商品体产生的形变可分为两大类：一类是可复原的形变，称为弹性形变，即物体受外力作用后产生形变，当移去外力，物体能自动恢复原来的形状和尺寸。这种自动复原的性质称为弹性，这种物体称为弹性体。另一类是不可复原的形变，即对其施加外力后，虽移去外力而不能复原的形变，这种形变是永久性的，故称为塑性形变，这种性质称为塑性，这种物体称为塑性体。

物体承受外力的作用是有一定限度的，在这个限度内物体能够恢复原状，超过了这个限度，物体就不能恢复原状，这个限度称为弹性限度。商品体的形变还随外界条件（外力、温度、压力、时间）的变化而不同。例如玻璃、金属、塑料等商品在常温、常压下都是弹性体，而在一定的温度下又是良好的塑性体。所以说，只有弹性形变或只有塑性形变的物体是没有的。所谓弹性体（如橡胶）和塑性体（如塑料）是指前者弹性形变占比例较大，而后者塑性形变所占比例较大。

弹性和塑性以及它们的变化规律，对于商品的制造、保管、使用都有密切的关系。弹性和塑性形变的大小一般用伸长率来表示，公式为

$$伸长率 = \frac{物质受拉伸力时所伸长的长度}{物体的原长度} \times 100\%$$

移去外力，伸长部分回缩的长度表示弹性，不回缩的长度表示塑性。

$$弹性形变值 = \frac{伸长的长度中回缩的长度}{物体的原长度} \times 100\%$$

$$塑性形变值 = \frac{伸长的长度中不回缩的长度}{物体的原长度} \times 100\%$$

（二）强度

商品抵抗外力作用而保持体态和结构完整的能力，称为商品的强度。

商品的强度是表示其坚固耐久性的主要指标。不同成分的商品具有不同的强度，同一成分的商品因结构不同其强度也有差别。如果结构中存在裂隙、气泡等疵点，也会由于应力向弱点

集中而导致强度下降,使制品破裂。同一纤维成分的纺织品,若其结构疏松则强度较低,若其组织结构密实则强度较高,但交织过多过密反而易使应力集中,强度下降。

商品的用途和使用条件不同,它们所承受的荷重形式也不相同,因此各种强度对于不同的商品有着不同的意义。常用的强度指标主要有抗张强度、抗弯曲强度、抗磨强度和硬度等。

1. 抗张强度

抗张强度是指商品抵抗拉伸荷重的能力。拉伸荷重是工业品商品在使用过程中经常遇到的一种外力,所以抗张强度是许多商品的一项主要质量指标。商品抗张强度通常用拉断其单位断面积试样时所需要的最小荷重(千克力每平方米)来表示。纺织品和纸张等商品的抗张强度用断裂强力(拉断一定宽度试样所需的最小荷重)或断裂长度(试样本身重量可使其断裂时所应具有的长度)来表示。

2. 抗弯曲强度

抗弯曲强度是指商品抵抗弯曲荷重的能力。因材料和商品的成分不同,抗弯曲强度差异极大。如橡胶制品大于金属制品,金属制品大于玻璃制品等。

抗弯曲强度的表示方法有多种,因商品不同而异。可用反复弯曲直至断裂所需要的次数表示,也可将试样弯曲至一定角度来观察表面是否有裂纹,或检查弯曲后是否出现各层分离的现象等。各种表示方法都是根据商品结构特点以及商品的用途和使用条件来确定的。

小试验:纸张耐折度试验

1. 试验仪器:肖伯尔式耐折度仪
2. 试验样品:按纵、横向切取宽15毫米、长100毫米的纸条各6~10条
3. 试验过程

① 松动夹头上的螺母,将试样平直地置于夹头中,拧紧螺母,并使试样平直。
② 向左右同时拉弹簧筒,给试样施加755毫牛的初张力。
③ 启动仪器,进行测定,往复折叠至断裂,记录折叠次数。
④ 松开螺母,取出断裂试样,提起弹簧鞘,使弹簧退回原位,拨回计数器至零(数字显示的仪器自动回零),进行下次测定。
⑤ 纵、横向各测定6~10个试样,分别以纵、横向所有测定值的算术平均值表示结果,并报出最大值和最小值。

---

3. 抗磨强度

抗磨强度是指商品抵抗外物摩擦的能力。磨损是工业品商品损坏的一个重要方面,它直接影响商品的使用寿命。

两种物体相互摩擦时,较硬的物体不会受到明显的损伤,所以抗磨强度与物体的硬度有着一致性。但是对于具有交织结构的柔韧性材料来说,硬度高和交织点多而密实,当摩擦时其内层发生切变,交织点过于紧密将产生较大的切应力,而增强被摩擦部分的摩擦阻力,其抗磨强度也就相应地降低。因此,此类商品硬度过大不利于抗磨强度的提高。表面粗糙的商品易形成磨粒磨损,发生划伤或微切割,从而对商品的磨损影响较大。

商品的抗磨强度常用以下两种方法表示,一种是在一定条件下商品磨耗的重量;另一种是在一定条件下摩擦破损时所需要的次数。

4. 硬度

硬度指商品抵抗较硬物体对其压入的能力。

硬度与商品体的成分和结构有关,也与商品体的抗张强度、抗弯曲强度、抗磨强度有关,

所以是一项综合性指标，它对鉴定金属、塑料等商品有重要的意义。金属、塑料等材料及成品的硬度高低常常是决定其使用范围、使用性能以及外观保护的重要方面。

测定硬度的方法有压痕法（即用钢球或金刚石压头在加载情况下对压痕进行测量）、划痕法（用金刚石和其他硬度不同的材料——刚玉、黄玉、石英等刻划并对划痕进行测定）等。

如测定玻璃硬度时，将试样与10种矿物按硬度由小到大依次进行刻划，出现明显划痕时即为该玻璃样品的硬度值，玻璃硬度一般为4～8级。不同矿物材料的硬度级如表3-8所示。

表3-8 不同矿物材料的硬度级

矿物	滑石	石膏	方解石	萤石	磷灰石	长石	石英	黄玉	刚玉	金刚石
硬度	1级	2级	3级	4级	5级	6级	7级	8级	9级	10级

（三）韧性和脆性

商品的韧性和脆性也是反映物体强度大小的表现形式。

1. 韧性

韧性是指商品在一定条件下能承受外力的作用而不破裂的性质。如皮革、橡胶、针棉织品、铁、铝制品等，当受到一定的冲、压、碰撞而不破裂，说明它们具有一定的韧性。

2. 脆性

脆性是指商品在一定外力作用下，易于破裂的性质。其物体称为脆性体，如玻璃、陶瓷、电木、聚苯乙烯塑料制品等。这些商品在运输、储存和使用过程中，必须针对其特性，防止受到挤、压、撞等外力作用而遭受损失。

同种主要成分的材料或成品，随着某些成分的微小变化会对内部结构产生较大的影响，其韧性和脆性也会随之转化。如金属铁（熟铁）含碳少其韧性较好，而高碳铁（生铁）则脆性强。

四、商品的生物学性质

商品的生物学性质，是指商品（主要是食品）受外部因素和微生物作用所表现出的性质。

有机物，特别是有生命的有机体商品，由于具有生命运动这一特殊的性质，因而在储存和使用期间的代谢和其他因素所引起的性质变化与无机物商品、有机化合物、高分子化合物工业品的性质变化有着不同的特点。

（一）水解性

水解性指含有蛋白质、脂肪、糖类等的商品，在酸、碱、酶的作用下水解生成新的物质的性质。

脂肪产生水解反应，使甘油酯分解为甘油和脂肪酸，分解出的脂肪酸越多越容易酸败。因此，鉴定脂肪的新鲜程度，就要测定脂肪中游离脂肪酸的含量。通常用中和1克脂肪（油脂）所需氢氧化钾的毫克数来表示，其数值称为酸价。酸价越低，脂肪质量越好；反之则质量就差。所以，以此作为鉴定脂肪新鲜程度的指标。

蛋白质水解最终使蛋白质分解成氨基酸，故食品加工中利用这一性质，通过酶的作用水解蛋白质，可以改善食品的颜色、香气和滋味，提高吸收率。

（二）氧化性

氧化性主要指食品在自身酶和外部氧的作用下氧化而分解为低分子化合物的性质。

食品氧化的结果往往使质量变坏，降低或失去食用价值。例如含有脂肪类的食品，由于脂肪基含有双键结构，因氧化而断链并生成低级醛、酮、酸等使食品变苦而不能食用；糖类氧化而发酸；维生素等营养成分，可因氧化而失效。

(三) 霉腐性

霉腐性指有机物商品在微生物作用下改变其原有的外观、强度、气味、食用品质等所表现出来的性质。

大多数有机物商品具有可食性，微生物便以此类商品作为基质，附于其上生长繁殖，直接改变商品的质量，而且微生物在代谢过程中所产生的分泌物和毒素也严重影响商品的使用价值。例如纺织品、皮革、纸张、木材等在霉菌的作用下发生霉变。含有蛋白质的食品在一定温度条件下也易腐败，引起蛋白质腐败的微生物，主要是一些杆菌，如肉毒杆菌、大肠杆菌等。

对许多动物性食品，如果在加工和储存过程中不遵守卫生规则和操作规程，不注意贮存条件，很容易受空气中微生物的污染引起腐败变质，尤其是在气温高和湿度大的环境中，如果不严格遵守卫生规则和搞好环境卫生，其后果是严重的。

(四) 酵解性

酵解性指含碳水化合物的商品在无氧状态下分解的性质。

含糖类的商品，特别是食品，因为具有酵解性，在酵母菌和酶的作用下易于发酵分解，而生成其他物质。发酵既能造成食品变质，也是食品加工过程中的一个极重要的方法，称为"发酵工程"，例如乳酸发酵广泛用于乳制品的制造、腌渍酸菜等。

(五) 生理性

生理性是指鲜活食品具有的呼吸、后熟、发芽和抽薹等生理性质。

1. 呼吸

呼吸是鲜活食品（蔬菜、水果）贮藏中最基本的生理活动，它是鲜活食品中有机成分（主要是糖类）在酶的作用下逐步降解为二氧化碳和水的过程，同时产生热量，呼吸实际上是有机物进行的生物氧化过程。

正常的呼吸作用是鲜活食品的基本生理活动。进行适当的正常呼吸能使该类商品处于维持生存的状态，并能保持抵抗病害和抵御微生物的能力。

2. 后熟

为了延长贮藏期，植株上生长的瓜（西瓜、甜瓜等）、果（苹果、梨、香蕉等）、菜（番茄、茄子等）尚未达到成熟即需采摘，采摘下来后的瓜、果、菜虽然脱离了植株，但它们的生理活动仍在继续，逐渐达到食用成熟度，这一过程称为后熟。

后熟可以提高它们的食用质量，在色泽、香气、口感等方面均有明显的提高。但是一旦完成了后熟过程，就要进入衰老期，不耐贮藏，而且质量也开始下降，所以瓜、果菜即将后熟时，就应及时供应市场。降低温度可延缓后熟，所以目前市场上有些水果商为了提前供应市场，采用人工催熟的手段，使水果提前成熟。

3. 发芽和抽薹

二年生的蔬菜（如马铃薯、葱、姜、蒜、大白菜、萝卜等）经过休眠期后，生理活动开始活跃，会出现发芽和抽薹现象，大量的营养成分将供给发芽和抽薹的需要，使组织粗老或空心，失去原来鲜嫩品质，有些蔬菜发芽时还会产生有碍健康的毒素，如马铃薯在发芽时，在芽四周会产生有毒的龙葵素。

为杜绝发芽和抽薹，在贮藏上述食品时，温度应控制在5℃以下，并防止光照。

(六) 生化性

生化性是指生鲜食品能够发生僵直和软化的性质。

刚屠宰的家畜肉、家禽肉和刚死的鱼等动物性食品中，虽然已经死亡，但体内的各种酶仍有活性，能引起某些成分发生多方面的变化。按变化的先后顺序的不同，分为僵直、成熟和自溶（合称为软化）阶段。

1. 僵直

僵直是由于肌肉组织中的糖原被乳糖酶作用产生的乳酸，改变了肉组织中的pH值，使肌肉纤维组织紧缩，肉质变硬。鱼在僵直阶段新鲜度高，食用价值大，而畜肉、禽肉在僵直阶段肌肉组织弹性差，缺乏鲜肉的风味，烹饪时不易煮烂，不适宜直接食用，但作为贮藏来说，应该保持其僵直状态。

2. 成熟和自溶（软化）

当僵直过程结束后，肌肉组织中的各种酶仍在起作用，尤其是一些水解酶，会把某些成分分解成较简单的成分，生成一些呈鲜味的物质（如谷氨酸），肌肉达到成熟阶段，不但失去僵硬，而且肌肉柔软更富有弹性，容易煮烂，风味鲜美。

当肉的成熟作用完成后，就进入自溶阶段，肌肉的弹性降低，而且色泽变暗，失去鲜肉的光泽，虽然仍可食用，但肉的风味变劣，甚至有异味出现。

复习思考题

一、填空题

1. 糖类又称_____，按其分子结构可以分为_____、_____和_____。
2. 蛋白质由_____、_____、_____、_____四种元素组成，多数蛋白质还含S、P，少数蛋白质含有Fe、Mn、Zn、I等。
3. 油脂来源于动植物组织，其主要成分是_____。油脂根据其来源分为_____和_____两类。
4. 通常根据维生素的溶解性质，大致可分为_____和_____两大类。
5. 蚕丝的主要成分是_____和_____，另含有少量的脂肪、蜡质及灰分等。
6. 目前绝大多数肥皂是用天然油脂与氢氧化钠制成，其主要成分为_____。
7. 工业品有许多是以高分子物为原料制成的，高分子的几何构体根据大分子的聚合形式不同可分为_____和_____。
8. 商品的重量是一项重要的物理量，比较重要的重量指标有：_____、_____和_____。
9. 商品的强度是表示其坚固耐久性的主要指标，常用的强度指标主要有_____、_____、_____和_____等。
10. 刚屠宰后的畜禽肉按变化的先后顺序的不同，有_____、_____和_____三个阶段。

二、单项选择题

1. 下列哪一类不属于单糖的是（　　）。
   A. 果糖　　　　　　　B. 葡萄糖　　　　　　C. 麦芽糖　　　　　　D. 半乳糖
2. 下列哪一类属于多糖的是（　　）。
   A. 果糖　　　　　　　B. 纤维素　　　　　　C. 乳糖　　　　　　　D. 蔗糖
3. 双糖的分子式为（　　）。
   A. $C_{12}H_{22}O_{11}$　　　B. $C_6H_{12}O_6$　　　C. $(C_6H_{10}O_5)_n$　　　D. $C_{12}H_{22}O_{12}$
4. 被誉为"智慧之泉"的矿物质元素为（　　）。
   A. Fe　　　　　　　　B. I　　　　　　　　　C. Zn　　　　　　　　D. Se
5. 下列纤维中主要成分不是纤维素的是（　　）。
   A. 棉纤维　　　　　　B. 麻纤维　　　　　　C. 羊毛　　　　　　　D. 黏胶纤维
6. 在显微镜观察下，具有天然转曲的纤维是（　　）。
   A. 棉纤维　　　　　　B. 麻纤维　　　　　　C. 羊毛　　　　　　　D. 蚕丝
7. 下列纤维中，不适合用碱性洗衣粉洗涤的是（　　）。
   A. 棉纤维　　　　　　B. 麻纤维　　　　　　C. 羊毛　　　　　　　D. 黏胶纤维

8. 对于多孔性商品,容重和密度的关系是（　　）。
   A. 容重小于密度　　　　B. 容重大于密度　　　　C. 容重等于密度　　　　D. 两者不相关
9. 下列矿物中,硬度最大的是（　　）。
   A. 刚玉　　　　　　　　B. 黄玉　　　　　　　　C. 石英　　　　　　　　D. 金刚石
10. 鱼在（　　）阶段食用价值最大。
    A. 僵直　　　　　　　　B. 成熟　　　　　　　　C. 自溶　　　　　　　　D. 腐败

三、问答题

1. 简述食品中的主要营养成分。
2. 列举常用日用工业品的主要化学成分。
3. 简述商品的重要物理性质。
4. 简述商品强度的主要表现形式。
5. 简述商品的重要生物学性质。

实 践 训 练

实训项目：纤维的水分测试

（一）实训目的

1. 了解纤维含水量对纤维本身质量的影响。
2. 掌握烘箱烘干法测试纤维含水量的基本步骤。

（二）实训原理

烘箱烘干法测定纺织材料水分是利用电热丝加热箱内的空气,热空气将纺织材料烘干。箱内稳定控制在 105~110℃ 之间,使其既高于水的沸点,又不致使被测定的物质因温度过高而遭受损伤。

（三）实训仪器：转栏式烘箱、电子天平

（四）实训样品：棉纤维

（五）实训步骤

1. 按规定抽取试样,每份精确称取 50~100 克,放置在烘箱内,每栏放置一份,然后扭开电源,使烘箱温度逐渐升高。
2. 当烘箱温度高达 105℃ 时开始计时,经过 90 分钟后,关闭电源,待 1 分钟后进行第一次称重。
3. 以后每隔 10 分钟称重一次,直至前后两次称重的差异,不超过前次称得重量的 0.05% 时,即最后一次称重为该试样的干燥重量。称重时各栏的试样务必在 10 分钟内称完,否则影响继续烘干的时间。

（六）计算方法或公式

1. 回潮率：即纤维内所含水分重量对纤维的干燥重量之比的百分数。

$$W = \frac{g_1 - g_2}{g_2} \times 100\%$$

式中　W——纤维的回潮率；
　　　g_1——纤维含水重量,简称湿重；
　　　g_2——纤维干燥重量,简称干重。

2. 含水率：即纤维内所含水分重量对纤维湿重之比的百分数。

$$W_C = \frac{g_1 - g_2}{g_1} \times 100\%$$

式中　W_C——纤维的含水率。

第四章 商品质量与商品品种

【学习目标】
① 理解商品质量的含义和提高商品质量的意义。
② 掌握各类商品质量的基本要求以及对所有商品的总质量要求。
③ 掌握影响商品质量的各种因素。
④ 理解品种、质量、效益三者之间的关系。
⑤ 掌握企业的商品品种策略。

第一节 现代商品质量观

商品质量是国家、企业以及消费者都十分关心的一个重要问题,商品质量是一切经济管理工作的永恒主题。商品学研究的中心内容就是商品的质量。传统的、简单的对商品质量的理解是,商品质量就是商品好坏、优劣程度的衡量。今天的商品质量的含义已经远远超过了这种简单的理解。

一、商品质量的概念

商品质量是一个动态的、发展的、变化的概念,将随着经济、技术的发展以及社会消费习惯的变化和消费水平的提高而发生变化。在社会中,商品质量是经济管理工作永恒的主题,随着社会的发展、科学技术的进步和人民生活水平的提高,人们对商品质量的认识也不断发展、深化。

(一)商品质量的含义
现实中人们对商品的质量有广义和狭义两种不同的理解。
1.广义的商品质量
广义的商品质量是指商品满足规定或潜在要求的特征和特性的总和。关于商品质量的含义,有如下几点说明。
①"规定"是指国家或国际有关法规、质量标准或买卖双方的合同要求等方面的人为界定。
②"潜在要求"是指人和社会对商品在适用性、安全性、卫生性、耐久性、审美性、经济性等方面的人为期望。如人们对外衣不仅要求挺括耐皱,而且要求款式新颖;对夏装不仅要求轻薄,而且要求有良好的吸湿性和透气性。
③"特征"是指用来区分同类商品不同品种的显著标志。如风扇根据安装位置可分为吊扇、台扇、落地扇。
④"特性"是指不同类别商品所特有的性质。如保温瓶的保温性能、服装的服用性能(包括断裂强力、撕裂程度、耐磨性)等。
2.狭义的商品质量
狭义的商品质量仅指商品满足规定或潜在要求的特性的总和。而商品满足规定或潜在要求的特征的总和则是商品品种的概念。
可见,广义的商品质量包括狭义的商品质量和商品品种两方面内容。

(二) 商品质量的内容

通常商品质量包括商品内在质量和外观质量，还应包括商品社会质量和经济质量。

1. 内在质量

内在质量包括商品的使用性能（化学性能、物理性能、机械性能、生物学性能）、使用寿命、可靠性、安全与卫生性等。

2. 外观质量

外观质量包括外观构型、质地、色彩、气味、手感、表面疵点和包装等。例如肥皂在外观上要求软硬度适中，不发黏、不开裂、不出现发汗、冒霜等现象，色泽要求均匀洁净，无油脂酸败气味。

3. 社会质量

社会质量是指商品满足全社会利益需要的程度。如是否违反社会道德，对社会环境造成污染、浪费有限的能源和资源等社会所关切的利益。

4. 经济质量

经济质量是指人们按其真正需要，希望以尽可能低的价格获得尽可能优良的性能的商品，并且在消费中付出尽可能低的使用和维修成本，即物美和价廉的统一程度。

(三) 商品质量的特性

1. 动态性

人们对商品质量要求不是固定不变的，随着技术的发展、生活水平的提高，人们对商品会提出新的质量要求。人们最初仅考虑商品的内在质量，发展到越来越注重商品的外观质量、社会质量、经济质量。

2. 相对性

不同国家、不同地区因自然条件、技术发达程度、消费水平、风俗习惯等不同，会对产品提出不同的要求，产品应具有这种对环境的适应性，向不同地区提供具有不同性能的产品以满足该地区用户的需要。

二、提高商品质量的意义

商品质量的高低是衡量一个国家生产力发展水平的重要标志，一个国家的经济越发展，科学技术水平越高，所生产的商品质量就越好。保证和提高商品质量对于发展国民经济、提高人民物质文化生活水平有着重要意义。

1. 保证和提高商品质量是创造社会财富、满足消费的重要标志

商品的使用价值在一切社会形态中都是构成社会物质财富的内容。质量是商品具有使用价值的保证。质量好，意味着商品的耐用性、实用性、适用性都较好。因此，商品质量的提高等于社会财富的增加。保证商品质量，对国家、企业以及消费者有利，对促进整个社会物质文明和精神文明的发展，有着极其重要的作用和意义。

2. 不断提高商品质量是发展生产、扩大经营的重要前提

提高商品质量是为了向社会提供更多的质价相当、优质名牌商品，从而不断改善人民生活，满足人们不断增长的物质和文化生活需要。当今社会的生产活动和人们日常生活中的吃、穿、用都离不开各种各样的商品，如果生产和经营的商品不对路、质量差，就得不到社会的承认和欢迎，这样的商品就很难销售出去。对企业来讲，占压了资金，影响了扩大再生产和正常的商品流通。质量是企业的生命，不断提高商品质量是发展生产、扩大经营的重要前提条件。

3. 不断改进和提高商品质量是提高市场竞争能力的重要措施

商品的质量问题，在国际贸易和国内商品流通中日益成为市场竞争中的重要内容，商品质量的作用已引起国内外贸易界和经济技术界的重视，很多国家都提出了"质量在挑战"的口

号。在国内,对生产企业提出的"质量第一"已成为我国长期的指导方针。在对外贸方面也提出了"提高质量求生存,增强品种求发展,择优出口,以优取胜"的方针。

4. 改进和提高商品质量是促进企业质量管理制度完善的中心环节

企业具备完善的质量管理制度和组织措施是保证商品质量和提高经营水平的基本措施。企业经营管理水平的提高和经营制度的完善,在很大程度上是通过组织本企业或本系统的优质产品的生产、销售和售后服务等一系列工作过程而逐步建立起来的。

第二节 商品质量的基本要求

对商品质量的基本要求是根据其用途和使用方法或食用目的来确定的。由于商品的种类繁多,性能各异,又有着不同的特点和用途,因而对不同商品的质量要求是不同的。

一、对食品质量的基本要求

(一)食品的卫生无害性

食品的卫生无害性指食品成分中不能含有对人体有害的物质和不洁物。这是食品是否符合卫生要求的重要条件,是衡量食品质量一个极为重要的指标。

食品中有害物质的来源,一般有以下5个方面。

1. 自身所产生的毒素

有些天然食品本身就产生和分泌有毒成分,如河豚内脏存有河豚毒素、马铃薯的发芽部分存有龙葵素。死亡后的鳝鱼、河蟹、鳖等体内的组胺,经氧化产生的毒素对人体消化系统、神经系统都有严重的危害。

2. 生物对食品的污染

有的食品含有寄生虫和寄生虫卵,食用后对人体健康危害很大,如绦虫病、蛔虫病都是因食用了含有虫卵的食品所致。

3. 加工中混入的毒素

食品在加工过程中,使用添加剂或香精等超出规定限量;罐头铁皮中的铅、砷等成分溶入食品中,油炸食品时生成的甘油醛等,都会造成食品的污染。

4. 保管不善产生的毒素

食品在保管过程中容易出现以下2种情况。

(1) 发霉 食品受污染后,大量繁殖霉菌,食品表面出现茸茸的毛状物是霉菌的菌丝体。它不仅污染了食品的外观,而且能分泌多种酶,破坏食品中糖类和蛋白质等主要营养成分,并产生令人厌恶的霉味。有些霉菌还能在条件适宜的情况产生霉菌毒素,如花生、小麦、玉米、大豆等发霉后能产生黄曲霉素,这种毒素有害人体,能诱发肝癌,国家标准规定每千克食品中黄曲霉素含量不能超过20微克。

(2) 腐败 主要是一些细菌在食品中大量繁殖引起的,尤其是对水分和蛋白质较多的生鲜食品最容易出现腐败。肉、鱼等蛋白质食品经过细菌的分解,会产生恶臭的气味和有毒的胺类化合物。

5. 环境或化学药品造成的污染

主要指"三废"(废气、废水、废渣)或不适当地施加农药等原因造成的环境污染而侵害食品卫生。如环境受到污染后,由于食物链的传递而使有毒物在某食品中富集起来。高毒、高残留量的农药如有机氯农药(俗名"六六六",化学分子式$C_6H_6Cl_6$)、汞制剂、砷制剂等对人体健康危害极大,必须禁止使用。

为了确保食品卫生,有效防止食品污染,保障人体健康,所有从事食品生产和经营的单位和个人，都必须切实按照国家的有关法规，对食品、食品添加剂、食品容器、包装材料、食品用具、食品加工设备、食品经营场所以及有关环境，采取必要的防范和处理措施，并且接受食品卫生机关和消费者的监督，切实保证销售的食品符合国家卫生标准要求。

（二）食品的营养价值

能给人体提供营养物质，这是一切食品的基本特征。营养价值的功能是供给人体维持生命活动、促进人体新陈代谢和保障人体健康的重要因素，是决定食品质量高低的重要依据。

食品的营养价值包括营养成分、可消化吸收率和发热量三项指标。

1. 营养成分

食品中营养成分主要包括蛋白质、脂肪、碳水化合物、维生素、矿物质及水分等。（具体内容见第三章）

2. 可消化吸收率

可消化吸收率是指食品在食用后，可能消化吸收的百分率，该指标反映了食品中营养成分被人体消化吸收的程度。

食品中的营养成分，只有在被人体消化吸收后，才能发挥其基本作用。例如，蔬菜和水果中的主体结构——纤维素虽属碳水化合物，但人体不能进行消化和利用，因而在测定其营养成分时都不计纤维素的含量。动物性食品中的肉和蛋，其主体结构是由蛋白质组成的，是人体可以吸收的主要营养物质。所以，通常认为动物性食品的营养价值高于植物性食品，就是从可消化吸收率这个角度讲的。芹菜等富含纤维素的食品虽不易消化，但可刺激肠壁分泌消化液和蠕动，有助于其他食物的消化吸收，也有利于废物的排泄，防止便秘。

3. 发热量

发热量指食品的营养成分经人体消化吸收后，在人体内产生的热量，是反映食品营养价值的最基本的综合性指标。

人体对食品的需要量通常是采用能产生热量的碳水化合物、蛋白质和脂肪三种主要营养成分的发热值来计算。经试验证明，1克碳水化合物或1克蛋白质经消化或完全氧化后产生的热量为4千卡（1卡=4.18焦），1克脂肪产生的热量为9千卡。如已知食品中主要营养成分含量，即可计算出该食品的发热量。

主食是人体热量的主要来源，副食中鱼、肉、蛋、奶也是热量的重要来源，而蔬菜、水果则是人体维生素、矿物质的主要来源。

（三）食品的色、香、味、形

食品的色、香、味、形指食品的颜色、香气、滋味和外形，是评价食品质量的感官指标。

1. 颜色

食品的颜色来源于本身所固有的天然色素和化学合成色素。

天然色素按来源不同，分为植物色素（如叶绿素、胡萝卜素、花青素）、动物色素（如血红素、虾青素等）和微生物色素（如红曲色素）。

可在食品中添加的化学合成色素主要有胭脂红、苋菜红、靛蓝、柠檬黄4种，国家标准规定其含量不得超过0.05~0.1克/千克。

2. 香气

食品的香气是食品中多种挥发性香味物质作用于鼻黏膜感受体所引起的感觉。香味物质的含量与原材料种类、成熟程度、加工条件和工艺条件等因素有关，含量大致在1~1000毫克/克。据统计，决定香气的物质有2500种，起重要作用的物质有200~400种。

3. 滋味

食品中的可溶性滋味物质溶于唾液或水，刺激舌表面的味蕾，再将刺激传递至中枢神经，就会产生不同的味觉，通常以酸、甜、咸、苦4种为基本滋味。

4. 外形

人们不但要求食品美观、和谐，以适应消费者心理，而且要求食品外形稳定，以适合生产、运输、储存和食用。例如我国的传统食品——中秋月饼，要求其形扁平圆整，不漏底，不露馅，色呈金黄或棕黄，表皮油润，掰开月饼，应是皮馅分明，馅料大小均匀，分布适中。

二、对纺织品质量的基本要求

纺织品是人们的生活必需品，包括机织品和针织品两大类。对这类商品一般从原材料、组织结构、机械性能和服用性能等方面来评定其质量。

1. 材料选择适宜性

纺织品商品的基本性能及其外观特征，主要由其所用的纤维材料决定。不同种类纤维，其制品的性能特点也有不同。

（1）棉　保温性好，吸湿性强，耐酸性差。

（2）麻（如亚麻）　吸湿性好，强度大，织物挺括、滑爽、易褶皱。

（3）丝　吸湿性好。

（4）羊毛　较好的吸湿性、保暖性和弹性，耐碱性差。

（5）锦纶　强度和耐磨性好，易变形。

（6）涤纶　挺括性好，抗皱性最佳。

（7）腈纶　保暖性好，易起毛、起球。

同种纤维不同品质的织品也各有特色。例如羊毛纤维一般长度在30～120毫米之间，长度在55毫米以上的用于织造精纺呢绒，否则用于织造粗纺呢绒。

2. 组织结构合理性

组织结构包括织纹组织，织品的重量和厚度，织物的紧度和密度、幅宽、匹长及织物歪斜度等。如果组织结构不当，会影响织物的外观和机械性能。如果织物厚，透气性就比较差，但保暖性好；若织物紧度大，则柔软性差，但硬挺性好。

织纹组织是经、纬纱按一定规律相互交织构成的表面花纹，包括平纹组织、斜纹组织、缎纹组织。平纹组织布身平坦紧密，耐磨性好；斜纹组织光泽和柔软性好；缎纹组织手感柔软，光泽好，表面易摩擦起毛，易被刮破。在具体工作中要根据原材料性能、使用特点和消费心理变化等，合理研究织纹、设计织纹。

3. 良好的机械性

在外力作用下，织物产生的应力与形变之间的关系，统称为织物的机械性能。主要指断裂强度与断裂伸长率、撕裂强度、耐磨强度、抗疲劳强度等指标。强度越高，则织物的耐用性越好，在检验中对这些指标应从织物的经向和纬向分别进行考察。例如，摩擦是织物衣着过程中被破坏的主要原因，而织物的摩擦强度与原材料、厚度、加工方法等有着密切关系。检验时是在规定条件下，对织物进行纵向和横向摩擦，以其在开始破坏时所经受的次数作为它的抗磨强度，次数越多则说明抗磨强度越高。

织物的机械性能和耐用性有密切关系，某些机械性能，如抗皱、抗压强度还直接影响织物的尺寸稳定性和手感以及成分风格。

4. 适宜的服用性

纺织品的服用性主要是要求织品在穿用过程中舒适、美观、大方。其要求织品不易起毛、起球，缩水率小，不然会造成织品的变形，影响外观。此外，还要求织品有较好的刚挺度、悬垂性和舒适性。刚挺度是指织品抵抗形变的能力，它能影响织品的手感、风格和服装的挺括性；悬垂性是指从中心提起织品后，织品本身自然悬垂产生匀称、美观、折裥的特性，悬垂性好的织物制成的服装贴体,并能产生美观悦目的线条;舒适性是指人体着装后,织品具有满足人体要求并排除任何不舒适因素的性能。

织品的舒适性表现在触觉舒适性、热湿舒适性和运动舒适性3个方面。触觉舒适性主要反映在织品和皮肤接触时的粗糙感、瘙痒感、温暖感或阴凉感等触觉感受方面。试验研究表明,化纤纺丝过程中纤维黏结的硬头丝或珠子丝等疵点在内衣上将会产生显著的瘙痒感。热湿舒适性是指由于人体自身调节热平衡的能力有限,故需要通过穿着适当的服装来进行调节,使衣服内层空间形成舒适的小气候。服装的热舒适性是由服装面料的保温性、透气性、透湿性以及服装的式样与组合等因素决定的,而湿舒适性是由服装面料的吸湿性、透气性等因素决定的。运动舒适性是指由于人体运动的多方向、多角度和大弯曲性,要求织品有一定的延伸性,能自由地依顺人体活动。不同种类的织品要求其延伸性不同,西装的延伸性要求为15%～25%,内衣、运动装等的延伸性要求更高一些。

三、对日用工业品质量的基本要求

日用工业品包括的种类很多,如塑料制品、橡胶制品、皮革制品、玻璃制品、日用化学品等,它们各有不同的用途和使用特点。根据日用工业品的用途和使用性能,对这类商品的质量应从适应性、安全卫生性、耐用性、造型结构合理性等几方面进行评价。

1. 适应性

适应性是指某种商品满足其主要用途所必须具备的性能,它是构成商品使用价值的基本条件。

不同商品的适应性各不相同,如保温瓶必须具备保温的性能,钟表必须具备准确计时的功能,如果保温瓶无保温功能,就不能称其为保温瓶了。即使同一类商品,由于品种不同,用途也不一样,其适应性的要求也不相同。如保温瓶和玻璃同属玻璃制品,保温瓶的适应性主要指其保温性能,而玻璃的适应性则主要指其透光性。

许多商品都向着多功能方向发展,如沙发可做折叠床使用。对于多功能商品的每一项性能都要求具备良好的工作状态。因此,适应性作为日用工业品质量的基本要求就更加重要。

2. 安全卫生性

安全卫生性指日用工业品在使用过程中,对保护人体健康和环境所必须具备的既安全又卫生的性能。如盛放食品的器皿、餐具、牙膏等应无毒无害,化妆品、洗涤用品等对人体皮肤无刺激性,家具、装修用品的有毒物质含量在规定标准之内,儿童玩具除不含有害物质外,还应符合机械性能标准并注明适用年龄,确保不能发生刺伤和吞咽事故。

以化妆品为例,眼部、口唇、口腔黏膜用化妆品以及婴儿用化妆品,细菌总数不得多于500个/毫升(克);其他化妆品细菌总数不得多于1000个/毫升(克)。每克或每毫升化妆品中不得检出大肠杆菌、绿脓杆菌和金黄色葡萄球菌。化妆品中所含的有害物质限量:汞限量1毫克/千克(百万分之一)、铅限量40毫克/千克、砷限量10毫克/千克、甲醇限量0.2%。

如今人们的环保意识不断增强,为了保护地球环境,要求日用工业品不污染环境。如传统合成洗涤剂的主要助剂是三聚磷酸钠,它是一种性能优良的洗涤助剂,但其所含磷酸盐一旦排放到湖中,会使水中的藻类大量繁殖,水质恶化,在表面水层形成一片"水花"并往往带有恶臭,最终导致水中鱼、虾窒息死亡,这种现象称富营养化。为防止水体的富营养化,提倡企业生产无磷洗衣粉。

3. 耐用性

耐用性是指商品在使用时,抵抗各种外界因素对其破坏的性能。它决定着某一商品的使用寿命和使用次数,即商品的耐用程度。例如,对电灯泡规定了最低使用小时数为1000小时,对气压保温瓶规定最少按压次数为8万次,对皮革、橡胶等制品则用强度、磨耗等指标来评定其耐用性能。为了保证耐用工业品的使用寿命,各厂家都为自己生产的产品规定了保修期限,为保证商品的使用创造了良好的条件。

要求商品坚固耐用,是消费者的普遍愿望,属于共性问题。但对某些商品也存在其特殊性,如时兴商品和一次性使用的商品,对其耐用性的要求,就应以它们的不同用途和特点,着重从适应性加以考虑,合理设计,只要达到"物尽其用"即可,否则,越耐用反而会造成原材料的浪费。

4.造型结构合理性

造型结构主要是指商品的形状、大小、部件装配及花纹、色彩等,要求式样大方新颖、造型美观、色彩适宜、装潢适时,具有艺术感和时代风格,并无严重影响外观质量的疵点。如果造型结构不良,花纹图案不恰当,即使它们的适应性和耐用性都很好,也不会得到消费者的欢迎,结果造成滞销积压。对于那些起着美化装饰作用的日用工业品,它们的造型结构更具有特殊的意义。

四、对家用电器质量的基本要求

家用电器种类繁多,用途功能各异,对于这类商品的基本要求有以下几方面。

1.安全性和可靠性

大多数家用电器都用交流电源,家用电器必须有良好的电气绝缘性和良好的防护措施,以保证使用绝对安全。否则,不仅会从经济上给消费者带来损失,而且会造成人身伤害或火灾等严重事故,所以对家用电器的起码要求是安全性。

家用电器属于耐用消费品,而且一般价格较高。对家用电器要求平均无故障时间长,可维修性强,维修方便,有较长的使用寿命。否则,不仅会使消费者经济上受损,生活上也会产生诸多不方便。因此要求家电类商品要性能可靠。

小知识

绝缘的主要类型如下。

(1) 基本绝缘　电器中带电部分为防止触电起基本保护作用的绝缘。这种绝缘直接作用在带电体上,能承受1250伏、1分钟的耐压实验,如漆包线的漆膜。

(2) 附加绝缘　当基本绝缘损坏时,为防止触电,而加在基本绝缘以外的独立绝缘,能承受2500伏、1分钟耐压实验。

(3) 双重绝缘　同时有基本绝缘和附加绝缘,达到防触电作用的绝缘。

(4) 加强绝缘　一种机械强度、绝缘性能都有增强的绝缘结构,具有与双重绝缘相当的防触电能力。承受3750伏、1分钟耐压实验。

根据绝缘的设置,家用电器可分为以下几种类型。

(1) 0类电器　只有基本绝缘、没有附加保护措施。该类型电器电源插头是二头,无单独的接地线。

(2) 0Ⅰ类电器　依靠基本绝缘,但在电器外壳上有接地端子,使用时应将接地端子接地。

(3) Ⅰ类电器　不仅具有基本绝缘,而且有附加的防护措施。

(4) Ⅱ类电器　有双重或加强的绝缘结构。

(5) Ⅲ类电器　由安全电压供电的电器,该电器能在正常工作中输出不高于安全电压(36伏)的电压。

2. 适用性和多功能性

适用性指家用电器必须具备所具有的性能。如电冰箱的制冷性能，必须达到各星级的规定值，电视机要灵敏度高、图像清晰、不失真、画面柔和、音质效果好。

家用电器商品的用途已由单功能发展成为多功能，自动化程度越来越高。对其要求是一物多用，自动控制，使用方便。如全自动洗衣机，采用微电脑控制，一键控制，实现洗涤、漂洗、甩干、烘干等多种功能。此外，无论哪种家电都要求耗电量小，节约能源。

3. 外观要求

家用电器商品具有装饰家居环境和美化生活的作用，对外观质量要求高，如要求造型美观、结构合理、色调柔和、装饰新颖等。

五、对商品的总质量要求

如前所述，商品千差万别、用途各异，消费者根据不同的消费目的有着不同的质量要求。一般而言，如果把各类质量要求归纳起来，可以概括为适用性、安全卫生性、审美性、寿命和可靠性、经济性和信息性6个基本方面。

1. 适用性

适用性是指商品为满足一定的用途（或使用目的）而必须具备的各种性能（或功能），它是构成商品使用价值的基本条件。由于人们的使用目的不同，对商品性能的要求也各有不同。例如，食品应具有一定的营养功能，服装具有遮体、御寒功能，电冰箱具有制冷、保鲜功能，钟表具有准确计时功能。适用性还包括商品在该用途方面应满足使用方便易操作等要求。

2. 安全卫生性

安全卫生性是指商品在储存、流通和使用过程中保证人身安全与健康不受到伤害的能力。例如，电热水器必须要有良好的防漏电、防干烧装置，以免造成电击伤和死亡事故；食品必须符合卫生要求，不得含有致病微生物，对人体健康有害的成分不得超过规定的程度。

3. 审美性

审美性是商品能够满足人们审美需要的属性。审美性讲究商品的结构合理、制造工艺先进以及外观造型艺术性三者的统一，商品尽量能体现功能美、艺术美、色彩美、形体美、和谐美、舒适美等要求。

随着社会的进步和商品生产的极大发展，人们已不再仅仅满足于物质需求，而对商品有了较高的精神要求。现代社会中，人们不仅要求商品要实用，而且还要求商品能给人以美的享受，体现人们的自身价值，这就要求商品要有物质方面的实用价值与精神方面的审美价值的高度统一，要求商品既实用又美观。

商品的审美属性主要表现在商品的形态、色泽、质地、结构、气味、味道和品种多样化等方面。商品的审美性已成为提高商品竞争能力的重要手段之一。

4. 寿命和可靠性

寿命一般是指使用寿命，有时也包括储存寿命，它说明商品的耐用程度，不同的商品其寿命的表示方法和内容也可能不一样。使用寿命是指商品在规定使用条件下，保持正常使用性能的工作总时间。例如，电子打火灶点火装置的点火次数，电灯开关可以反复正常撤动的次数，电脑主机有效工作的时间等。储存寿命是指商品在规定条件下使用性能不失效的储存总时间，例如食品的保质期，药品和化妆品的有效期。

可靠性是指商品在规定的条件下和规定的时间内，完成规定功能的能力。它是与商品在使用过程中的稳定性和无故障性联系在一起的一种质量特性，是评价机电类商品质量的重要指标之一，通常包括耐久性、易维修性和设计可靠性。耐久性是指商品能在规定的使用期限内保持规定的功能而不出故障的质量特性。易维修性是指商品在发生故障后能被迅速修好恢复其功能的能力。设计可靠性要求设计时应考虑商品的易操作度，使人为的误操作尽可能减少，而且还要考虑即使发生误操作，也不至于产生严重故障。例如，电视机的平均无故障时间，汽车无机械故障安全行驶的里程数等。

5. 经济性

经济性反映了商品的寿命周期成本及商品质量最佳水平。它包括商品的设计、制造成本，商品的流通费用和商品的使用、维修成本。对消费者而言，经济性就是商品的购置价和使用成本之和。因此，我们不能片面强调商品质量最优，而应"质""价"相称，力求做到一定价格条件下的质量最优或一定质量条件下的价格最廉。例如，消费者在购买自用小汽车时，应根据自己的经济状况，除考虑购置成本外，还应考虑寿命周期内的使用成本和维修成本，以免出现买得起用不起的尴尬局面。

6. 信息性

信息性是指消费者有权获得的商品的有用信息，主要包括：商品名称、用途、规格、型号、重量、原材料或成分；生产厂名、厂址、生产日期、保质期或有效期；商标、质量检验标志、生产许可证、卫生许可证；储存条件；安装使用、维护方法和注意事项；安全警告；售后服务内容等。

除了部分常见散装商品外，消费者在考虑商品质量时，还要从商品的广告、包装、标识牌、附带资料、图纸、说明书中获得必要和可靠的信息，这些信息的提供有利于消费者了解商品、比较选购、正确使用、合理维护和安全储存商品，并能使消费者在其权益受到侵害时，进行自我保护。

第三节 影响商品质量的因素

影响商品质量的因素有很多方面。一种商品从生产开始到进入流通领域一直到使用寿命结束需要经历很多不同的环节，每一个环节都有可能成为影响其质量的因素。通常情况下，影响商品质量最根本的因素是生产过程中的原材料和生产工艺，其次是流通过程中和消费过程中的诸因素。

一、生产过程中影响商品质量的因素

从生产的角度讲，影响商品质量的因素，主要从生产制造形成商品质量的过程来研究。包括市场调研与开发设计、原材料质量、生产工艺与设备和质量检验及包装。

1. 市场调研与开发设计

信息是企业所需的重要资源，有效信息的获得是企业成功的重要因素，因此，在企业设计、生产产品前，要做好市场调研工作。只有通过市场调研，企业才能确定适当品种、规格、质量等级的商品以满足市场需求，同时，只有进行全面的市场调查与分析，认真研究该商品的市场需求和基本技术要求，才能设计出结构合理、式样新颖、既能满足消费者要求，又便于加工、使用和修理的商品，才能保证所生产的商品质量。

商品生产之前的设计开发，是形成商品质量的前提。产品设计是依据给定的产品用途，即使用功能、方法、要求进行设计的。商品的使用功能、使用方法、使用效果、外观造型、生产工艺条件的确定以及商品的包装方法等均与产品设计有关。因此，产品设计是形成商品质量的基础。

2. 原材料质量

原材料是构成商品的原始物质，或是形成商品的基础物料。在其他条件相同的情况下，原材料对商品质量起着决定性的作用。原材料的质量特性是产生商品质量特性的基础，原材料质量的优劣直接影响半成品或成品商品的等级。

原材料对商品质量的影响,主要表现在商品的内在质量、外观质量和使用效果方面。内在质量包括品质特性、性能特点、理化性质等;外观质量包括形态特征、软硬程度、弹性大小、光泽、颜色、平滑度等;使用效果包括耐用性、坚牢度、舒适性、卫生性等。

原材料对商品质量的影响,根据原材料的品质、来源、部位的不同,对商品质量的影响也不同。

因此,对商品原材料的研究分析,有助于预测商品的性能特点和质量水平,有助于合理地使用原材料,也有助于循环利用有限资源及开发利用新材料。

> **小知识**
> 对于以元器件为基本单元的商品,应注意每个零部件的质量,尤其是可靠性,因为整机的可靠性是由元器件可靠性乘积决定的。例如100个可靠性为99%的元器件组成的整机,其可靠性只有36%。这种功能串联型的商品有时往往因为一两个元器件质量不过关,造成整机故障频繁,无法正常使用。

3. 生产工艺和设备

生产工艺是指对原材料进行加工、制作,使之成为具有使用价值的商品的过程。所以生产过程就是产品质量形成过程,而生产技术、生产工艺条件是形成产品质量的基础,是影响商品质量的内在因素。对于同品种、同规格、同种用途的产品,如果生产方法不同、生产工艺条件不同,其质量形成过程和质量特征、特性也是不同的。因此,产品加工方法、工艺条件的选择是决定产品质量的关键。许多商品虽然选用的原材料相同,但由于生产、加工方法不同,赋予商品的品质、特性也是不同的,会形成品质、特性截然不同的商品。如在茶叶生产过程中,原材料是相同的,由于生产、加工方法不同而有红茶、绿茶、乌龙茶之分。红茶是加工过程中经过发酵工艺制成的;绿茶是在加工过程中不经发酵工艺制成的;乌龙茶则是在加工过程中采用半发酵工艺制成的。

设备水平和质量对商品质量也有重要影响。企业要降低成本和提高质量以满足消费者日益增长的物质和精神需求,除了不断地提高生产工艺水平外,还要采用先进的制造设备。随着先进设备所带来的生产机械化和自动化程度的提高,产品的加工精度和生产效率得到提高,从而使产品的质量和数量得到提高。另外,设备的故障常常是出现不合格品的重要原因,因此,加强设备管理与保养,防止故障发生和降低故障率,也是保证商品质量的必要前提。

4. 质量检验及包装

质量检验是保证商品质量的重要手段。对生产过程中的原材料、半成品进行质检属于事前控制,对生产出的产品进行质检属于事后把关。搞好事前控制和事后把关,商品质量就有了可靠的保证。

包装可以起到保护商品的作用,也是影响商品质量的重要因素。良好的包装不但便于流通和销售,还可以为商品增值,提高竞争力,因此被称作"活广告"。

二、流通过程中影响商品质量的因素

1. 运输装卸

商品进入流通领域,运输是商品流转的必要条件。运输对商品质量的影响与运程的远近、时间的长短、运输的气候条件、运输路线、运输方式、运输工具、装卸工具等因素有关。

商品在铁路、公路、水路、航空运输过程中,会受到冲击、挤压、颠簸、振动等物理机械作用的影响,也会受到风吹、日晒、雨淋等气候条件的影响。商品在装卸过程中还会发生碰撞、跌落、破碎、散失等现象，这不但会增加商品损耗，也会降低商品质量。

  2. 商品储存

  商品储存是指商品脱离生产领域，在进入消费领域之前的存放。商品储存期间的质量变化与商品的耐储性、仓库内外环境条件、储存场所的适宜性、养护技术与措施、储存期的长短等因素有关。

  商品本身的性质是商品质量发生变化的内因，仓储环境条件（日光、温度、湿度、养分、水分、臭氧、尘土、微生物、害虫等）是商品储存期间发生质量变化的外因。通过采取一系列保养和维护仓储商品质量的技术与措施，有效地控制储存商品的环境因素，可以减少或减缓外界因素对仓储商品质量的不良影响。

  3. 销售服务

  销售服务过程中的进货验收、入库短期存放、商品陈列、提货搬运、装配调试、包装服务、送货服务、技术咨询、维修和退换服务等工作质量都是最终影响消费者所购商品质量的因素。商品销售服务中的技术咨询是指导消费者对复杂、耐用性商品和新商品进行正确安装、使用和维护的有效措施。许多商品的质量问题不是商品自身固有的，而往往是由于使用者缺乏商品知识或未遵照商品使用说明书的要求，进行了错误操作或不当操作所引起的。所以，商品良好的售前、售中、售后服务质量已被消费者视为商品质量的重要组成部分。

三、使用过程中影响商品质量的因素

  1. 使用范围和条件

  商品都有其一定的使用范围和使用条件，使用中只有遵循其使用范围和条件，才能发挥商品的正常功能。例如，家用电器的电源要区别交、直流和所需要的电压值，否则不但不能正常运转，还会损坏商品；若使用条件要求安装底线保护则必须按要求实行，否则不仅不安全，甚至可能发生人员触电身亡的恶性事故。

  2. 使用方法和维护保养

  为了保证商品质量和延长使用寿命，使用中消费者应在了解该种商品结构、性能特点的基础上，掌握正确的使用方法，具备一定的日常维护保养商品的知识。例如，皮革服装穿着时要避免被锐利之物或重度摩擦，且不能接触油污、酸性或碱性物质。收藏保管时宜放在干燥处，悬挂起来，切勿用皮鞋油擦拭，以防止生霉、压瘪起皱以及泛色。

  3. 废弃处理

  商品使用完以后，其残体和包装作为废弃物被排放到自然环境中，有些可回收利用，有些则不能或不值得回收利用，也不易被自然条件和微生物破坏分解，成为垃圾充斥于自然界的各个角落；还有些废弃物会对自然环境造成污染，破坏生态平衡，例如，含磷洗涤剂、废弃的塑料制品等。

  商品废弃物无法回收利用和对环境的污染是商品社会质量不佳的一种表现。对于商品废弃物首先应分门别类尽量加以回收利用；其次要积极开展综合利用、变废为宝的处理工作；最后应逐步限制和严格禁止可能产生公害的商品生产，努力寻找无害的替代商品，以保护人类的生存环境。

第四节 商 品 品 种

一、商品品种的概念

  商品品种是指按某种相同特征划分的商品群体，或者是具有某种（或某些）共同属性和特征的商品群体，反映一定商品群体的整体使用价值或社会使用价值。

商品品种是一个庞大的、复杂的、敞开的、动态的、可控制的物质系统,其运动和发展有一定的客观规律。

商品品种发展和变化的规律,包括一般品种规律和特殊品种规律。一般品种规律是指对所有商品均适合的品种规律,如商品品种最佳扩大的规律、商品品种最佳组合和构成的规律、商品品种完善和更新的规律、商品品种结构和消费结构相符的规律等。特殊品种规律是指只适合某类商品或一些类似商品种类的品种规律,如食品、纺织品、服装、鞋类、化妆品、洗涤用品等各类商品品种最佳构成的规律、区域商品品种最佳构成的规律等。

商品品种的研究主要通过商品品种规律和技术学规律、经济学规律等相结合,以控制商品品种的发展和变化,实现商品品种的最佳构成,使商品品种与消费需求的相符程度达到最优化,从而促进商品使用价值的实现,获得最佳的经济效益。

我国存在的商品品种方面的问题为:没有从根本上研究商品品种及其规律;商品品种与人们不断扩大的物质文化需要不相符;商品品种不完善、品种构成不合理;商品品种的完善与消费需求相符程度不相符。

因此,研究商品品种问题,不断提高商品品种及其结构与消费需求及其结构间的相符程度,具有重要的社会、经济和政治意义。

二、商品使用价值与商品品种和质量

商品使用价值是指商品满足人们一定需要的有用性的总和。商品的使用价值包括商品个体的使用价值和商品群体的使用价值。商品质量是指商品性能满足消费者和用户需求的程度,说明商品满足人们需求的深度,反映商品个体的使用价值。商品品种是指用户和消费者对商品性能的要求,说明商品的消费目标(即商品供哪类消费者或消费集团使用的)和商品满足人们需求的广度,反映商品群体的使用价值。

商品质量和品种是决定商品使用价值的两个方面,也是决定销售和经济效益的两个关键。以下公式表示商品的使用价值与商品的品种和质量的关系。

$$GW = f(S, Q)$$

式中　GW——商品的使用价值;
　　　S——商品的品种;
　　　Q——商品的质量。

商品质量与商品品种之间也存在密切的内在联系,因为商品品种的差别意味着质的差别,而不是量的差别。质的差异才能满足人们不同层次的消费需求。研究商品品种实际上是研究不同质的商品使用价值和人们消费需求的相互关系,研究商品品种比研究商品质量的层次更高,属于商品使用价值的宏观研究范畴。

商品质量、品种、效益三者是有机的统一体,其中质量是基础,品种是适应市场和消费的基本条件,效益则是最终目的。它们之间相互依赖,相互制约。求效益,则抓质量,上品种;上品种,不抓质量,品种自然被淘汰;抓质量,不抓品种,质量无法体现;抓质量、品种而不抓效益,生产无目的,质量、品种自然消亡。现代商品学研究结果表明:企业要走质量、品种、效益型道路,企业内部领导要增强质量意识,优化质量管理,提高全员劳动素质,采用先进设备,关键还要从外部大环境压力下,建立质量升级、品种增多的市场机制环境和质量法规控制环境。同时,企业必须在新产品开发和商品结构调整时,要运用各种手段,调查市场需要和消费者需求,摸清商品的质量和品种、生产能力以及市场对各类商品的容量,研究、分析和预测市场结构和消费结构及其变化趋势。在科学预测的基础上,企业制订出切实可行的商品开发和商品结构调整的近期和长期目标,运用先进的技术,加强质量管理。这样做才能使生产出的商品在质量、品种和价格上有很强的市场竞争能力,使经济效益不断提高。

三、商品品种分类

商品品种是指商品按不同的特征差别而归类，按不同使用价值而对商品进行区分。商品品种有多层次分类，首先是生产上的分类，其次是流通中的分类，最后是消费需求的分类。就使用价值来说，起决定性作用的是消费需求的分类。根据消费需求，商品品种可以进行如下分类。

（一）按消费需求的类型分类

1. 便利品

便利品通常是指消费者经常和随时需要，不必花费很多时间和精力去购买的商品，又可以进一步分为三类：一是日常需要的，如牙膏、香烟、肥皂等；二是即兴购买的，如书报杂志、工艺美术品等；三是特定情况下需要的，如雨具、痱子粉、蚊香等。

2. 选购品

选购品是指顾客对使用性、质量、价格和式样等基本方面要作认真权衡比较的商品。选购品占到商品的大多数，价格一般也要高于便利品，消费者往往对选购品缺乏专门的知识，所以在购买时间上的花费也就比较长。服装、皮鞋、家用电器等商品是典型的选购品。

3. 特殊品

特殊品是指那些具有独特的品质特色或拥有著名商标的商品。消费者对这类商品注重它的品牌与信誉，而不注重它的价格，像皮尔·卡丹西服、劳力士手表、宝马汽车等即属此类商品。

（二）按消费需求的频率分类

1. 易耗品

易耗品是指在正常情况下一次或几次使用就被消费掉的有形物品。这类商品单位价值较低，消耗快，消费者往往经常购买、反复购买、大量使用。绝大部分日常生活用品，如文具、手纸、糖果、牙膏等都属于此类。

2. 耐用品

耐用品是指使用时间较长，至少在 1 年以上的物品，如电冰箱、电视机、汽车等。耐用品单位价值较高，购买频率较低，对这类商品要求性能可靠、质量稳定。

按照消费需求的层次，商品还可以划分高、中、低档商品；按照消费需求的时间性，商品也可以分为常年性消费品和季节性消费品。如果将消费需求划分得再细一点，商品又有不同式样、规格、型号、花色等的细分。如服装的品种组合，见表 4-1 所示。

表 4-1 服装的品种组合

春秋装	夏装	冬装	运动装
男士西服	男士 T 恤	男士羽绒服	网球衣
女士西服	女士 T 恤	女士羽绒服	体操服
男士夹克	男士短袖衬衫	男士棉大衣	滑雪衣
女士夹克	女士短袖衬衫	女士羊绒大衣	猎装
男士衬衫	短裤	男士保暖内衣	游泳衣
女士衬衫	连衣裙	女士保暖内衣	

四、商品品种策略

商品品种策略是指企业根据消费需求的变化不断改变或调整商品品种所采取的措施，常用的措施有以下 3 种。

1. 扩大商品品种策略

扩大商品品种策略是开拓商品品种的广度和加强商品品种的深度。开拓商品品种广度是指开发一个或几个商品种类，扩展商品经营范围；加强商品品种深度是指在原有的商品种类内增加新的商品品种。扩大商品组合策略的具体方式如下。

① 在维持原商品品质和价格的前提下，增加同一商品的规格、型号和款式。
② 增加不同品质和不同价格的同一种商品。
③ 增加与原商品相类似的商品。
④ 增加与原商品毫不相关的商品。

2. 压缩商品品种策略

压缩商品品种策略，是指通过缩减商品品种的广度、深度等，实行相对集中经营。压缩商品品种的具体方式如下。

① 取消一些需求疲软或者企业经营能力不足的商品种类或商品品种。
② 取消一些相关性小的商品种类，同时增加一些相关性大的商品种类。
③ 取消一些商品种类，增加保留下来的商品种类的品种。
④ 把某些工艺简单、质量要求低的商品下放经营。

3. 调整商品品种策略

调整商品品种策略是指企业为了开拓新市场而谋求更高的销售量和利润，变化原有销售商品的质量等级、价格等级、商品档次等。调整商品品种策略的形式大体有如下3种。

（1）向上扩展　有些企业的商品品种原来只定位于低档商品，由于希望建立档次齐全的商品品种组合，或者是受到高档商品较高的利润率和销售增长的吸引，企业会采取商品档次向上扩展的决策，准备进入高档商品市场。

（2）向下扩展　那些生产高档商品的企业，可能决定生产低档商品，即将商品档次向下扩展。

（3）双向扩展　生产中档商品的企业在市场上可能会同时向商品档次的上下两个方向扩展。

复习思考题

一、填空题

1. 广义的商品质量是指商品满足规定或潜在要求的_____和_____的总和；而狭义的商品质量仅指商品满足规定或潜在要求的_____的总和。
2. 通常商品质量包括商品内在质量和外观质量，还应包括商品_____和_____。
3. 对食品质量的基本要求有_____、_____、_____。
4. 对纺织品质量的基本要求有_____、_____、_____、_____。
5. 对日用工业品质量的基本要求有_____、_____、_____。
6. 对家用电器质量的基本要求有_____、_____、_____。
7. 如果把各类商品质量要求归纳起来，可以概括为_____、_____、_____、寿命和可靠性、经济性和信息性6个基本方面。
8. 商品质量、品种、效益三者是有机的统一体，其中_____是基础，_____是适应市场和消费的基本条件，_____则是最终目的。
9. 按消费需求的类型，商品可分为_____、_____和_____。
10. 按消费需求的频率，商品可分为_____和_____。

二、选择题

1. 商品的机械性能属于商品的（　　）。
 A. 外观质量　　　　　B. 内在质量　　　　　C. 社会质量　　　　　D. 经济质量
2. 商品的包装属于商品的（　　）。
 A. 外观质量　　　　　B. 内在质量　　　　　C. 社会质量　　　　　D. 经济质量

3. 生产无氟冰箱是企业关注商品的（　　）。
A. 外观质量　　　　B. 内在质量　　　　C. 社会质量　　　　D. 经济质量
4. 国家要求企业对生产的汽车加贴油耗标识是满足消费者对该商品的（　　）的要求。
A. 外观质量　　　　B. 内在质量　　　　C. 社会质量　　　　D. 经济质量
5. 通常认为动物性食品的营养价值高于植物性食品，就是从（　　）角度讲的。
A. 营养成分　　　　B. 可消化吸收率　　C. 发热量　　　　　D. 摄入量
6. 保温瓶具备保温的性能是指商品的（　　）。
A. 适应性　　　　　B. 安全性　　　　　C. 结构合理性　　　D. 可靠性
7. 不仅具有基本绝缘，而且有附加的防护措施的家用电器为（　　）。
A. 0 类电器　　　　B. Ⅰ类电器　　　　C. Ⅱ类电器　　　　D. Ⅲ类电器
8. 下列因素中属于在生产过程中影响商品质量的因素的是（　　）。
A. 销售服务　　　　B. 仓库储存　　　　C. 运输装卸　　　　D. 商品包装
9. 公式 $GW = f(S, Q)$，GW 代表商品的（　　）。
A. 价值　　　　　　B. 使用价值　　　　C. 品种　　　　　　D. 质量
10. 牙膏属于（　　）。
A. 便利品　　　　　B. 选购品　　　　　C. 特殊品　　　　　D. 耐用品
11. 电视机属于（　　）。
A. 便利品　　　　　B. 选购品　　　　　C. 特殊品　　　　　D. 易耗品

三、问答题

1. 分析商品质量的概念及其所包含的内容。
2. 分别简述对食品、纺织品、日用工业品、家用电器商品质量的基本要求。
3. 归纳总结对所有商品质量的基本要求。
4. 论述影响商品质量的各种因素。
5. 分析品种、质量、效益三者之间的关系。
6. 简述企业采用的商品品种策略。

案 例 分 析

韩国三星电子由一个濒临破产的企业变成世界 500 强，几乎涉足所有电子产品，曾凭借其完善的产业链条，领先的设计水准，对市场趋势的精准把握和持续创新，把做了 14 年老大的诺基亚按倒在脚下，也将威风一时的苹果甩到身后，成为了 IT 制造行业的领跑者。然而，2016 年发生的"爆炸门"事件，使三星的形象在消费者心目中大打折扣。

三星手机 Galaxy Note7 从 2016 年 8 月 19 日开始在韩国、美国、英国等全球十个国家和地区上市，可让人没想到的是，从 8 月 24 日起，这款热销的手机不断发生爆炸的情况。截止到 9 月 1 日，三星售后共接到了 35 件 Note7 手机电池爆炸的投诉，9 月 2 日三星宣布，在全球范围召回大约 250 万部 Note7 手机。2016 年 10 月 11 日，三星电子宣布，在经历了电池爆炸起火事件后，现决定永久停止生产和销售 Galaxy Note7 智能手机，希望尽早结束公司历史上这一最耻辱的事件。2017 年 1 月 23 日，三星电子在首尔召开新闻发布会，公布 Galaxy Note7 爆炸原因，三星电子无线事业部总裁 DJ Koh 在发布会现场承认，电池在设计与制造过程中存在问题。

三星手机爆炸"炸"出的警示在于，再强大的企业，如果忽视质量管理，就会埋下产品事故隐患。在调查过程中，为还原燃损发生过程，三星动用了 700 余名公司研究员和工程师构建大规模的实验装置，测试了超过 20 万部组装完好的手机和 3 万多块电池。如果三星能在手机生产质量检测时如此下功夫，也许不会酿成在全球销售 306 万台 Note7 有 99% 已召回的悲哀。"爆炸门"让三星电子在 2016 年第 4 季度损失 21 亿美元。

对于所有家电厂商来说，质量问题可小可大，可重可轻。过去 30 多年以来，中国家电产业的一众厂商，已经吃尽"产品质量不稳定、不可靠"带来的苦头。所以说，在任何时候，都不能忽视质量，特别是那些看上去最不起眼，甚至是最习以为常的产品质量小问题。比如，对于很多产品的零部件质量问题，更不能掉以轻心，往往一个细节就会毁掉一座城池。此次引发三星手机新款 Note7 的全球性爆炸事件，问题就出在手机电池这一零部件上。实际上，对于手机产品来说，电池是最常见，也是最常用的零部件，目前的产品质量稳定性可以说相当高。但是三星手机还是在这个看上去很成熟，甚至不用太过担心质量问题的零部件上"栽跟头"。原因就是忽视细节。同样，对于当前中国家电产业的智能化转型和升级来说，在追求产品智能化应用和体验的前提下，一定要确保最基本的质量不出问题。近年，一大批中国家电巨头，都在推动和实施以质量、品质为主体的精品工程，精品战略，其核心就是一句话：推动中国家电的产品质量可靠性、稳定性。

在举国上下、大江南北"齐抓共管"家电质量的背景下，韩国三星电子因为一块电池而引发的手机爆炸事件，看上去离中国家电企业还很远，实际上却很近，稍有不慎就有可能在家电业上演。对于中国家电企业来说，必须要从这一事件中汲取教训，防微杜渐。

思考题：
1. 结合案例资料，如何认识产品质量对企业生存和发展的重要性？
2. 应从哪些环节入手，确保家电商品的质量安全？
3. 查阅《中华人民共和国产品质量法》，了解生产者的产品质量责任与义务。

第五章　商品标准化

【学习目标】
① 掌握商品标准、商品标准化、质量认证的概念。
② 理解商品标准化的形式和商品标准的分级。
③ 掌握商品标准的分类和内容。
④ 掌握商品质量认证的种类和程序。
⑤ 熟悉各种商品质量认证体系及常见认证标志。

商品标准是评价商品质量好坏的理论依据，也是商品检验的主要依据。评定监督商品质量和进行商品检验，都需要有一个衡量的客观标准。标准与标准化是社会化工业大生产的必然产物。

第一节　商品标准化概述

一、商品标准化

(一) 标准化的概念

我国国家标准 GB/T 20000.1—2014《标准化工作指南第 1 部分：标准化和相关活动的通用术语》中规定：标准化是"为了在既定范围内获得最佳秩序，促进共同效益，对现实问题或潜在问题确立共同使用和重复使用的条款以及编制、发布和应用文件的活动"。并有两条注明："①标准化活动确立的条款，可形成标准化文件，包括标准和其他标准化文件；②标准化的主要效益在于为了产品、过程或服务的预期目的改进它们的适用性，促进贸易、交流以及技术合作"。简单来说，标准化是有目的地制定、发布、实施标准的活动。

标准化包括三个主要方面的内容：

① 标准化不是一个孤立的事物，而是一项完整的活动，是一个过程。它包括制定标准、发布标准、贯彻实施标准，对标准的实施进行监督检查，并根据贯彻中产生的问题，进一步修订完善标准。这是一个不断循环、螺旋式上升的运动过程。只有标准在社会实践中实施以后，标准化的效果才能表现出来。

② 标准是贯穿于标准化全过程的信息资源。标准化对象的选择要根据实际的需要和潜在的需求来确定。

③ 标准化的目的是获得最佳秩序，取得社会效益和经济，其体现形式是改进产品、过程和服务的实用性，防止贸易壁垒，促进技术合作。

> **小知识：标准化的产生和发展**
>
> 我国标准化工作的历史悠久，可以追溯到公元前 221 年秦始皇统一六国，建立了我国第一个专制主义的中央集权的封建国家时。当时施行统一法律、货币、车轨、度量衡和文字。秦朝统一后，将原修筑的长城规定为下宽为 1.8 丈，上宽为 1.62 丈；烽火台均为正方形，边长为 2.4 丈，高为 3.6 丈。这是最早的标准化工作，到汉朝、北宋时期标准化已被广泛使用。
>
> 从世界范围看，标准化是伴随着社会化大生产的发展逐步发展起来的。社会化大生产的突出特点是规模大、分工细、协作广泛，为适应生产中相互联系、合作与协作的需要，

> 必须采用一种技术手段使各独立的、分散的生产部门和企业之间保持必要的技术统一，建立稳定的生产协作与合作关系，使相互联系的生产过程形成一个有机联系的整体。标准化正是为建立这种关系而实施的技术手段。1845年，英国的瑟·韦特瓦尔提出了统一螺钉、螺母规格尺寸及互换性的建议，从此标准化开始问世。

（二）商品标准化的概念

商品标准化是指在商品生产和流通的各个环节中制定、发布以及实施商品标准的活动。推行商品标准化的最终目的是达到统一，从而获得最佳秩序和社会效益。

商品标准化的内容包括：名词术语统一化、商品质量标准化、商品零部件通用化、商品品种规格系列化、商品质量治理与质量保证标准化、商品检验与评价方法标准化、商品分类编码标准化、商品包装、储运、养护标准化等。

商品标准化是一项系统治理活动，涉及面广，专业技术要求高，政策性强，因此必须遵循统一治理与分级治理相结合的原则，建立一套完善的标准化机构和治理体系，调动各方面的积极性，搞好分工协作，吸取国外标准化的先进经验，才能顺利完成商品标准化的任务。

（三）商品标准化的形式

商品标准化形式是标准化内容的存在方式，因此，商品标准化形式是由标准化内容决定的，并随着标准化内容的变化而不断发展变化。标准化内容是由人类社会实践的客观要求决定的，并随着实践经验的累积和实践内容的变化而不断变化。人类的社会实践是一个永不止息并不断发展的过程，标准化的内容也必定随之发展，其形式也随之进化。

在标准化的发展史上，比较主要的、在全世界广为流行的标准化形式有：简化、统一化、通用化、系列化、组合化、模块化。不同的标准化形式反映不同的标准化内容，发生不同的作用。

1. 简化

所谓简化是指在一定范围内缩减标准化对象（或事物）的类型数目，使之在即定时间内满足一般需要的标准形式。

简化是标准化的基本形式，也是实际中应用较广泛的一种形式。通过合理的简化能去掉多余、重复、低功能的产品，从而为新的商品类型、品种、规格的出现扫清障碍，进一步提高产品质量水平。

2. 统一化

所谓统一化是把同类事物（如术语、产品、文件等）两种以上的表现形态归并为一种或限定在一定的范围的标准化形式。例如，我国民用电的电压与频率，新中国成立前有110V/60Hz、110V/25Hz、100V/50Hz、125V/50Hz、220V/50Hz等，新中国成立后统一为220V/50Hz。

统一化同简化一样，也是标准化的基本形式，是标准化活动中内容最广泛，开展最普遍的一种形式。通过合理的统一化可以消除由于不必要的多样化而造成的混乱，为人类的正常活动建立共同遵循的秩序。

3. 通用化

所谓通用化是指在互相独立的系统中，最大限度地扩大具有功能互换和尺寸互换的功能单元使用范围的一种标准化形式。

通用化是以互换性为前提的。互换性是指在同一规格零部件中不需做任何挑选或再加工及调整就可装上机器，且达到使用性能的要求。通用化的目的是最大限度地减少零部件在设计和制造过程中的重复劳动，有利于组织专业化生产和扩大零部件的使用范围，提高产品通用化水平，增强企业竞争能力，提高企业经济效益。

4. 系列化

所谓系列化是指对同一类商品中的一组商品同时进行标准化的一种标准化形式。

系列化是标准化走向成熟的标志。系列化摆脱了标准化初期独立地、逐个地制定单项产品标准的传统方式，从全局考虑问题，每制定一类产品的系列标准都决定了产品发展方向，并能覆盖该类产品的市场需求。

5. 组合化

所谓组合化是指将重复标准单元或通用单元合并成可以满足各种不同需要的具有新功能产品的一种标准化形式。

组合化的理论基础是建立在产品系统的分解与组合上，组合化的目的可以节约费用和缩短生产准备周期。目前组合化的原理和方法正广泛应用于机床、仪器仪表、家具制造、工艺装备的制造与使用，并显示出明显的优越性。

6. 模块化

所谓模块化是指在对一定范围内的不同产品进行功能分析和分解的基础上，划分并设计、生产出一系列通用模块或标准模块，然后从这些模块中选取相应的模块并补充新设计的专用模块和零部件一起进行组合，以构成满足各种不同需要的产品的一种标准化形式。

模块化是标准化的高级形式，它以模块为基础，综合了通用化、系列化、组合化的特点，是解决复杂系统类型多样化、功能多变的一种标准化形式。主要应用于现代化舰船武器系统、大型装备、航天器和电子设备等高度复杂的产品的设计和制造。

（四）商品标准化的作用

商品标准化的水平是衡量一个国家或地区生产技术和治理水平的尺度，是现代化的一个重要标志，其重要作用已被人们普遍认识和认可。下面主要从国家、企业和消费者三个角度来说明商品标准化的作用。

1. 商品标准化可以促进经济建设和社会生活的协调发展并且可以消除技术性贸易壁垒，调节国际贸易

随着经济的发展，人民生活水平的提高，人们对商品标准化的要求也越来越高，不仅仅单纯要求商品有高质量，对商品在安全与环保方面的要求也越来越高。标准化一方面可以促进经济建设的有序发展，另一方面又能控制和最大限度地降低经济活动所带给社会的负面作用，做到两者的协调发展。

技术性贸易壁垒是指一国以维护国家安全、保障本国公民的健康和安全、保护环境等为由制定的一些强制性的技术法规、标准所形成的贸易障碍，即通过颁布法律、法令、条例、规定，建立技术标准、认证制度、检验检疫制度等方式，对外国进口商品制定苛刻繁琐的技术、卫生检疫、商品包装和标签等标准，从而提高进口产品要求，增加进口难度，最终达到限制进口的目的。由于国际标准被大多数国家所接受，因此在国际贸易中采用国际标准，可以使双方处于平等的地位不会因标准的差异而产生技术壁垒，所以可以消除技术性贸易壁垒，提高商品在国际市场中的竞争力。

2. 商品标准化可以提高商品质量，促进科技创新

企业一旦有新的科研成果（如新工艺、新材料、新技术、新产品的研制成功）通过技术鉴定，就会被纳入相应的标准，从而得到迅速的推广和使用。科学技术的发展推动了标准化活动的开展，标准化反过来又促进技术发展创新，推动各国之间技术交流和成果共享。标准化是积累实践经验，推广应用高新技术，促进技术创新的桥梁。

3. 商品标准化可以提高消费者鉴别商品质量高低的能力

作为消费者，了解了关于商品标准和标准化的基本知识后，可以提高自己辨别商品质量高低的能力，也可以从侧面大致判断生产企业经营管理水平的高低。市场上所销售的大部分商品都必须有自己相应的标准，必须在其包装或者说明书上注明其标准是什么，通过这些标准消费者可以判断商品的质量高低。有些商品可能有多重标准，如某产品已经有国家标准或地方标准和行业标准，而执行的是国际标准，这时人们可以大致推测该产品质量较好。因此，商品标准化可以提高消费者鉴别商品质量高低的能力。

小知识：标准化法

《中华人民共和国标准化法》（简称《标准化法》）由中华人民共和国第七届全国人民代表大会常务委员会第五次会议于 1988 年 12 月 29 日通过，1989 年 4 月 1 日起实施，分为五章二十六条，《中华人民共和国标准化法》是我国标准化工作的基本法。颁布《标准化法》的重要意义是：

(1)《标准化法》是制定标准，推行标准化，实施标准化管理和监督的依据。《标准化法》的颁布，标志着我国标准化工作已进入法制管理的新阶段。

(2) 标准化是组织专业化生产的技术纽带。《标准化法》的颁布，有利于发展社会化大生产，有利于发展社会主义商品经济。

(3) 标准是科研、生产、交换和使用的技术依据。《标准化法》规定，企业必须按标准组织生产，对于那些涉及人民生命财产安全的产品，必须强制执行，违反者，要追究其法律责任。《标准化法》的颁布，有利于维护国家、集体和个人三者的利益。

二、商品标准的概念及作用

（一）标准的概念

1983 年国际标准化组织发布的 ISO 第二号指南（第四版）对"标准"的定义是："由有关各方根据科学技术成就与先进经验，共同合作起草，一致或基本上同意的技术规范或其它公开文件，其目的在于促进最佳的公众利益，并由标准化团体批准。"

我国国家标准 GB/T 20000.1—2014《标准化工作指南第 1 部分：标准化和相关活动的通用术语》中规定，标准是"通过标准化活动，按照规定的程序经协商一致制定，为各种活动或其结果提供规则、指南或特性，供共同使用和重复使用的文件"。同时还进一步注明："标准宜以科学、技术和经验的综合成果为基础。"

根据 WTO 的有关规定和国际惯例，标准是自愿性的，而法规或合同是强制性的，标准的内容只有通过法规或合同的引用才能强制执行。

由上述内容，可以得知标准的定义具体包含了以下四个方面的内容：

1. 标准制定的对象是重复性事物和概念

虽然标准制定的对象，早已从生产技术领域延伸到经济工作和社会活动的各个领域，但并不是所有事物和概念，而是比较稳定的重复性事物和概念。事物具有多样性和相关性，这往往不利于提高社会的秩序，会降低社会效率与效益。例如美国福特公司将工人重复性的、机械的劳动组织起来，形成世界上第一条流水生产线，从而使企业的生产效率和管理效率大大提高。流水生产技术的广泛使用，使美国企业的竞争力迅速提高，使美国成为世界上的经济强国。

2. 标准产生依据和客观基础是科学技术和实践经验的综合成果

这就是说一方面标准是新技术、新工艺、新材料等科学技术进步创新的结果；另一方面标准又是人们在实践中不断总结和吸收带普遍性和规律性经验的结果，并且这些成果与经验都要经过分析、比较和选择，综合反映其客观规律性。

3.标准的制定须经有关方面协商一致，由主管机构批准

标准应该发扬民主、与各有关方面协商一致而不能只凭少数人的主观意志，如产品标准不能仅由生产制造部门来决定，还应考虑消费者和政府的意愿。这样，制定出来的标准才更具有权威性、科学性，实施起来也较容易。协商一致后再由公认的标准化机构或团体批准，最后以特定的形式公开发布。

4.标准制定的目的是作为共同遵守的准则和依据

也就是说标准只是以科学合理的规定，为人们提供一种最佳选择，它不具有像法律、法规那样代表国家意志的强制力属性，即使强制性标准也是法律赋予的。

（二）商品标准的概念

商品标准是对商品质量以及与质量有关的各个方面（如商品的品名、规格、性能、用途、使用方法、检验方法、包装、运输、储存等）所做的统一技术规定，是评定、监督和维护商品质量的准则和依据。

商品标准是科学技术和生产力发展水平的一种标志，它是社会生产力发展到一定程度的产物，又是推动生产力发展的一种手段。正式生产的各类商品，都应符合相应的商品标准。商品标准具有政策性、科学性、先进性、民主性和权威性等特征。

（三）商品标准的作用

1.商品标准是评定商品质量的准绳

商品标准是对商品质量和与质量有关的各方面所作的统一规定，它是生产和流通的一种共同技术依据，是评定商品质量的准绳。有了商品标准，生产者就有章可循，可以按规定的要求组织生产；质量监督者就有法可依，可以按规定的要求从事监督鉴定；而消费者则可以得到质量稳定可靠、符合规定要求的商品，满足购物需要。可见，商品标准统一表达了生产、流通企业和消费者对商品质量的要求，当产销及用户各方对商品质量发生争议时，应依据商品标准裁决。

2.商品标准是提高商品质量的技术保证

商品标准其核心内容是商品的质量要求，商品标准是生产过程中控制质量、评定质量好坏的技术依据。由于标准具有法规的严肃性和强制性，从而可以保证和促进商品质量的不断提高。

3.商品标准是科技与生产发展水平的标志

商品标准是衡量一个国家生产力发展水平的标志，也是推动和组织社会生产的重要手段。每一种商品都积累了人们在这一商品生产和使用方面的经验，根据当时社会发展的需要和社会生产水平制定的，也是科学技术和生产发展水平的标志。

4.商品标准是现代国际贸易的基本要素

在对外贸易中，商品标准可以促进出口商品质量提高，从而有利于提高我国商品的国际市场声誉和促进对外贸易的发展，并可供对外贸易业务在签订合同中有关品质条件等条款时提供参考。

第二节 商品标准

一、商品标准的分类

商品标准根据不同的分类标志可以分为很多种，常见的主要有以下几种。

（一）按表现形式分类

商品标准按照表现形式可以分为文件标准和实物标准。

1.文件标准

文件标准指通过特定格式，用文字、表格、图样等表述商品的品种规格、质量要求、检验规则与方法、储运与包装规定等有关技术内容的统一规定。目前，绝大多数商品标准都是文件标准。

2. 实物标准

实物标准是文件标准的补充，指对某些难用文字准确表达的色、香、味、形、手感、质地等质量要求，由标准化机构或指定部门用实物做成与文件标准规定的质量标准完全或部分相同的标准样品，按一定的程序发布，用以鉴别商品质量和评定商品等级，如棉花、茶叶、粮食等实物标准。实物标准又分为全国基本标准和地方仿制标准。实物标准要每年更新，以保持各等级标样的稳定。

（二）按约束力分类

商品标准按照表现形式可以分为强制性标准和推荐性标准。

1. 强制性标准

强制性标准指由法规规定、要强制实行的标准，也称为法规性标准。强制性标准所规定的内容必须执行，不允许以任何理由或方式违反、变更，对违反强制性标准的行为，国家将依法追究当事人的法律责任。强制性标准包括强制性的国家标准、行业标准和地方标准。《中华人民共和国标准化法》规定，保障人身健康，人身、财产安全的标准以及法律和行政法规强制执行的标准，均属于强制性标准。强制性标准必须严格执行，凡不符合强制性标准的产品，禁止生产、销售和进口。

2. 推荐性标准

推荐性标准是除了强制性标准以外，自愿采用，自愿认证的标准，又称为自愿性标准。国家采取优惠措施，鼓励企业自愿采用推荐性标准。实行市场经济的国家大多数实行推荐性标准，例如国家标准及美国、日本等国的大多数标准均为推荐性标准。推荐性标准的实施以自愿采用为原则，不要求强制执行，但是在下列几种情况下，推荐性标准必须严格执行。

① 一项推荐性标准一旦纳入国家法律、法规或指令性文件规定，在一定范围内该项标准便具有强制推行的性质。

② 一项推荐性标准被企业作为认证所采用的标准时，经过按此标准认证的产品，必须严格执行该项标准。

③ 企业向公众明示其产品符合某项推荐性标准时，应当严格执行其所明示的推荐性标准。

④ 某项推荐性标准被购销双方引用为交货依据时，双方应当严格执行该项标准。

对于以上情况所采用的推荐性标准，标准化行政部门对贯彻执行该项标准的情况有权实施监督检查。

（三）按标准的性质分类

商品标准按照性质可以分为技术标准、管理标准和工作标准。

1. 技术标准

技术标准是对标准领域中需要协调统一的技术事项所制定的标准。它是从事生产、建设工作以及商品流通的一种共同技术依据。凡正式生产的工业产品、主要的农产品、各类工程建设、环境保护、安全和卫生条件以及其他应当统一的技术要求，都必须制定技术标准，是这3种标准中数量最多的一种。技术标准主要包括：基础标准、产品（商品）质量标准、方法标准、安全标准、卫生标准、环境和保护标准。

2. 管理标准

管理标准是指对标准化领域中需要协调统一的管理事项所制定的标准。管理标准一般包括技术管理标准、生产管理标准、经济管理标准、行政管理与业务管理标准等。

3. 工作标准

工作标准是指对工作的责任、权利、范围、质量要求、程序、效果、检查方法和考核办法所制定的标准，是对标准化领域中需要协调统一的工作事项所制定的标准。工作标准一般包括部门工作标准和岗位（个人）工作标准，通常包括基础工作、工作质量、工作程序和工作方法等方面的标准。

（四）按成熟程度分类

商品标准按照成熟程度可以分为试行标准和正式标准。

1. 试行标准

试行标准与正式标准具有同等法律效力，一般试行二三年后进行修订，待成熟时转为正式标准。

2. 正式标准

绝大多数商品的标准为正式标准。

此外，商品标准还可以按保密程度分为公开标准和内控标准，按适用范围分为出口商品标准和内销商品标准，按使用要求分为生产型标准和贸易型标准等。

二、商品标准的分级

标准按照适用领域和有效范围不同，可分成不同的层次、级别。其目的是为了适应不同技术水平、不同管理水平以及满足各种不同的经济要求。各国由于经济社会条件不同，有不同的分级方法。

（一）国际商品标准的分级

1. 国际标准

国际标准是指国际标准化组织（ISO）和国际电工委员会（IEC）以及经国际标准化组织认可并收集到《国际标准题录索引》中加以公布的其他国际组织所制定的标准。国际标准在世界范围内统一使用，对于促进各国贸易往来具有重要意义。国际标准均为推荐性标准，但由于具有较高的权威性和科学性，因而被越来越多的国家所采用。

（1）国际标准化组织　国际标准化组织（International Organization for Standards，简称ISO），成立于1947年，总部设在瑞士的日内瓦，是由各国标准化团体组成的世界性的联合会，主要任务是制定除电工产品以外的国际标准，协调世界范围内的标准化工作。

ISO制定的标准涉及各行各业各种产品（包括服务产品、知识产品等）的技术规范。例如，ISO 9000 和 ISO 14000 国际标准。ISO 9000 和 ISO 14000 不是指一个标准，而是一系列标准的统称。ISO 9000 系列标准，是国际标准化组织颁布的质量保证体系标准，ISO 14000 是国际标准化组织颁布的环境体系保证标准。

ISO	9001	:	2008
标准代号	标准序号		发布年份

图 5-1　ISO 国际标准编号构成

ISO 国际标准编号由标准代号、标准序号和标准发布年份构成。如图 5-1 所示。

小知识

第 39 届国际标准化组织（ISO）大会于 2016 年 9 月 9 日至 9 月 14 日在北京举行。这次大会由国际标准化组织主办，国家质量监督检验检疫总局、国家标准化管理委员会、北京市人民政府承办。来自国际标准化组织的 163 个国家（地区）成员，欧洲、泛美、亚太等 10 多个区域标准化组织，以及联合国贸易和发展会议（UNCTAD）、联合国工业发展组织（UNIDO）、国际铁路联盟（UIC）等 14 个国际组织的近 700 名代表参加会议。

(2) 国际电工委员会 国际电工委员会（International Electro Technical Commission），是世界上最早的国际性电工标准化专门机构，主要负责电气和电子领域，成立于 1906 年，会址设在瑞士的日内瓦（1974 年以前设在英国伦敦）。IEC 在 ISO 组织中保持组织上、经济上、技术上的独立性。其宗旨是"促进电气、电子工程领域中标准化及有关方面问题的国际合作，增进国际间的相互了解"。IEC 每年要在世界各地召开一百多次国际标准会议，世界各国的近 10 万名专家在参与 IEC 的标准制定、修订工作。IEC 现在有技术委员会（TC）89 个，分技术委员会（SC）107 个。IEC 标准均属于推荐性标准。

(3) 其他国际组织 这里指的是由国际标准化组织认可的一些权威性国际组织。ISO 认可的国际组织有：国际计量局（BIPM）、国际合成纤维标准化局（BISF）、食品法典委员会（CAC）、关税合作理事会（CCC）、国际电气设备合格认证委员会（CEE）、国际照明委员会（CIE）、国际无线电咨询委员会（CCIR）、国际无线电干扰特别委员会（CISPR）、国际电报电话咨询委员会（CCITT）、国际原子能机构（IAEA）、国际空运联合会（IATA）、国际民航组织（ICAO）、国际辐射单位与测量委员会（ICRU）、国际乳制品业联合会（IDF）、国际图书馆协会联合会（IFLA）、国际制冷学会（IIR）、国际劳工组织（ILO）、国际海事组织（IMO）、国际橄榄油委员会（IOOC）、国际辐射防护委员会（ICRP）、国际兽疫防治局（OIE）、国际法制计量组织（OIML）、国际葡萄与葡萄酒局（IWO）、国际铁路联盟（UIC）、联合国教科文组织（UNESCO）、世界卫生组织（WHO）、世界知识产权组织（WIPO）、国际电信联盟（ITU）、万国邮政联盟（UPU）、联合国粮农组织（UNFAO）、国际羊毛局（IWS）、国际棉花咨询委员会（ICAC）。

> **小知识：世界标准日**
>
> 每年的 10 月 14 日是世界标准日。这一天被选定为世界标准日的原因是，在 1946 年 10 月 14 日，来自 25 个国家的代表会聚英国伦敦开会并决定创建一个"旨在促进工业标准的国际间协调和统一"的新的国际组织——ISO（ISO 于 1947 年 2 月 23 日正式开始运作）。世界标准日的庆祝始于 1970 年 10 月 14 日，由当时的 ISO 主席 Mr. Faruk Sunter（土耳其人）所创立。
>
> 创立世界标准日的目的是提高对国际标准化在世界经济活动中重要性的认识，以促进国际标准化工作适应世界范围内的商业、工业、政府和消费者的需要。这个国际节日是献给全世界成千上万从事标准化工作的志愿者的礼物。
>
> 中国自从 1978 年重新进入 ISO 以后，每年的 10 月 14 日世界标准日，全国各大、中城市都要举办各种形式的报告会、座谈会、纪念会，紧密结合当年 ISO 的世界标准日的宣传主题，广泛宣传标准化活动在人类社会发展中的重要作用，提高人们的标准化意识。
>
> 2016 年 10 月 14 日是第 47 个世界标准日，国际电工委员会（IEC）、国际标准化组织（ISO）、国际电信联盟（ITU）将 2016 年世界标准日的主题确定为"标准建立信任"，国家标准化管理委员会将中国主题确定为"实施标准化战略、促进世界互联互通"。主题活动由国家质量监督检验检疫总局和国家标准化管理委员会主办，活动内容主要包括对第 39 届 ISO 大会进行总结，并颁发 2016 年中国标准创新贡献奖。

2. 区域标准

区域标准是指由世界区域性集团的标准化组织制定和发布的标准。制定区域标准的主要目的在于促进区域性集团成员国之间的贸易，便于该地区的技术交流与合作，协调该地区与国际标准化组织的关系。这种区域性集团，有的是由于地理原因，有的则是由于政治经济原因而形成。欧洲标准化委员会（CEN）、亚洲标准咨询委员会（ASAC）、欧洲电工标准化委员会（CENELEC）、欧洲电信标准学会（ETSI）、太平洋地区标准大会（PASC）、泛美技术标准委员会（COPANT）、非洲地区标准化组织（ARSO）、阿拉伯标准化与计量组织（ASMO）等所颁布的标准都是区域标准。

3.国家标准

国家标准是指由主要经济发达国家所制定的国家标准。例如，美国国家标准（ANSI）、德国国家标准（DIN）、英国国家标准（BS）、日本工业标准（JIS）、法国国家标准（NF）等。此外还包括某些国家的先进行业标准，如瑞士的手表材料国家标准、瑞典的轴承钢国家标准、比利时的钻石国家标准等。

4.团体标准

团体标准是指某些国家的标准化团体所制定的有一定影响的标准。例如，美国材料与试验协会标准（ASTM）、美国石油学会标准（API）、美国电子工业协会标准（EIA）、美国军用标准（MIL）等。

（二）我国商品标准的分级

根据《中华人民共和国标准化法》，我国的标准划分为国家标准、行业标准、地方标准和企业标准4级。

1.国家标准

国家标准是指由国家标准化主管机构批准发布，对全国经济、技术发展有重大意义，且在全国范围内统一的标准。国家标准由国务院标准化行政主管部门编制计划，协调项目分工，组织草拟，统一审批、编号和发布。法律对国家标准的制定另有规定的，依照法律的规定执行，国家标准分为强制性国家标准和推荐性国家标准。截止到2009年6月，我国共有国家标准23843项，在世界范围内来讲，总数也不少。

国家标准的编号由国家标准的代号、国家标准发布的顺序号和国家标准发布的年号构成。按照《国家标准管理办法》的规定，我国强制性国家标准的代号由"国标"二字的汉语拼音第一个字母组成，为"GB"；推荐性国家标准的代号为"GB/T"。国家标准的顺序号是发布的国家标准的顺序排号，国家标准的发布年号是发布该国家标准的年份，中间加一横线分开。如图5-2所示。

GB	18097	—	2000
国家标准代号	标准顺序号		发布年号

图5-2 我国国家标准编号的构成

HG/T	2172	—	2003
行业标准代号	标准顺序号		发布年号

图5-3 行业标准编号的构成

例如，GB 22134—2008，表示2008年颁布的第22134号强制性国家标准。

GB/T 22583—2009，表示2009年颁布的第22583号推荐性国家标准。

2.行业标准

行业标准是指在没有国家标准的情况下，由专业标准化主管机构或专业标准化组织批准发布、在某个行业范围内统一使用的标准。行业标准由国务院有关行政主管部门制定，并报国务院标准化行政主管部门备案。例如：机械、电子、建筑、化工、冶金、轻工、纺织、交通、能源、农业、林业、水利等，都制定有行业标准。

行业标准不能与有关国家标准相抵触，已有国家标准的不再制定这类标准，当同一内容的国家标准公布后，则该内容的行业标准即行废止。有关行业标准之间应保持协调、统一，不得重复。

行业标准的编号由行业标准的代号、标准的顺序号和发布年号构成。如图5-3所示。

我国行业标准代号，如表5-1所示。

表 5-1 我国行业标准代号

标准类别	标准代号	标准类别	标准代号	标准类别	标准代号	标准类别	标准代号
林业	LY	公共安全	GA	化工	HG	通信	YD
纺织	FZ	包装	BB	石油化工	SH	电力	DL
医药	YY	旅游	LB	兵工民品	WJ	金融	JR
烟草	YC	气象	QX	建材	JC	文化	WH
有色冶金	YS	供销	GH	测绘	CH	环境保护	HJ
地质矿产	DZ	粮食	LS	机械	JB	新闻出版	CY
土地管理	TD	体育	TY	汽车	QC	煤炭	MT
海洋	HY	农业	NY	民用航空	MH	地震	DB
档案	DA	水产	SC	船舶	CB	海关	HS
商检	SN	水利	SL	航空	HB	邮政	YZ
国内贸易	SB	黑色冶金	YB	航天	QJ	中医药	ZY
稀土	XB	轻工	QB	核工业	EJ	安全生产	AQ
城镇建设	CJ	民政	MZ	铁道	TB	文物保护	WW
建筑工业	JG	教育	JY	交通	JT	广播电影电视	GY
卫生	WS	石油天然气	SY	电子	SJ		
物资管理	WB	海洋石油天然气	SY（1万号以后）	劳动和劳动安全	LD		

例如，SL 391—2007，表示2007年颁布的第391号强制性水利行业标准。

SN/T 2344—2009，表示2009年颁布的第2344号推荐性商检行业标准。

3. 地方标准

地方标准是指在没有国家标准和行业标准情况下，而又需要在省、自治区、直辖市范围内统一的工业产品的安全、卫生要求，可以制定地方标准。地方标准由省、自治区、直辖市标准化行政主管部门编制计划、组织制定、审批、编号和发布，并报国务院标准化行政主管部门和国务院有关行政主管部门备案。地方标准在相应的国家标准或者行业标准发布实施后，即行废止。

地方标准的编号由地方标准的代号、标准的顺序号和发布年号构成。地方标准的代号是"DB"，加上省、自治区、直辖市行政区域代码前两位数字和斜线，组成强制性地方标准代号；再加"T"，组成推荐性地方标准代号。如图5-4所示。

DB	33/	630	—	2007
行业标准代号	区域代码	标准顺序号		发布年号

图 5-4 地方标准编号构成

我国省、自治区、直辖市代码如表5-2所示。

表 5-2　我国省、自治区、直辖市代码

名　称	代　码	名　称	代　码
北京市	110000	河南省	410000
天津市	120000	湖北省	420000
河北省	130000	湖南省	430000
山西省	140000	广东省	440000
内蒙古自治区	150000	广西壮族自治区	450000
辽宁省	210000	海南省	460000
吉林省	220000	重庆市	500000
黑龙江省	230000	四川省	510000
上海市	310000	贵州省	520000
江苏省	320000	云南省	530000
浙江省	330000	西藏自治区	540000
安徽省	340000	陕西省	610000
福建省	350000	甘肃省	620000
江西省	360000	青海省	630000
山东省	370000	宁夏回族自治区	640000
新疆维吾尔自治区	650000	台湾地区	710000
香港特别行政区	810000	澳门特别行政区	820000

例如，DB 12/289—2009，表示 2009 年颁布的第 289 号强制性天津市地方标准。

　　DB 37/T 1006—2008，表示 2008 年颁布的第 1006 号推荐性山东省地方标准。

4. 企业标准

企业标准由企业组织制定、批准、发布，在该企业范围内统一使用的标准，并按省、自治区、直辖市人民政府的规定备案。企业生产的产品没有国家标准和行业标准的，应当制定企业标准，作为企业组织生产的依据。企业的产品标准须报当地政府标准化行政主管部门和有关行政主管部门备案。已有国家标准或者行业标准的，也可以制定严于国家标准或行业标准的内控企业标准，以提高产品质量水平。

企业标准的编号由企业标准的代号、标准的顺序号和发布年号构成。企业标准代号是"Q/"，各省、自治区、直辖市颁

Q/	MX	001	—	2004
企业标准代号	企业代号	标准顺序号		发布年号

图 5-5　企业标准编号构成

布的企业标准应在"Q"前加本省、自治区、直辖市的汉字简称。如：北京市为"京 Q/"，山东省为"鲁 Q/"；斜线后为企业代号、顺序号和发布年号。如图 5-5 所示。

例如，京 Q/EGF 134—2008，表示 2008 年颁布的北京市某企业的第 134 号企业标准。

三、商品标准的基本内容

根据 GB/T 1.1—2000《标准化工作导则　第 1 部分：标准的结构和编写规则》的规定，商品文件标准的内容一般是由概述部分、正文部分和补充部分三部分组成。

1. 概述部分

概述部分包括封面、目录、标准名称和引言。主要说明标准的对象、技术特征和制定依据。

封面列有标准名称、编号、分类号、批准发布单位、发布和实施日期等。目录一般在商品标准的内容较长、结构复杂、条文较多时编制。标准名称明确规定标准的主题及其所包括的方面，指明该标准或其他部分的使用限制，包括本标准适用何种原料、何种工艺生产、作何种用途的何种商品等内容。引言主要阐述制定标准的必要性和主要依据，历次复审、修订的日期，修订的主要内容，废除和被代替的标准以及采用国际标准的程度。一般不写标题，也不编号。

2.正文部分

正文部分包括主题内容、适用范围、引用标准、商品分类、技术要求、试验方法、检验规则、标志、包装、运输和储存等方面,是商品标准的核心部分。

在商品标准中,首先要说明这项标准适用于何种商品,以及这种商品的原料、生产工艺、分类及分级等;引用标准主要说明标准中直接引用的标准和本标准必须配套使用的标准,并列出标准的编号和名称。

商品分类是商品标准技术内容的重要组成部分,指在商品标准中规定商品种类和形式,确定商品的基本参数和尺寸,作为合理发展商品品种、规格以及用户选用的依据。商品分类的内容包括商品的种类、结构形式与尺寸、基本参数、工艺特征、型号与标记、商品命名和型号编制方法等。

技术要求是指导商品生产、流通、使用消费以及进行质量检验和评价的主要依据,是商品标准的中心内容。技术要求包括物理性能、化学性能、感官性能、稳定性、可靠性、耗能指标、材料要求、工艺要求、环境条件、有关质量保证、卫生、安全和环境保护方面的要求以及质量等级等。列入商品标准的技术要求应当是决定商品质量并可以评价的主要指标。

试验方法是评定商品质量的具体做法,是对商品质量是否符合标准而进行检测的方法、程序和手段所作的统一规定。试验方法一般包括试验原理、试样的采取、所用试剂或标样、试验用仪器和设备、试验条件、试验步骤、试验结果的计算、分析评定、试验的记录和试验报告等内容。检验规则是对商品如何进行验收而作的具体规定,它是生产企业将商品提交质量检验部门进行检验的程序要求,也是商品收购部门检查商品质量的技术依据。检验规则一般包括检验的类别和项目、抽样或取样方法、检验方法、检验结果的评定和复检规则等。

为使商品从出厂到交付使用的过程中不致受到损失,标准中必须明确规定商品的标志、包装、运输和储存的要求。

3.补充部分

补充部分包括附录和附加说明,是对标准条文所作的必要补充说明和提供使用参考的资料。

附录分为补充件和参考件两种。补充件是标准条文的补充,是标准技术内容的组成部分,与标准条文具有同等效力。参考件用来帮助使用者理解标准的内容,它不是标准条文的组成部分,仅供参考。

附加说明是指制定和修订标准中的一些说明事项,分段写在标准终结符号下,其内容主要有:标准提出单位、归口单位、负责起草单位和标准主要起草人;标准首次发布、历次修改和重新确认的时间;标准负责解释单位以及其他附加说明等。

第三节 商品质量认证

一、商品质量认证的内容

(一)商品质量认证的概念

国际标准化组织(ISO)将商品质量认证定义为:由可以充分信任的第三方证实某一经鉴定的产品或服务符合特定标准或其他技术规范的活动。《中华人民共和国产品质量认证管理条例》规定:产品质量认证是依据产品标准和相应技术要求,经认证机构确认并通过颁发认证证书和认证标志来证明某一产品符合相应标准和相应技术要求的活动。

商品质量认证的定义具体包含了以下4个方面的内容。

1.商品质量认证的对象是产品或服务

商品质量认证是对产品或服务所进行的认证。这里的"产品"指的是有形商品,"服务"

指的是无形商品，如银行、保险、餐饮等服务行业所提供的服务产品。

2. 标准和技术要求是商品质量认证的依据

商品质量认证是依据标准和技术要求进行的。国际上质量认证多以国际标准为依据；在交易双方共同协商的基础上，也可以以某一区域标准或某一国家标准为依据。国内质量认证依据的标准应当是具有国际水平的国家标准或者行业标准。企业标准不能作为认证的依据。

3. 商品质量认证的证明方式是认证证书和认证标志

当某项产品或服务经过规定的程序证实是符合认证机构规定的要求时，认证机构颁发认证证书，并且许可在认证商品上使用认证标志，用来证明其取得了认证资格。对于批准认证的商品，根据不同的认证类型，可以只使用认证证书一种方式，也可以同时采用认证证书和认证标志两种方式。

4. 商品质量认证是由第三方所从事的活动

第三方是独立于第一方卖方和第二方买方之外的另一方，与第一方和第二方没有直接的隶属关系和利益关系，因此所做的评审结果更加公平与公正。世界上各国公认的第三方是国家标准化机构、具有独立地位的检验机构、认证机构等。

企业根据自愿原则可以向国务院产品质量监督部门认可的或者国务院产品质量监督部门授权的部门认可的认证机构申请产品质量认证。但对关系到人民生命和财产安全的商品则实施强制性认证和监督管理。

小知识：中国认证发展历程

1981年4月，我国建立了第一个产品认证机构，中国电子元器件认证委员会。此后，中国各类产品认证、体系认证和服务认证以及中国的认可工作随着中国市场经济发展和中国不断融入国际经济体系之中而不断完善发展。

1991年5月，国务院发布了《中华人民共和国产品质量认证管理条例》，全面规定了认证的宗旨、性质、组织管理、认证条件和程序、认证机构、罚则等。

1993年2月，《中华人民共和国产品质量法》颁布，明确质量认证制度为国家的基本质量监督制度。中国认证认可制度逐步进入到法治化轨道。

2001年中国国家认证认可监督管理委员会成立，简称CNCA，是国务院决定组建并授权，履行行政管理职能，统一管理、监督和综合协调全国认证认可工作的主管机构。

2003年《中华人民共和国认证认可条例》颁布。自此，中国的认证认可工作进入国家统一管理，全面规范化、法治化阶段。

（二）商品质量认证的种类

1. 按认证的范围分类

（1）国家认证　国家认证是指某一国家对国内产品进行的认证。

（2）区域性认证　区域性认证是指由若干国家和地区按照自愿的原则组织起来，按照共同的标准和技术规范进行的认证。如欧洲标准化组织的CE认证和欧盟绿色认证（RoHS）。

（3）国际认证　国际认证是指参与国际标准化组织ISO和国际电工委员会IEC等认证组织，按照ISO和IEC标准开展的认证。

2. 按认证的性质分类

（1）自愿认证　自愿认证是企业根据自愿原则向认证机关提出申请进行的认证。对一般产品均实行自愿认证，没有经过认证的产品也可以在市场上销售。

（2）强制认证　强制认证是指对有关人身安全、健康、检疫、环保、劳保等产品，依法所实行的强制性认证。该类产品未获得认证不得销售，否则应被依法惩处。

3. 按照认证的内容分类

（1）安全认证　安全认证是以安全标准或商品标准中安全要求为依据，而对商品或只对商品有关安全的项目所进行的认证。通常世界各国的安全认证都属于强制性认证。获得安全标志的商品，只能证明该商品符合其安全标准或标准中的安全指标，而无法说明该商品质量的优劣。

（2）合格认证　合格认证也称质量认证，是用合格证书或合格标志证明某一产品或服务符合其质量标准要求的认证。合格认证属于自愿性认证。

（三）商品质量认证的方式

目前，世界上各国商品质量认证的方式有以下8种。

1. 型式试验

型式试验是指按规定的试验方法对产品进行抽样试验，以证明其符合标准或规定的技术要求。

2. 型式试验加市场抽样检验

这是一种带有认证后监督措施的型式试验。监督的方法是从市场上或从批发商、零售商的仓库中随机抽样进行检验，以证明认证后产品质量持续符合标准或技术要求。

3. 型式试验加供方抽样检验

这种认证方式与第二种相似，只是监督的方式有所不同，不是从市场上抽样，而是从供方发货前的产品中随机抽样进行检验。

4. 型式试验加市场抽样和供方抽样检验

这种认证方式是第二种和第三种方式的综合，监督检验所用的样品来自市场抽样和供方随机抽样。

5. 型式试验加供方质量体系评定加供方和市场抽样检验

这种认证的特点是在批准认证的条件中增加了对供方质量体系的检查和评定，在批准认证后的监督措施中也增加了对供方质量体系的复查。

6. 供方质量体系评定

这种认证方式是对供方按规定选用的质量保证模式而建立的质量体系进行检验评定，常称为质量体系认证。

7. 批量检验

根据规定的抽样方法对一批产品进行抽样检验，并据此作出该批产品是否符合标准或技术规范的判断。

8. 百分之百检验

对每一件产品在出厂前由经认可的检验机构进行检验。

以上8种认证类型以第5种和第6种最完善，是国际标准化组织向各国推荐的认证制度，目前各国普遍采用。商品质量认证主要采用第5种认证类型，工程建设施工服务单位主要采用第6种认证类型。

（四）商品质量认证的作用

1. 商品质量认证保证了商品质量，提高了商品在国内外市场上的竞争力

产品通过质量认证就可以在产品包装上使用质量认证标志，商品质量认证标志本身就是对质量合格强有力的证明，会提高商品的信誉。如果通过的是国际质量认证，还会提高商品在国

际市场上的竞争力。

2. 商品质量认证可以帮助企业建立健全有效的质量保证体系

认证机构在对企业的质量体系和商品质量实施检查、认证以及认证后的监督检查均要求企业对其质量体系进行检查和完善，以提高其对商品质量的保证能力。因此，质量认证对企业建立健全有效地质量保证体系起到有力的促进作用。

3. 商品质量认证可以指导消费者选购商品

普通消费者在不了解某产品的质量状况时，可以通过商品包装的标志来了解商品，现代商品包装标志蕴涵的信息非常丰富，其中质量认证标志向消费者提供了正确可靠的质量信息，帮助消费者提高消费辨别能力。

4. 商品质量认证可以减少社会重复检验和评价的费用

通过质量认证的产品可以保证质量，其抽查检验的结果也为社会所承认，其他需方一般不再进行重复检验，对于企业来说可以节省大量的检验费用。

（五）商品质量认证的程序

商品质量认证的程序如图 5-6 所示。

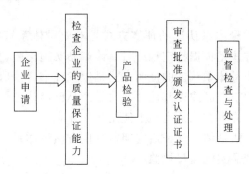

图 5-6　商品质量认证的程序

商品质量认证的程序如下。

1. 企业申请

由企业向质量认证机构提出质量认证申请，按照认证机构的要求填写申请书和申请表，同时递交反映企业质量管理水平和质量保证措施等方面情况的附件。

2. 检查企业的质量保证能力

认证机构收到申请和附件后首先进行书面审查，认可后进行企业实地审查，以鉴定企业是否具有持续生产符合标准产品的质量保证能力，并提出审查报告。

3. 产品检验

审查合格后，由认证机构认可的或指定的试验单位对产品进行抽样检验鉴定，并出具产品检验报告。

4. 审查批准颁发认证证书

在企业审查报告和产品试验报告合格后，由认证机构颁发认证证书，允许在包装上使用质量认证标志。

5. 监督检查与处理

经认证合格的生产企业，还要对其进行定期质量保证复查和抽样监督检查，如发现不符合规定要求的情况，认证机构可根据具体情况做出停止使用认证标志、撤销认证证书的处理决定，以规范市场秩序，维护认证机构的信誉。

二、质量体系认证及其他体系认证

（一）质量体系认证

1. 质量体系认证概念

质量体系认证是指由第三方公证机构依据公开发布的质量体系标准，对供方的质量体系实施评定，评定合格者由公证机构颁发质量体系认证证书，并给予注册公布，证明供方在特定的产品范围内具有质量保证能力的活动。目前，世界各国大都按照 ISO 9000 族标准推行质量体系认证制度。

质量体系认证与商品质量认证的区别如下。

（1）认证对象不同　质量体系认证的对象是质量管理体系；商品质量认证的对象是产品。

（2）认证依据不同　质量体系认证的依据是质量体系标准；商品质量认证的依据是产品标准和技术要求。

（3）认证目的不同　质量体系认证的目的是为了证明供方的质量体系有能力确保其产品满足规定的要求；商品质量认证的目的是证明供方的产品符合特定标准和技术规范的要求。

（4）证实方式不同　质量体系认证的证实方式是对质量体系审核，不对产品实物实施检验；商品质量认证的证实方式是根据特定标准对具体产品实施检验。

（5）证明方式不同　质量体系认证的证明方式是颁发证书，注册公布，供方可以使用注册标志作宣传，但不得直接用于产品或以其他方式误导产品已经认证合格；商品质量认证的证明方式是颁发合格证书，并且许可在认证商品上使用认证标志。

（6）认证后监督不同　质量体系认证后定期监督供方质量体系但不对产品实物实施监督检验；商品质量认证后需对产品实施监督检验。

2. ISO 9000 质量体系

TC176 是 ISO 中第 176 个技术委员会，它成立于 1980 年，全称是"品质保证技术委员会"，1987 年更名为"品质管理和品质保证技术委员会"。TC176 专门负责制定品质管理和品质保证技术的标准。由 ISO/TC176 技术委员会制定的所有国际标准，即为 ISO 9000 族标准。ISO 9000 质量管理和质量保证系列标准自诞生以来，受到世界各国的普遍重视。很多国家和国际组织采用这套标准并建立起质量体系认证制度，我国 1992 年正式发布等同采用这套标准。

2000 年修改的 ISO 9000 族标准有四个核心标准。

（1）ISO 9000：2000《质量管理体系——基础和术语》　该标准描述了质量管理体系的基本原理，并规定了质量管理体系的基本术语。

（2）ISO 9001：2000《质量管理体系——要求》　该标准规定了质量管理体系的要求，可用于内部质量管理，也可以作为认证的依据。

（3）ISO 9004：2000《质量管理体系——业绩改进指南》　该标准提供了改进质量管理体系业绩的指南。标准可用于内部质量管理，帮助组织追求卓越，但不能用作认证依据。

（4）ISO 19011：2000《质量和环境管理体系审核指南》　该标准是在合并 ISO 19011、ISO 14010、ISO 14011、ISO 14012 的基础上重新起草的。它提供了质量管理体系和环境管理体系审核的基本原则，审核方案的管理、审核的实施指南及审核员的资格要求。

ISO 9000 族标准认证，可以理解为质量体系注册，就是由第三方认证机构依据 ISO 9000 族标准，对企业的质量体系实施评定，向公众证明该企业的质量体系符合 ISO 9000 族标准，具有提供合格产品的能力，公众可以相信该企业的服务承诺和企业产品质量的一致性。

（二）其他体系认证

1. 环境管理体系认证

环境管理体系认证是第三方公证机构依据公开发布的环境管理体系标准，对供方的环境管理体系实施评定，评定合格的由第三方机构颁发环境管理体系认证证书，并给予注册公布，证明供方具有按既定环境保护标准和法规要求提供商品的环境保护能力。

目前，世界各国进行环境管理体系认证时使用的标准是 ISO 14000 系列标准。这一标准是由国际标准化组织于 1996 年 9 月 1 日正式颁布的环境管理体系标准。通过环境管理体系认证，可以证实生产企业使用的原材料、生产工艺、加工方法以及产品的使用和用后处置是否符合环境保护标准和法规的要求。环境管理体系认证可以规范企业和社会团体等所有组织的环境行为，减少人类各项活动所造成的环境污染，最大限度地节省资源，改善生态环境质量，保持环境与经济发展相协调，促进经济的可持续发展。为促进企业建立环境管理体系的主动性，ISO 14000 系列标准实施环境标志制度。通过环境标志对企业的环境行为加以确认，以标志图形、说明标签等形式向市场展示标志产品及非标志产品环境行为的差别，形成强大的市场压力，达到改善组织环境行为的目的。

2. 职业健康安全管理体系认证（OHSMS 认证）

职业健康安全管理体系（Occupation Health Safety Management System，缩写为 OHSMS），是 20 世纪 80 年代后期在国际上兴起的现代安全生产管理模式，它与 ISO 9000 和 ISO 14000 等标准体系一并被称为"后工业化时代的管理方法"。

随着科学技术的飞速发展，生产力的不断提高，在高度工业文明的社会背后，同时产生了不文明发展现象：多数企业专注于生产，而有意或无意地忽略了劳动者的劳动条件和环境状况的改善，形成了劳动条件和劳动环境与生产发展的极不相称。同时新技术、新材料、新能源的广泛应用在生产过程中产生了许多职业健康安全问题，如电磁辐射、噪声污染、粉尘污染等。

OHSMS 的基本思想是实现体系持续改进，通过周而复始地进行"计划、实施、监测、评审"活动，使体系功能不断加强。它要求组织在实施职业安全卫生管理体系时始终保持持续改进意识，对体系进行不断修正和完善，最终实现预防和控制工伤事故、职业病及其他损失的目标。

1999 年 3 月，由全球数家最知名的标准制度研究、认证机构共同制定了职业安全与卫生评价系列（OHSMS 18000），成为目前国际社会普遍采用的职业健康与安全认证标准。我国质量监督检验检疫总局于 2001 年颁布了 GB/T 28001—2001《职业安全健康管理体系规范》，在全国范围内推行职业安全健康标准。

3. 食品安全管理体系认证（HACCP 认证）

HACCP（Hazard Analysis and Critical Control Point），是危害分析关键控制点的词首字母的缩写。HACCP 是指对原料、关键生产工序及影响产品安全的人为因素进行分析，确定加工过程中的关键环节，建立、完善监控程序和监控标准，并采取规范的纠正措施的一种体系。它是生产（加工）安全食品的一种控制手段，使食品生产从对最终产品的检验（即检验是否有不合格产品）转化为控制生产环节中潜在的危害（即预防不合格产品），应用最少的资源，做最有效的事情。

1997 年 12 月 18 日美国政府宣布对输美水产品企业强制要求建立 HACCP 体系，否则其产品不能进入美国市场。此后中国、欧盟各国、日本、泰国、加拿大、澳大利亚、新西兰等许多国家相继学习、推广应用了 HACCP 知识。迄今为止，HACCP 已被许多国际组织如联合国粮农组织（FAO）、世界卫生组织（WHO）、国际食品法典委员会（CAC）等认可为世界范围内保证食品安全卫生的准则。HACCP 体系虽然不是一个零风险体系，却是一个食品安全控制的体系。HACCP 不是一个独立存在的体系，必须建立在食品安全项目的基础上才能使它运行。例如良好操作规范（GMP）、标准的操作规范（SOP）、卫生标准操作规范（SSOP）等。

三、商品质量认证标志

企业商品质量认证合格，可以在商品或者包装上使用认证标志，有质量认证标志的商品，说明其符合特定的标准或技术条件。商品标识信息的完善为顾客提供了尽可能多的产品信息，商品质量认证标志就是其中一项。

（一）我国商品质量认证标志

1. CCC 标志

CCC 标志为中国强制认证标志。"CCC"为中国强制认证（China Compulsory Certification）的英文缩写。作为国际通行做法，它主要对涉及人类健康和安全、动植物生命和健康以及环境保护与公共安全的产品实施强制性认证，确定统一使用的国家标准、技术规则和实施程序，制定统一的标志，规定统一的收费标准。凡列入目录内的产品，必须经国家指定的认证机构认证合格，取得相关证书并加施认证标志后，才能出厂、进口、销售和在经营服务场所使用。"CCC"认证的产品涉及 9 个行业的 19 类 132 种产品，包括电工、电信、消防、安全防范、机动车、建筑材料、乳胶制品、农用机械、医疗设备等。

2. QS 标志

QS 是食品质量标准（Quality Standard）的英文缩写，带有 QS 标志的产品就代表着经过国家的批准。所有的食品生产企业必须经过强制性的检验，合格且在最小销售单元的食品包装上标注食品生产许可证编号并加印食品质量安全市场准入标志（"QS"标志）后才能出厂销售。没有食品质量安全市场准入标志的，不得出厂销售。自 2004 年 1 月 1 日起，我国首先在大米、食用植物油、小麦粉、酱油和醋五类食品行业中实行食品质量安全市场准入制度。目前，我国已经实行 28 大类食品生产许可证制度，制度包括材料递交、现场审查等，生产企业必须以食品生产通用卫生规范、食品生产许可审查通则、产品类别审查细则、产品标准为基础。

小知识：QS 标志被取消

新修订的《中华人民共和国食品安全法》（以下简称《食品安全法》）于 2015 年 10 月 1 日起施行，作为新《食品安全法》的配套规章，国家食品药品监督管理总局制定的《食品生产许可管理办法》（以下简称《办法》）也同步实施。《办法》实施后，食品"QS"标志将取消。按照新规，新获证及换证食品生产者，应当在食品包装或者标签上标注新的食品生产许可证编号，不再标注"QS"标志。食品生产者存有的带有"QS"标志的包装和标签，可以继续使用至完为止。2018 年 10 月 1 日起，食品生产者生产的食品不得再使用原包装、标签和"QS"标志。日后经过生产许可认证的食品生产许可证编号由"SC"（"生产"的汉语拼音字母缩写）和 14 位阿拉伯数字组成，有效期从 3 年延长到了 5 年，数字从左至右依次为：3 位食品类别编码、2 位省（自治区、直辖市）代码、2 位市（地）代码、2 位县（区）代码、4 位顺序码、1 位校验码。

3. 绿色食品认证

绿色食品标志是中国绿色食品发展中心在国家工商行政管理局商标局注册的质量证明商标，用以证明绿色食品无污染、安全、优质的品质特征。它包括绿色食品标志图形、中文"绿色食品"、英文"GREEN FOOD"及中英文与图形组合共四种形式。绿色食品标准以国际食品法典委员会（CAC）标准为基础，参照发达国家标准制定，总体达到国际先进水平。

4. 有机产品认证

有机食品认证范围包括种植、养殖和加工的全过程。有机食品认证的一般程序包括：生产者向认证机构提出申请和提交符合有机生产加工的证明材料，认证机构对材料进行评审、现场检查后批准。随着中国有机产业的发展，2004 年中国国家认证认可监督管理委员会发布实施了试行标准——《有机食品认证规范》，在全国范围内试点实施。经过一年的摸索和实践，在《有机食品认证规范》的基础上，国家质量监督检验检疫总局和标准化管理委员会正式发布实施有机产品的国家标准 GB 19630.1～19630.4—2005。至此，该标准成为了中国有机产品生产、经营、认证实施的唯一标准。

5. 无公害农产品标志

无公害农产品指的是"产地环境、生产过程和产品质量符合国家有关标准和规范的要求，经认证合格获得认证证书并允许使用无公害农产品标志的未经加工或者初加工的食用农产品。"无公害农产品是绿色食品和有机食品发展的基础。无公害食品（绿色食品）分为 AA 级和 A 级两种，其主要区别是在生产过程中，AA 级不使用任何农药、化肥和人工合成激素；A 级则允许限量使用限定的农药、化肥和合成激素。全国统一无公害农产品标志标准颜色由绿色和橙色组成。标志图案主要由麦穗、对钩和无公害农产品字样组成，麦穗代表农产品，对钩表示合格，橙色寓意成熟和丰收，绿色象征环保和安全。

6. 环保产品标志

环保产品认证是中国质量认证中心开展的自愿性产品认证业务之一，以加施"中国环保产品认证"标志的方式表明产品符合相关环保认证的要求，认证范围涉及污染防治设备和家具、建材、轻工等环境有利产品。旨在通过开展环保认证，推广环境有利产品的生产和使用，推动居住环境及自然环境的改善，力促达到自然环境的良性循环和社会经济的可持续发展。

我国商品质量认证标志如图 5-7 所示。

（二）国外商品质量认证标志

1. UL 标志

UL 是美国保险商实验室（Underwriters Laboratories Incorporation）的缩写，它是一个国际认可的安全检验机构。UL 标志属于安全标志，主要用于包括家用电器在内的机电产品。美国政府采纳部分 UL 安全标准作为国家标准，因此家用电器类产品要想行销美国市场，UL 认证标志是不可缺少的条件。

对检验合格的产品，UL 还会定期到生产厂家作突击性抽查。如抽查中发现产品品质与检验合格的产品有重大差异，检验代表有权停止 UL 认证标志的使用，直到质量差异消除。

2. CE 标志

CE 标志是欧洲共同市场安全标志，是一种宣称产品符合欧盟相关指令的标识。使用 CE 标志是欧盟成员对销售产品的强制性要求。目前欧盟已颁布 12 类产品指令，主要有玩具、低

图 5-7 我国商品质量认证标志

压电器、医疗设备、电讯终端（电话类）、自动衡器、电磁兼容、机械等。产品符合相关指令要求，就能加贴 CE 标志。

3. GS 标志

GS 标志是德国安全认证标志，它是德国劳工部授权由特殊的 TUV 法人机构实施的一种在世界各地进行产品销售的欧洲认证标志。GS 标志虽然不是法律强制要求，但是它确实能在产品发生故障而造成意外事故时，使制造商受到严格的德国（欧洲）产品安全法的约束，所以 GS 标志是强有力的市场工具，能增强顾客的信心及购买欲望，通常 GS 认证产品销售单价更高而且更加畅销。

4. VDE 标志

位于德国奥芬巴赫的 VDE 检测认证研究所是德国电气工程师协会（Verband Deutscher Elektrotechniker，简称 VDE）所属的一个研究所，成立于 1920 年，是一个中立、独立的机构。VDE 的实验室依据申请，按照德国 VDE 国家标准或欧洲 EN 标准，或 IEC 国际电工委员会标准对电工产品进行检验和认证。VDE 直接参与德国国家标准制定，是欧洲最有经验的在世界上享有很高声誉的认证机构之一。迄今为止，全球已有近 50 个国家的 20 万种电气产品获得 VDE 标志。在许多国家，VDE 认证标志甚至比本国的认证标志更加出名，尤其被进出口商认可和看重。

5. BS 标志

BS 标志是英国标准化协会（British Standards Institution，简称 BSI）所颁发的认证标志，又称"风筝标志"。BS 标志是 BSI 特有的注册商标，国内外厂家均可申请使用。使用这种标志的企业不仅其产品必须符合有关的 BS 标准的要求，而且企业本身必须建立符合 BS—5790 的质量保证体系（符合 ISO 9000 族的质量保证模式标准也可），在认证过程中，还要对该体系进行评定。

小知识：风筝标志

"风筝标志"可不是在风筝这种产品上所使用的认证标志，而是一种世界上享有盛誉的产品质量标志。

世界上最早开展商品认证活动的是英国，英国标准化协会是世界上第一个国家标准化机构。1903年英国标准化协会（BSI）创建了世界上第一个英国标准的标志"BS"标志，因其形状像风筝，也称为风筝标志。对于风筝标志，BSI非常引以为豪，因为它是世界上最著名的而且是受人尊敬的产品质量标志。英国的一项调查数据显示，有80％的英国人认识风筝标志，知道它是代表优质产品和安全的符号；有60％的人宁愿多花些钱购买带有风筝标志的产品。许多集团采购也要求其供应商提供带有风筝标志的产品，目前已有20多个国家使用该标志。

6. 纯羊毛标志

纯羊毛标志是国际通用的供消费者识别优良品质羊毛产品的标志。使用纯羊毛标志的产品，其生产过程必须受到严格控制，其成品出厂前须经抽样检验，合格后由国际羊毛事务局授权使用纯羊毛标志。

7. NF标志

NF标志是法国认证标志，这种标志可单独用于电器及非电器类产品，也可与其他标志或字母的图案共同使用，主要指产品符合安全标准要求和效能特征。

法国标准化协会（AFNOR）于1926年成立，是由法国政府承认和资助的公益性、非营利标准化机构。法国标准化协会是法国标准化体系的核心，其任务主要是发布标准和开展产品服务和体系的认证以及NF标志的认证。

国外商品质量认证标志如图5-8所示。

图5-8 国外商品质量认证标志

[样本] ISO 9001 中文证书样本

[样本] ISO 9001 英文证书样本

[样本] CCC认证证书样本

中国国家强制性产品认证证书

主任：
中国质量认证中心
中国·北京·南四环西路188号9区 100070
http://www.cqc.com.cn

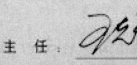

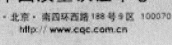

A 0450324

[样本] 方圆产品认证证书样本

产品认证证书

注册号：CQM-00-2006-0000-0001

制造商名称	XXXXXXXXXXX 有限公司
制造商注册地址	XXXXXX 省 XX 市 XXXXXXXXXXXX 路 XX 号
生产厂名称	XXXXXXXXXXX 有限公司
生产厂地址	XXXXXX 省 XX 市 XXXXXXXXXXXX 路 XX 号
申请人名称	XXXXXXXXXXX 有限公司
申请人注册地址	XXXXXX 省 XX 市 XXXXXXXXXXXX 路 XX 号
认证产品单元	XXXXXXX 啤酒
产品认证实施规则	XXXXXXX 啤酒产品认证实施方案
认证用标准	GB XXXX-XXXX
认证模式	型式试验或检验+初始工厂检查+获证后监督
认证产品加施的商标	*****

证书号：00208P10000R0X   有效期至：200X 年 XX 月 XX 日

认证产品单元覆盖产品的详细信息见本证书附件，可通过验证《确认证书》、方圆标志认证集团有限公司网站（http://www.cqm.com.cn）查询本证书的有效性。

总经理：张 伟

二零零X 年 XX 月 XX 日

方圆标志认证集团

复习思考题

一、填空题

1. 强制性国家标准的代号是_____，推荐性国家标准的代号是_____。
2. _____标志为电子元器件专用合格认证标志。
3. _____标志为电工产品专用安全认证标志。
4. 商品标准的形式主要有简化、_____、系列化、_____、组合化和_____。
5. 国际标准化组织的英文缩写是_____。
6. 商品标准按表现形式分为_____和_____。
7. 根据《中华人民共和国标准化法》，我国的标准划分为国家标准、_____、_____和企业标准四级。
8. 商品质量认证按认证的内容分为_____和_____。
9. 商品质量认证按认证的范围分为_____、国家认证和_____。
10. 商品文件标准的内容分为_____、_____和补充部分。

二、单项选择题

1. (　　) 标准与正式标准具有同等的法律效力。
   A. 文件标准　　　　B. 强制性标准　　　　C. 试行标准　　　　D. 内部标准
2. 行政法规规定强制执行的保障人体健康、人身财产安全的标准是 (　　)。
   A. 推荐性标准　　　B. 强制性标准　　　　C. 国际标准　　　　D. 国家标准
3. IEC 是 (　　) 的英文简称。
   A. 国际标准化组织　　　　　　　　　　　B. 国际电工委员会
   C. 中国方圆认证委员会　　　　　　　　　D. 电工产品认证委员会
4. (　　) 标准均为推荐性标准。
   A. 国家　　　　　　B. 行业　　　　　　　C. 企业　　　　　　D. 国际
5. (　　) 标志用于没有行业认证委员会的商品的合格认证或安全认证。
   A. 方圆标志　　　　B. 长城标志　　　　　C. PRC 标志　　　　D. 环境标志
6. (　　) 的水平是衡量一个国家或地区生产技术和管理水平的尺度，是现代化的一个重要标志。
   A. 商品质量　　　　B. 商品标准化　　　　C. 商品标准　　　　D. 商品分类
7. (　　) 的目的是为了消除由于不必要的多样化而造成的混乱，为人类的正常活动建立共同遵循的秩序。
   A. 组合化　　　　　B. 统一化　　　　　　C. 系列化　　　　　D. 通用化
8. DB11/134-2008 是一个 (　　)。
   A. 国家标准　　　　B. 国际标准　　　　　C. 行业标准　　　　D. 地方标准
9. 目前，世界各国进行环境管理体系认证时使用的标准是 (　　)。
   A. ISO 9000　　　　B. ISO 14000　　　　　C. OHSM18000　　　　D. ISO 9001
10. CCC 认证属于 (　　)。
    A. 合格认证　　　　B. 国际认证　　　　　C. 强制认证　　　　D. 自愿认证

三、问答题

1. 什么是标准？标准分为哪些种类？
2. 中国商品标准如何分级？各级的使用范围有何不同？
3. 什么是标准化？它有哪些形式？
4. 什么是商品质量认证？主要的认证标志有哪些？
5. 简述商品质量认证的作用。

案 例 分 析

2014 年 1 月 14 日，江苏常熟一代理公司向常熟检验检疫局（简称"常熟局"）报检某公司进口的一批充气子午线轮胎，HS 编码为 4011100010，系德国固特异邓禄普轮胎有限公司的产品，共两个规格，数量1082条，总价125826.98欧元。

2014年1月27日，常熟局在现场检验时发现，该批货物中规格为255/45R18 99Y SP SPORT 01 MO的轮胎，数量986条，为已获《中国国家强制性产品认证证书》产品，但产品上无强制性产品认证CCC标志。按照相关法律法规，2014年2月18日，常熟局出具"退货处理通知单"，对该批进口轮胎依法作出退运处理。

CCC认证是"中国强制认证"，凡被列入强制性产品认证目录内的产品，必须经国家指定的认证机构认证合格，取得相关证书并加施认证标志后，方能出厂、进口、销售和在经营服务场所使用。CCC认证需要企业提出申请，是国内外企业生产的产品进入市场的一个必需条件。

轮胎产品属于《第一批实施强制性产品认证的产品目录》内产品。经调查了解，该公司并非第一次从德国进口该规格轮胎，之前均加贴有符合强制性产品认证规定的CCC标志并通过了验证，这次经该公司与发货人联系确认，本次由于发货疏忽，将欧洲市场销售的该规格轮胎误发到了中国。

近年来，我国企业通过全球化采购国外技术领先的核心部件装备和原材料等，再利用本土劳动力成本的优势生产产品，已成为企业提高国际竞争力的重要手段。企业在国外市场采购装配国外核心部件和原材料时，要充分了解我国的法律法规，特别是在进口涉及强制性产品认证目录的产品前，一定要加强和发货方的联系沟通，获取相应产品CCC证书和技术资料，同时要求对方在发货前加贴CCC标志，并仔细核对好发货批次，对产品归类识别不清的，可及时向检验检疫部门咨询，以避免造成经济损失。

【相关法规】

《中华人民共和国进出口商品检验法》

第二十四条　国家商检部门根据国家统一的认证制度，对有关的进出口商品实施认证管理。

《中华人民共和国认证认可条例》

第二十八条　为了保护国家安全、防止欺诈行为、保护人体健康或者安全、保护动植物生命或者健康、保护环境，国家规定相关产品必须经过认证的，应当经过认证并标注认证标志后，方可出厂销售、进口或者在其他经营活动中使用。

《强制性产品认证管理规定》

第十条　列入目录产品的生产者或者销售者、进口商（以下统称认证委托人）应当委托经国家认监委指定的认证机构（以下简称认证机构）对其生产、销售或者进口的产品进行认证。委托其他企业生产列入目录产品的，委托企业或者被委托企业均可以向认证机构进行认证委托。

思考题：

1. 结合《中华人民共和国认证认可条例》和《强制性产品认证管理规定》，说明本案例给我国企业带来哪些启示？
2. 查阅资料，了解哪些进口商品要进行强制性产品认证。

第六章　商品检验

【学习目标】
① 了解商品检验的概念、分类。
② 掌握商品抽样的要求和方法。
③ 掌握商品检验的主要方法。
④ 理解商品分级的概念及商品分级的方法。

第一节　商品检验概述

一、商品检验的概念

(一) 商品检验的定义

商品检验的定义可分狭义和广义的两种。狭义的商品检验是指根据商品标准规定的各项质量指标，运用一定的检验方法和技术综合评定商品质量优劣、确定商品等级的活动。因此，狭义的商品检验也称为商品质量检验。广义的商品检验除对商品质量进行检验外，还要对商品的规格、重量、数量以及包装等方面进行检查，并做出合格与否或通过验收与否的判定活动。广义的商品检验包括以下内容。

1. 商品质量检验

商品质量检验包括成分、规格、等级、性能和外观质量等，是根据合同和有关检验标准规定或申请人的要求对商品的使用价值所表现出来的各种特性，运用人的感官或化学的、物理的等各种手段进行测试和鉴别。其目的就是判别、确定该商品的质量是否符合合同中规定的商品质量条件和标准。

小案例

我国某外贸公司与欧洲G国签订了出口半漂布合同。根据双边贸易协定，凡从对方进口货物，均按G国国家标准进行验收，我国出口到对方的货物按我国国家标准验收。但是这批出口半漂布合同的品质条款规定交货品为一等品，每100米允许有10个疵点，事实上我国标准规定每30厘米允许10个疵点。我国半漂布出口后即遭对方索赔，G国对我国出口的500多万米半漂布，认为不符合合同品质条款，提出高达110万美元的索赔要求。G国方也承认，这个合同的品质要求实际做不到，但已签订了合同，就要赔偿，最后我国某外贸公司赔偿相当金额后了结此案。

案例分析

(1) 合同签订者未按当时双边协定的规定办，而是另外定了一套品质规格和检验标准，从而使本来可以避免的损失发生了。

(2) 一方面说明我国签订合同的人员不懂商品的业务技术，合同完全脱离了我国标准，听任对方提条件。另一方面G国人员也缺乏诚实的商业品德，但合同既然签了，就要执行。

2. 商品重量和数量检验

商品的重量和数量是贸易双方成交商品的基本计量和计价单位。商品重量和数量的多少，与其质量的优劣一样，直接关系到买卖双方的经济利益，因此要求检验机构做出检验和鉴定。重量检验就是根据合同规定，采用不同的计量方式，对不同的商品，计量出它们准确的重量。数量检验是按照发票、装箱单或尺码明细单等规定，对整批商品进行逐一清点，证明其实际装货的数量。

小案例

某出口公司在某次交易会上与外商当面谈好出口大米 10 000 公吨，每公吨 USD275 FOB 中国口岸。但我方在签约时，合同上只笼统地写了 10 000 吨（ton），我方当事人主观上认为合同上的吨是公吨。后来，外商来证要求按长吨（long ton）供货，如我方照证办理则要多交大米 160.5 公吨，折合 44137.5 美元。

案例分析

这主要是业务人员对计量单位的无知而造成的，一旦签约，很容易被外商钻空子。1 长吨＝1.016 公吨；1 长吨＝1016.05 千克，这是两种度量衡制度。所以业务人员在签订数量条款时，一定要明确是什么度量衡制度，以免成交时被动。

---

3. 商品包装检验

商品包装检验是根据贸易公司或契约规定，对商品的包装标志、包装材料、包装种类、包装方法等进行检验，查看商品包装是否完好、牢固等，商品包装检验就是对商品的销售包装和运输包装进行检验。

小案例

我国某公司出口某种化工原料，共 500 公吨，合同规定以"单层新麻袋，每袋 50 千克"，但我方装船发货时发现新麻袋的货物只够 450 公吨，剩余 50 公吨货物用一种更结实、价格也比新麻袋贵的涂塑麻袋包装，结果被对方索赔。

案例分析

包装也是贸易合同的要素之一，如所用的包装材料与规定不符，不管是好、是坏，也不管是贵、是贱，都是违约，买方有权拒收并提出索赔。

---

4. 商品安全、卫生检验

商品安全检验主要是指电子电器类商品的漏电检验、绝缘性能检验和 X 光辐射检验等。商品卫生检验是指商品中的有毒有害物质及微生物的检验，如食品中砷、铅、镉的检验，茶叶中的农药残留量检验等。

（二）商品检验的依据

商品检验是一项科学性、技术性、规范性较强的复杂工作，为使检验结果更具有公正性和权威性，必须依据具有法律效力的质量法规、标准及合同等开展商品检验工作。

1. 质量法规

国家有关商品质量的法律、法令、条例、规定、制度等规定了国家对商品质量的要求，体现了人民的意志，保障了国家和人民的合法权益，具有足够的权威性、法制性和科学性。商品质量法规是国家组织、管理、监督和指导商品生产和商品流通，调整经济关系的准绳，是各部门共同行动的准则，也是商品检验活动的重要依据。质量法规包括商品检验管理法规、产品质量责任制法规、计量管理法规、生产许可证及产品质量认证管理法规等。

2.技术标准

技术标准是指规定和衡量标准化对象的技术特征的标准。它对产品的结构、规格、质量要求、实验检验方法、验收规则、计算方法等均作了统一规定。它是生产、检验、验收、使用、洽谈贸易的技术规范,也是商品检验的主要依据,对保证检验结果的科学性和准确性具有重要意义。

3.购销合同

供需双方约定的质量要求,必须共同遵守。一旦发生质量纠纷,购销合同的质量要求即为仲裁、检验的法律依据。但是,购销合同必须符合《中华人民共和国合同法》的要求。

(三) 商品检验的机构

中华人民共和国国家质量监督检验检疫总局(中文简称国家质检总局,英文简称 AQSIQ)是由原国家质量技术监督局与国家出入境检验检疫局合并成立的,由中华人民共和国国务院主管全国质量、计量、出入境商品检验、出入境卫生检疫、出入境动植物检疫、进出口食品安全和认证认可、标准化等工作,并行使行政执法职能的直属机构。其主要检验检疫职能如下。

1.进出口商品检验管理

根据《中华人民共和国进出口商品检验法》及其实施条例,国家质检总局对进出口商品及其包装和运载工具进行检验和监管。对列入《出入境检验检疫机构实施检验检疫的进出境商品目录》(以下简称《目录》)中的商品实施法定检验和监督管理;对《目录》外商品实施抽查;对涉及安全、卫生、健康、环保的重要进出口商品实施注册、登记或备案制度,对进口许可制度民用商品实施入境验证管理;对法定检验商品的免验进行审批;对一般包装、危险品包装实施检验;对运载工具和集装箱实施检验检疫;对进出口商品鉴定和外商投资财产价值鉴定进行监督管理;依法审批并监督管理从事进出口商品检验鉴定业务的机构。

2.进出口食品安全管理

根据《中华人民共和国食品安全法》和《中华人民共和国进出口商品检验法》及相关规定,国家质检总局对进出口食品和化妆品安全、卫生、质量进行检验监督管理,组织实施对进出口食品和化妆品及其生产单位的日常监督管理。对进口食品(包括饮料、酒类、糖类)、食品添加剂、食品容器、包装材料、食品用工具及设备进行检验检疫和监督管理。建立出入境食品检验检疫风险预警和快速反应系统,对进出口食品中可能存在的风险或潜在危害采取预防性安全保障和处理措施。

3.出入境动植物检疫管理

根据《中华人民共和国进出境动植物检疫法》及其实施条例,国家质检总局对进出境和旅客携带、邮寄的动植物及其产品和其他检疫物,装载动植物及其产品和其他检疫物的装载容器、包装物、铺垫材料,来自疫区的运输工具,以及法律、法规、国际条约、多双边协议规定或贸易合同约定应当实施检疫的其他货物和物品实施检疫和监管,以防止动物传染病、寄生虫病和植物危险性病、虫、杂草以及其他有害生物传入传出,保护农、林、牧、渔业生产和人体健康,促进对外贸易的发展。

4.产品质量监督管理

根据《中华人民共和国产品质量法》及其实施条例,国家质检总局负责对国内生产企业实施产品质量监控和强制检验;组织实施国家产品免检制度,管理产品质量仲裁的检验、鉴定;管理纤维质量监督检验工作;管理工业产品生产许可证工作;组织依法查处违反标准化、计量、质量法律、法规的违法行为，打击假冒伪劣违法活动。

5.食品生产监管

根据《中华人民共和国产品质量法》《中华人民共和国食品安全法》及其实施条例，国家质检总局组织实施国内食品生产加工环节质量安全卫生监督管理。组织实施国内食品生产许可、强制检验等食品质量安全准入制度。负责调查处理国内食品生产加工环节的食品安全重大事故。

为履行出入境检验检疫职能，国家质检总局在全国31省（自治区、直辖市）共设有35个直属出入境检验检疫局，国家质检总局对出入境检验检疫机构实施垂直管理。为履行质量技术监督职能，全国共设有31个省（自治区、直辖市）级质量技术监督局，国家质检总局对省（自治区、直辖市）级质量技术监督机构实行业务领导。

二、商品检验的作用

商品检验是工农业生产和流通中不可缺少的重要工作环节，是保证和提高商品质量、更新和扩大商品品种、降低成本的重要手段，也是维护生产者、经营者、消费者三者利益，维护我国的国际形象，提高企业管理水平的有力措施。所以，商品检验在实践工作中有重要的意义和作用。

1.商品检验为制定商品标准、实行商品标准化提供科学依据

商品检验和商品标准是商品质量管理中相互联系、不可分割的配套工程，是实行商品标准化的基础。没有商品检验就没有商品标准，因为商品标准中的各项技术要求不是凭空想象出来的，而是通过商品检验确定的；商品标准合理与否，要通过商品检验来确定，没有通过商品检验的技术指标不可能具有科学性，更无可靠性，制定各种商品标准，必须以商品检验的结果为依据。

2.商品检验为监督商品生产创造必要条件，同时为企业质量评比竞赛提供依据

在商品生产中，从原材料到半成品、成品，每一个零件、每一个环节，都是形成商品质量的过程，因此，对整个生产过程均应该根据商品标准规定的质量要求进行严格的商品检验以防粗制滥造。在同行业间对同类商品的评比中，优质商品的评定、劣质商品的揭露，都是以商品各项性能指标的检验结果来确定其质量高低的。

3.商品检验为改善商品流通环境提供了保证

商品流通部门从事的商品经营活动中，对购、销、运、存各个环节的商品质量监督，关系到企业的兴衰，加强对商品的检验和监督，可防止假、冒、伪、劣商品进入商业网络。没有商品检验，商品在流通过程中的质量管理和质量纠纷问题就难以解决。在对外贸易中，商品检验是完善商品质量管理，保证进出口商品质量符合协议要求的重要环节，交货——检验——接收或拒收3个环节，是国际贸易中的惯例，检验是关键的环节，是接收或拒收乃至提出索赔的主要依据的保证。

4.商品检验为维护消费者利益提供了可靠保证

消费者从自身的利益出发，希望能买到物美价廉的商品，他们对市场上经常出现的伪劣商品特别关注。不符合国家卫生标准的食品、过期变质的药品、劣质家用电器、以次充好的日用商品等，它们不仅使消费者蒙受经济损失，还有伤身害命之患。因此，以商品检验为手段，把好质量关，是防止伪劣商品流入市场的关键，加强各个环节的商品质量检验监督管理，是维护消费者利益的可靠保证。

5.商品检验为探索开发新产品，提高商品质量提供了有效途径

通过商品检验可以全面分析研究商品的成分、结构、性质以及各种因素对商品质量的影

响,从而找出提高商品质量的方向。随着科学技术的进步和人民生活水平的提高,消费者对商品质量的要求不断提高,使商品寿命周期大大缩短,而商品的升级换代离不开对新技术、新工艺、新材料的探索。因此,商品检验就成为探索开发新产品的有效途径。此外,通过商品检验,可找出改进商品生产的生产技术条件和方法,以及确定适宜的商品包装和储存条件,修订和提高商品质量标准,限制不符合质量标准的商品进入流通领域,以保证国家和消费者的利益。

三、商品检验的种类

(一) 按检验目的的不同划分

按检验目的的不同,通常可分为生产检验、验收检验和第三方检验3种。

1. 生产检验

生产检验又称第一方检验、卖方检验,是由生产企业或其主管部门自行设立的检验机构,对所属企业进行原材料、半成品和成品产品的自检活动。目的是及时发现不合格产品,保证质量,维护企业信誉。经检验合格的商品应有"检验合格证"标志。

2. 验收检验

验收检验又称第二方检验、买方检验,是由商品的买方(如商业部门、物资部门、外贸部门、工业用户)为了维护自身及其顾客利益,保证所购商品符合标准或合同要求所进行的检验活动。目的是及时发现问题,反馈质量信息,促使卖方纠正或改进商品质量。在实践中,商业或外贸企业还常派"驻厂员",对商品质量形成的全过程进行监控,对发现的问题,及时要求产方解决。

3. 第三方检验

第三方检验又称公正检验、法定检验,是由处于买卖利益之外的第三方(如专职监督检验机构),以公正、权威的非当事人身份,根据有关法律、标准或合同所进行的商品检验活动。如公正鉴定、仲裁检验、国家质量监督检查等。目的是维护各方合法权益和国家权益,协调矛盾,促使商品交换活动的正常进行。第三方检验由于具有公正性、权威性,其检验结果被国内外所公认,具有法律效力。

(二) 按检验对象的流向不同划分

按检验对象的流向不同,可分为内销商品检验和进出口商品检验两种。

1. 内销商品检验

内销商品检验是指国家内的商品经营者、用户,内贸部门的质量管理与检验机构,地方各级质量技术监督机构,依据国家的法律、法规及有关技术标准或合同,对内销商品所进行的检验活动。

《中华人民共和国产品质量法》规定:"销售者应当建立并执行进货检查验收制度,验明产品合格证明和其他标识。"1994年1月1日起施行的《中华人民共和国消费者权益保护法》规定,经营者销售的商品应当检验、检疫而未检验、检疫或者伪造检验、检疫结果的,可视严重程度按规定分别处以没收违法所得1~5倍罚款或1万元以下罚款,以及停业整顿、吊销营销执照等处罚。

2. 进出口商品检验

进出口商品检验是由国家质检总局直属的出入境检验检疫局,依照有关法律、法规、合同规定、技术标准、国际贸易惯例与公约、双边协定等,对进出口商品进行的法定检验、鉴定检验和监督检验。

根据2000年7月1日起施行的《出入境检验检疫标志管理办法》第五条规定,入境货物

（商品）应当加施标志而未加施标志的，不准销售、使用；出境货物（商品）应当加施标志，而未加施标志的，不准出境。部分与安全有关的进出口商品经检验合格后，应加贴国家质量监督检验检疫总局"CIQ"标志，如图6-1所示。

标志式样为圆形，正面文字为"中国检验检疫"及其英文缩写"CIQ"，背面加注9位数码流水号，号码采用先进技术夹于标签中间，当CIQ标签贴于产品上，然后再撕下来，9位数号码应紧贴于产品上，而不是在原来的CIQ标签上。中文标签应具备以下信息：产品名称、原产国或地区、经销商的名称和地址、内装物量、日期标注、必要的安全警告和使用说明等。

图6-1　CIQ标志

> **小知识**
>
> **进口化妆品需加贴CIQ标签**
>
> 据记者调查，在经常购买进口化妆品的女士中，居然十有八九不知道进口化妆品必须提供CIQ（中国检验检疫）标志。目前市场零售的洋品牌化妆品有原装进口货，也有国内外资企业生产、印上洋品牌的。这两种产品的成本和售价差异较大，但外包装却相似。上柜零售的原装进口货中，化妆品和玩具必须按规定在中文标签中写明产地，且必须在每个最小单位的包装外贴上CIQ标志。购买者付款前应注意查看CIQ标志。没有CIQ标志的洋货，就可能是假货或品质不可靠的走私货。

（三）按检验有无破坏性划分

按检验有无破坏性，可分为破坏性检验和非破坏性检验两种。

1. 破坏性检验

破坏性检验是指经检测、试验后的商品遭受破坏，部分或全部丧失使用价值的检验。例如，在检验商品的使用寿命和使用次数等耐用性指标时，大多要对商品进行破坏性检验，如对电灯泡规定了最低使用小时数为1000小时，为了测定被检灯泡是否合格必须进行破坏性检验。

2. 非破坏性检验

非破坏性检验是指经检测、试验后的商品仍能正常使用的检验，也称无损检验。

（四）按受检验商品的数量不同划分

按受检验商品的数量不同，可分为全数检验和抽样检验两种。

1. 全数检验

全数检验又称全额检验、百分之百检验，是对整批商品逐个（件）地进行的检验。因此，对整批商品质量情况的了解比较全面，但工作量大。全数检验主要用于贵重商品（如珠宝首饰）的检验；质量关系到消费者生命安全的商品（如家用电器的漏电性）的检验；精度要求高的商品（如高倍显微镜）的检验；质量不稳定商品的质量检验；小批量商品的检验等。

2. 抽样检验

抽样检验是按照已确定的抽样方案，从整批商品中随机抽取少量商品用作逐一测试的样品，并依据测试结果去推断整批商品质量合格与否的检验。抽样检验具有占用人力、物力和时间少的优点，是比较经济的检验方式。但检验结果相对于整批商品的实际质量水平，总会有一定误差。目前，我国在商品检验工作中多采用抽样检验。

四、商品检验的程序

（一）内贸商品检验的基本程序

内贸商品的检验一般有抽样、检验、判定3个基本程序。

1. 抽样

抽样是商品质量检验的第一个环节，也是关键性环节，因为样品的真实性和可靠性决定检验准确性。如果抽取的样品有问题，检验的结果准确性再好，也不能对商品的质量做出客观、公正的评价。因此，把好商品抽样这一关对商品质量检验是至关重要的。

2. 检验

检验工作可以分为以下几个步骤。

（1）选择商品质量检验技术标准　在进行商品质量检验之前要做好检验的技术准备，准备之一就是正确选择检验的技术标准。在通常情况下，商品质量检验所依据的技术标准即商品生产时所依据的技术标准。检验时应注意：技术标准的发布时间，不能选用已废止的标准；技术标准中援引的相关标准的发布时间、执行情况等；标准中具体检验细则的相关规定。

（2）确定检验方法　选定合理的检验方法对保证检验结果的准确性至关重要。确定检验方法时要注意以下几点：如果所选用的技术标准中，有规定检验方法的，则按标准中所规定的方法检验；如果所选用的技术标准中，没有明确地规定检验方法的，则参照选用其他技术标准中同类商品的检验方法；仲裁检验则要选择标准的检验方法，或者选用争议双方一致同意的检验方法。

（3）检查校准仪器　检验仪器准确与否，精度是否符合要求，是影响商品检验工作的重要因素之一，故在检验工作开始之前要对所用的检验仪器进行检查。其具体内容有以下几点：需要计量检定的仪器必须按照计量法的要求进行周期检定；其他仪器要保证完好率100%，有些仪器还需进行正式检验前的预备试用；所有的检验仪器要采用国际单位制；属于自制的仪器设备要进行鉴定，同样要进行定期校正和进行对比试验，以保证仪器设备的精度和准确可靠。

（4）检验工作的实施　检验工作要按照预先选择好的技术标准和确定的检验方法开始进行，可分为以下几个环节实施：一般先进行商品包装检验，然后进行外观检验，接着进行感官检验，最后进行理化指标等技术检验。当然不同的商品检验步骤不尽相同，要视具体商品而定。要认真作好检验的原始记录，不准随意涂改，涂改后要盖有效章。检验原始记录是检验的原始科学凭证，要妥善保管，以便随时备查。要认真填写商品检验报告书。检验报告书要求字迹工整，这是商品质量检验的最终表述，是判定商品质量的科学依据。

3. 判定

商品质量检验结果的判定通常是商品检验的最后环节，也是最重要的一关。在一定程度上，检验人员要对检验结果的判定承担法律责任。一般情况下，对检验结果的判定要从以下几个方面确定。

一是要把实际检验结果与采用的技术标准中的技术指标逐项进行对比，先判定其单项合格与否。

二是再根据判定原则和具体检验的商品类别，确定哪些是主要项、次要项，哪些是一般缺陷、重要缺陷、致命缺陷等。

三是根据商品技术标准规定的原则，判定其合格与否。

四是在检验报告书上书写判定结论，判定结论要明确，准确恰当，不可含糊其辞，模棱两可。

（二）进出口商品检验的基本程序

进出口商品检验可分为报验、抽样、检验鉴定和发放签证与放行4个方面。

1. 报检

所谓报检，即对外贸易关系人在进出口商品活动中按照国家法律、行政法规规定、买卖契约规定以及证明履约的需要等，向商检机构申请办理检验、鉴定工作的手续。

2. 抽样

抽样又称拣样，是根据技术标准或操作规程所规定的抽样方法和抽样工具，在整批商品中随机地抽取一小部分，在质量特性上代表整批商品的样品，通过对该样品的检验，对整批商品的质量做出评定估价。抽样是商检机构接受报验之后的首要环节，直接关系到检验结果的正确与否及出证的质量。

3. 检验鉴定

根据《中华人民共和国进出口商品检验法》规定，法律、行政法规规定有强制性标准或其他必须执行的检验标准的进出口商品，必须依照相应的强制性标准进行检验。未制定强制性标准的进出口商品，依对外贸易合同中约定的检验标准检验。对外贸易合同中未规定检验标准或规定不明确的，对进口商品按生产国标准、国际标准或中国国家标准检验，国家另有规定的按有关规定办理。对出口商品按国家质检总局统一核定的有关规定进行检验，国家另有规定的按国家规定办理。

4. 发放签证与放行

发放签证与放行是进出口商品检验工作的最后一个环节，对检验进出口商品，商检部门签发有关单证以供海关凭单放行。对于出口商品的检验检疫，检验检疫合格的签发相关的商检证书，不合格的签发"检验不合格通知单"；进口商品的检验检疫合格的签发"检验情况通知单"，不合格的签发相应的商检证书，供对外关系贸易人进行索赔。

商检机构签发的检验证书，亦称商检证书，是商检机构实施进出口商品检验、鉴定后，根据检验、鉴定结果，对外签发的具有法律效力的证明文件。商检证明书在国际贸易中关系到对外贸易各方的责任和经济利益，是各方极为关注的重要证件之一。

第二节　商品的抽样与抽样检验

一、抽样的概念

商品抽样是根据标准或合同规定的要求，从被检验商品中按照一定的方法采集样品的过程，即在检验整批商品质量时，用一定的方法，从中抽取具有代表性的、一定数量的样品，作为评定这批商品的质量依据，这种抽取样品的工作，称为商品抽样，又称拣样、扦样等。

商品抽样是商品检验工作的主要环节，由于商品数量多，商品检验时间长，有些商品检验带有一定的破坏性，所以，除批量太少的商品或绝对不允许有不合格品存在而必须百分之百检验的商品外，其他商品都采用抽样检验。商品抽样的结果可能会出现以下两种情况，一是样品质量大于被测商品的质量，这样会使被测商品等级高于实际商品质量，会损害消费者的利益；二是样品质量小于被测商品的质量，这样会使被测商品等级低于实际商品质量，同样，会损害生产者的利益。因此正确的商品抽样方法，是以保证获得准确检验结果为重要前提。为了使拣出的样品具有代表性，对抽样有如下要求：

① 抽样应当依据抽样对象的形态、性状，合理选择抽样工具与样品容器。抽样工具、容器必须清洁，不含被检验成分，供微生物检验的样品应进行无菌操作。

② 外地调入的产品，抽样前应检查有关证件，如商标、货运单、质量检验证明等，然后检查外表，包括检查包装以及启动日期、整批数量、产地厂家等情况。

③ 按各类商品的抽样要求抽样，注意抽样部位分布均匀，每个抽样部位的抽样数量（件）

保持一样。

④ 抽样的同时应做好抽样记录。抽样记录的内容包括抽样单位、地址、仓库、车间号、日期、样品名称、样品批号、样品数量、抽样者姓名等。

⑤ 抽样的样品应妥善保存，保持样品原有的品质特点。抽样后及时检验。

抽样鉴定除了要求有一定的样品数量和一定的方法外，还必须要求抽样者了解被抽样商品的生产、加工工艺过程以及运输、储存期间的质量变化规律。只有这样才能正确抽样，才能保证所抽样品符合鉴定要求。

二、随机抽样技术

（一）随机抽样的方法

抽样检验的目的在于用尽量小的样本反映的质量状况，来统计推断整批商品的质量。因此用什么方法抽样，对准确判定整批商品的平均质量十分重要。目前抽样的方法中普遍采用随机抽样的方式。随机抽样是抽样中不带任何主观偏见，完全用偶然的方法抽取样品的方法。随机抽样的方法主要有简单随机抽样、分层随机抽样、多段随机抽样、规律性随机抽样等形式。

1. 简单随机抽样

简单随机抽样是从批量为 N 的被检批中抽取 n 个单位商品组成样本，共有 C_N^n 种组合，对于每种组合被抽取的概率都相同的抽样方法。一般情况下，被检批的批量较小时，将批中各单位商品编号，利用抽签、随机数表或计数器产生的随机数字确定抽取的样品，应用时须先对商品进行编号。简单随机抽样又有直接抽样法、抽签法和随机数表法等形式。

（1）直接抽样法　直接抽样法是检验人员在现场不加选择地随机拣取试样。

（2）抽签法　抽签法是先将商品编号，然后将号码写在纸签上，折叠好纸签并混匀后随机抽取或用器械摇出中选号码，商品编号与中选号码相同的商品即为试样。

（3）随机数表法　随机数表是将数字随机组合编写而成的系列数字表格，可以根据应用数字范围多少自制。抽样前，先将待抽样商品逐一编号，编号的次序与方法不受任何限制，然后用铅笔尖在随机数表中任意指定一点，从所指数开始向任意方向数去，依次选取与待抽商品个（件）数相等的号码个数，按选取的号码，对码抽样。

随机数表是由数字 0、1、…、9 组成，编制一系列组别的随机数字表格，见表 6-1 所示。数字有几百的、几千的，也有上万的。可根据应用的范围选择，并可用计算机程序来实现。

表 6-1　随机数字表（部分）

13	47	43	73	87	36	96	47	36	61
37	74	24	67	62	48	81	14	57	22
17	76	62	27	68	56	50	26	71	47
42	56	85	99	76	66	97	68	27	32
35	59	56	35	65	37	54	82	46	23
36	22	77	94	36	43	54	43	54	84
74	42	17	53	33	55	24	55	06	85
53	01	63	78	57	15	95	55	67	19
35	21	62	34	49	78	64	56	07	82
37	60	86	32	43	09	47	27	96	54

2. 分层随机抽样

分层随机抽样先将一批同类商品划分为若干部分，然后从每部分中随机拣取若干试样。商品在生产过程中发生质量缺陷往往是间隔出现的，采取分层随机抽样法，能克服单纯随机抽样法可能会漏掉集中性的缺陷。

如商品生产的时间不同,产品的质量会有差别。因此,利用分层随机抽样,先按不同班次将商品分层,再在每个班次生产的商品中随机抽取试样。

> **小案例**
>
> 有一批待检零件共5000个,是某厂甲、乙、丙三条生产线生产加工出来的产品。其中,甲生产线的产品2500个;乙生产线的产品1500个;丙生产线的产品1000个。现抽取250个样品做试验。采用分层法抽样结果如下。
>
> 应从甲生产线的产品中抽取:250×2500/5000=125(个)
>
> 应从乙生产线的产品中抽取:250×1500/5000=75(个)
>
> 应从丙生产线的产品中抽取:250×1000/5000=50(个)

3. 多段随机抽样

多段随机抽样是把一批同类商品先划分成若干部分,用简单随机抽样法随机拣取几个部分,然后再从所拣出的每个部分中随机拣取若干个商品,最后,将上述拣出的所有商品集中起来即为试样。此法适用于一个大包装内有几个独立小包装商品的抽样。

4. 规律性随机抽样

规律性随机抽样是按一定规律从整批同类商品中拣取样品。对同批或同类商品按顺序进行编号,即1、2、3、4、5⋯,按自然数进行排列。首先,按简单随机抽样法从0~9确定一个中选号码作为样品的第一个,然后通过公式:S=总商品个数/样品个数,确定抽样距离S。如果中选号码为8,则被选出的样品号码为:8,$8+S$,$8+2S$,$8+3S$,⋯,$8+nS$。

对于在生产流水线上运动的产品,其抽样方法是固定一个间隔时间,每隔该定额时间取一个样品。规律性随机抽样,由于分布均匀,因而代表性较好。

商品标准对商品抽样的方法和拣取样品的数量都有明确的规定,商品抽样要按照商品标准所规定的要求和条件进行,否则,即使进行了精确的测试和分析,其结果也因没有代表性而失去实际意义。

(二)制样及检测样品的预处理

拣出的样品在测试前应注意保护,妥善保管,防止变形、沾污、干燥、潮湿、挥发、氧化等现象发生,确保样品的代表性,为了防止出现差错,还应在盛放样品的容器上附贴标签,注明品名、标记、批次、数量、抽样件号、抽样日期、抽样人员、测试项目等。测试后,还应填写检验日期和结果、检验人员的签字等。

试样与试验的大气接触时,既从大气中吸收水分子,又向大气中释放(解吸)水分子,在一定大气条件下,达到平衡含水率。大气的温度越低,相对湿度越高,其平衡含水率越高。随着试样平衡含水率的变化,其特性(如重量、强度、热学特性、光学特性、电学特性等)也有所变化。因此,在测试商品物理和机械特性前,应将其试样按规定的试验在标准大气中放置一定的时间,让空气能畅通地流过试样,以使试样的含水率与标准大气达到平衡,这种处理过程,称为调湿。调湿平衡终点的确定,除非试验方法中另有规定,通常是把试样自由暴露于标准大气中,直到该试样每隔2小时的连续称量的重量递变量不超过0.25%为止。有时,在每隔30分钟的连续称量中,若该试样的重量递变量不超过0.1%,也可认为达到调湿平衡。但遇有争议时,应以前者为准。

另外,试验的温度也要按照标准的要求进行控制,因为环境温度的不同,商品的某些性质也不同。

控制试验环境和做好试样准备,与科学的抽样以及测试结果处理一起,都是保证商品质量检验结果准确性的基础工作。

三、抽样检验方法

为了适应各种不同情况的需要，目前已形成许多具有不同特色的抽样检验方法。

（一）按质量指标的特性划分

按质量指标的特性划分，可分为计量抽样检验和计数抽样检验。

1. 计量抽样检验

计量抽样检验是从批量商品中抽取一定数量的样品（样本），检验此样本中每个样品的质量，然后与规定的标准值或技术要求进行比较，由此确定该批商品是否合格的方法。这种方法具有样本较小、可充分利用质量信息等优点，但在管理上较麻烦，需进行适当的计算，因此适用于单项质量指标的抽样检验。

2. 计数抽样检验

计数抽样检验是从批量商品中抽取一定数量的样品（样本），检验此样本中每个样品的质量，然后统计合格品数，再与规定的"合格判定数"比较，由此决定该批商品是否合格的方法。这种方法具有使用简便并能用于检验商品有多项质量指标的优点，因而应用比较普遍。缺点是质量信息利用较差。

（二）按抽样检验的形式划分

按抽样检验的形式划分，可分为调整型抽样检验和非调整型抽样检验。

1. 调整型抽样检验

调整型抽样检验是由正常、加严、放宽等不同抽样检验方案与转移规则联系在一起而组成的一个完整的抽样检验体系。根据连续若干批商品质量变化情况，按转移规则及时转换抽样检验方案，以维护买卖双方的利益，此类形式适合于各批质量有联系的连续批商品的质量检验。

2. 非调整型抽样检验

非调整型抽样检验其单个抽样检验方案不考虑商品批的质量历史，使用中也没有转移规则，因此较容易为质检人员所掌握，但只对孤立批的质量检验较为适用。

四、抽样检验方案

抽样检验方案是指在对批量为 N 的受检批量产品进行抽样检查时，如何抽取样本 n，通过对样本 n 的检查及合格判定数 Ac 和不合格判定数 Re 相比较，判断批量产品合格与否。抽样方案按样品抽样并投入试验的次数分为一次抽样方案、二次抽样方案和多次抽样方案。

1. 一次抽样方案

对受检批量单位产品数为 N，抽取样本数为 n 的样品进行检查。其中样本数中有不合格品数为 d，当样本中不合格品数小于或等于预先指定的某个数值 Ac，则判定该批商品为合格，即

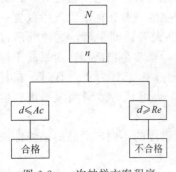

图 6-2　一次抽样方案程序

当 $d \leqslant Ac$ 时，N 合格

若样品中不合格品数大于预先指定的某个数值 Re，则判定该批商品为不合格，即

当 $d \geqslant Re$ 时，N 不合格

Ac、Re 组成的该抽样方案的合格判定数组，记为 (Ac, Re)。

这样标准的一次抽样方案可表示为 (n, Ac, Re)，其过程如图 6-2 所示。

一次抽样方案简单明了，只需要抽样检验一次样本就可以做出该批商品合格与否的判断，因而便于管理，在实践中应用得也较多，但平均样本量较对应的多次抽样方案量要大。

2. 二次抽样方案

为了降低抽样检验的平均样本量,国际国内广泛采用二次抽样方案。这种抽样方案是同时抽取两个大小相同的样本,先对第一个样本 n_1 进行检验,若检验不合格品数小于或等于预先指定的某个数值 Ac_1,即 $d \leqslant Ac_1$,则判定该批商品合格;若不合格品数大于或等于预先指定的某个数值 Re_1,即 $d \geqslant Re_1$,则该批商品视为不合格。如果 $Ac_1 < d < Re_1$,则对第二个样本 n_2 进行检验,用两次检验结果综合在一起判断该批商品合格与否。二次抽样方案是由第一个样本 n_1 和第二个样本 n_2 与判定数目 (Ac_1, Ac_2, Re_1, Re_2) 组成。

3. 多次抽样方案

多次抽样检验方法的原理与二次抽样检验方法相似,每次抽取样本大小相同。多次抽样方案较二次抽样方案的平均样本量又进一步降低,能节约检验费用,但抽样检验次数多,管理较复杂。多次抽样方案由多组样本量和合格判定数与不合格判定数组成,如五次抽检方案则是由第一样本到第五样本大小 (n_1, n_2, n_3, n_4, n_5) 与判定数组 ($Ac_1, Ac_2, Ac_3, Ac_4, Ac_5, Re_1, Re_2, Re_3, Re_4, Re_5$) 组成的抽检方案。

科学合理的抽样不仅仅是如何抽取样品的问题,还要解决抽取多少样品以及如何确定接受与否的判断问题。而正确地确定抽取多少样品,判断数定为多少必须考虑到生产者的风险和购买者的风险。值得注意的是,长期以来,我国很多企业和部门已经习惯了使用固定百分比抽样的方法,所谓固定百分比抽样,就是不论商品批量的大小,按同样的百分比从商品批中抽取样本,而在样本中可以允许的不合格个数是相同的。这种方法不合理的一面,主要是用该方法的结果是因为批量大小的不同而使生产者和购买者的风险不同,其结果是"小批松、大批严"。这一点可以通过数理统计的科学计算加以验证。因此在实际工作中不应该再使用这种不科学的抽样方法,而是应该采用以数理统计为基础的科学抽样方法。

目前我国应用数理统计科学的有关理论,已经制定了很多科学的抽样标准,这些标准提供了适用于多种情况下使用的抽样方案,如表 6-2 所示。

表 6-2 抽样检验国家标准

标准号	标准名称	质量特性指标	计数或计量	调整与否	抽样次数和程序
GB 2828	逐批检查计数抽样程序及抽样表	每百单位产品不合格品数、每百单位产品不合格数	计数	调整	一次、二次和五次
GB 2829	周期检查计数抽样程序及抽样表	每百单位产品不合格品数、每百单位产品不合格数	计数	非调整	一次、二次和五次
GB 6378	不合格品率的计量抽样检查程序及图表	批不合格品率	计量	调整	一次
GB 8053	不合格品率计量标准型一次抽样检查程序及图表	批不合格品率	计量	非调整	一次
GB 8054	平均值的计量标准型一次抽样检查程序及图表	批平均值	计量	非调整	一次
GB 8051	计数序贯抽样检查程序	每百单位产品不合格品数或每百单位产品平均缺陷数	计数	非调整	序贯
GB 8052	单水平和多水平计数连续抽样检查程序及图表		计数	调整	
GB 14437	产品质量一次计数监督抽样检验程序	每百单位产品不合格数或不合格品率	计量	非调整	一次
GB/T 13393	抽样检查导则				

第三节　商品质量检验的方法

由于商品种类繁多，检验项目各异，因而就有了商品的各种检验方法。但是不管哪类商品，其检验的基本方法却是一致的，不外乎感官检验法、理化检验法和试验性使用检验法三大类。

一、感官检验法

感官检验又称感官分析、感官检查和感官评价，它是利用人的感觉器官作为检验器具，对商品的色、香、味、形、手感、音色等感官质量特性，做出判断和评价的检验方法。其优点是简便易行，快速灵活，成本较低而且使用范围广。感官检验特别适用目前还不能用仪器检验以及不具备组织昂贵、复杂仪器检验的企业、部门和消费者。感官检验在食品、化妆品、艺术品等商品的检验中显得更加重要，是其他检验法所替代不了的。感官检验正在克服传统感官检验缺乏科学性、客观性和可比性的缺点，从经验上升为理论，具有了一整套根据心理学原理设计，并运用了统计学的方法分析和处理感官检验数据的基础方法，将不易确定的商品感官检验的指标客观化、定量化，从而使感官检验更具有可靠性和可比性。

（一）感官检验的类型

按照人的感觉器官不同，感官检验可分为视觉检验、嗅觉检验、味觉检验、触觉检验和听觉检验等。

1. 视觉检验

视觉检验是用视觉来检查商品的外形、结构、颜色、光泽以及表面状态、疵点等质量特性。检验中，外界条件如光线的强弱、照射方向、背景对比以及检验人员的生理、心理和专业能力，都会影响视觉检验效果。为了提高检验的可靠性，视觉检验必须在标准照明条件下和适宜的环境中进行，并且应对检验人员进行必要的挑选和专门的训练。

2. 嗅觉检验

嗅觉检验是通过嗅觉检查商品的气味，进而评价商品质量。嗅觉虽然重要，但对人类来说已属于较退化的一种感觉机能。通常，由商品体发散于空气中的物质微粒作用于鼻腔上部嗅觉细胞，产生兴奋感，再传入大脑皮层引起嗅觉。嗅觉与其他感觉特别是味觉有联系。嗅觉检验目前广泛用于食品、药品、化妆品、日用化学制品等商品质量检验，并且对于鉴别纺织纤维、塑料等燃烧后的气味差异也有重要意义。

3. 味觉检验

味觉检验是利用人的味觉来检查有一定滋味要求的商品（如食品、药品等）。味觉是溶解于水或唾液中的化学物质作用于舌面和口腔黏膜上的味觉细胞（味蕾）产生的兴奋感并传入大脑皮层而引起的感觉。人的基本味觉有甜、酸、苦、咸 4 种，其余都是混合味觉。味觉常同其他感觉，特别是与嗅觉、肤觉相联系。如辣味觉就是热觉、痛觉和基本味觉的混合。视觉也对味觉检验有影响。为了顺利地进行味觉检验，一方面要求检验人员必须具有辨别基本味觉特征的能力，并且被检样品的温度要与对照温度一致；另一方面要采用正确的检验方法，遵循一定的规程。如检验时不能吞咽物质，应使其在口中慢慢移动，每次检验前后必须用水漱口等。

4. 触觉检验

触觉检验是利用人的触觉感受器官对于被检商品轻轻作用的反应——触觉来评价商品质量。触觉是皮肤受到机械刺激而引起的感受，包括触压觉和触摸觉，是皮肤感觉的一种。皮肤感觉除触觉外，还有痛觉、热觉、冷觉等，它们也参与感官检验。触觉检验主要用于检查纸张、塑料、纺织品以及食品的表面特性、强度、厚度、弹性、紧密程度、软硬等质量特性。

5. 听觉检验

听觉检验是凭借听觉来检查商品质量，如检查玻璃制品、瓷器、金属制品有无裂缝或其他内在缺陷；评价以声音作为重要指标的乐器、收录音机、音响装置等商品以及要求无噪声的机电商品；评定食品的成熟度、新鲜度、冷冻程度等。

（二）感官检验分析常用的方法

感官检验分析的方法很多，根据检验目的、要求及统计方法的不同，有差别检验、标度和类别检验及分析和描述性检验三种。

1. 差别检验

差别检验用以确定两种样品 A 和 B 之间是否存在着感官差别（或者是否偏爱某一个）。其方法有成对比较检验、三点检验、二—三点检验、五中取二检验、A—非 A 检验等。

（1）成对比较检验　它是将所要比较的两种样品成对地提交给评价员，按某些规定的准则确定两种测试样品对某一指标是否存在强度差别或两种测试样品是否对其中之一有所偏爱。

（2）三点检验　同时提供三个编码样品，其中两个同属一类，另一个属于另一类，要求评价员挑选其中代表另一类的单个样品。

（3）二—三点检验　先提供给评价员一个对照样品，再提供两个样品，其中一个与对照样品相同，要求评价员挑出那个与对照样品相同的样品。

（4）五中取二检验　同时提供给评价员五个顺序排列的样品，其中两个是一种类型，另外三个是另一种类型，要求评价员将这些样品按类型分成两组。

（5）A—非 A 检验　它是在评价员学会了识别样品 A 以后，再将一系列样品提供给评价员，这些样品有 A 和非 A，要求评价员指出哪些是 A，哪些是非 A。

2. 标度和类别检验

在经过差别检验并确定具有明显差别的基础上，为进一步估计差别的顺序或大小，或估计样品应归属的类别，则使用标度和类别检验这类方法。它们主要包括排序、量值估计、评分、评估、分类等方法。

标度是指报告评价结果所使用的尺度。标度的种类有名义标度、顺序标度、等距标度和比率标度四种。名义标度是将商品分成几个不同的类别，但并不提供类别之间信息的一种标度；顺序标度是以预先确定的单位或以连续级数作单位的一种标度；等距标度是有相等单位但无绝对零点的标度；比率标度是既有绝对零点又有相等单位的标度。

（1）排序法　是使用顺序标度，将待检验的商品按其质量特性和优劣程度或强度排列出等级或名次，不估计样品间差别大小的一种方法。

（2）量值估计法　是使用比率标度建立物理量与心理感官量之间对应关系的一种方法。

（3）评分法　是使用等距标度或比率标度对检验商品或项目评定出每个商品或项目的分数，以区别其质量好坏的一种方法。

（4）评估法　是采用顺序标度，将商品质量分为很好、较好、正常、较差、很差等的一种方法。它被用于评价商品的一项或多项指标的强度对商品的偏爱程序。

（5）分类法　是采用名义标度，对每个检验对象按某一感官质量特性分成预先定义的几个不同类别的方法。

3. 分析和描述性检验

分析和描述性检验用于识别和尽可能定量指出样品中出现的感官特性，主要有简单描述检验、定量描述和感官剖面检验。

（1）简单描述检验　要求评价员对构成商品的各个特性指标进行定性描述，尽量完整地描述出商品质量。这种检验适用于一个或多个样品，常用于质量检验和判定商品在储存期间的变化等。

（2）定量描述和感官剖面检验　要求评价员定量评价商品的感官特性，并给出这些特性特征强度值，然后用这些结果建立起商品的感官剖面，以便对商品的各种感官特性得出一个总体的印象。此法可用于新产品的研制、确定产品之间性质的差别、质量控制、商品品质改良等。

二、理化检验法

理化检验法是在一定的实验环境条件下，利用各种仪器、器具和试剂作手段，运用物理、化学的方法来测定商品质量的方法。理化检验主要用于商品的成分、结构、物理性质、化学性质、安全性、卫生性以及对环境的污染和破坏性等方面的检验。理化检验与感官检验相比，其结果可以用数据定量表示，较为准确客观，但要求有一定的设备和检验条件，同时对检验人员的知识和操作技术也有一定的要求。理化检验方法可以分为物理检验法、化学检验法和生物学检验法。

（一）物理检验法

物理检验法因检验商品的性质、要求和采用的仪器设备不同可分为度量衡检验法、力学检验法、光学检验法、电学检验法、热学检验法等。

1. 度量衡检验法

该法主要是通过各种量具、量仪、天平或专业仪器来测定商品的一些基本物理量。如长度、细度、面积、体积、厚度、重量（质量）、密度、容重、粒度、表面光洁度等。这些基本的物理量指标往往是商品贸易中的重要交易条件。商品检验中度量衡应用广泛，商品的某些物理量如棉花的长度、羊毛的细度等一般用度量衡检验。

2. 力学检验法

力学检验法是通过各种力学仪器测定商品的力学（机械）性能。这些性能主要包括商品的抗拉强度、抗压强度、抗弯曲强度、抗疲劳性能、硬度、弹性、耐磨性等。例如纺织纤维、纱、纺织品、纸张、橡胶、金属的抗拉强度；钢材、水泥、橡胶、矿物的硬度；橡胶、皮革的耐磨性；热水瓶胆的耐压性等都是力学性能检验。

3. 光学检验法

光学检验法是通过对各种光学仪器对商品的色泽、成分、结构和性质的测定，来确定商品质量的方法。主要的光学仪器有显微镜、放大镜、折光仪、旋光计、光谱分析仪器等。例如用显微镜观察纺织纤维的形态及食品中的微生物含量，放大镜观察纺织品的织纹组织和结构，旋光计测定糖的旋光度。

4. 电学检验法

电学检验法是利用电学仪器测定商品的电学特性的方法。商品的电学特性是指商品的电阻、电容、电导率、介电常数、静电电压半衰期等，通过对商品的电阻、电容等的测量，可以间接测定商品的某些其他特性，如吸湿性、材质的均匀率等。

5. 热学检验法

热学检验法是利用热学仪器测定商品的热学质量特性，检验商品质量的方法。商品的热学特性主要包括熔点、凝固点、沸点、耐热性、导热性、热稳定性等。商品的很多热学性质与商品的使用条件及使用性能有很大的关系。

（二）化学检验法

化学检验法是运用化学原理与方法，应用化学试剂与仪器对商品化学成分、含量进行测定的一类检验方法。商品的化学成分和性质是决定商品质量的重要因素。测定商品化学成分的种类和性质，是评价商品的生产质量，以及在运输、储存过程中商品质量变化的主要依据。化学检验的方法很多，按商品检验的目的分为化学分析法和仪器分析法两类。

1. 化学分析法

化学分析法是根据已知的、能定量完成的化学反应进行分析的一种检验方法。依其所用的测定方法的不同，又分为容量分析法和重量分析法。

（1）容量分析法　是用一种已知准确浓度的标准溶液与被测试样发生作用，最后用滴定终点测出某一组合的含量，如酸碱滴定法。

（2）重量分析法　是根据一定量的试样，利用相应的化学反应，使被测成分析出或转化为难溶的沉淀物，再通过过滤、洗涤、干燥、灼烧等，使沉淀物与其他成分分离，然后称取沉淀物的重量，由此计算出被测成分的含量，如灼烧法测定原料中灰分等。

此外，化学分析法还可根据试样重量不同，又有常量分析（试样量在100毫克以上）、半微量分析（试样量在10～100毫克之间）、微量分析（试样量在0.01～10毫克之间）及超微量分析（试样量少于0.01毫克）。

2. 仪器分析法

仪器分析法是采用光、电等方面比较特殊或复杂的仪器，通过测量商品的物理性质或化学性质来确定商品的化学成分的种类、含量和化学结构以判断商品质量的检验方法。它包括光学分析法和电学分析法。

（1）光学分析法　是通过被测成分吸收或发射电磁辐射的特性差异来进行化学鉴定的，具体有比色法、分光光度法（原子吸收光谱、红外光谱等）、荧光光度法等。例如，用光量计可在1～2分钟内分析出钢中20多种合金元素的含量。

（2）电学分析法　是利用被测物的化学组成与电物理量（电极电位、电流等）之间的定量关系来确定被测物的组成和含量，具体有电位滴定法、电解分析法等。

仪器分析法适用于微量成分含量分析。仪器分析法因具有测定的灵敏度高，选择性好，操作简便，分析速度快的特点而应用广泛。但由于样品前处理费时，仪器价格昂贵，对操作人员要求高，故其应用受到一定的局限性。

（三）生物学检验法

生物学检验法主要包括微生物检验法和生理学检验法。

1. 微生物检验法

微生物检验法是采用微生物技术手段，检测商品中的有害微生物存在与否以及数量多少的方法。在各类食品的卫生指标中，总含有微生物指标，如细菌、菌落总数、大肠菌群、致病菌等细菌指标，有时还含有霉菌指标。通过检验，判断食品被细菌、霉菌污染的程度，并预测食品的保质期。

微生物检验法不同于感官检验法和理化检验法，它包括培养基的制备、灭菌、接种、培养和检验等基本环节。培养基制备是用人工的方法将多种营养物质按微生物生长的需要而调制营养基质的过程，培养基供微生物生长利用；灭菌是指完全杀死检验所用器具和检验场所所有微生物的过程，包括加热灭菌、紫外线灭菌等方法；接种是将食品等商品样品经破碎或稀释等处理后移植到培养基上的过程，这是微生物检验工作中的重要操作，整个过程要求在无菌条件下进行；培养是接种好的培养基在一定温度、湿度和空气条件下放置一定的时间，使其生长、繁殖，以便识别、检验；检验是微生物检验法的最后环节，它将培养后的微生物经涂片或染色后借助显微镜进行形态观察、检验，确定微生物的种类、数量。需要进行微生物检验的商品有食品及其包装物、化妆品、卫生用品等。

2. 生理学检验法

生理学检验法是用来检验食品的可消化率、发热量及营养素对机体的作用以及食品和其他商品中某些成分的毒性等的一种检验方法。检验过程多用鼠、兔等动物进行试验，通过动物发育、体重的改变来检查食品的营养价值；通过观察动物健康状况变化、动物解剖结果测定有害物质的毒性。只有经过无毒害试验后，视情况需要并经有关部门批准后，才能在人体上进行试验。

三、试验性使用检验法

试验性使用检验法是观察商品在实际使用条件下，商品的性状及使用功能的变化，从中取得数据来判定商品质量的方法，一般常用于对耐用消费品的检验。广大消费者对商品所作的评价乃是对商品质量最重要的评定，是真正的质量评定，也是理化仪器所代替不了的综合因素检验。技术商品、信息商品同样也要通过实际应用评价其经济效果。这是经营部门通常采用的一种有效方法。试验性使用检验法通常有质量跟踪、销售部门调查、用户访问等方式。

由于试验性使用检验周期长、费时久，而且要经过反复比较才能取得正确的结果，因此在商品检验中，为了缩短试验时间，尽快取得结果，在摸清环境对商品影响的基础上，对某些商品往往采用强化或加速的人工模拟试验方法。商品在自然环境或模拟的工作条件下进行的试验称为环境试验。常用的环境试验方法有高低温试验、耐潮及防腐试验、防霉试验、防尘试验、密封试验、振动试验、冲击试验和碰撞试验、恒加速试验、寿命试验等。

第四节 商品分级

一、商品分级的概念

根据商品标准规定的质量指标，按一定的标志，将同类商品分为若干个等级的工作，称为商品分级。商品种类的不同，分级标准也不一样。如茶叶按色、香、味、外形等感官指标分级，糖、食盐按其化学成分含量分级。日用工业品的分级，一是根据商品外观疵点多少和这些疵点对质量的影响程度来进行；二是根据商品理化性质与标准差的程度来进行。

国家标准 GB/T 12707《工业品质量分等导则》规定了我国境内生产和销售的工业产品质量等级的划分和评定原则，它将工业产品的实物质量原则上按照国际先进水平、国际一般水平、国内一般水平三个档次，相应地划分为优等品、一等品、合格品三个等级。优等品的质量标准必须达到国际先进水平，且实物质量水平与国外同类商品相比达到 5 年内的先进水平；一等品的质量标准必须达到国际一般水平，且实物质量水平达到国际同类产品的一般水平；按我国现行标准组织生产，标准为国内一般水平，实物质量达到相应标准要求的为合格品。

商品分级常用等级的顺序表示，通常用几等、几级或甲、乙、丙来表示。等级顺序的高低具体地表示了商品质量的优次。对各种商品每一等级的具体要求以及确定商品分级的方法，通常在标准中都有规定，凡不符合最低一级要求的商品称为等外品。

许多商品还同时以特殊的标记来表明自身的质量等级。例如，瓷器是以底部的印记来表示等级的。图形印记"○"为一等品，印记"□"为二等品，印记"△"为三等品，不合格的底部则印有"次品"字样。又如，布匹上字的颜色表示不同等级，红色字为一等品，绿色字为二等品，蓝色字为三等品，黑色字为等外品。

二、商品分级方法

商品分级是以商品标准规定的质量指标为准绳，以商品检验的结果为依据，通过对商品外观质量和内在质量指标的检验，确定商品的等级。

商品分级方法很多，主要可归纳为百分记分法、限定记分法和限定缺陷法三类。

1. 百分记分法

百分记分法是将商品的各项质量指标规定为一定分数，其中重要的质量指标所占分数较高，次要的质量指标所占分数较低。各项质量指标完全符合标准规定的要求，其各项质量指标的分数总和为 100 分。如果某一项或几项指标达不到标准规定的要求，则相应扣分，其分数总和就要降低。分数总和达不到一定等级的分数线，则相应降低等级。这种方法在食品、部分日用工业品商品评级中被广泛采用，例如评白酒的采用百分记分法，按色、香、味、体四项指标，分别以 10 分、15 分、25 分、50 分为最高分数，根据总分多少排列名次。

2. 限定记分法

限定记分法是将商品的各种质量缺陷（即质量指标不符合质量标准）规定为一定的分数，由缺陷分数的总和来确定商品的等级。商品的缺陷越多，分数的总和越高，则商品的等级越低。该方法主要用于工业品、纺织品商品的分级，例如，棉色织布的外观质量主要决定于其布面疵点。标准中将布面各种疵点分为破损性疵点、经向疵点、纬向疵点、边疵点、油污疵点、其他疵点和整理疵点 7 项。根据疵点对布面的影响程度对不同疵点赋以不同的分值，在长 40 米、宽 110 厘米的布面上，视其疵点打分，如累积分数不超过 10 分则评为一等品，超过 10 分但不超过 20 分则评为二等品，超过 20 分但不超过 60 分则评为三等品。总体来讲，百分记分法分数越高，商品质量越高；限定记分法分数越高，商品质量越差。

3. 限定缺陷法

限定缺陷法是在标准中规定商品的每个质量等级所限定的质量缺陷的种类、数量以及不允许的质量缺陷。即在商品可能产生疵点的范围内规定各类商品每个等级限定疵点的种类和数量，以及不能出现的疵点和决定成品为废品的疵点限度等。此法多用于工业商品（尤其日用工业品）的评级，如日用工业品中全胶鞋质量指标共有 13 个感官指标，其中鞋面起皱或麻点在一级品中规定"稍有"，二级品中规定"有"，鞋面砂眼在一级品中规定"不准有"等。

复习思考题

一、填空题

1. 广义的商品检验包括_____、_____、_____、_____四项内容。
2. 商品检验的依据有_____、_____、_____、_____。
3. 为履行出入境检验检疫职能，国家质检总局在全国 31 省（自治区、直辖市）共设有_____个直属出入境检验检疫局，质检总局对出入境检验检疫机构实施垂直管理。
4. 商品检验按检验目的的不同，通常可分为_____检验、_____检验和_____检验三种。
5. 商品检验按受检验商品的数量不同，可分为_____检验和_____检验两种。
6. 内贸商品的检验一般有_____、_____、_____三个基本程序。
7. 随机抽样的方法主要有_____随机抽样、_____随机抽样、_____随机抽样、_____随机抽样等形式。
8. 商品检验的基本方法不外乎_____检验法、_____检验法和_____检验法三大类。
9. 化学检验的方法很多，按商品检验的目的分为_____和_____两类。
10. 商品分级方法很多，主要可归纳为_____、_____和_____三类。

二、单项选择题

1. 验收检验，又称（　　）。
   A. 第一方检验　　B. 第二方检验　　C. 第三方检验　　D. 法定检验
2. 下列说法中不正确的是（　　）。
   A. 抽样在商品检验工作程序中是一个十分重要的环节
   B. 合理地抽取一个能代表该批商品质量特征的样品，是确保检验结果正确性的基础
   C. 在进行抽样检验时，要根据商品特性及其所处的实际情况，综合考虑后再确定抽样类型
   D. 抽样品可以不具有代表性
3. 先随机抽取几个小部分，接着再从所抽出的每个小部分中进一步随机抽取若干个产品。最后，按此法

抽出的所有产品集中为试样。这种抽样方法属于（　　）。
　　A.简单随机抽样　　　B.多段随机抽样　　　C.分层随机抽样　　　D.规律性随机抽样
　4.对一批同类商品或同批商品，先按顺序进行编号，按自然数排列，然后选定3为采样的基准号码，每逢3（如3、13、23、33等）的商品便检出为试样进行检测。这种抽样方法属于（　　）。
　　A.简单随机抽样　　　B.多段随机抽样　　　C.分层随机抽样　　　D.规律性随机抽样
　5.下列商品应进行全数检验的是（　　）。
　　A.粮食　　　　　　　B.珠宝首饰　　　　　C.化妆品　　　　　　D.白酒
　6.检验纺织面料常用下列哪种方法（　　）。
　　A.视觉检验　　　　　B.听觉检验　　　　　C.味觉检验　　　　　D.触觉检验
　7.下列哪项不属于理化检验的方法是（　　）。
　　A.化学检验　　　　　B.物理检验　　　　　C.触觉检验　　　　　D.生物学检验
　8.食品的质量通常用（　　）方法来鉴定。
　　A.化学检验　　　　　B.物理检验　　　　　C.生理学检验　　　　D.微生物检验
　9.在我国发布的（　　）中，规定了我国境内生产和销售的工业产品质量等级的划分和评定原则。
　A.《工业产品质量分等导则》
　B.《标准化法实施条例》
　C.《采用国际标准和国外先进标准管理办法》
　D.《中华人民共和国标准化法管理条例》
　10.商品缺陷越多，总分越高，等级越低的商品分级的方法是（　　）。
　　A.百分计分法　　　　B.限定计分法　　　　C.限定缺陷法　　　　D.限定百分法

三、问答题

1.简述商品检验的内容。
2.简述商品检验的作用。
3.比较我国的内贸商品检验与进出口商品检验的程序有何不同？
4.简述随机抽样的基本方法。
5.理化检验常用的方法有哪些？
6.什么是商品的分级？对商品进行分级的方法有哪些？

实 践 训 练

实训项目：撰写假冒伪劣商品鉴定调查报告
（一）实训目的
　　学生通过调查总结常见识别伪劣商品的方法，从而掌握商品质量的基本要求，了解影响商品质量的因素，伪劣商品及其特征。
（二）实训内容
1.假冒伪劣商品的特征
　（1）假冒商标：商品假冒国外名牌或国内名牌的商标。
　（2）仿冒商标：仿冒国外名牌或国内名牌的商标。
　（3）假冒包装装潢：假冒国内外商品包装装潢以及使用虚假说明。
　（4）假冒产地：商品包装上不印厂家和厂址，或在包装极不明显的地方印上含糊不清的厂名和厂址，冒充国外或国内受欢迎地区的商品。
　（5）假冒优质产品标志：没有获得优质产品标志的商品包装上印有该种标志。
　（6）伪造认证标志：没有取得认证合格的商品包装上印有该种标志。
　（7）伪造生产许可证：没有取得生产许可证的商品，伪造一个生产许可证印在商品包装上。
　（8）商品本身质量优劣：商品在设计上没有科学的依据，或使用不合格的原材料，或生产过程粗制滥造，最终技术指标不合格，或安全性能不能达到标准要求。
　（9）掺杂使假：违法者采用变更或减少商品的成分或材质等办法，使其不具备该商品所应达到的各项指标，且质量严重降低。

（10）以假充真：违法者生产经营的商品的全部成分或材质与该商品所标名称不符，使用或使用后果危害极大。

（11）失效变质：原合格商品经过一定时间的贮存，超过规定的保质期和保存期，商品内部已经发生了物理、化学以及其他变化，完全失去了商品的原有特性，已经丧失使用价值而不能使用或食用。

（12）以旧换新：经销者将已经报废的商品进行一番装修或粉饰，然后仍以新商品进行出售，这种手段具有极大的欺骗性。

2.几种主要鉴别方法

（1）对商品商标标识及其包装、装潢等特殊标志真伪进行鉴别；

（2）通过感官品评或其他简易手段进行鉴别；

（3）按照国家标准对商品理化、卫生等各项指标进行检测。

（三）实训要求

要求学生去校内或校外超市或商场进行访问调查，总结伪劣商品的特征和常见伪劣商品的识别方法，写出调查报告，提出超市或商场杜绝伪劣商品的建议。

（四）实训考核方法

检查学生的调查报告并给出成绩。

第七章　商品的包装

【学习目标】
① 了解商品包装的概念和基本功能。
② 掌握常用包装材料、常用包装方法的基本特点。
③ 了解国家对商品运输包装和销售包装的有关规定。
④ 了解主要的商品包装标志及商标的相关知识。

第一节　商品包装概述

在现代社会中，绝大多数商品都是经过包装以后才进入流通和消费领域，因此，了解和掌握包装的作用及其相关的知识具有重要意义。

包装发展的历史虽然很长，但包装作为一个行业是在18世纪法国、英国等地发明罐头、瓦楞纸后出现的。近代包装使用的材料有纸制品、木材、铁皮。20世纪发明塑料后，包装业的发展更为迅速。包装学现已成为一门独立的学科。现代商品包装的费用已占总产品收入的3‰左右。集装箱的出现，引起了包装业和运输业的巨大改进。由于包装改进，促使商品销售发生了深刻的变化，也使商品质量得到了很好的维护。

一、商品包装的概念

在 GB/T 4122.1—2008《包装术语　第1部分：基础》中，包装确切的定义为："为在流通过程中保护产品，方便储运，促进销售，按一定的技术方法而采用的容器、材料及辅助物等的总体名称。也指达到上述目的而采用容器、材料和辅助物的过程中施加一定方法等的操作活动。"包装对于商品的流通是一种有用的工具，是促进商品流通的手段。

商品包装包含两层含义：其一是指包装商品所采用的材料和容器；其二是指包装商品的操作活动，包括包装方法和包装技术。概括地说，商品包装是根据商品的特性，按一定的技术方法并使用适宜的包装材料或包装容器，将商品包封或盛装，以达到保护商品、方便储运、促进销售的目的。

商品包装具有两个基本属性：一是商品包装的商品性，二是商品包装的从属性。

商品包装的商品性是指商品包装是人类社会劳动的产品，在商品生产存在的条件下，商品包装同其他劳动产品一样，具有商品性，因而与其他商品一样具有价值和使用价值。包装的使用价值是它在商品流通及消费过程中所承担的全部功能。包装的价值同样是凝结在包装中的一般人类劳动。由于商品包装是附属于商品的一种特殊商品，因此，它的价值和使用价值的实现与内装商品的价值和使用价值的实现有关。一般来说，包装的价值附加在商品上，在商品出售时得到补偿，而使用价值则要在商品消费时或者消费后才完全得以实现。

商品包装的从属性是指包装是从属于内装商品的，是内装商品的附属品。商品包装发展至今，不管包装种类如何增多，包装功能变得如何多样，包装成本、比重如何增大，包装始终要受到内装商品的制约。因此，在设计商品包装时，要考虑包装的属性与功能，以免出现"过分包装"现象，即包装成本远远大于内装商品的成本，这样不仅浪费资源，加重环境污染，而且增加消费者的经济负担。目前有许多国家的企业提出并实施减少商品包装的策略，以降低商品成本，让利于消费者。

二、商品包装的基本功能

商品包装是商品生产的必要环节，是商品生产工艺流程中的最后一道工序，商品包装在商品从生产领域转入流通和消费领域的整个过程中起着非常重要的作用，其基本功能有：容纳功能、保护功能、便利功能和促销功能。

1. 容纳功能

容纳是商品包装的基本功能之一。许多商品，如气体、液体、粉状商品以及许多食品和药品，如果没有包装的容纳功能就无法运输、储存、携带和使用。

容纳功能还可延伸成组化，即把许多个体或个别的包装物统一加以包装。例如：一些瓶装饮料商品 24 瓶为一箱。成组的容纳有利于商品运输、保管和销售，并能减少商品流通的费用。

2. 保护功能

保护功能是商品包装最基本的功能，包括对商品质量和数量的保护。商品从生产领域向消费领域转移的过程中，必然会经过多次不同情况、不同条件的空间移动、冲击或震动，以及外界因素影响，如温度、湿度、微生物等的影响，如果包装不当，就会造成商品的破损、变形、霉变、腐烂、生锈、虫蛀等损失。而科学的包装能有效地保护商品的外观形态和内在品质，防止或延缓商品发生物理、机械、化学、生理等变化，维护商品的使用价值。

3. 便利功能

包装的便利功能是指商品的包装为商品的流通领域及消费领域的使用提供了方便条件，可以方便运输、搬运，方便展销陈列，方便携带、使用，方便处理，方便使用和回收。例如，各种便携式结构、易开启结构、气压式喷雾结构等，虽然它们价格提高了，但仍受到市场的欢迎。

4. 促销功能

商品包装的促销功能是指包装以其自身的造型、图案、色彩等特征来吸引顾客和指导顾客消费的功能。良好精美的商品包装能引起消费者的注意，唤起消费者的购买欲望。商品包装上标有商标、商品名称、品种、规格、产地、成分、功能及使用说明等有关商品的信息，一些消费品上还标有建议零售价格，从而起到介绍商品、宣传商品的功能，因此在销售市场中，包装已起到无声推销员的作用。

三、商品包装的分类

（一）按包装目的分类

商品包装按包装的目的可分为运输包装和销售包装两类。

1. 运输包装

运输包装是用于安全运输、保护商品的较大单元的包装形式，又称为外包装或大包装。例如，纸箱、木箱、桶、集合包装、托盘包装等。运输包装一般体积较大，外形尺寸标准化程度高，坚固耐用，广泛采用集合包装，表面印有明显的识别标志，主要功能是保护商品，方便运输、装卸和储存。

2. 销售包装

销售包装是指一个商品为一个销售单元的包装形式，或若干个单体商品组成一个小的整体的包装，亦称为个包装或小包装。销售包装的特点一般是包装件小，对包装的技术要求美观、安全、卫生、新颖、易于携带，印刷装潢要求较高。销售包装一般随商品销售给顾客，起着直接保护商品、宣传和促进商品销售的作用。同时，也起着保护优质名牌商品以防假冒的作用。

（二）按包装材料分类

按包装材料的不同，商品包装一般可分为纸与纸板、木材、金属、塑料、玻璃与陶瓷、纤维制（织）品、复合材料等包装。每种包装均有一定重量和体积的限制。如纸包装在25~50千克左右或以下，塑料在25千克以下，金属可在400千克以下等。

1. 纸制包装

纸制包装是指以纸与纸板为原料制成的包装，包括纸箱、瓦楞纸箱、纸盒、纸袋、纸管、纸桶等。在现代商品包装中，纸制包装仍占有很重要的地位。从环境保护和资源回收利用的观点来看，纸制包装有广阔的发展前景。

2. 木制包装

木制包装是指以木材、木材制品和人造板材（如胶合板、纤维板等）制成的包装。主要有木箱、木桶、胶合板箱、纤维板箱和桶、木制托盘等。

3. 金属包装

金属包装是指以黑铁皮、白铁皮、马口铁、铝箔、铝合金等制成的各种包装。主要有金属桶、金属盒、马口铁及铝罐头盒、油罐、钢瓶等。

4. 塑料包装

塑料包装是指以塑料为主要材料制成的商品包装。主要的塑料包装材料有聚乙烯（PE）、聚氯乙烯（PVC）、聚丙烯（PP）、聚苯乙烯（PS）、聚酯（PET）等。塑料包装主要有全塑箱、钙塑箱、塑料桶、塑料盒、塑料瓶、塑料袋、塑料编织袋等。

5. 玻璃与陶瓷包装

玻璃与陶瓷包装是指以硅酸盐材料制成的包装。这类包装主要有玻璃瓶、玻璃罐、陶瓷瓶、陶瓷罐、陶瓷坛、陶瓷缸等。

6. 纤维织品包装

纤维织品包装是指以棉、麻、丝、毛等天然纤维以及人造纤维、合成纤维的织品制成的包装。主要有麻袋、布袋、编织袋等。

7. 复合材料包装

复合材料包装是指以两种或两种以上材料黏合制成的包装，又称复合包装。主要有纸与塑料、塑料与铝箔和纸、塑料与铝箔、塑料与木材、塑料与玻璃等材料制成的包装。

8. 其他材料包装

其他材料包装主要有竹类、藤皮、藤条、草类等编织物包装，如各种筐、篓、包、袋等。

（三）按包装技术分类

商品包装技术主要是指为了防止商品在流通领域中发生数量损失和质量变化，而采取的抵抗内、外影响质量变化因素的技术措施，又称商品包装防护技法。

按包装技术商品包装可分为一般包装、缓冲包装、防锈包装、防潮包装、防霉包装、集合包装、泡罩包装和贴体包装、真空包装与充气包装、收缩包装、无菌包装等多种。

（四）按包装内容物分类

商品包装可按包装内容物的商品种类不同而区分成建材商品包装、农牧水产品商品包装、食品和饮料商品包装、轻工日用品商品包装、纺织品和服装商品包装、化工商品包装、医药商品包装、机电商品包装、电子商品包装等。各类商品的价值高低、用途特点、保护要求都不相同，它们所需要的运输包装和销售包装都会有明显的差异。

四、商品包装的原则

包装具有保护商品、方便消费、保障安全的功能，同时也是促进销售、增加产品附加值的有效手段。有的产品曾以变换包装材料和包装形式而迅速打开市场，但过度依赖和重视包装的形式与功能就产生了"过度包装"这一现象。例如据有关部门统计，每生产1000万个纸盒月饼，包装耗材就需砍伐上百万棵直径在10厘米以上的树木。"过度包装"已对人类的环境保护构成威胁,更造成了资源的严重浪费。为治理过度包装,在包装过程中应遵循"3R"原则——reduce(减量化)、reuse(再利用)、recycle(再循环)。

1. 减量化原则

减量化原则(reduce)要求商品的包装应该追求简单朴实而不是豪华浪费,其包装设计应科学、合理,在满足正常的包装功能需求的前提下,包装材料、结构和成本应与内装物的质量和规格相适应,以有效利用资源,减少包装材料用量要求,从而达到减少废物排放的目的。

2. 再利用原则

再利用原则(reuse)要求商品的包装容器能够以初始的形式被反复使用。生产者应该将商品的包装当作一种日常生活器具来设计,如饮料的包装在饮料喝完后可以成为日常用的口杯,服装的包装可以成为日常的购物袋等。

3. 再循环原则

再循环原则(recycle)要求生产者使用可循环再生、回收利用的包装材料,使商品的包装在完成其使用功能后能重新变成可以利用的资源,而不是不可恢复的垃圾。按照循环经济的思想,再循环有两种情况,一种是原级再循环,即废弃的包装物被循环用来产生同种类型的新产品,例如啤酒瓶、易拉罐等;另一种是次级再循环,即将废弃的包装物转化成生产其他产品的原料,如美国杜邦公司在废塑料如废弃的牛奶盒和一次性塑料容器中回收化学物质,开发出了耐用的乙烯材料——维克等新产品。

> **小知识**
>
> 国家质量监督检验检疫总局、国家标准化管理委员会2009年3月发布了GB 23350—2009《限制商品过度包装要求 食品和化妆品》,自2010年4月1日起开始实施。该标准对食品和化妆品销售包装做出了强制性规定,要求初始包装之外的所有包装成本总和不得超过商品销售价格的20%。同时,针对饮料酒、糕点、粮食、保健食品、化妆品等过度包装现象较为严重的商品进行了量化。标准规定,饮料酒、糕点、茶叶、化妆品这4类商品的包装层数不超过3层;在"包装空隙率"指标上,饮料酒、糕点的包装空隙必须不超出商品体积的55%等。

第二节 商品包装材料与包装技术

一、包装材料的性能要求

包装材料是指用于制造包装容器和包装运输、包装装潢、包装印刷、包装辅助材料以及包装有关材料的总称。包装材料一般包括主要包装材料和辅助包装材料,常用的有纸、金属、木材、塑料、纺织品、陶瓷、玻璃、草、竹、藤条、柳条等,其中尤以塑料与金属材料最为复杂。包装材料具有以下几方面性能。

1. 安全性能

包装材料的安全性能是指包装材料在用材、尺寸、重量、结构等方面要求坚固和安全,不损害商品本体,材料的指标应达到相关标准的技术参数。

2. 保护性能

包装材料的保护性能是指包装材料应具有一定机械强度,适应气温变化,能够防潮、防水、防腐蚀、防紫外线穿透、耐热、耐寒、耐光、耐油和抗老化等,而自身应无异味、无毒、无臭，能保护内装物质量完好。

3.易加工操作性能

包装材料的易加工操作性能是指包装材料应具有一定的刚性、热合性和防静电性，有一定的光洁度以及可塑性、可焊性、易开口性，易加工、易充填、易封合，适合自动包装机械操作，生产效率高等。

4.外观装饰性能

包装材料的外观装饰性能是指材料的形、色、纹理的美观性，能产生陈列效果，提高商品价值和消费者的购买欲望。它可增加商品的附加值，良好的包装使商品的价值及使用价值大大提高。作为销售包装材料，要求透明度好，表面光泽，使造型和色彩美观，还要求有印刷适应性和防静电吸尘性等。

5.生态环保性能

包装材料的生态环保性能是指包装材料要有利于生态环境保护，有利于节省资源。该性能体现在易回收、可复用、可再生、可降解、易处置等特点上。

二、主要包装材料的特点与应用

（一）包装用纸和纸板

纸和纸板是支柱性的传统包装材料，耗量大，应用范围广。纸和纸板的优点：适宜的强度、耐冲击性和耐摩擦性；密封性好，容易做到清洁卫生；优良的成型性和折叠性，便于采用各种加工方法，适用于机械化、自动化的包装生产；最佳的可印刷性，便于介绍和美化商品；价格较低，且重量轻，可以降低包装成本和运输成本；用后易于处理，可回收复用和再生，不会污染环境，并节约资源等。

纸和纸板也有一些致命的弱点，如难以封口、受潮后牢固度下降以及气密性、防潮性、透明性差等，从而使其在包装应用上受到一定的限制。

（二）包装用塑料

塑料在整个包装材料中的使用比例仅次于纸和纸板。塑料包括软性的薄膜、纤维材料和刚性的成型材料。包装用塑料的优点：物理机械性能优良，具有一定的强度和弹性，耐折叠、耐摩擦、耐冲击、抗震动、抗压、防潮、防水，并能阻隔气体；化学稳定性好，耐酸碱、耐油脂、耐化学药剂、耐腐蚀；密度较小，是玻璃密度的1/2，是钢铁密度的1/5，属于轻质材料。因此，制成的包装容器重量轻，适应包装轻量化的发展需要；加工成型工艺简单，便于制造各种包装材料和包装容器；适合采用各种包装新技术，如真空技术、充气技术、拉伸技术、收缩技术、贴体技术、复合技术；具有优良的透明性、表面光泽性、可印刷性和装饰性，为包装装潢提供了很好的条件；价格较低，具有一定的竞争力。

塑料作为包装材料也有不足之处：强度不如钢铁；耐热性不如玻璃；在外界因素长时间作用下易发生老化；有些塑料在高温下会软化，在低温下会变脆，强度下降；有些塑料带有异味，某些有害成分可能渗入内装物；易产生静电；塑料包装废弃物处理不当会造成环境污染等。因此，在选用塑料包装材料时要注意以上问题。

（三）包装用金属材料

金属的种类很多，包装用金属材料主要是钢材、铝材及其合金材料。包装用钢材包括薄钢板、镀锌低碳薄铁板、镀锡低碳薄钢板（俗称马口铁）。包装用铝材有纯铝板、合金铝板和铝箔。金属材料的优点：良好的机械强度，牢固结实，耐碰撞，不破碎，能有效地保护内装物；密封性能优良，阻隔性好，不透气，防潮，耐光，用于食品包装（罐藏）能达到中长期保存；具有良好的延伸性，易于加工成型；金属表面有特殊的光泽，易于进行涂饰和印刷，可获得良好的装潢效果；易于回收再利用，不污染环境等。

但是，金属材料成本高，一些金属材料（如钢铁）的化学稳定性差，在潮湿的大气下易发生锈蚀，遇酸、碱发生腐蚀，因而限制了其在包装上的应用。钢板通过镀锌、镀锡、镀铝、涂层，可以提高其耐腐蚀性、耐酸碱性。

目前，刚性金属材料主要用于制造运输包装桶、集装箱以及饮料、食品和其他商品销售包装罐、听、盒。另外，还有少量用于加工各种瓶罐的盖底以及捆扎材料等。例如，重型钢瓶、钢罐用于盛装酸类液体以及压缩、液化的气体；薄钢板桶广泛用于盛装各类食用油脂、石油和化工用产品；铝和铝合金桶用于盛装酒类商品和各种食品；镀锌薄钢板桶主要用于盛装粉状、浆状和液体商品；铁塑复合桶适于盛装各种化工产品及具有腐蚀性、危险性的商品；马口铁罐、镀铬钢板罐、铝罐是罐头和饮料工业的重要包装容器；金属听、盒适用于盛装饼干、奶粉、茶叶、咖啡、香烟等。

软性金属材料主要用来制造软管和金属箔。例如，铝制软管广泛用于包装膏状化妆品、医药品、清洁用品、文化用品、食品等；铝箔多用于制造复合包装材料，也常用于食品、卷烟、药品、化妆品、化学品等的包装。

（四）包装用玻璃和陶瓷

玻璃与陶瓷均系以硅酸盐为主要成分的无机性材料。玻璃与陶瓷用作包装材料，渊源已久，目前玻璃仍是现代包装的主要材料之一。

1. 玻璃

由于玻璃本身的优良特性，作为包装材料所具有的优点：化学稳定性好，耐腐蚀，无毒无味，卫生安全；密封性优良，不透气，不透湿，有紫外线屏蔽性，有一定的强度，能有效地保护内装物；透明性好，易于造型，具有特殊的宣传和美化商品的效果；原料来源丰富，价格低；易于回收复用、再生，有利于环境保护等。玻璃用作包装材料，存在耐冲击强度低、碰撞时易破碎、自身重量大、运输成本高、能耗大等缺点，这些也限制了玻璃在包装上的应用。目前，玻璃的强化、轻量化技术以及复合技术已有一定发展，加强了对包装的适应性。玻璃主要用来制造销售包装容器如玻璃瓶和玻璃罐，广泛用于酒类、饮料、罐头食品、调味品、药品、化妆品、化学试剂、文化用品等的包装。此外，玻璃也用于制造大型运输包装容器，用来存装强酸类产品，还用来制造玻璃纤维复合袋，用于包装化工产品和矿物粉料。

2. 陶瓷

陶瓷的化学稳定性与热稳定性均佳，耐酸碱腐蚀，遮光性优异，密封性好，成本低廉，可制成缸、罐、坛、瓶等多种包装容器，广泛用于包装各种发酵食品、酱菜、腌菜、咸菜、调味品、蛋制品及化工原料等。陶瓷瓶是酒类和其他饮料的销售包装容器，其结构造型多样，古朴典雅，釉彩和图案装饰美观，特别适用于高级名酒的包装。

（五）包装用木材

木材具有特殊的耐压、耐冲击和耐气候的能力，并有良好的加工性能，目前仍是大型和重型商品运输包装的重要材料，也用于包装批量小、体积小、重量大、强度要求高的商品。常用的木制包装容器有木箱（包括胶合板箱和纤维板箱）、木桶（分为木板桶、胶合板桶和纤维板桶）。木材作为包装材料虽然具有独特的优越性，但由于保护森林资源、保护环境的需要以及木材价格高等原因，其发展潜力不大。目前，木制包装容器已逐渐减少，正在被其他包装容器所取代。

（六）其他包装材料

常见的其他包装材料主要有纺织品；竹、藤、柳编织品等。如用于包装的纺织品材料加工的布袋、麻袋和编织袋，有适宜的牢度，轻巧，使用方便，适用于盛装粮食及其制品、食盐、食糖、化肥、化工原料、中药材等。

竹类、野生藤类、树枝类和草类等材料是来源广泛、价格低廉的天然包装材料。用它们编制成的容器具有通风、轻便、结实、造型独特等特点，适用于包装各种农副土特产品。

此外，包装材料还包括复合材料。复合材料包装又称复合包装，是指以两种或两种以上材料黏合制成的包装，主要有纸与塑料、塑料与铝箔和纸、塑料与铝箔、塑料与木材、塑料与玻璃等材料制成的包装。

三、商品包装技术

商品包装技术主要是指为了防止商品在流通领域发生数量损失和质量变化，而采取的抵抗内、外影响质量变化因素的技术措施。常见的商品包装技术如下。

（一）泡罩包装与贴体包装

1. 泡罩包装

泡罩包装技法所形成的包装结构主要由两个构件组成：一是刚性或半刚性的塑料透明罩壳（不与商品贴体）；二是可用塑料、铝箔或纸板作为原材料的盖板。罩壳和盖板两者可采取粘接、热合或钉装等方式组合。这种技法广泛地用于药品、食品、玩具、文具、小五金、小商品等的销售包装。按照泡罩形式不同，可分为泡眼式、罩壳式和浅盘式三类。泡眼是一种尺寸很小的泡罩，常见的如药片泡罩包装；罩壳是一种用于玩具、文具、小工具、小商品的泡罩；浅盘则是杯、盘、盒的统称，主要用于食品如熟肉、果脯、蛋糕等的包装。

泡罩包装技法的效果为：具有良好的陈列效果；能在物流和销售中起保护作用；可适用于形状复杂、怕压易碎的商品；可以悬挂陈列、节省货位；可以形成成组、成套包装。泡罩包装有较好的阻气性、防潮性、防尘性。它用在食品商品时，清洁卫生，可增加货架寿命；对于大批量的药品、小件物品，易实现自动化流水作业。泡罩有一定的立体造型，在外观上更吸引人。

2. 贴体包装

贴体包装技法是将单件商品或多件商品，置于带有微孔的纸板上，由经过加热的软质透明塑料薄膜覆盖，在纸板下面抽真空使薄膜与商品外表紧贴，同时以热熔或胶黏的方法使塑料薄膜与纸板黏合，使商品紧紧固定在其中。

这种技法广泛地用于商品销售包装，它的特点是：通常形成透明包装，顾客几乎可看到商品体的全部，加上不同造型和有精美印刷的材底或容器，大大增加了商品的陈列效果；能牢固地固定住商品，有效地防止商品受各种物理机械作用而损伤，也能在销售中起到防止顾客触摸以及防盗、防尘、防潮等保护作用；往往能使商品悬挂陈列，提高货架利用率。贴体包装技法广泛适用于形状复杂、怕压易碎的商品，如日用器皿、灯具、文具、小五金和一些食品。

（二）真空包装与充气包装

1. 真空包装

真空包装技法是将产品装入气密性的包装容器，密封前在真空度为10～30毫米汞柱的情况下排除包装内的气体，从而使密封后的容器内达到一定真空度，此法也称减压包装技法。

真空包装技术的特点是：用于食品包装，能防止油脂氧化、维生素分解、色素变色和香味消失；能抑制某些霉菌、细菌的生长和防止虫害；用于食品软包装，进行冷冻后，表面无霜，可保持食品本色，但也往往造成褶皱；用于轻泡工业品包装，能使包装体明显缩小（有的缩小50％以上），同时还能防止虫蛀、霉变。

2. 充气包装

充气包装技法是将产品装入气密性的包装容器内，在密封前，充入一定惰性气体，置换内部的空气，从而使密封后容器内仅含少量氧气（1％～2％），故也称为气体置换包装技法。这种技法的特点是：用于食品包装，能防止氧化，抑制微生物繁殖和害虫的发育，能防止香气散失、变色等，从而能较大幅度地延长保存期；对于粉状、液状以及质软或有硬尖棱角的商品都能包装；用于软包装，外观不起折皱而美观；用于日用工业品包装，能起防锈、防霉的作用。充气包装因内部充有气体，不适宜进一步加热杀菌处理。

（三）收缩包装

收缩包装技法是将经过预拉伸的塑料薄膜、薄膜套或袋，在考虑其收缩率的前提下，将其裹包在被包装商品的外表面，以适当的温度加热，薄膜即在其长度和宽度方向产生急剧收缩，紧紧地包裹住商品。它广泛地应用于销售包装，是一种很有发展前途的包装技术。其特点是：所采用的塑料薄膜通常为透明的，经收缩紧贴于商品，能充分显示商品的色泽、造型，大大增强了陈列效果；所用薄膜材料有一定韧性，且收缩比较均匀，在棱角处不易撕裂；可将零散多件商品方便地包装在一起，如几个罐头、几盒录音磁带等，有的借助于浅盘，可以省去纸盒；对商品具有防潮、防污染的作用，对食品能起到一定的保鲜作用，有利于零售，延长货架寿命；可保证商品在到达消费者手中之前保持密封，防止启封、偷盗等。

（四）无菌包装

无菌包装是指根据产品要求，在产品、包装容器、材料或包装辅助器材灭菌后，在无菌的环境中进行充填和封合的一种包装方法。产品及包装器材的灭菌，一般采用加热灭菌、辐射灭菌和环氧乙烷气体灭菌等。一般来说，经此法包装的商品在常温下无需冷藏也能保持较长的时期而品质不变。

（五）硅窗气调包装

硅窗气调包装是近年来快速发展起来的一种新型的包装方法，它是通过在塑料袋上镶嵌一定面积的硅橡胶膜来自动调节袋内气体成分，达到保鲜目的。硅窗气调技术的成因是硅胶膜对氧气和二氧化碳有良好的透气性和适当的透气比，可以对果蔬所处环境的气体成分进行调节，达到控制呼吸作用的目的。同时还可抑制酶的活性和微生物的活动，以此来延缓果蔬的衰老，提高果蔬的贮藏保鲜效果。硅窗气调包装技术来保鲜，具有省工、省时、节能、管理方便、气体成分稳定、储期长、损耗小、品质好的特点。

（六）防潮包装

防潮包装是指采用防潮材料（以金属和玻璃最理想，塑料次之）做包装，在包装内使用防潮材料如柏油纸、蜡纸、塑料薄膜；在包装内加放干燥剂；在包装外涂防潮漆；密闭封口或做通气设置；另外还可采用真空包装或充气包装等辅助措施的包装方法。

当产品需要防潮包装时，必须在产品技术文件中规定产品包装的防潮包装等级要求，包装的防潮等级应根据产品的性质、流通环境、储运时间、包装容器的一般性能等因素来确定。

（七）缓冲包装

缓冲包装是指采用富有弹性缓冲材料或缓冲结构，施以包装技术，使内装物品不受撞击达到保护商品的意图而设计的包装。这种方法通常在包装与商品之间进行垫衬，如用泡沫塑料垫衬，还可充填纸条、木丝、纤维等，以达到保护内装物品性能和形态的目的。

缓冲防震包装材料一般应具有防震、防潮、隔音等基本特点，并有一定的坚固性、柔软性、缓冲性及软硬性等，能受反复冲击其特性不变。

（八）集合包装

集合包装又称为组合包装，是指将若干包装件或商品组合成一个合适的运输单元或销售单元。集合包装具有如下优点：第一，它有利于包装、运输机械化，缩短了装卸时间，加快了商品物流，提高了劳动生产率；第二，它不但为商品装卸、运输提供了最佳的操作条件，保证了商品质量，而且减少了人为的破坏，节约了包装材料和费用。集合包装不仅要求商品包装标准化，而且对运输工具也有严格的标准化要求。

常见的集合包装有集装箱、托盘集合包装。

1. 集装箱

集装箱是指具有一定强度、刚度和规格，专供周转使用的大型装货容器。使用集装箱转运货物，可直接在发货人的仓库装货，运到收货人的仓库卸货，中途更换车、船时，无须将货物从箱内取出换装。

按国际标准化组织（ISO）第 104 技术委员会的规定，集装箱应具备下列条件：

① 能长期反复使用，具有足够的强度；
② 途中转运不用移动箱内货物，就可以直接换装；
③ 可以进行快速装卸，并可从一种运输工具直接方便地换装到另一种运输工具；
④ 便于货物的装满和卸空；
⑤ 具有 1 立方米（即 35.32 立方英尺）或以上的容积。

满足上述 5 个条件的大型装货容器才能称为集装箱。

国际标准集装箱共有三个系列，十三种规格。在国际海上集装箱运输中采用最多的是 IAA 型（即 40 英尺）和 IC 型（即 20 英尺）两种。IAA 型集装箱即 40 英尺集装箱，箱内容量可达 67.96 立方米，自重一般为 3800 千克，载重量为 26.68 吨，总载重量 30.48 吨。IC 型即 20 英尺集装箱，箱内容量 33.2 立方米，自重一般为 2317 千克，载重量为 17.9 吨，总载重量 20.22 吨。

目前各国大部分集装箱运输，都采用 20 英尺和 40 英尺长的两种集装箱。为使集装箱箱数计算统一化，把 20 英尺集装箱作为一个计算单位，40 英尺集装箱作为两个计算单位。集装箱计算单位简称 TEU，是英文 Twenty Equivalent Unit 的缩写，也称国际标准箱单位。通常用来表示船舶装载集装箱的能力，也是集装箱和港口吞吐量的重要统计、换算单位。

小资料

英国劳氏日报近日公布 2016 年世界集装箱港口 100 强榜单，前十榜单中，中国占据了七大席位。分别是上海港（第一）、深圳港（第三）、宁波舟山港（第四）、香港港（第五）、广州港（第七）、青岛港（第八）和天津港（第十）。中国共有 22 个港口上榜。

其中，上海港以 3653 万标箱吞吐量继续高居榜首；深圳港以 2420 万标箱吞吐量稳居第三；宁波舟山港以 2062 万标箱吞吐量取代香港港跃居第四；香港港以 1946 万标箱吞吐量位居第五；广州港、青岛港和天津港分别以 1762 万标箱、1751 万标箱、1410 万标箱吞吐量分别位列第七位、第八位和第十位。

世界十大集装箱港口中，有七个位于中国，这表明中国已经和世界融为一体，而港口恰恰就是中国和全球进行有机链接的节点。

---

2. 托盘集合包装

托盘集合包装是比集装箱简单一些的集合包装，多为敞开式。它集运输、装卸和包装为一体，有利于少量的杂货运输。

托盘多用木材、塑料、铝合金、钢材等材料制成，是商品储运中颇受欢迎的一种搬运工具，在国内也称垫板和集装盘。托盘的下边设有插口，供叉车的铲叉插入，将包装好的商品放在托盘上进行装卸，载重 0.5～2 吨。为了防止货物散落，需将货物包固定在托盘上，组成托盘组合包装。组合包装装卸和堆码十分方便，可有效地保护商品、提高工效、简化包装，促进包装标准化。托盘规格用长宽表示，国际标准化组织规定托盘有 3 种规格：80 厘米×100 厘米、80 厘米×120 厘米、100 厘米×120 厘米，国内还有 100 厘米×100 厘米、80 厘米×110 厘米、100 厘米×110 厘米、110 厘米×

110厘米、120厘米×160厘米、120厘米×180厘米等规格。托盘根据使用价值可分成两种：一种是可复用盘，其结构比较牢固，可反复使用多次，主要为木制托盘，少数为金属或塑料制托盘；另一种是一次性使用托盘，其结构简单，耗料较少，重量小，所用材料大部分为纸质木材或纸板。托盘按结构分为平面式托盘、箱式托盘、立柱式托盘和滑片托盘。

第三节　商品包装标志

为了便于商品流通、销售、选购和使用，在商品包装上通常都印有某种特定的文字或图形，用以标识商品的性能、储运注意事项、质量水平等含义，这些具有特定含义的图形和文字称为商品包装标志。商品包装标志是一种包装辅助物，一般可分为销售包装标志和运输包装标志。

一、销售包装标志

商品的销售包装标志一般指附属于商品销售包装的一切文字、符号、图形及其他说明。主要包括下列内容。

1. 销售包装的一般标志

商品销售包装的一般标志的基本内容包括：商品名称、生产厂名和厂址、产地、商标、规格、数量或净含量、商品标准或代号、商品条形码等。对已获质量认证或在质量评比中获奖的商品，应分别标明相应的标志。对于部分重要的商品则国家实行强制性标准来统一标志。如根据国家标准（GB 7718、GB 13432、GB 10334）规定，保健食品商品的销售包装标志应标明以下内容：食品名称，配料表，净含量及固形物含量，制造者、经营者的名称和地址，批号，食（使）用方法，日期标志和储藏指南，质量（品质）等级，产品标准号，特殊标注内容等，此外还应有保健食品标志，如图7-1所示。

图7-1　保健食品标志

2. 商品的质量标志

商品的质量标志就是在商品的销售包装上反映商品质量的标记。它说明商品达到的质量水平。主要包括：产品质量认证标志、商品质量等级标志、优质产品标志等。

3. 使用方法及注意事项标志

商品的种类用途不同，反映使用注意事项和使用方法的标志也各有不同。如我国服装已采纳国际通用的服装洗涤保养标志，如图7-2所示。

4. 产品的性能指示标志

所谓产品性能指示标志是用简单的图形、符号表示产品的主要质量性能。如电冰箱用星级符号表示其冷冻室的温度范围。

5. 销售包装的特有标志

销售包装的特有标志指名牌商品在其商品体特定部位或包装物内的让消费者更加容易识别本品牌商品的标记。它由厂家自行设计制作，如名牌西服、衬衫、名优酒等都有独特的、精致的特有标志。

6. 产品的原材料和成分标志

产品的原材料和成分标志指由国家专门机构经检验认定后，颁发的证明产品对环境或人类健康无影响或较少影响的标志，或证明产品的原材料或成分的标志。目前已实施的属于此类的标志有：环境标志（又称绿色标志或生态标志如图7-3所示）、纯羊毛标志（如图7-4所示）、真皮标志（如图7-5所示）、生态原产地标志（如图7-6所示）等。

图 7-2 国际通用的服装洗涤保养标志

图 7-3 中国环境标志

图 7-4 纯羊毛标志

图 7-5 真皮标志

图 7-6 生态原产地标志

二、运输包装标志

运输包装标志主要是便于商品在运输和保管中的辨认识别，防止错发错运，及时、准确地将商品运到指定的地点或收货单位；同时也便于商品装卸、堆码，保证商品质量安全，加速商品周转。

运输包装标志分为运输包装收发货标志、包装储运图示标志、危险货物包装标志、国际海运标志四大类。

（一）运输包装收发货标志

运输包装收发货标志又称识别标志。它是在外包装上的商品分类图示标志及其他标志和文字说明的总称。通常是由简单的图形和一些字母、数字及简单的文字组成。在收发货标志中，除分类标志为必用内容外，其他各项可自行选用。分类标志的图形、收发货标志的字体、颜色、标志方式、标志位置等在国家标准中均有具体规定。收发货标志一般包含的内容见表 7-1 所示，分类图形标志如图 7-7 所示。

表 7-1　运输包装收发货标志内容

序号	代号	中文	英文	含义
1	FL	商品分类图形标志	CLASSIFICATION MARKS	表明商品类别的特定符号
2	GH	供货号	CONTRACT NO.	供应该批货物的供货清单号码（出口商品用合同号码）
3	HH	货号	ART NO.	商品顺序编号，以便出入库、收发货登记和核定商品价格
4	PG	品名规格	SPECIFICATIONS	商品名称或代号；标明单一商品的规格、型号、尺寸、花色等
5	SL	数量	QUANTITY	包装容器内含商品的数量
6	ZL	重量（毛重）（净重）	GROSS WT NET WT	包装件的重量（KG），包括毛重和净重
7	CQ	生产日期	DATE OF PRODUCTION	产品生产的年、月、日
8	CC	生产工厂	MANUFACTURER	生产该新产品的工厂名称
9	TJ	体积	VOLUME	包装件的外径尺寸长（厘米）×宽（厘米）×高（厘米）＝体积（立方厘米）
10	XQ	有效期限	TERM OF VALIDITY	商品有效期至×年×月
11	SH	收货地点和单位	PLACE OF DESTINATION AND CONSIGNEE	货物到达站、港和某单位（人）收（可用贴签和涂写）
12	FH	发货单位	CONSIGNOR	发货单位（人）
13	YH	运输号码	SHIPPING NO.	运输单号码
14	IS	发运件数	SHIPPING PIECES	发运的件数

（二）包装储运图示标志

包装储运图示标志又称指示标志或注意标志。它是根据商品的不同性能和特殊要求，采用图案或简易文字来表示的用以提示人们在装卸、运输和储存过程中应注意的事项的标志。如对一些易碎、易潮、易残损或变质的商品，在装卸、运输和保管中提出的要求和注意事项。如小心轻放、由此吊起、切勿倒置、禁用手钩、怕热、重心点、堆码限度等。

我国国家标准 GB 191—2008《包装储运图示标志》规定了包装储运图示标志的名称、图形符号、尺寸及应用方法，并将该标志颜色统一为黑色，如表 7-2 所示。

图 7-7 商品分类图形标志

表 7-2 部分包装储运图示标志

序号	图形	标志名称	含义
1		易碎物品	表明运输包装件内装易碎物品,搬运时小心轻放
2		禁用手钩	表明搬运运输包装件时禁用手钩
3		向上	该运输包装间在运输时应竖直向上
4		怕晒	表明运输包装件不能直接照晒

续表

序号	图形	标志名称	含义
5		怕辐射	表明该物品一旦受到辐射会变质或受损
6		怕雨	表明运输包装件怕雨淋
7		重心	表明该运输包装件重心便于起吊
8		禁止翻滚	表明搬运时不能翻滚该运输包装件
9		此面禁用手推	表明搬运货物时此面禁止放在手推车上
10		禁用叉车	表明不能用升降叉车搬运的包装件
11		由此夹起	表明搬运货物时可用夹持的面
12		此处不能卡夹	表明搬运货物时不能夹持的面
13		堆码质量极限	表明该运输包装件可承受的最大质量极限

续表

序号	图形	标志名称	含义
14		堆码层数极限	表明堆码相同包装件的最大层数
15		禁止堆码	表明该包装件只能单层放置
16		由此吊起	表明提起货物时绳索的位置
17		温度极限	表明该运输包装件应该保持的温度范围

（三）危险货物包装标志

危险货物包装标志又称危险品标志。它是用来标明对人体和财产安全有严重威胁的货物的专用标志，由图形、文字和数字组成。我国国家标准 GB 6944—2012《危险货物分类和品名编号》按危险货物具有的危险性或最主要的危险性分为 9 个类别，分别为第 1 类爆炸品；第 2 类气体；第 3 类易燃液体；第 4 类易燃固体、易于自燃的物质、遇水放出易燃气体的物质；第 5 类氧化性物质和有机过氧化物；第 6 类毒性物质和感染性物质；第 7 类放射性物质；第 8 类腐蚀性物质；第 9 类杂项危险物质和物品。不同类别的危险品，应使用不同的危险品标志。危险品标志是警告性标志，必须严格遵照国内和国际的规定办理，稍有疏忽，就会造成意外事故。因此，要保证标志清晰，并在货物储运保存期内不脱落。中国国家标准 GB 190—2009《危险货物包装标志》规定了危险货物包装标志。

（四）国际海运标志

联合国政府海事协商组织对国际海运包装上的标志作了专门规定，主要有国际海运指示标志和国际海运危险品标志。我国出口商品可同时使用两套标志。

指示性标志又称注意标志或安全标志。它是根据商品的特性，为了保护好商品，提醒有关人员在运输和保管过程中加以注意的事项。指示性标志一般都是以简单醒目的图形和文字在包装上标出，如"此端向上""小心轻放""保持干燥"等。国际海运指示标志如 KEEP DRY、HAND IT WITH CARE、PROTECT FROM HEAT、USE NO HOOKS、THIS WAY UP、FRAGILE 等，分别如图 7-8 所示。

危险品标志又称警告性标志。它是针对易燃、易爆、有毒或具有放射性的货物，在外包装上以醒目的图形和文字警示有关人员加以注意，防止造成环境污染或人身伤害。我国国家技术

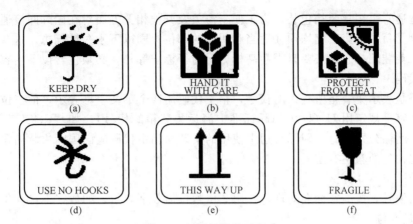

图 7-8 国际海运指示标志

监督局制定有《危险货物包装标志》，联合国政府海事协商组织也制定了一套《国际海运危险品标志》。在运输危险品时一定要按照有关规定刷制警告性标志。在运输包装上刷制上述标志时，要注意颜色必须牢固、醒目，并防止脱落、褪色。另外，标志必须刷在包装上的明显部位，使人一目了然。国际海运危险品标志如 EXPLOSIVE、NON INFLAMMABLE COMPRESSED GASES、INFLAMMABLE LIQUID 等，如图 7-9 所示。

图 7-9 国际海运危险品标志

国际海运通常采用集装箱包装，为了便于海关及其他相关方面对在国际间流通的集装箱进行监督和管理，每一个集装箱均须在适当和明显的部位涂刷以下永久性标志，这些标志被称为集装箱标志，集装箱标志除必要时需超高标记、通行标记等外，必须包含以下内容。

1. 箱主代码

箱主代码是表示集装箱所有人的代号，箱主代码用四个英文字母表示，前三位由箱主自己规定，第四个字母规定用 U（U 为国际标准中海运集装箱的代号）。如"COSU"表示此集装箱为中国远洋运输公司所有。国际流通中使用的集装箱箱主代码应向国际集装箱司登记，登记时不得与登记在先的箱主有重复。

2. 顺序号

为集装箱编号，按国家标准的规定，用 6 位阿拉伯数字表示，如数字不足 6 位时，在数字前用"0"补足 6 位。

3. 核对数

用于计算机核对箱主号与顺序号记录的正确性，一般位于顺序号之后，用 1 位阿拉伯数字表示，并加方框以醒目。

4. 国别代码

国别代码用三个英文缩写字母表示，用以说明集装箱的登记国（地区），如"RCX"即表示登记国为"中华人民共和国"。

5. 规格尺寸代码

规格尺寸代码用两位阿拉伯数字表示，用以说明集装箱的尺寸情况，如"20"即为 20 英尺长、8 英尺高的集装箱。

6. 箱型代码

箱型代码用两位阿拉伯数字表示，用以说明集装箱的类型，如"30"即为冷冻集装箱。

例如：COSU　001234　[2] RCX 2030 依照相关标志规定反映了如下集装箱的情况。

① COSU——箱主代号，表示是中国远洋运输公司。
② 001234——顺序号、箱号。
③ [2]——核对数。
④ RCX——国籍代码，表示中华人民共和国。
⑤ 20——尺寸代号，表示 20 英尺长，8 英尺高。
⑥ 30——类型代号，表示冷冻集装箱。

第四节　商　标

商品的销售包装都有区别不同企业的一种专用标志，这就是商标。商标也是商品包装装潢的重要组成部分，商标是区别不同企业同类商品的主要标志，也是名牌商品质量信誉的识别标记。

一、商标概述

（一）商标的概念

商标是一种法律用语，是生产经营者在其生产、制造、加工、拣选或者经销的商品或服务上采用的，为了区别商品或服务来源、具有显著特征的标志，一般由文字、图形或者其组合构成。经国家核准注册的商标为"注册商标"，即在商标边标明"注册"字样或"®"，注册商标受法律保护。商标注册人享有商标专用权。

《中华人民共和国商标法》（简称《商标法》）是 20 世纪 80 年代中国启动经济改革和对外

开放政策后,由全国人大常委会制定通过的第一部知识产权法律,自1983年3月1日施行后,中国开始对"商标专用权"进行法律保护。随着中国先后于1985年和1989年加入《保护工业产权巴黎公约》和《商标国际注册马德里协定》,为了与国际上通行做法相衔接,适应发展市场经济的需要,1993年2月22日全国人大常委会对《商标法》进行了第一次修正;2001年10月27日,为了进一步加强对商标专用权的保护,适应中国加入世界贸易组织进程的需要,全国人大常委会对《商标法》进行了第二次修正。2013年8月30日第十二届全国人民代表大会常务委员会第四次会议三审通过了《关于修改〈中华人民共和国商标法〉的决定》,自2014年5月1日起施行。这是继中国《商标法》在2001年第二次修订后的又一次大规模修改。中国《商标法》第三次修正案针对中国商标制度执行中所存在的主要问题,在便利中外企业注册商标和维持商标权、简化商标注册异议程序、制止恶意注册他人在先使用商标、加强商标权保护以及强化注册商标使用义务等方面,对现行《商标法》进行了全面的修改,这次法律修改使中国商标法律制度进一步完善,更加有利于保护中外企业的商标权,更加有利于建立公平有序的市场竞争秩序。

> **小知识:商标与品牌的区别**
>
> 　　品牌与商标两者既有联系,又有区别。品牌是一个集合概念,指的是一个企业存在的诸如品牌名称、品牌标志、品牌文化、品牌属性、品牌价值等一些可供人想象的概念。商标是品牌的一部分,是品牌中的标志和名称部分,它使消费者便于识别。如麦当劳,那个黄色"M"就是它的商标,而品牌就是麦当劳所带来的我们对它的所有的想象。提到麦当劳,消费者马上就想到它是做连锁快餐的世界知名企业,它代表的是整洁、低价的快餐消费等。

(二) 商标的构成要素

根据新《商标法》规定,商标是指"任何能够将自然人、法人或者其他组织的商品与他人的商品区别开的标志,包括文字、图形、字母、数字、三维标志、颜色组合和声音等,以及上述要素的组合"。由此可见,商标是由文字、图形、字母、数字、三维标志、颜色、声音七种要素构成。上述七类商标要素可以单独作为商标注册,也可以将上述这些要素中两个或两个以上要素的、相同或不相同的任意组合。

作为构成商标的三维标志,又可称为立体标志,是具有长、宽、高三种度量的立体物标志。以三维标志构成的商标标志称为立体商标,它与我们通常所见的表现在一个平面上的商标图案不同,而是以一个立体物质形态出现,这种形态可能出现在商品的外形上,也可以表现在商品的容器或其他地方。增加对立体商标的注册和保护规定是2001年修订的《商标法》所增添的新内容,这将使得中国的商标保护制度更加完善。

颜色组合单独作为商标要素也是新《商标法》中新增加的内容。独特新颖的颜色组合,不仅可以给人以美感,而且具有显著性,能起到表示产品或者来源的作用,也能起到区别生产者、经营者或者服务者的作用。作为构成商标的文字、图形、字母、数字、三维标志或其组合的颜色,在申请注册商标时若未明确提出指定颜色要求,均按黑白颜色注册,也按黑白颜色保护。明确提出指定颜色或颜色组合的,则按所指定的颜色或颜色组合注册,也按指定颜色或颜色组合保护。

2013年修改的《商标法》首次将声音作为申请要素加入了商标申请要素中。2016年2月13日,"中国国际广播电台广播节目开始曲"成为我国初审公告拟核准注册的首个声音商标。

(三) 商标的主要特征

1. 显著性

商标作为区别于他人商品或服务的标志，具有特别显著的区别功能，从而便于消费者识别。

2. 独占性

注册商标所有人对其商标具有专用权，受到法律的保护，未经商标权所有人的许可，任何人不得擅自使用与该注册商标相同或相类似的商标，否则，即构成侵犯注册商标权所有人的商标专用权，将承担相应的法律责任。

3. 竞争性

商标是商品信息的载体，是参与市场竞争的工具。生产经营者的竞争就是商品或服务质量与信誉的竞争，其表现形式就是商标知名度的竞争，商标知名度越高，其商品或服务的竞争力就越强。

4. 价值性

商标代表着商标所有人生产或经营的质量信誉和企业信誉、形象，商标所有人通过商标的创意、设计、申请注册、广告宣传及使用，使商标具有了价值，也增加了商品的附加值。如可口可乐公司的前任老板伍德拉夫曾夸下海口，即使可口可乐在全世界所有工厂一夜之间统统烧光，单凭"可口可乐"四个字，就可以东山再起。这样的海口是基于对商标价值的信心，而不是吹牛。

小资料

据 Millward Brown 年度 Brand Z 全球品牌报告，2009 年全球最具价值的商标前十名分别是：Google（谷歌）、Microsoft（微软）、Coca-Cola（可口可乐）、IBM、McDonald's（麦当劳）、Apple（苹果）、ChinaMobile（中国移动）、GE（通用电气）、Vodafone（沃达丰）、Marboro（万宝路）。Millward Brown 的报告显示，从第 1 名的 Google 到第 100 位的美国家居连锁企业 Lowes，排名前 100 位的商标价值总额为 2 万亿美元，并未受到经济衰退影响。不过，较往年而言，今年的榜单出现了较大变动，有 15 个品牌跌出榜单，其中多数为汽车品牌，例如雪弗兰、福特和大众，而金融领域则包括 AXA、AIG、美林和 Wachovia，取而代之的则是任天堂和 Pampers 等品牌。其中，Pampers 位列 31 名，任天堂则位列 32 名。

二、商标的分类

(一) 按照商标的结构分类

1. 文字商标

文字商标是指单纯用文字构成的商标，即用中文、数字、拼音、外文组成的商标。如"三九"胃泰、"555"香烟，以及"海信"电视、"郎"酒（如图 7-10 所示）等就属于文字商标。由文字组成的商标，简明易记，但形象性不如图形商标。使用文字商标时，应避免与商品的名称相同或相近，否则，就表现不出商标的特征。

2. 记号商标

记号商标是由简明的具有显著特点的记号或符号构成的商标。如圆形、方形、三角形、音符等的变形及组合。记号商标由于其视觉形象醒目，至今仍然很流行。

3. 图形商标

图形商标是指以图形构成的商标。花、木、虫、鱼、鸟、兽、名胜古迹、亭台楼阁、宇宙

海 信　　HISense

(a)　　　　　　　(b)　　　　　　　(c)

图 7-10　文字商标

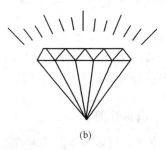

(a)　　　　　　　　　　　　(b)

图 7-11　图形商标

星象及各种图案，如图 7-11 所示，均可作为商标。如"白猫"洗衣粉的商标就属于图形商标。图形商标不受国家、地区的语言限制，但不能叫读，有时会交流困难。

4. 组合商标

组合商标是由文字、图形、记号互相组合而成的商标。其特点是图文并茂，便于认记，是商标中应用最多的一种，在现代商标设计中占有重要地位。组合商标的范例如图 7-12 所示。

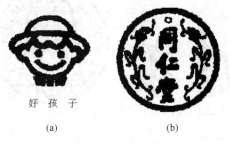

好 孩 子

(a)　　　　　　　　　　(b)

图 7-12　组合商标

(二) 按照商标用途和功能分类

1. 商品商标

商品商标是指商品的生产者或经营者为了将自己生产或经营的商品与他人生产或经营的商品区别开来，而使用的文字、图形或其组合标志。商品商标可以是具有某种含义或毫无任何意义的文字、图形或其组合。如同其他商标一样，只要不违反法律的禁用条款，不损害公共道德或他人的利益，具有商标的显著性，均可成为商品商标。

根据商标所有人所处的位置不同，可以将商品商标进一步区分为制造商标和销售商标。

(1) 制造商标　由生产厂家为自己出产的商品直接注册或使用的商品商标。大部分的商标都属于制造商标。

(2) 销售商标　自己不生产，只负责拣选、分销商品的商场注册或使用的商品商标。

2. 服务商标

服务商标又称服务标记或劳务标志，是指提供服务的经营者，为将自己提供的服务与他人提供的服务相区别而使用的标志。与商品商标一样,服务商标可以由文字、图形、字母、数字、三维标志和颜色组合,以及上述要素的组合而构成。

允许注册的服务分类。

① 广告、实业经营、实业管理及办公事务。

② 保险、金融事务、货币事务及不动产事务。

③ 房屋建筑、修理、安装服务。

④ 电信。

⑤ 运输、商品包装和贮藏、旅行安排。

⑥ 材料处理。

⑦ 教育、培训、娱乐、文体活动。

⑧ 饮食供应、临时住宿、医疗、卫生及美容服务、兽医及农业服务、法律服务、科学及工业研究、计算机编程及其他不属别类的服务。

> **小知识:"清华"商标注册**
>
> 经清华大学申请,国家工商行政管理总局商标局审查、核准并向社会公告,毛体"清华"和"清华钟型图案"已注册为服务商标。毛体"清华"和"清华钟型图案"注册的服务商标,在教育服务类和科研服务类,其核定服务项目包括:学校(教育)、教学、函授教程、教育信息、培训、组织和安排学术讨论会、收费图书馆、化学研究、物理学、印刷业、工业品外观设计、建筑学、翻译。清华大学作为商标注册人,受《中华人民共和国商标法》保护,依法享有注册商标的专用权,禁止他人擅自使用清华大学注册的商标。
>
>

(三)根据商标的使用目的分类

1. 联合商标

联合商标是指某一个商标所有者,在相同的商品上注册几个近似的商标,或在同一类别的不同商品上注册几个相同或近似的商标,这些相互近似的商标称为联合商标。这些商标中首先注册的或者主要使用的为主商标,其余的则为联合商标。如"娃哈哈"商标所有人将"哈娃哈""哈哈娃"等多个与"娃哈哈"相似的商标均在其生产的食品上给予注册,其目的就是防止有人注册此类商标对"娃哈哈"的品牌形象造成冲击。

2. 防御商标

防御商标是指同一商标所有人将其著名商标在各种不同类别商品上分别予以注册,以防被别人在这些商品上注册该商标。由于这种商标具有防御作用,故称为防御商标。按照国际惯例,防御商标一般较难注册;但一经注册,则不因其闲置不用而被国家商标主管机关撤销。

3. 证明商标

证明商标是指由对某种商品或者服务具有监督能力的组织所控制,由该组织以外的单位或者个人使用于其商品或者服务，用以证明该商品或者服务的原产地、原料、制造方法、质量或者其他特定品质的标志。如绿色食品标志、真皮标志、纯羊毛标志、电工标志等。

证明商标不表明产品的来源，而只表明产品具有某些特定品质。如获得真皮标志的产品具有三个特点：制品主要材料必须用天然皮革或天然毛皮制作；制品必须是中、高档产品，其质量不仅达到国家标准、行业标准，还要达到真皮标志规定的技术标准；生产企业必须具备良好的售后服务体系。

4. 集体商标

由几个不同的所有人共同占有的某一个商标，叫做集体商标。在有些国家，也可能由一些企业的联合会作为代表去注册，有时由领导这些企业的政府机关代行注册。集体商标的作用是向用户表明使用该商标的企业具有共同的特点。一个使用着集体商标的企业，有权同时使用自己独占的其他商标。集体商标一般不许可转让。

（四）根据商标的市场信誉程度分类

1. 普通商标

普通商标是指在正常情况下使用未受到特别法律保护的绝大多数商标。是与驰名商标相对应的一种商标。

普通商标与证明商标的区别如下。

① 普通商标的基本功能在于标示一定商品或服务来源于某个特定的企业，而证明商标则在于证明使用该商标的商品或服务具有特定的品质、符合一定的条件或满足了一定的要求。

② 普通商标，注册人既可以自己使用，也可以许可他人使用。而证明商标，注册人只能允许符合其规定条件的人在他们提供的商品或服务上使用，自己并不能使用，而且证明商标的注册申请人通常不能是个人。证明商标的一个重要特点是注册人与使用人分离。

2. 驰名商标

驰名商标是指那些在市场上享有较高声誉、为相关公众所熟知，并且有较强竞争力的商标。

驰名商标的认定与管理工作由国家工商行政局商标局负责。只有经过商标局依法认定的商标，才可称为驰名商标。任何组织和个人不得认定或者采取其他变相方式认定驰名商标。我国《商标法》规定，商标局、商标评审委员会根据当事人的请求，在查明事实的基础上，可以认定其商标是否构成驰名商标。我国《商标法》第十四条和《驰名商标认定和保护规定》第三条规定了认定驰名商标应考虑以下 5 方面的因素。

① 相关公众对该商标知晓的程度。

② 该商标使用的持续时间，包括商标使用、注册的历史和范围。

③ 该商标的任何宣传工作的持续时间、程度和地理范围，包括广告宣传和促销活动方式、地域范围、宣传媒体的种类以及广告投放量等。

④ 该商标作为驰名商标受保护的记录，包括该商标曾在中国或者其他国家和地区作为驰名商标受保护的情况。

⑤ 该商标驰名的其他因素，包括使用该商标的主要商品近 3 年的产量、销售量、销售收入、利税、销售区域等。

根据我国《商标法》和相关法规的规定，驰名商标除依法享有商标注册所产生的商标专用权外，还有权禁止其他人在一定范围的非类似商品上注册或使用其驰名商标。在驰名商标具有较强显著性和较高知名度的情况下，还有权禁止其他人将其作为企业名称的一部分使用。

> **小知识：驰名商标与名牌的区别**
>
> 驰名商标和名牌是不同领域的两个不同概念。具体地讲，驰名商标通常是指市场上享有较高声誉的商标，是个法律的概念，它的产生经过严格的法律程序，由司法机关或行政管理部门依法认定的，其目的在于解决商标权利冲突，保护驰名商标人的合法权益。而名牌则是一般公众对那些在市场上具有较高声誉的商标的俗称，它是经过民间团体或有关行业管理部门的评定产生的，它的目的是授予企业的一种荣誉，而不具备任何的法律地位，也不被其他国家的商标主管机关和司法机关认可。

三、商标的注册

根据我国《商标法》第四条的规定，自然人、法人或者其他组织在生产经营活动中，对其商品或者服务需要取得商标专用权的，应当向商标局申请商标注册。根据我国《商标法》第三十九条、第四十条规定，注册商标的有效期为十年，自核准注册之日起计算。注册商标有效期满，需要继续使用的，商标注册人应当在期满前十二个月内按照规定办理续展手续；在此期间未能办理的，可以给予六个月的宽展期。每次续展注册的有效期为十年，自该商标上一届有效期满次日起计算。期满未办理续展手续的，注销其注册商标。商标局应当对续展注册的商标予以公告。

（一）商标注册程序

1. 注册准备

注册人选择注册方式：一种是自己到国家工商行政管理总局商标局申请注册；另一种是委托一家经验丰富的商标代理组织代理服务。在注册前，注册人最好先找一家比较权威的查询公司，因为自己的商标有可能和其他注册人的相同或相近，所以注册前的查询可以大大减少商标注册的风险，提高商标注册的把握性。

2. 准备资料

准备商标图样10张（指定颜色的彩色商标，应交着色图样10张，黑白墨稿1张），长和宽不大于10厘米，不小于5厘米，商标图样方向不清的，应用箭头标明上下方；如果是个人提出申请，需出示身份证并递交复印件另加个体营业执照复印件并且经营范围与注册的商标一致；若是企业申请，则出示企业《营业执照》副本并递交复印件；盖有单位公章的商标注册申请书。

3. 提交申请

目前，商品和服务项目共分为45类，其中商品34类，服务项目11类。申请注册时，应按商品与服务分类表的分类确定使用商标的商品或服务类别；同一申请人在不同类别的商品上使用同一商标的，应按不同类别提出注册申请。

由于我国商标注册采用申请在先原则，一旦企业间发生商标权的纠纷，申请日在先的企业将受法律保护。所以，确立申请日十分重要，申请日以商标局收到申请书的日期为准。

4. 审查核准

一般要经过商标审查、初审公告、注册公告三个程序。需要强调的是，经过商标局初审通过的商标，要在刊登公告三个月后无人提出异议才可以注册完成，该商标即受法律保护。

5. 领取商标注册证

商标完成注册后，商标局向注册人颁发证书。

（二）商标设计注意事项

商标的设计既要符合《商标法》的要求，又要注意充分发挥商标的作用。

1.商标设计必须具有显著的特征

商标使用的文字、图形或其组合,应当有显著特征,便于识别。显著特征是指商标的构成要素、形式内容新颖独特,使人能识别出是谁的商品,并能给人留有深刻印象。商标应具有与众不同的醒目特征,切忌与他人注册的商标相同或近似。在同一种商品或类似商品中,与他人商标雷同的申请将不被批准注册。

2.商标设计必须符合法律规定

我国《商标法》规定,下列标志不得作为商标使用。

① 同中华人民共和国的国家名称、国旗、国徽、军旗、勋章相同或者近似的,以及同中央国家机关所在地特定地点的名称或者标志性建筑物的名称、图形相同的。

② 同外国的国家名称、国旗、国徽、军旗相同或者近似的,但该国政府同意的除外。

③ 同政府间国际组织的名称、旗帜、徽记相同或者近似的,但经该组织同意或者不易误导公众的除外。

④ 与表明实施控制、予以保证的官方标志、检验印记相同或者近似的,但经授权的除外。

⑤ 同"红十字""红新月"的名称、标志相同或者近似的。

⑥ 带有民族歧视性的。

⑦ 夸大宣传并带有欺骗性的。

⑧ 有害于社会主义道德风尚或者有其他不良影响的。

《商标法》同时规定,县级以上行政区划的地名或者公众知晓的外国地名不得作为商标使用。但是,地名具有其他含义或者作为集体商标、证明商标组成部分的除外;已经注册的使用地名的商标继续有效。

《商标法》还规定,下列标志虽具有显著特征并便于识别的,也不得作为商标使用。

① 仅有本商品的通用名称、图形、型号的。

② 仅仅直接表示商品的质量、主要原料、功能、用途、重量、数量及其他特点的。

3.商标设计应具有审美性

商标名称选择和图案设计要符合消费者审美心理的要求,达到形象性、艺术性、新颖性、时代性、民族性、象征性高度统一。商标的造型艺术要使消费者一眼难忘,留下深刻印象。商标的构图和寓意要充分运用形式美的法则增强艺术感染力。

复习思考题

一、填空题

1.商品包装具有两个基本属性:一是商品包装的_____;二是商品包装的_____。

2.商品包装在商品从生产领域转入流通和消费领域的整个过程中起着非常重要的作用,其基本功能有:_____、_____、_____和促销功能。

3.商品包装按包装的目的可分为_____和_____两类。

4.在包装过程中应遵循"3R"原则,即_____、_____和再循环原则。

5.集装箱应具有_____或以上的容积。

6.国际标准集装箱共有三个系列,十三种规格。在国际海上集装箱运输中采用最多的是_____和_____两种。

7.商品包装标志是一种包装辅助物,一般可分为_____和运输包装标志。运输包装标志又分为_____、_____、危险货物包装标志、国际海运标志四大类。

8.我国《商标法》规定,商标是由文字、图形、字母、_____、_____、_____六种要素构成。

9.按照商品用途和功能,商标可分为商品商标和_____,根据商标所有人所处的位置不同,可以将商品商标进一步区分为_____和_____。

10. 根据我国《商标法》规定，注册商标的有效期为_____年，自核准之日起计算。

二、选择题
1. 下列关于商品包装的说法不正确的是（　　）。
A. 商品包装是商品生产重要组成部分，是商品生产全过程的最后一道工序
B. 商品和商品包装是共同联系在一起的、相互依存的统一体
C. 商品包装是指对商品的包裹捆扎物的总称
D. 商品包装表现了商品的价值性，不能表现商品的使用价值
2. 科学的包装能有效地保护商品的外观形态和内在品质，防止或延缓商品发生物理、机械、化学、生理等变化，这体现了包装的（　　）。
A. 容纳功能　　　　B. 保护功能　　　　C. 便利功能　　　　D. 促销功能
3. 市场上许多儿童食品的包装都可以作为玩具来使用，这体现了包装设计的（　　）。
A. 再循环原则　　　B. 再利用原则　　　C. 减量原则　　　　D. 美化原则
4. 下列包装材料中容易对环境造成污染的是（　　）。
A. 纸　　　　　　　B. 塑料　　　　　　C. 玻璃　　　　　　D. 木材
5. 下列材料中不能制成复合包装材料的是（　　）。
A. 塑料与纸　　　　B. 纤维织物与铝箔　C. 纸与铝箔　　　　D. 塑料与铝箔
6. 缓冲包装适宜包装的商品有（　　）。
A. 化妆品　　　　　B. 家用电器　　　　C. 纺织品　　　　　D. 生鲜食品
7. 目前各国为使集装箱箱数计算统一化，把（　　）集装箱作为一个计算单位，简称TEU。
A. 10英尺　　　　　B. 20英尺　　　　　C. 30英尺　　　　　D. 40英尺
8. 下列标志中，不属于运输包装标志的是（　　）。
A. 收发货标志　　　B. 指示标志　　　　C. 危险货物标志　　D. 性能指示标志
9. "绿色食品"标志属于哪一类商标（　　）。
A. 商品商标　　　　B. 销售商标　　　　C. 服务商标　　　　D. 证明商标
10. 根据《商标法》规定，（　　）以上行政区划的地名不能作为商标注册。
A. 省级　　　　　　B. 市级　　　　　　C. 县级　　　　　　D. 乡级

三、问答题
1. 什么是商品包装？商品包装有哪些基本功能？
2. 简述常用的商品包装材料及其特点。
3. 简述常用的商品包装技术。
4. 销售包装标志有哪些？
5. 运输包装标志有哪些？
6. 什么是商标？商标是怎样分类的？
7. 简述商标的设计原则。

案 例 分 析

总部坐落在有着"中国鞋都"之称的福建省晋江市的乔丹体育公司，其前身为成立于1984年的福建省晋江市陈埭溪边日用品二厂，由丁老岁、丁国雄父子注资13.6万元设立，挂靠村委会，属于集体所有制企业。据了解，丁国雄本人自20世纪80年代初开始在北京开设个体店铺经销运动鞋，截至1995年年底，其在北京共开设十多家零售及批发店铺。2000年，公司正式更名为"乔丹体育"。2001年，该公司向国家商标局成功注册了"QIAODAN""小乔丹XIAOQIAODAN""乔丹王"等商标，中文"乔丹"及图形商标分别于2005年及2009年被国家工商总局认定为"中国驰名商标"。2009年12月，公司整体变更为股份有限公司。2013年1月，两届大满贯得主、俄罗斯网球巨星库兹涅佐娃签约其公司旗下代言。在国际分类第25类、第28类等商品或者服务上拥有"乔丹"、"QIAODAN"、乔丹照片剪影等注册商

标的公司的代言人却不是乔丹,也未经乔丹任何授权,乔丹体育公司打了一个名副其实的"擦边球"。一开始许多不明真相的消费者确实被误导,根本没想到其是山寨"乔丹"。在乔丹体育公司"借"名做大后,该公司也有意无意地用"民族品牌"这样的广告语与飞人乔丹授权的正品、耐克旗下的品牌"乔丹牌(Air Jordan)"加以区分。

经过几十年的经营,乔丹体育公司越做越大越来越红火,逐步成为中国领先的具有较高知名度的体育用品品牌企业、福建省百强企业和福建省纳税前三十强企业,在运动服装、运动鞋、运动书包等产品方面已经具有了很高的市场影响力。公司实现年销售收入近40亿元,净利润超6亿元,在全国各地开设的品牌专卖店超过6000家,相关从业人员8万余人。

然而,人怕出名猪怕壮,也许乔丹体育公司初期可以悄悄利用乔丹打品牌,等它真正成为品牌了,不可避免引起了"飞人"迈克尔·乔丹的注意。"在我作为职业篮球运动员和从事商业活动的过程中,我为建立个人形象及品牌付出了巨大的努力,并为以我的名字和形象为标志的运动鞋和运动服品牌而深感自豪。当我了解到有其他企业未经我许可便利用我的中文名字、球衣号码23号甚至试图利用我孩子的名字开展商业活动,我感到非常失望。我采取这一行动的目的是保护我所拥有的姓名权及品牌。"迈克尔·乔丹说道。

2012年10月,迈克尔·乔丹向国家工商行政管理总局商标评审委员会(以下简称商评委)提出争议申请,认为乔丹体育注册上述商标的行为违反《反不正当竞争法》中所指的诚实信用原则,这些商标的使用会造成公众对产品来源的误认,扰乱正常的市场秩序,并以此申请商评委撤销对上述商标的注册。2014年4月,商评委做出裁定"争议商标予以维持",认为乔丹的申请撤销理由不成立。随后,迈克尔·乔丹向北京市第一中级人民法院提起诉讼。在一审驳回了飞人的诉讼请求后,乔丹上诉至北京市高级人民法院。2015年6月,北京市高级人民法院二审维持原判,驳回了迈克尔·乔丹撤销乔丹体育争议商标注册的上诉请求,保持乔丹体育争议商标的注册。败诉后,迈克尔·乔丹向最高人民法院申请再审。2016年12月8日上午,最高人民法院公开宣判,认为乔丹体育股份有限公司对争议商标"乔丹"的注册损害迈克尔·乔丹姓名权在先,违反商标法,判令商评委重新裁定。法院同时认定,乔丹体育注册的拼音商标"QIAODAN"及"qiaodan"未损害乔丹姓名权。如今,随着最高人民法院的公开宣判,这场持续4年的商标权之争终于画上一个句号。

思考题:
1. 从本案例看,商标注册对企业自身有何意义和影响?
2. 查阅相关资料,了解国家对于商标权的保护规制,你如何看待法院的最终判决结果?

实 践 训 练

要求学生在日常生活中收集一些销售包装,仔细观察后,请学生完成以下实训项目:
1. 说明该包装物所使用的包装材料、所采用的包装方法及其优缺点。
2. 指出该包装物有哪些标志?
3. 指出该包装物上的商标及其所属的类型。

第八章 商品养护

【学习目标】
① 了解商品储运过程中商品质量变化的类型。
② 了解影响商品质量变化的因素。
③ 掌握保护储运商品质量的常用技术方法。
④ 理解空气温、湿度的基本知识。
⑤ 掌握仓库温、湿度的控制与调节的主要措施。

第一节 商品的质量变化

商品在储运过程中，由于商品本身的性能特点，以及受各种外界因素的影响，可能发生各种各样的质量变化。防止、减缓商品的质量变化是商品流通企业必须做好的一项重要工作。研究储运过程中商品的质量变化，了解商品质量变化的规律及影响质量变化的因素，对于确保商品安全，防止、减少商品损耗或损失有十分重要的作用。

一、商品质量变化的类型

商品在储运过程中的质量变化归纳起来有物理机械变化、化学变化、生物学变化及生理生化变化四种类型。

（一）物理机械变化

商品的物理机械变化，是指仅改变商品本身的外部形态，不改变商品性质的变化。商品在储运过程中，由于各种因素的作用，会发生各种形式的物理变化与机械损伤。常见的有以下几种形式。

1. 挥发

挥发是某些液体商品和经液化的气体商品在常温下汽化、蒸发的现象。气体挥发到空气中便无法回收，因此挥发使商品的数量减少。有些时候，挥发不仅使商品数量减少，而且会使商品品质降低，有些挥发的气体还会影响人体健康，如乙醚、甲醛等，严重的甚至会引发爆炸和火灾事故。一般来说，商品的挥发速度取决于环境温度、空气流速、与空气的接触面积以及商品本身的沸点。容易挥发的商品应该采用密封性好的包装容器，并在温度较低的环境中储存。

容易挥发的液体商品有：松节油、香水、花露水、高度酒、油墨等。容易挥发的液化气体商品有：液氨、液氮、液态二氧化碳等。

2. 溶化

溶化是某些具有较强吸湿性和水溶性的固体商品，吸收空气中的水分并发生溶解的现象。晶体、粉末和膏状的固体商品比较容易发生溶化现象，这些商品溶化后形成水溶液，商品的固体重量减少。影响商品溶化程度的因素主要有环境温度和相对湿度、商品与空气的接触面积、商品的吸湿性和水溶性等。容易溶化的商品在储存中应采用防潮包装并防止包装受损，保持储存环境干燥凉爽，避免与含水量大的商品混放。

化工产品中的明矾、氯化镁、氯化钙、硫代硫酸钠、硝酸锰等以及一些医药制剂都比较容易溶解。

3.熔化

熔化是某些固体商品在常温下发软变形甚至熔融为液体的现象。常温下为固态的商品熔为液体会造成商品流失,导致商品数量减少,或使商品与包装粘连引起商品质量下降,甚至可能污染其他商品。影响商品熔化的因素主要是环境温度的高低和商品本身的熔点高低。因此本身熔点较低的商品在储存中应保持温度较低的环境,包装应密封、隔热、防止日晒。

日用商品中的化妆品、蜡制品、食糖等,医药商品中的油膏类、胶囊类药品,化工商品中的松香、石蜡等商品在常温下都比较容易熔化。

4.干缩

干缩是商品失去大量水分而产生体积缩小、表面脆裂的现象。许多商品都含有水分,若储存不当,商品中的水分会流失,流失的水分太多,商品就会缩小导致重量减少,并且经常伴随着商品品质的下降,甚至失去使用价值。导致商品发生干缩现象的主要原因是储存环境的空气湿度太低。因此在储存过程中为防止商品发生干缩现象应严格控制环境的相对湿度,降低空气流动速度并防止日晒,使商品的含水量保持在合理的范围内。许多商品都必须保持合理的含水量,如食品中的水果、蔬菜、糕点等,干缩后商品不但数量减少而且品质下降;还有日用品中的纸张、皮革制品、木制品等,若含水量过低甚至会成为废品。

5.渗漏、散落

渗漏是指液体商品发生外漏的现象。导致商品渗漏的原因可能是商品本身包装容器不严、包装质量不合格,或液体受热、结冰膨胀致使包装破裂等。液体商品发生渗漏会直接导致商品数量的减少。

散落是指固体类商品脱落散开的现象。导致商品散落的原因则可能是商品包装不严、包装强度太低,或商品受到外力撞击、抛掷导致散开等。固体商品散落后可能会损坏商品,导致商品丧失使用价值,而某些粉末状、颗粒状的固体商品散落后则导致数量减少。

6.黏结

黏结是指黏稠状液体商品因粘连在容器或包装上无法取出而造成的一种减量现象,如桶装黄油、水玻璃、建筑用胶、化妆品等。这种由于粘连而造成的商品数量减少通常很难避免,因此这种损耗属于正常损耗。但应注意这些商品容器或包装不能随意丢弃,以免污染环境。如桶装的各种油漆、建筑用胶等,应集中回收处理。

7.机械损伤

商品在搬运、装卸和堆码时,往往受到外力的碰撞、摩擦和挤压等机械作用而发生形态的变化,叫机械损伤。商品机械损伤形式,主要有破碎、散落、变形等。例如,玻璃、陶瓷制品等在受到碰、撞、挤、压和抛掷时会破碎;搪瓷制品会掉瓷;铝制品会变形或压瘪;皮革制品受压变形后,影响美观。有的商品由于包装不严,易造成脱落散开等。商品的机械损伤,有时会造成数量损失,有时会使品质发生变化,有时甚至完全失去使用价值。所以上述商品在储运过程中应轻拿轻放,避免高温、暴晒、撞击、湿度过大、重压,并保持包装完整。

(二)化学变化

商品的化学变化是指商品在储运过程中,由于外界环境因素的作用发生的化学反应,结果造成商品质量劣变,甚至完全丧失使用价值的现象。常见的有以下几种形式。

1.氧化

氧化是物质跟氧化合,形成氧化物的过程。商品在储存过程中会与空气中的氧或其他氧化性物质作用,商品就被氧化了。被氧化的商品质量会降低,比如金属生锈。商品氧化不仅使商品质量降低,还会因氧化产生热量,商品在储存中大量的热量聚集,很可能导致商品自燃甚至爆炸。氧化的条件主要为充足的氧、较高的温度及光照。因此在储存易氧化的商品时应选择低温避光的条件，避免与氧接触，为防止自燃和爆炸还应注意通风散热。

容易氧化的商品种类很多，如油脂及油脂类制品（包括含有油脂的食品）、纤维制品及纺织品、金属及金属制品、塑料及橡胶制品以及某些还原性化工商品等。

2. 分解

分解是指一种化合物由于化学反应而分成两种或多种较简单的化合物或单质的现象。在特定的条件下，某些化学性质不稳定的商品会发生分解反应。这些特定的条件包括光照、高温等。分解反应通常会降低商品的使用价值，即发生质量劣变，甚至会使商品完全失效。例如，用作杀菌剂的双氧水在常温下会缓慢分解，在高温下则会迅速分解，分解的最终产物是氧气和水，从而使商品失去使用价值。因此对于容易发生分解反应的商品在储存时要注意避光，降低环境温度。

3. 水解

水解是指化合物与水作用而分解，这是一种复分解反应。在酸性或碱性的条件下，有些商品更容易发生水解反应，因此为了防止商品发生水解，在储存时除了要防止接触水分，还应特别注意不要与酸性或碱性的商品混放。

4. 老化

老化是指橡胶、塑料等高分子化合物在光照、热、空气中的氧以及机械力的作用下，变得黏软或硬脆的现象。老化使得高分子化合物的大分子链发生断裂，形成性质活泼、容易反应的基团（游离基），它们进一步与大分子链发生一系列速度很快的氧化反应（连锁反应），使高分子化合物发生降解或交联，出现不同的老化变质特征。老化使商品失去原有的优良性能，甚至失去使用价值。塑料、橡胶、合成纤维制品等商品在储存中若出现变软、发黏、变僵、变脆、失去弹性或发生龟裂等现象，则说明这些商品产生了老化。储存易老化的商品时要注意避免日光照射和高温，尤其是防止暴晒，同时还要避免重压。

5. 腐蚀

腐蚀主要是指金属的腐蚀。在潮湿的空气中，金属制品通过表面吸附、毛细管凝聚，在金属表面形成水膜，水膜溶解金属表面的黏附物和空气中的二氧化碳、二氧化硫等可溶性气体，形成弱酸性的盐溶液，成为具有导电作用的电解液。金属制品表面形成这种电解液后，电极电位低的金属成为负极，电极电位高的杂质或其他金属成为正极，形成原电池进而发生电化学反应，反应中金属离子不断进入电解液而被逐渐溶解，在金属表面形成不规则的溃疡式斑点、凹洞，并不断向里深入，产生金属氧化物或氢氧化物附于金属表面，最终破坏金属制品的质量。因此，金属制品的储存应注意保持干燥、避免温差过大而使金属表面凝结水珠，或使金属表面与空气隔绝，从而防止金属被腐蚀。而在干燥的空气中金属也会与空气中的氧产生反应，在金属的表面形成一层氧化膜，但这层很薄的氧化膜只会影响金属的光泽，使金属表面变暗，对金属制品的质量并无明显的影响，甚至有些金属的氧化膜还能对金属制品起到保护作用。

6. 燃烧和爆炸

一般把能发光发热的剧烈的化学变化过程叫做燃烧，爆炸则是指物质自一种状态迅速地转变成另一种状态，并在瞬息间以机械功的形式放出大量能量的现象。

燃烧需要有可燃物质、助燃物质和一定的温度，三者缺一不可。多数可燃物质都是由碳、氢、氧所组成；助燃物质属于氧化剂，一般指空气中的氧；各种可燃物质的着火点和燃烧时释放的热能不同，因此，可燃物质的燃烧需要维持一定的温度，才能保证燃烧的完全性。

燃烧的形式按其特征分为4种，即闪燃、着火燃烧、外热自燃和本身自燃。空气和易燃气体的蒸气混合物遇火时所发生的短暂而迅速的燃烧过程，叫闪燃；可燃物质由于明火或燃烧体的作用而不断蒸发气体，当着火后，其燃烧放出的热量足够使可燃物质不但分解而继续燃烧，直至烧完为止，叫做着火燃烧；由于可燃物质受到外热的影响，不断地升温，所发生的燃烧，叫做外热自燃；靠其自身在一定条件下进行的物理、化学、生物的变化反应所生成的热量，超过散失热量时，达到其自燃点而发生的燃烧，叫做本身自燃。

爆炸的形式可分为物理性爆炸、化学性爆炸和核爆炸三类。物理性爆炸是由物理变化所引起的，化学性爆炸是由化学变化所引起的，核爆炸是原子核反应所引起的。

从化学反应的原理讲，燃烧与爆炸的化学反应原理是相似的，主要是氧化还原反应，放出热量，产生气体。其主要区别在于反应速率，燃烧的反应速率缓慢，其传播的方式主要是热传导，并且一般用于燃烧的燃料在氧化时所需的氧是由外界提供的。爆炸是极迅速的反应，用做爆炸的爆炸物其本身就含有化学反应所需的全部氧和部分氧，不需外界供给。在仓储商品中，有磷类、汽油、苯、油漆、金属钠等易燃物品，有黑火药、雷管、导火索、爆竹等易爆物品。

7. 聚合

聚合是指某些化合物中的化学键在外界条件影响下发生聚合反应，成为聚合体而变性的现象。例如，福尔马林变性，桐油表面结块都是聚合反应的结果。

(三) 生物学变化

储运商品的生物学变化是指有生命活动的有机商品，受到其他生物的作用而发生的化学变化。生物学变化形式有霉变、腐败、发酵、虫蛀、鼠咬等。

1. 霉变

霉变是由于霉菌在商品上生长繁殖而导致商品变质的现象。商品霉变实质是霉菌在商品上吸取营养物质与排泄物的结果。空气中含有大量肉眼看不见的霉菌孢子，随时会落到商品表面，霉菌不含叶绿素，不能像植物一样通过光合作用产生养料，只能寄生于含营养的物质上，一旦商品具有它们所需的营养物质而且温度和湿度又合适，就会长成菌丝。霉菌在吸收营养时要分解商品的原有成分，商品组织结构必然被破坏，由此导致商品内在质量受到不同程度的破坏。霉菌生长所需的营养物质主要有含碳物质、含氮物质、水分和无机盐等。含有这些营养物质的商品种类很多，如食品、纺织品、纸张、皮革制品等，因此这些商品很容易发霉。

2. 腐败

腐败是指腐败细菌分解蛋白质而发生的分解反应。腐败细菌依靠自身分泌的蛋白酶，先把蛋白质分解成氨基酸，除吸收一部分外，其余的被进一步分解成多种有酸臭味和有毒素的低分子化合物，并同时分解出硫化氢、氨等有臭味的气体。富含蛋白质的食品是比较容易腐败的商品，如绝大多数的动物性食品和植物性食品中的豆制品等。

引起商品霉变和腐败的微生物统称为霉腐微生物。这些微生物的生长繁殖除了与商品本身所含的营养物质有关以外，还与环境因素有关。大部分霉腐微生物属于中温型，最适宜的生长温度是 25~37℃，温度低于 10℃ 或高于 45℃ 则难以生长。霉腐微生物大多属于湿生型，它们生长所需要的最低相对湿度一般为 80%~90%。霉腐微生物属于好氧性微生物，其细胞的呼吸作用必须在有氧的条件下进行。另外，霉腐微生物还不耐日光暴晒。因此在储存商品时可以采取低温或将湿度控制在 65% 以下或造成低氧环境等手段，防止商品发生霉变、腐败。

3. 发酵

发酵是某些酵母和细菌作用于糖类和蛋白质而发生的分解反应。严格控制的发酵并不会对食品产生破坏，甚至是生产某些特殊风味食品的主要手段，如酸奶、乳酪、酱油、醋等，因此发酵被广泛地应用于食品工业。但是若发酵是在空气中自然地发生，则会使食品出现不良气味，失去原有品质，甚至还会产生有害物质。酵母和细菌的生长与温度有关，因此在储存食品时除注意密封以外，还可以保持低温以防止发酵。

4. 虫蛀、鼠咬

储存的商品经常遭受仓库害虫的蛀蚀和老鼠的啃咬，这会造成商品及其包装的损坏，甚至完全丧失使用价值。仓库害虫一般耐热、耐寒、耐干、耐饥，能适应恶劣的环境，繁殖力强，食性广而杂，还具有一定的抗药性。仓库的老鼠多在夜间活动，食性杂，具有咬啮特性，反应灵敏，繁殖力也较强。由于储存的商品中很多都富含蛋白质、淀粉、脂肪、纤维素等害虫、老鼠都喜欢食用的成分，因而极易遭受虫蛀、鼠咬。

（四）生理生化变化

生理生化变化是指有生命活动的有机体在生长发育中为维持它们的生命所进行的一系列生理变化。其表现形式主要有动植物食品商品的呼吸作用、后熟作用、发芽、抽薹、僵直、成熟和自溶等。（具体内容见第三章）

二、影响商品质量变化的因素

影响商品质量变化的因素主要有商品本身的自然属性和储存环境两个方面。商品本身的自然属性是商品储存过程中质变的内因，它包括商品的化学成分、结构、性质等，这些质变因素决定商品具有某种变化的可能。商品所处的外部环境是商品储存过程中质变的外因，包括温湿度、微生物、卫生情况等，它们通过内因起作用。在商品养护过程中，商品的自然属性不可能改变，只能通过控制商品所处的外部环境来控制商品的各种变化。

（一）商品自身的自然属性

1. 商品的化学成分

在通常情况下，大多数有机物商品容易发生变化，不易保管。而无机物商品性质比较稳定，较易保管。

日常使用的生活用品，大多是由几种成分或几种材料组成的混合物商品，而真正属于单一成分的商品比较少。如洗涤用品、家用电器、塑料制品等都是由几种成分或材料组成的，对这些商品应根据其混合物的成分，采取适当的养护措施，以保证商品的使用价值。

2. 商品的结构

商品的结构不同，性质也有差异，在商品养护上也就有不同的要求。

3. 商品的性质

商品的化学性质、物理性质、机械性质、生物学性质等也是影响商品质量变化的重要因素。

（二）商品的储存环境

商品的质量变化，虽然主要取决于商品本身的自然属性，但与外界储存环境如氧气、温度、湿度、阳光、仓虫、微生物也有密切关系，不能忽视。

1. 空气中的氧气

氧气约占空气体积的三分之一，化学性质非常活泼，在一定条件下能和许多商品发生作用，引起氧化，如锈蚀、酸败、燃烧、爆炸等。此外，空气中的有害气体如氨气、二氧化硫等，在潮湿空气中会产生氨水和亚硫酸，对一些商品如金属、纺织品等有一定的腐蚀作用。

2. 空气温度

空气温度主要从两个方面影响商品的质量变化，一是气温的高低影响着商品质量变化的速度，即一般商品在气温降低时，质量比较稳定，气温升高时，商品容易变质；二是温差变化大时某些商品容易引起干缩、结块、熔化等。

3. 空气湿度

空气湿度的变化对商品质量影响很大。湿度适宜，可保持商品的正常含水量，也可以维持商品的形态、重量等的正常状态。湿度增大或减小，可使商品潮解、膨胀、溶化或导致萎缩、干瘪、脆裂等。另外，空气湿度的增加，也会给附着在商品上的微生物繁殖提供条件。

4.阳光

阳光对商品养护有利也有弊。阳光中的紫外线能杀死微生物，可防止商品霉变，阳光又能蒸发商品中的水分，可能延长某些商品的保存期；而有些商品被阳光照射会发生质量下降现象，如橡胶和塑料制品在阳光直接照射下会加速老化，油脂会加快酸败，纸张会泛黄、变脆等。

5.微生物

微生物遍布于自然界中，在适宜的环境下能够快速繁殖，微生物可以分解利用商品的有机物质，如糖类、蛋白质、纤维素等，从而使商品发生腐败、霉变、发酵等现象，导致商品变质。

6.卫生条件

环境的卫生状况差、有异味的包装材料以及仓虫、老鼠等，对商品质量危害也很大，必须认真对待。

三、商品的质量管理

（一）储存商品的质量管理

商品在储存过程中可能会发生各种质量变化，其根本原因在于商品本身的组成成分和性质。但商品质量的变化只有通过仓库内外一定的环境因素作用才能发生。所以，在商品质量的养护和管理工作中，必须贯彻"预防为主"的养护方针，采取有效的综合措施，把能够影响商品质量的外界因素，尽可能地排除或控制在影响最小的程度。对已经出现质量劣变的商品，尽早发现，及时补救。因此，为保证商品质量，防止商品损失和损耗，在商品库房储存的质量管理中，应注意做好以下几个基本环节的管理工作。

1.严格入库验收

商品入库验收，主要包括数量验收、包装验收和商品质量验收三个方面。必须严格认真、一丝不苟，以保证入库商品数量准确，质量完好，包装符合要求。商品入库验收的基本程序为：一是先看大数，后看包装，见异拆验；二是核对单、货；三是检验商品质量，发现问题及时妥善处理。

2.选择适当场所

商品储存场所主要包括货场、货棚和库房。选择适当的储存场所是商品安全储存的基础。在选择商品储存场所中，要根据商品的性能和保管要求，安排适宜的存放地点。对怕潮易霉、易潮解和易生锈的商品，应存放在干燥通风的库房里；怕热和易挥发的商品，应存放在温度较低的阴凉处；鲜活易腐商品，应存放在低温库内；各种危险品应专库存放，符合防毒、防爆、防燃、防蚀的要求。同时要做到分区分类，科学存放，即品种分开，干湿分开，新陈分开，好次分开，尤其对性质相抵和消防方法不同的商品，不可同库混放，以免互相影响，发生事故。

3.科学堆码

商品堆码是指商品的堆放形式和方法。堆码应当符合安全、方便、多储的原则。堆码形式要根据商品的种类、性能、数量、储存季节等条件决定。不同的商品，堆码方法也应有所不同。例如，对含水量高、易霉变，又需要通风的商品，在雨季应堆码通风垛，对小五金、小百货、交电零件等可在货架上堆码，对易弯曲变形的商品，应堆成平直交叉式实心垛等。

4.做好商品在库检查

对在库储存的商品管理，要建立健全定期和不定期、定点和不定点、重点和一般相结合的检查制度。检查方法以感观检查为主，充分利用检测设备，必要时要进行理化检验，对检查中发现的问题，应立即分析原因，采取相应的补救措施，以保证商品的安全。

在库存检查工作中，除检查商品外，还应检查库内各种仪器设备运转情况，确保设备处于良好状态。同时还要认真检查仓库的清洁卫生和消防设备，并做好防虫、防火（防燃爆）、防霉、防生理生化变化、防老化等预防措施。

5. 加强温湿度管理

商品储存期间，在各种外界影响因素中，以空气的温湿度的影响最主要。所以，必须根据商品的特性、质量变化规律及本地区气候情况与库内温湿度的关系，加强库内温湿度的管理，采取切实可行的措施，创造商品储存适宜的温湿度条件。

6. 加强环境卫生管理

储存环境不卫生，会引起微生物、害虫、老鼠的滋生和繁殖，还会使商品被灰尘、油污、垃圾玷污，进而影响商品质量。因此，应经常清扫库房，保持库内外良好的卫生环境，并在必要时采用药剂消毒杀菌、杀虫灭鼠，以保证储存商品的安全。

7. 做好商品出库管理

商品出库必须做到单随货行，单货数量当面点清，商品质量当面检查。包装不牢及标签脱落或不清的，应修复后交付货主。为了避免商品因储存期过长而发生质变的危险性，出库同种商品时，贯彻"先进先出""易坏先出""接近失效期先出"的原则。易燃、易爆等商品出库时，应依据公安部门的有关规定办理手续。商品已有变质现象或已过保存期等情况时，商品均不得出库，并分具体情况，妥善处理。商品出库必须要有严格的手续，如不见提货单据不付货，提货单据不符不付货等。

（二）运输商品的质量管理

运输商品也可以看成是移动的商品储存。商品运输过程质量管理的任务与商品储存过程质量管理的任务是一致的，都要尽可能地防止或降低商品损耗和质量劣变。两者有共性，还有自己的特性。运输商品的质量管理要遵循"及时、准确、安全、经济"的基本原则。

1. 及时性原则

及时是指用最少的时间及时发送，按时将商品从产地运送到消费地，以确保商品质量，及时供应市场，其主要措施如下。

（1）缩短在途时间，减少周转环节　商品运输中常常存在着迂回、重复和对流等不合理的运输现象，结果使商品在途时间过长，经过环节过多，这样就增加了商品损耗和质量劣变的机会。因此，为了减少商品流通的周转环节，可采用"直线直达"运输方式，走最便捷的运输路线，使商品运输直线化，不但缩短了运输时间，还减少了环境对商品质量造成的不利影响，从而维护了商品质量和降低了运输费用。

（2）采用集装箱等先进运输工具　集装箱运输是一种现代化运输方式，用其进行运输有利于装卸机械化，简化运输手续，缩短商品在途时间，保证运输安全，隔绝外界不良因素的影响或创造适于商品质量保持的环境。

2. 准确性原则

准确就是按照商品流向组织商品运输。在运输过程中切实防止各种事故的发生，避免商品短缺，做到不错、不乱，正确无误地把商品运送到目的地。

3. 安全性原则

安全是指商品在运输过程中，除了发生各种不可抗拒的灾害以外，其数量和质量必须保持完整无损。为此，应从管理上采取以下措施。

（1）正确选择商品的运输包装　要根据运输商品的特性和要求，合理选择运输包装，避免商品在运输过程中受到各种环境因素的作用而出现商品散落、渗漏、溢出、破损等现象，如怕潮、易霉变、易生锈商品应选择防潮包装。

（2）选择合理的运输路线、工具和方式　选择合理的运输路线，能缩短运输商品在途时间，可减少途中各种意外因素对商品质量的不良影响；选择合理的运输工具，可大大提高运输商品的安全性，减少商品损失；选择合理的运输方式，可避免各种不同性质的商品在运输中相互污染等。

(3) 反对野蛮装卸，提倡文明运输　商品在运输中要经过多次装卸，如果装卸搬运操作不当，会给商品造成很大的损失。据调查，玻璃器皿、搪瓷制品和家用电器等商品在流通领域中的损坏率是相当大的，有些高达20%，其中绝大多数是由于野蛮装卸和操作不当造成的，所以，要求商品在装卸搬运过程中严格执行操作规范，根据商品的不同性质，参照包装标志中的注意事项轻装轻卸，减少人为损失。

4. 经济性原则

商品运输要采用最经济、最合理的运输路线和工具，有效地利用一切运输设备，节约人力、物力和财力，努力降低商品流通费用。

第二节　保护储运商品质量的技术方法

为了保护商品的质量，避免商品在储运过程中可能产生的商品损失和损耗，应采取有效的技术和方法，对储运商品进行积极的养护。

一、防霉腐方法

由于商品本身的成分和组织结构特点，决定了有些商品在适宜的外界条件（温度、水分、光、氧、渗透压、酸、碱、盐等）下，易受霉腐微生物的污染而发生霉腐。一般来说，含糖、蛋白质、脂肪等营养物质的商品，当养护不当时最易霉腐。常见易发生霉腐的商品如下。

(1) 含蛋白质类的商品　食品中的肉、鱼、蛋、禽、乳及它们的制品等；纺织原料中的毛、丝及其制品；皮革及制品等。

(2) 含糖类商品　食品中的谷物、面包、糖果、糕点、罐头、饮料、调味品等；纺织原料中的棉、麻；纸张及其制品等。

(3) 含脂肪类的商品　食用植物的油、动物脂、奶油、肉制品中的脂肪等。

(4) 其他商品　食品中的茶叶、卷烟等；日用化学商品中的化妆品等；橡胶和塑料制品；工艺美术品（含纤维素的）；一些文娱和体育用品、光学仪器、电子产品、电器产品、录音带、录像带、感光胶片、药品等。此外，食品包装材料和商标纸发霉的情况也并不少见。

防止商品发生霉变、腐败的方法主要如下。

(一) 药剂防霉腐

药剂防霉腐是利用化学药剂使霉腐微生物的细胞和新陈代谢活动受到破坏或抑制，进而达到杀菌或抑菌，防止商品霉腐的目的。防霉剂低浓度能抑制霉腐微生物，高浓度就会使其死亡。

有实际应用价值的防霉剂需具有以下特点：低毒、广谱、高效、长效、使用方便和价格低廉；适应商品加工条件、应用环境，与商品其他成分有良好相溶性，不降低商品性能，在储运中稳定性好等。如用于工业品防霉腐的药剂有：三氯酚钠、水杨酰苯胺、多菌灵、洁而灭、福尔马林等，它们常用于纺织品、鞋帽、皮革、纸浆、竹木制品及纱线等商品的防霉腐。苯甲酸及其钠盐、山梨酸及其钾盐等作为防霉腐药剂，常用于饮料、罐头、蜜饯等食品的防霉腐。

防霉剂的使用方法如下。

① 添加法。将一定比例的药剂直接加入到材料或制品中去。

② 浸渍法。将制品在一定温度和一定浓度的防霉剂溶液中浸渍一定时间后晾干。

③ 涂布法。将一定浓度的防霉剂溶液用刷子等工具涂布在制品表面。

④ 喷雾法。将一定浓度的防霉剂溶液用喷雾器均匀地喷洒在材料或制品表面。

⑤ 熏蒸法。将挥发性防霉剂的粉末或片剂置于密封包装内，通过防霉剂的挥发成分防止商品发霉。

（二）气相防霉腐

气相防霉腐是利用气相防霉腐剂的挥发气体直接与霉腐菌接触，杀死这些微生物或抑制其生长，以达到商品防霉腐的效果。气相防霉腐是气相分子直接作用于商品上，对商品外观和质量不会产生不良影响，但要求包装材料和包装容器具有透气率小，密封性能好的特点。

常用的气相防霉腐剂有多聚甲醛、环氧乙烷等防霉腐剂。多聚甲醛是甲醛的聚合物，在常温下可升华解聚成有甲醛刺激气味的气体，能使菌体蛋白质凝固，以杀死或抑制霉腐微生物，但是多聚甲醛升华出来的甲醛气体在高温高湿条件下可能与空气的水蒸气结合形成甲酸，对金属有腐蚀性，因此不适用金属包装的商品。环氧乙烷作为防霉腐剂，能与菌体蛋白质、酚分子的羧基、氨基、羟基中的游离的氢原子结合，生成羟乙基，使细菌代谢功能出现障碍而死亡。但环氧乙烷能使蛋白质液化，会破坏粮食中的维生素和氨基酸，因此不宜用作粮食和食品的防霉腐剂，只可用于日用工业品的防霉腐剂。

（三）气调防霉腐

气调防霉腐是在密封条件下，通过改变空气成分，主要是创造低氧（5%以下）环境，抑制微生物的生命活动和生物性商品的呼吸强度，达到防霉腐和保鲜目的的一种方法。气调方法如下。

1. 自发或自然气调法

将果蔬储于一个密封的库房或容器内，由于果蔬本身的呼吸作用不断消耗库房和容器内的氧放出二氧化碳，因此在一定时间后，氧逐渐减少，二氧化碳逐渐增加，当这两者达到一定的比例时，即会造成一个抑制果蔬本身呼吸作用的气体环境，从而达到延长果蔬储藏期的目的。

2. 人工气调法

人为地使封闭的空气内的氧迅速降低，二氧化碳升高，几分钟至几小时内就进入稳定期。人工气调法有：①充氮法，封闭后抽出储藏室内大部分空气，充入氮，由氮稀释剩余空气中的氧，使其浓度达到所规定的指标，有时充入适量二氧化碳也可使之立即达到要求的浓度；②气流法，把预先由人工按要求的指标配制好的气体输入专用的储藏室，以代替其中的全部空气，在以后的整个储藏期间，始终连续不断地排出部分内部气体，充入人工配制的气体，使内部气体组成稳定在规定的指标范围内。

3. 混合法或半自然降氧法

实践表明，采用快速降氧法（即充氮法）把氧含量从21%降到10%比较容易，而从10%降到5%就要耗费较前者约两倍的氮气。为了降低成本，可开始先充氮，把氧迅速降到10%左右，然后依靠果蔬本身的呼吸作用来消耗氧气，直至降到规定的空气组成指标范围后，再根据气体成分的变化来调节控制。

气调还需要适当的低温条件的配合，才能较长时间地保持鲜活食品的新鲜度。此法可用于水果、蔬菜、粮食、茶叶、油料等多种食品的保鲜。

（四）低温防霉腐

微生物的生长繁殖有一定的温度范围，超过这个范围其生长会停止或死亡。霉腐微生物中大多是中温性微生物，其最适宜的生长温度为20~30℃，在10℃以下不易生长，在45℃以上停止生长。低温对霉腐微生物生命活动有抑制作用，能使其休眠或死亡。故用低温控制霉腐微生物生长是一种很有效的方法。按照低温程度的不同，可分为冷藏法和冷冻法两种。

1. 冷藏法

冷藏法是使储运温度控制在0~10℃的低温防霉腐方法。在此低温下，大多数霉腐微生物难以繁殖。适宜储运不耐结冰的商品，如含水量高的生鲜食品。但此法储存不宜过长。

2. 冷冻法

冷冻法是使储运温度控制在-18℃的低温防霉腐方法。具体做法是：先将食品进行深冷（如-25~30℃）速冻处理，使食品深层温度达到-10℃左右时，再移至-18℃温度下储存。此法适宜长期储存生鲜动物食品。

（五）干燥防霉腐

干燥防霉腐是通过各种措施降低商品的含水量，使其水分含量在安全储运之下，抑制霉腐微生物的生命活动。各种霉腐微生物生长繁殖的最适宜相对湿度，因微生物不同略有差异，多数霉菌生长的最低相对湿度为80%~90%。在相对湿度低于75%的条件下，多数霉菌不能正常发育。因而通常把75%这个相对湿度叫做商品霉变的临界湿度。按脱水手段不同，分为自然干燥法和人工干燥法。自然干燥法是利用阳光、风等自然因素，对商品进行日晒、风吹、阴凉脱水的干燥方法，此法经济方便，常用于粮食、食品（如干果、干菜、水产海味干制品）等商品的储存。人工干燥法是利用热风、直火、远红外线、微波、真空等手段使商品干燥的方法，此法需要一定的设备、技术和较大的能量消耗，成本较高，主要用于食品的干燥。

（六）辐射防霉腐

辐射防霉腐是利用放射性同位素（钴-60或铯-137）产生的γ射线，辐射状照射商品，杀死商品上的微生物和害虫的方法。针对不同商品的特性和各种储存目的，辐射防霉腐分为以下3种类型。

1. 低剂量辐射

辐射剂量低于0.1百万拉德（指被辐射对象吸收的量，是国际统一使用单位）主要用于抑制马铃薯、洋葱的发芽，杀死害虫和肉类的病原寄生虫，还可延迟水果的后熟。

2. 中剂量辐射

辐射剂量在0.1~1.0百万拉德之间，主要是减少商品中微生物的数量和改变食品的工艺特性。适用于肉、蛋、水产、果蔬等，尤其对致病菌、害虫杀灭力较强。

3. 大剂量辐射

辐射剂量在1.0~5.0百万拉德之间，可彻底杀灭微生物、害虫，可延长冻肉、冻水产的储藏时间。

目前，辐射防霉腐应用还不广泛，特别是对食品辐射的安全还有争议，因此对辐射的剂量、时间、适宜的辐射条件要严格控制。

二、防治害虫的方法

储运中害虫的防治工作要立足预防，采取严格商品入库和在库检查以杜绝虫源，同时保持库内和库周围的清洁卫生，并认真消毒，在易遭虫蛀商品的包装或货垛内投放驱虫剂，如天然樟脑和合成樟脑等，以防治害虫的滋生。此外，要加强防治结合，采取积极的治理技术和方法，消灭仓库害虫，以防止害虫的繁殖发展。在储运中常采用化学、物理、生物等方法，直接杀灭害虫或使其不育，以维护储运商品的质量。

（一）化学杀虫法

化学杀虫法是使用各种化学杀虫剂，通过胃毒、触杀或熏蒸等作用杀灭害虫的方法，是当前防治仓库害虫的主要措施。化学杀虫法按照其作用于害虫的方式，主要有熏蒸杀虫法、触杀杀虫法、胃毒杀虫法三种。

1. 熏蒸杀虫法

熏蒸杀虫法是指杀虫剂的蒸气通过害虫的气门及气管进入体内，而引起害虫中毒死亡，也叫熏蒸作用。具有熏蒸作用的杀虫剂称熏蒸剂。常用的熏蒸剂有磷化铝、氯化苦、硫黄、溴甲烷等，它们都能挥发出剧毒气体，渗透力也很强，能杀死商品内部的害虫，对人体的毒性也很强，使用时要注意熏蒸场所的密封和人身安全。熏蒸时最好选择害虫的幼龄期进行毒杀，因其抗药能力较弱而效果会更好。用熏蒸的方法杀虫有成本低、效率高等优点。

2. 触杀杀虫法

触杀杀虫法是指杀虫剂接触虫体，透过表皮进入虫体内，使虫体死亡的方法。具有触杀作用的杀虫剂叫触杀剂，如敌敌畏、敌百虫等。

3. 胃毒杀虫法

胃毒杀虫法是指利用杀虫剂随食物进入虫体，通过胃肠吸收而使害虫中毒死亡。具有胃毒作用的杀虫剂叫胃毒剂，如亚砒霜钠等。

在各种杀虫剂中，往往同一种杀虫剂兼有两种或两种以上的杀虫作用，如敌敌畏有熏蒸、触杀、胃毒的作用。

（二）物理杀虫法

物理杀虫法是利用各种物理因素（如光、热、射线等）破坏储运商品上害虫的生理活动和机体结构，使其不能生存或繁殖的方法。主要有高温杀虫法、低温杀虫法、射线杀虫与射线不育法、远红外线杀虫法、微波杀虫法等。

1. 高温杀虫法

高温杀虫法是利用高温暴晒（夏天日光直射温度可达50℃）、烘烤（一般温度为60～110℃）、蒸汽（温度为80℃左右）等产生的高温作用，使商品中的害虫致死的方法。如一般害虫在38～40℃时即发生热麻痹；48～52℃时，经过一定时间即死亡；54℃时，经2～6小时全部死亡。其原因是：高温下害虫体内水分大量蒸发，蛋白质发生凝固，破坏了虫体细胞组织，因此最终导致死亡。

2. 低温杀虫法

低温杀虫法是利用低温使害虫体内酶的活性受到抑制，生理活动缓慢，处于半休眠状态，不食不动，不能繁殖，时间过久会因为体内营养物质过度消耗而死亡。低温杀虫法主要有：库外冷冻、库内通冷风、机械制冷、入库冷冻密封等。

3. 射线杀虫与射线不育法

射线杀虫与射线不育法是分别利用高剂量与较低剂量的γ射线照射虫体。高剂量照射几乎使所有害虫死亡；低剂量照射主要引起害虫生殖细胞突变而不育。该法具有杀虫效率高，商品组成成分、商品包装不被破坏，环境不受污染等特点。

4. 远红外线杀虫法

远红外线杀虫法是利用远红外线对虫体的光辐射所产生的高温（可达150℃），直接杀死害虫。

5. 微波杀虫法

微波杀虫法是利用高频电磁场使虫体内水分子等成分发生高频振动，分子间剧烈摩擦而产生大量热能，使虫体温度达到60℃以上而死亡。此法处理时间短、杀虫效率高、无污染，但需要加强对人体微波辐射伤害的防护。

三、防鼠与灭鼠的方法

老鼠不仅破坏环境、传播疾病，而且对商品造成严重威胁。因此，在保护储运商品中采用科学防鼠与灭鼠的方法来消除鼠害已成为一件紧迫的事情。防鼠与灭鼠的方法有生态防鼠、物理灭鼠、生物灭鼠、化学灭鼠4种防治方法。

1. 生态防鼠

生态防鼠主要是通过环境改造、断绝鼠粮、修建防鼠建筑、消除鼠类隐居处所等措施进行防鼠。生态防鼠虽然不能直接或立即杀死鼠类，但可以减少鼠类的繁殖，或者增加老鼠的死亡率，从而降低害鼠的密度。值得提醒的是，生态防鼠必须与灭鼠同时进行，只有综合治理，才能达到更好的效果。

2. 物理灭鼠

物理灭鼠就是使用灭鼠器械进行灭鼠。我国民间虽然有一百多种物理灭鼠的方法，但目前农村最常用的方法只有3种，即鼠夹法、鼠笼法和粘鼠板。除此之外，还可以用超声波、电子捕鼠器等方法来捕鼠灭鼠。

3. 生物灭鼠

生物灭鼠就是利用老鼠的天敌来防治鼠害。鼠类的天敌通常是指猫头鹰、黄鼬、蛇、豹猫、狐狸、獾等。家猫野放也是一种行之有效的生物防鼠好方法。

4. 化学灭鼠

化学灭鼠就是采用杀鼠剂灭鼠，是目前人工防治鼠害最简捷有效的措施之一，如投放溴敌隆、敌鼠钠盐等杀鼠剂配制的毒饵。但在选择饵料、用药浓度和方法上一定要慎重。

四、防腐蚀方法

金属的防锈蚀就是防止金属与周围介质发生化学作用或电化学作用，使金属免受破坏。在仓储中，一般采用改善仓储条件、涂油防锈、气相防锈、可剥性塑料封存及干燥空气和充氮封存等方法来防锈。

（一）涂油防锈

涂油防锈是在金属制品表面涂或喷一层防锈油脂薄膜，在一定程度上使大气中的氧、水及其他有害气体与金属表面隔离，从而达到防止和减缓金属制品生锈的方法。此法适用于短期防锈。防锈油分为软膜防锈油和硬膜防锈油两种。常见的软膜防锈油有：201防锈油、仪器防锈油、201防锈脂；常见的硬膜防锈油有：一号溶剂稀释型防锈油、649防锈油、干性硬膜防锈油、松香煤油防锈油等。另外，凡士林、黄蜡油、机油也可作为防锈油使用。

（二）气相防锈

气相防锈是利用气相缓蚀剂在金属制品的密封包装内挥发，使气体充满包装空间以防止或延缓商品的锈蚀。常用的气相防锈形式有3种：气相防锈纸防锈、粉末法气相防锈、溶液法气相防锈。

（三）可剥性塑料封存

可剥性塑料密封防锈是采用可剥性塑料将金属商品封存的一种隔离防锈蚀的方法。可剥性塑料是用高分子合成树脂为基础原料，加入矿物油、增塑剂、防锈剂、稳定剂以及防霉剂等制成。按其组成和性质的不同，分为热熔型和溶剂型两类。

1. 热熔型可剥性塑料

该塑料是一种具有一定韧性的固体，加热熔化后，浸涂于金属制品表面，冷却后形成一层1～3毫米的塑料薄膜。

2. 溶剂型可剥性塑料

该塑料是一种黏稠液体，涂刷于金属制品表面，能形成一层0.3～0.5毫米厚的薄膜。它适用于一般五金零件的封存防锈。由于膜层较薄，因此防锈期较短。

五、防老化方法

塑料、橡胶、纤维等高分子材料的商品，在储存和使用过程中性能逐渐被破坏，以致最后丧失使用价值的现象称为"老化"。老化是一种不可逆的变化，它的特征是商品外观、物理性能、力学性能、电性能、分子结构等方面发生变化。引起商品老化的原因既有内在因素也有外部因素，防老化方法要结合以下两方面因素考虑使用。

1. 提高商品本身的抗老化作用

从引起商品老化内在因素着手,在生产中采用改进聚合和成型加工工艺或改性的方法,提高商品本身的稳定性;材料改性的方法很多,应用较多的有:共聚、减少不稳定结构、交联、共混、改进成型加工工艺以及后处理等。

2. 控制储运中引起老化的因素

从引起商品老化外部因素着手,控制储运中引起老化的因素。如用物理防护的方法,抑制或减少光、氧等外因对商品的影响,具体有:涂漆、涂胶、涂塑料、涂金属、涂蜡、涂布防老剂溶液等。其次,可采用添加防老剂的方法,添加抗氧剂、紫外光稳定剂和热稳定剂等防老剂,能够抑制光、热、氧、臭氧、重金属、离子等对商品的老化。

此外,加强管理、严格控制储运条件,也是商品防老化的有效方法。

第三节　商品储存环境的控制和调节

商品在储存期间的质量变化与商品储存环境密切相关,在商品储存环境诸因素中,仓库的温、湿度最为重要。在商品储存中,绝大多数商品质量的变化是由仓库的温、湿度变化引起的。因此,在仓储工作中对温、湿度的管理十分重要。保持稳定的温度和适宜的湿度是维护商品质量的重要措施之一。

一、温、湿度的基本知识

（一）空气温度

空气温度是指空气冷热的程度,简称气温。衡量温度高低的尺度称为温标,常用的温标有摄氏和华氏两种。摄氏温标是以纯水在标准大气压下的冰点为 0 度,沸点为 100 度,中间分为100 等份,每等份代表 1 摄氏度,用℃表示。在仓库温度管理中,一般用摄氏温标。华氏温标是以纯水在标准大气压下的冰点为 32 度,沸点为 212 度,中间分为 180 等份,每等份代表 1华氏度,用℉表示。摄氏温度（℃）和华氏温度（℉）之间换算公式为

$$℃ = (℉ - 32) \times 5/9$$
$$℉ = ℃ \times 9/5 + 32$$

（二）空气湿度

空气湿度是指空气中水蒸气含量的多少,即空气潮湿的程度。空气湿度的表示方法有以下几种。

1. 绝对湿度

绝对湿度是指单位体积的空气中实际所含的水汽量,单位为克/米^3。

2. 饱和湿度

饱和湿度是指一定温度下,单位体积空气中所能容纳水汽的最大限量,单位也用克/米^{3}表示。如果空气中的水汽量超过此限量,多余的水汽就会凝结成液态水。饱和湿度随气温的升高而增大,如表 8-1 所示。

表 8-1　不同温度下空气的饱和湿度

温度/℃	0	5	10	15	20	25	30	35
饱和湿度/(克/米^3)	4.835	6.761	9.329	12.712	17.117	22.795	30.360	39.183

3. 相对湿度

相对湿度表示空气中实际所含水汽量距离饱和状态的程度,即同一温度下,空气的绝对湿

度与饱和湿度的百分比。空气的干湿程度一般用相对湿度来表示。相对湿度越大，说明空气中的水蒸气距离饱和状态越近，空气越潮湿；反之，相对湿度越小，说明空气中的水蒸气距离饱和状态越远，空气就越干燥。绝对湿度、饱和湿度和相对湿度三者的关系，可用下式表示

$$相对湿度 = \frac{绝对湿度}{饱和湿度} \times 100\%$$

在仓库温、湿度管理中，检查库房的湿度大小，主要是观测相对湿度的大小。在温度不变的情况下，空气绝对湿度越大，相对湿度越高；绝对湿度越小，相对湿度越低。在空气中水蒸气含量，即绝对湿度不变的情况下，温度越高，相对湿度越小；温度越低，相对湿度越高。当空气温度下降到一定程度时，空气中所含水蒸气就会达到饱和状态，多余的水蒸气则液化成水，此现象称为结露，水蒸气开始液化的温度称露点。在商品储存的环境中，如果温度低于露点时，空气中超饱和的水蒸气就会在商品或其他物体的表面上凝结成水珠，此现象也称为水淞，对怕潮商品有较大的危害性。

（三）温、湿度变化规律

1. 大气温、湿度的变化规律

大气的变化即自然气候的变化。大气的变化规律如下。

（1）温度变化的规律 一天之中日出前气温最低，到午后2~3时气温最高。一年之内最热的月份，内陆地区一般在7月，沿海地区出现在8月。最冷的月份，内陆地区一般在1月，沿海地区在2月。

（2）湿度变化的规律 大气湿度的周期性变化，与大气温度的周期性变化正好相反。在一日之中，日出前气温最低时相对湿度最大，日出后逐渐降低，到午后2~3时达到最低。年变化也基本相同，相对湿度的年变化，在全国很多地区，都是最冷月份湿度最高，最热月份湿度最低。但沿海地区受海洋季风的影响，夏季湿度较冬季湿度要高。

2. 仓库内温、湿度的变化规律

仓库内温、湿度变化规律和仓库外基本上是一致的。但是，库外气温对库内的影响在时间上需要有个过程，同时会有一定程度的减弱。所以，一般是库内温度变化在时间上滞后于库外温度变化1~2小时，在变化幅度上小于库外。假如气温的变化幅度为8.7℃，则仓温的变化幅度仅为4.8℃，所以仓温的最高值常比气温的最高值低，仓温的最低值则比气温的最低值高。

库内温度的变化与库房密封性的好坏也有很大的关系，同时库内各部位的温度也因库内具体情况而有差异，在工作中要灵活把握。

二、仓库温、湿度的控制与调节

在商品储存中，绝大多数商品质量的变化是由仓库的温、湿度变化引起的。因此，在仓储环境的控制与调节中，温、湿度的控制与调节尤为重要，保持仓库稳定的温度和适宜的湿度是维护商品质量的重要措施之一。

由于仓库的温、湿度是受大气、气候的影响而发生变化。这就需要研究并采取一些措施来控制仓库内温、湿度的变化，对不适宜商品储存的温、湿度及时进行调节。控制与调节仓库环境的方法很多，采取密封、通风与吸潮相结合的方法，是控制与调节库内温、湿度行之有效的方法。

（一）密封

仓库密封就是把整库、整垛或整件商品尽可能地密封起来，减少外界不良气候条件的影响，以达到商品安全储存的目的。

密封是仓库环境管理工作的基础。没有密封措施，也就无法运用通风、吸潮、降温、

升温和气调的方法。对库房采用密封，就能保持库内温、湿度处于相对稳定状态，达到防潮、防热、防干裂、防冻、防溶化的目的，还可收到防霉、防火、防锈蚀、防老化等各方面的效果。

1. 密封储存应注意的问题

采取密封储存，除应考虑库内外的温、湿度变化情况外，还必须符合下列要求，方能达到预期的效果。

① 认真检查商品的质量、温度和含水量是否正常，如发现商品生霉、发热、发黏、出汗、生虫或商品含水量超过安全范围，以及包装材料含水量过大，就不能进行密封。只有进行必要的处理，使商品的质量和含水量达到安全限度以内时，才能进行密封。

② 密封的时期要根据商品性质和气候变化规律来确定，怕潮、易霉的商品，应在梅雨季节到来之前进行密封；怕热、易熔的商品，应在较阴凉的季节进行密封；怕干裂的商品，应在温度较高，干燥期到来之前进行密封；怕冻的商品，应尽可能提前在气温较高时进行密封。

③ 商品密封后，要加强检查管理工作，因为密封只能是相对的密封，不能完全隔绝气候对商品的影响。在检查中若发现商品或包装材料有异状，或温、湿度不适宜时，都要及时采取措施，保护商品质量的安全。

2. 密封材料

密封商品的材料是多种多样的。凡是具有隔潮、保温性能的材料，都可以用做密封材料。但必须根据商品的性质和密封的目的，合理选择材料。目前常用的密封材料有如下几种。

（1）防潮纸　防潮纸是指具有防潮能力的包装纸。常见的有柏油纸、蜡纸、油纸以及用恒水剂进行表面处理的纸等。还有一种涂布塑料薄膜的防潮纸，防潮能力比普遍防潮纸高，目前得到了广泛的应用。防潮纸主要用于密封包装。

（2）油毡纸　油毡纸俗称油毛毡，它是利用破布、废纸等为原料，或掺用部分动物毛和石棉等，再通过熔融的沥青、热辊挤压，撒上滑石粉或碎云母片制成的。油毡纸隔潮防水性能强，是一种较普遍使用的防潮密封材料，常见于地坪、垛底等的隔潮。

（3）塑料薄膜　塑料薄膜隔潮防水性能较强，透气率也很小，常用的塑料薄膜有聚乙烯和聚氯乙烯薄膜。塑料薄膜使用方便，效果好，使用范围越来越广泛。随着塑料工业的发展，大量采用塑料薄膜作为密封材料是比较经济有效的。

3. 密封储存的形式

（1）整库密封　对储存量大，出入库动态不大的商品宜于采取整库密封。若密封库内有易霉、怕虫蛀的商品，可在库内定期用药剂进行杀菌消毒，以防霉菌虫害孳生。

（2）按垛密封　对于一些怕潮易霉或易干裂的商品，可以用防潮效果好的材料，将货垛上下四周围起，进行整垛密封，以减少气候变化对商品的影响。

（3）货架（柜、橱）密封　对出入库频繁、零星而又怕潮易霉、易干裂、易生虫、易锈蚀的商品，可以采用货架密封法。若储存有特别易潮、易霉、易锈蚀的商品，可在货架内放一容器，内装硅或氯化钙等吸湿剂，以保持架内干燥。若储存易虫蛀商品时，还应在货架内放入适量的驱虫剂。

（4）按件（箱）密封　按件（箱）密封主要是将商品的包装严密地进行封闭，一般适用于数量少、体积小的易霉、易锈蚀商品，如皮革制品、竹木制品、金属制品、乐器、仪表等。

各种密封方法可以单独使用，也可以结合使用。总之，要根据商品养护的需要，结合气候情况与储存条件，因地制宜，就地取材，灵活运用。

(二) 通风

通风是根据空气流动的规律，有计划地使库内外的空气交换，以达到调节库内温、湿度的目的。通风一般用于仓库的散热散湿，其特点是简便易行，经济节约。

通风方法有自然通风和机械通风两种。自然通风是开启库房门窗和风洞，让库内外的空气进行自然对流；机械通风是在库房上部装设排风扇，下部装设送风扇，以加速空气的交换。

仓库通风必须根据库存商品的性质，以及它们对空气温、湿度的不同要求，认真对比、分析库内外温、湿度情况，并参考风力、风向等，然后选择适宜的时机进行通风。常见的通风时机有以下几种情况。

1. 通风降温或升温

通风降温主要是指对空气湿度要求不严，而对温度要求比较严格的一些怕热商品。如玻璃瓶或铁桶装的易挥发的化工原料、化学试剂和药品等的液体商品。这类商品在气温高的季节，只要库外温度低于库内时，就可以通风。此外，对于一些怕冻商品，在冬季，只要库外温度高于库内就可以进行通风，以提高库内温度。

2. 通风散湿

通风散湿一般是指易霉腐、溶化、锈蚀等商品的通风。在一定温度下，商品的吸湿速度取决于商品的吸湿点的高低和当时空气的相对湿度的大小。但决定相对湿度的大小，主要因素是空气中的绝对湿度。因此，利用通风散湿，来降低库内的相对湿度，首先应该对比库内、外绝对湿度的高低，然后再考虑气温与相对湿度的高低。一般来说，只有当库外绝对湿度低于库内时，才能进行通风。由于库内外温、湿度变化情况比较复杂，所以，必须认真分析研究，决定通风与否。通风散湿的时机，一般有以下几种情况。

① 当库外空气的相对湿度和绝对湿度都低于库内时，可以通风。因为在这种情况下，不管库外温度低于或稍高于库内，库外空气都比库内干燥。

② 库外温度和绝对湿度都低于库内，而相对湿度稍高时，也可以通风。这是因为在库外绝对湿度低的情况下，相对湿度高是由于库外温度低的缘故。

③ 库内外温度接近，库外相对湿度比库内低，或库内外的温度接近，而库外温度较库内低时，都可以通风。因为在这两种情况下，库外的绝对湿度都比库内低。

④ 库内外绝对湿度接近或库外绝对湿度稍高于库内，而库外温度高于库内较多时（多发生在春夏之交），也可以考虑通风。通风后，由于温度上升使相对湿度下降的幅度比绝对湿度提高使相对湿度上升的幅度大，从而降低库内相对湿度。

通风时，注意风力不能超过 5 级，以免带进砂土，影响卫生。同时注意选择风向，一般情况下，北风、东北风、西北风比较干燥，有利于通风散湿。

小案例

假设一仓库库内温度为 25℃，相对湿度为 75%；库外温度为 30℃，相对湿度为 65%，能否进行通风？

分析：从现象看，由于库外相对湿度低于库内 10%，似乎通风后可以降低库内的相对湿度。但是由于库内温度低于库外，根据相对湿度计算公式，库外空气中的绝对湿度为 19.53 克/米^3，而库内只有 17.18 克/米^3，通风后库内外空气的温湿度均进行自由交换，库内的相对湿度可能暂时有所降低，但是随着库内温度逐渐降低，而绝对湿度却比原来增加了，这样库内的相对湿度随着温度的降低而上升，比原来的相对湿度还可能有所增加。所以这种情况进行通风，反而不利于商品的储存。

(三) 吸潮

吸潮与密封紧密配合，是降低库内空气湿度的一种有效方法。在梅雨季节或阴雨天，当库内湿度过大，又无适当通风时机的情况下，在密封库里常采用吸潮的办法，以降低库内的湿度。

吸潮的方法大致可分为两种：一种是吸潮剂吸潮，另一种是去湿机吸潮。

1. 吸潮剂吸潮

吸潮剂的种类很多，常用的有以下几种。

(1) 生石灰　生石灰（CaO）即氧化钙，吸湿性较强，在潮湿空气中，容易吸取空气中的水分，变成熟石灰，并放出热量。

$$CaO + H_2O = Ca(OH)_2$$

生石灰吸潮速度较快，一般每千克能吸收水分 0.25 千克左右。使用生石灰时，应先捣成小块，用木箱、篓筐等容器盛装，放在库内垛底、垛边、沿墙四周以及出入门附近。

生石灰在吸潮过程中，能放出一定热量，但作用缓慢，对库温并无明显影响。使用生石灰吸潮，要防止其与大量水分接触，以免迅速反应大量发热，引起火灾事故。生石灰吸潮后，生成的氢氧化钙，具有较强的腐蚀性，并能与空气中的二氧化碳反应放出水分。所以在使用时要勤检查，发现潮湿松散现象应及时更换，并注意做好库房防漏和安全防火工作。对怕碱性的商品，如毛丝织品、皮革制品等，不宜使用生石灰吸潮。

(2) 氯化钙　氯化钙（$CaCl_2$）是一种白色固体，有无水氯化钙和工业用氯化钙两种。无水氯化钙吸湿性较强，每千克能吸水 1～1.2 千克。仓库里通常用作吸潮剂的多是工业氯化钙，吸湿性略差些，每千克能吸水 0.7～0.8 千克。

氯化钙吸潮后，便溶化为液体，变成氯化钙的水化物。因此，使用时应放在竹筛上或装在麻袋里，下放容器盛装吸潮后的液体。吸湿溶化后的氯化钙溶液，经加热熬煮后，蒸发到表面出现有厚的结晶时，倒入容器中，冷却结块后即可继续使用。氯化钙是目前仓库里常用的吸潮剂，使用时，要防止污染商品或地面。

(3) 硅胶　硅胶（$mSiO_2 \cdot nH_2O$）它是无色透明或乳白色的颗粒状或不规则的固体。

硅胶具有良好的持久的吸湿性能，每千克能吸水 0.4～0.5 千克。吸水后不溶化，不污染商品，经烘干后仍可继续使用。硅胶本身无色，但为了便于掌握它的吸湿程度，通常加入氯化钴、氯化铁和溴化铜等物质，使其带有颜色。带色的硅胶，随着吸潮程度的不同，其颜色变化也不一样。例如，蓝绿色的硅胶，吸潮后逐渐变为浅绿色、黄绿色，最后变为深黄色。从颜色的变化，可以指示出吸潮的程度，最后的颜色表明吸潮已达饱和程度。

硅胶虽吸湿性能好，但价格较贵，所以目前多为精密仪器、贵重商品等的小包装内使用。硅胶吸潮后，在 130～150℃ 的温度下烘至恒重后仍可继续使用。

除了以上几种吸潮剂外，还可以因地制宜，就地取材，如使用木炭、炉灰和干谷壳等进行吸潮。

2. 机械吸潮法

机械吸潮方法就是使用空气去湿机吸潮，来降低空气的相对湿度。

空气去湿机的工作原理是：室内潮湿空气经过滤器（吸尘泡沫塑料或金属网）到蒸发器，由于蒸发器的表面温度低于空气露点温度，空气中的水分就会凝结成水滴，流入接水盘，经水管排出，使空气中的含水量降低。被冷却干燥空气经过冷凝器进行等湿量加热后，使其相对湿度进一步降低，最后由离心机送入室内。室内空气相对湿度便不断地下降，当达到所要求的相对湿度时，即可停机。

空气去湿机吸潮，在温度 27℃，相对湿度为 70% 时，一般每小时可吸水 3.4 千克，使用空气去湿机吸潮，不仅效率高，降湿快，而且体积小，重量轻，不污染商品。

复习思考题

一、填空题

1. 商品在储运过程中的质量变化归纳起来有_____变化、_____变化、_____变化及某些生物活动引起的变化等。
2. _____是指橡胶、塑料等高分子化合物在光照、热、空气中的氧以及机械力的作用下，变得黏软或硬脆的现象。
3. 引起商品霉变和腐败的微生物统称_____。
4. 运输商品的质量管理要遵循"_____、_____、_____、_____"的基本原则。
5. 化学杀虫按照其作用于害虫的方式，主要有_____、_____、_____3种。
6. 防鼠与灭鼠一般采取_____、_____、_____、_____4种防治方法。
7. 衡量温度高低的尺度称为温标，常用的温标有_____和_____两种。
8. 当空气温度下降到一定程度时，空气中所含水蒸气就会达到饱和状态，多余的水蒸气则液化成水，此现象称为_____，水蒸气开始液化的温度称_____。
9. 控制与调节仓库环境的方法很多，采取_____、_____与_____相结合的方法，是控制与调节库内温、湿度行之有效的方法。
10. 吸潮剂的种类很多，常用的有_____、_____、_____3种。

二、选择题

1. 商品的老化属于（　　）。
   A. 物理机械变化　　B. 化学变化　　C. 生理生化变化　　D. 生物学变化
2. 大部分霉腐微生物属于（　　）。
   A. 低温型　　B. 中温型　　C. 高温型　　D. 常温型
3. 商品发生霉变的临界湿度为（　　）。
   A. 55%　　B. 65%　　C. 75%　　D. 85%
4. 在使用化学药剂进行杀虫时，磷化铝为（　　）。
   A. 熏蒸剂　　B. 触杀剂　　C. 胃毒剂　　D. 三者都属于
5. 利用老鼠的天敌来防治鼠害，这种方法属于（　　）。
   A. 生态防鼠　　B. 物理灭鼠　　C. 生物灭鼠　　D. 化学灭鼠
6. 气温为25℃，则华氏度为（　　）。
   A. 32℉　　B. 50℉　　C. 77℉　　D. 86℉
7. 空气的饱和湿度随气温的升高而（　　）。
   A. 降低　　B. 不变　　C. 增大　　D. 视情况而定
8. 空气的干湿程度一般用（　　）来表示。
   A. 绝对湿度　　B. 饱和湿度　　C. 相对湿度　　D. 三者都可以
9. 利用通风散湿，来降低库内的相对湿度，首先应该对比库内、外（　　）的高低。
   A. 绝对湿度　　B. 饱和湿度　　C. 相对湿度　　D. 温度
10. 下列吸潮剂中，吸水性最强的是（　　）。
    A. 生石灰　　B. 无水氯化钙　　C. 工业氯化钙　　D. 硅胶

三、问答题

1. 商品储运过程中常见的质量变化有哪些？
2. 影响商品质量变化的因素主要有哪些？
3. 简述商品防霉腐的主要方法。
4. 简述影响金属锈蚀的因素及其防锈的主要方法。
5. 简述大气温湿度的变化规律及其仓库温湿度的变化规律。
6. 在什么情况下可以通风散湿？

四、计算题

在一高6米、面积500平方米仓库内，测得仓库温度23℃，相对湿度90%，如使仓库相对湿度降为

60%，问使用生石灰吸湿，需要多少千克？（23℃时饱和湿度为 20 克/米^3，每千克生石灰吸水 0.25 千克）

实 践 训 练

实训项目：使用干湿球湿度计测量空气湿度

（一）实训原理

干湿球湿度计由两只温度计组成——湿球温度计和干球温度计，其中湿球温度计的水银球由一块湿布覆盖着。当两只温度计放在相同的空气中时，湿球温度计因表面水的蒸发而带走一部分热量，所以它的读数比干球温度计的读数要低。干湿球温差越大，说明空气中的相对湿度越小，空气越干燥；干湿球温差越小，说明空气中的相对湿度越大，空气越潮湿。

（二）实训材料

两只相同的温度计、10 厘米长条形纱布、20 厘米长的线、大约 20 厘米×30 厘米的厚纸板、室温下的水、透明胶带、小塑料杯、塑料滴管、备忘纸。

（三）实训步骤

1. 把纱布围在一只湿球温度计的水银球上，用线绑起来，从水龙头里接一小塑料杯水，用这杯水和塑料滴管把温度计的纱布湿透。
2. 用透明胶带将两只温度计并排粘在纸板上，水银球伸出纸板外。
3. 将纸板放在空气中。用备忘纸小心地扇温度计上的水银球，直到湿球温度计的读数不再下降，读出两只温度计的读数，计算两只温度计读数的差。
4. 利用干球温度计的读数和两只温度计读数的差，根据下面数据表查出相对湿度，用百分比表示。

干球温度计读数/℃	干球温度计和湿球温度计读数的差/℃									
	1	2	3	4	5	6	7	8	9	10
10	88	76	65	54	43	34	24	15	6	
11	89	78	67	56	46	36	27	18	9	
12	88	78	67	57	48	39	29	21	12	
13	89	79	69	59	50	41	32	23	15	7
14	89	79	69	60	50	42	34	26	18	10
15	90	80	71	61	53	44	36	27	20	13
16	90	80	71	62	54	46	38	30	23	15
17	90	81	72	64	55	47	40	32	25	18
18	91	81	72	64	56	49	41	34	27	20
19	91	82	74	65	58	50	43	36	29	22
20	91	82	74	66	58	53	46	39	32	26
21	91	83	75	67	60	53	46	39	32	26
22	92	83	68	68	60	54	47	40	34	28
23	92	84	69	69	62	55	48	42	36	30
24	92	84	69	69	62	56	49	43	37	31
25	92	84	70	70	63	57	50	44	39	33

第九章　副食品商品知识

【学习目标】
① 了解茶叶的化学成分及对人体的作用。
② 掌握茶叶的主要品种及其感官特征。
③ 了解酒的酿造原理及分类方法。
④ 掌握白酒、啤酒、葡萄酒的质量鉴别方法。
⑤ 了解烟草的主要品种和烟丝的化学成分。
⑥ 掌握卷烟的真伪鉴别方法。

食品按其在人们生活中的地位、作用和习惯，可分为主食品和副食品两大类。主食品是人们日常生活的必需品，如米、面、肉、蛋等，而副食品是指除主食以外的其他可食用的食品，如烟、酒、糖、茶、糕点、饮料、罐头等。副食品行业所经营的商品，在整个市场中占有很大比重。

第一节　茶　　叶

我国是茶叶的发源地。相传公元前 2700 多年前，神农氏最早发现茶树，并采其叶作为药用，后来逐步发展为饮料。公元 780 年，唐代茶师陆羽写出世界上第一部茶叶专著《茶经》，对我国和世界茶叶的发展做出了巨大贡献。茶叶与咖啡、可可并称为世界的三大天然饮料，但饮茶的历史之久、地区之广、数量之大，远远超过了咖啡和可可。

一、茶叶的化学成分及对人体的作用

（一）茶叶的化学成分

据分析鉴定，茶叶含有 300 多种化学成分，其中茶多酚、咖啡碱、芳香油是最主要的成分，它们决定了茶叶的色、香、味。

1. 茶多酚

茶多酚是一种由 30 多种酚性化合物组成的复合体，是茶叶中含量最多的一类具有多种特殊药效的化合物，占干物质的 20%～35%。茶多酚主要包括儿茶素、黄酮、花青素、酚酸 4 类化合物，其中以儿茶素的含量最高，约占茶多酚总量的 60%～80%。茶多酚是构成茶汤的物质基础，是决定茶汤滋味和颜色的主体成分。茶多酚是一种容易氧化的物质，尤其是在氧化酶的作用下，更易氧化。茶汤放置时间过长颜色会变深变暗，这正是茶多酚氧化的结果。

2. 咖啡碱

咖啡碱是茶叶中的一种生物碱。咖啡碱对茶叶的色、香、味虽无直接关系，但有生理功效，具有兴奋中枢神经、消除疲劳、强心利尿等功能。茶叶咖啡碱的含量越高，茶叶的品质也就越好。

3. 芳香油

芳香油是一种很复杂的混合物，呈柠檬黄色的油状，由醇类、酯类、醛类、酸类、酚类、酮类等成分混合在一起。芳香油在茶叶中含量虽然很少，但它赋予茶叶以香气，是茶叶中最高贵的物质。芳香油易挥发，若茶叶经过长时间贮存，芳香油会自然散失，因而陈茶不香。

（二）饮茶对人体的作用

茶叶含有丰富的营养成分和药效成分，因而被称为健康饮料。坚持饮茶，对人体健康大有裨益。

1. 生津止渴，清热解暑

茶叶中含有多酚类和芳香物质，这些物质随茶汤入口后，不仅能补充人体内的水分，而且能轻微刺激口腔黏膜，促进唾液分泌，从而达到生津止渴的效果。同时，由于芳香物质在挥发过程中能带走一部分热量，因而还有清热解暑作用。

2. 提神益脑，醒酒强心

茶叶中所含的咖啡碱，可使人体肌肉中积累的酸性物质得到中和，而且能够兴奋中枢神经，加强大脑皮质活动，从而达到消除疲劳，活跃思维，提高工作效率的作用。同时，茶叶中的茶多酚、咖啡碱又可以中和酒精，增强心肌的收缩能力，扩张冠状动脉和心血管，加速心跳，畅通血流，增大呼吸量，吸收营养，促进酒精及其他有害物质从尿中排泄体外。

3. 帮助消化，灭菌防病

茶叶里的咖啡碱在人体内转化后，能促进营养物质的消化吸收。同时，茶叶中的维生素 P、维生素 C 等，有调节脂肪代谢的功能；所含的芳香油，也会促进消化液分泌，增加食欲。茶叶里的茶多酚，能使细菌体内的蛋白质凝固，有一定的杀菌作用。茶多酚还能降低血液中胆固醇的含量，增强毛细血管壁的韧性和弹性，对防止高血压和动脉硬化有一定作用。

（三）饮茶常识

1. 泡茶的用水和温度

自古以来，善于饮茶的人，总是把名茶与好水摆在一起加以品尝的。名贵的茶，没有优质的水来冲泡，其固有的色、香、味就无法发挥出来。那么，用什么水泡茶最好呢？近代科学认为，人们的泡茶用水，通常可分为硬水和软水两种。如果每千克水含钙、镁离子超过 8 毫克称为硬水，否则称为软水。用硬水泡茶，茶汤暗淡，茶味带涩，茶香不正，而用软水泡茶，汤色清澈明亮，滋味醇正甘洌，香气高爽馥郁。从生化分析结果来看，泡茶一般以泉水为最好，其次是溪水、雪水和天落水。城市中的自来水多为硬水，且含有较多的氯气味，直接影响茶的色、香、味。

泡茶除讲求水质以外，还要注意泡茶用水的温度。泡茶的水温，因茶叶的品种而易。一般来说，较老的茶叶宜用沸水直接冲泡，较嫩的茶叶宜用降温的沸水冲泡。具体来说，乌龙茶、普洱茶等特种茶，大多要待新梢成熟时才能采制，鲜叶原料并不细嫩，只有用 100℃ 的沸水冲泡，才能浸出茶汁。一般绿茶和花茶对鲜叶原料要求适中，可用烧沸不久的开水冲泡。高档绿茶，如西湖龙井、洞庭碧螺春等，均不能用刚沸的开水冲泡，否则，茶叶中所含对人体有益的营养成分如维生素 C 等会被破坏，茶叶的清香和鲜爽味会降低，叶底也会泛黄。冲泡细嫩高级名茶之前，一般应将沸水水温降到 80℃ 左右，再行泡茶。

2. 饮茶与服药

服药忌讳饮茶，茶能与药物起化学反应。这句话虽有一定道理，但也不全是如此。茶叶中能与药物起化学反应的成分主要是茶多酚，如铁剂补血药、镇静药等与茶多酚会起化学反应降低药效。但有的共用反而有益，如人参与茶同饮，就有提神益气之效。当然，在日常生活中，人们很难识别哪些药物的化学成分能与茶多酚发生化学反应，哪些药物没有这种反应。因此，还是谨慎一点为好，在服药的同时不要喝茶。

二、茶叶的种类

我国产茶历史悠久，种类繁多，一般可分为基本茶和再加工茶两大类。

(一) 基本茶类

基本茶类是指采用常规的加工工艺，其产品的色、香、味、形符合传统规范要求的茶。基本茶类都是以鲜叶（茶树的鲜叶、嫩芽和嫩枝）为原料，用不同的工艺加工而成。基本茶类以茶汤颜色作为分类标志，分为绿茶、红茶、青茶、黄茶、白茶和黑茶6类。

1. 绿茶

绿茶是我国产量最多的茶，其基本特征是绿叶清汤，属于不发酵茶。绿茶的加工工艺是鲜叶采摘后，经过高温杀青、揉捻、干燥后制成。根据干燥和杀青的工艺不同，又可将其分成"炒青""烘青""晒青""蒸青"。揉捻后用锅炒干的称为炒青；用炭火烘干的称为烘青；日光晒干的称为晒青；鲜叶经高温蒸汽杀青，再揉捻、干燥的，称为蒸青。绿茶的外形一般有条形、针形、扁形、片形等多种形态。

绿茶尤其在意它的味、色、形，因而绿茶的制作，多采摘茶树的嫩芽精制而成。绿茶珍品又有所谓的"明前茶"和"雨前茶"之分。"明前茶"是以每年清明节前采摘的嫩芽制成，"雨前茶"是用每年谷雨节前采摘的嫩芽制成。著名绿茶品种有西湖龙井、黄山毛峰、洞庭碧螺春、太平猴魁、信阳毛尖等。

2. 红茶

红茶的基本特征是红汤红叶。其干茶色泽偏深，红中带乌黑，属于全发酵茶。红茶的加工工艺是鲜叶采摘后不用高温杀青，而是经过萎凋、揉捻、发酵，待其叶变红后再进行干燥。根据加工工艺的不同，红茶可分为小种红茶、功夫红茶和红碎茶3种。小种红茶采用松柴明火加温萎凋熏干，因而干茶具有特殊的松香味；功夫红茶是以红条茶为原料精制而成；红碎茶是以揉切代替揉捻，将茶叶切碎后再经过发酵、干燥制成。

红茶起源于我国，尤其是功夫红茶是我国特有的红茶品种和传统出口商品。红碎茶是由印度、斯里兰卡等国在仿效我国红茶制作方法的基础上形成的。红碎茶在我国发展较晚，在20世纪60年代以后才开始试制。我国较为著名的红茶品种有祁红、滇红、宁红等。

3. 青茶

青茶，又称乌龙茶。其基本特征是干茶色泽青褐，汤色黄红，有天然花香，滋味浓醇，属半发酵茶。加工工艺是鲜叶采摘后经过晒青，反复数次摇青，叶片碰撞磨损，部分物质流出发酵变红，然后经高温锅炒、揉捻、干燥而成。其口味介于红茶和绿茶之间，三红七绿，既有红茶的浓鲜，又有绿茶的清香，因此又有"绿叶红镶边"的美称。

乌龙茶因其茶树品种的差异而形成各自独特的风味，尤其产地对其品质影响最大。因此，根据其产地可以分为闽南乌龙茶、闽北乌龙茶、广东乌龙茶和台湾乌龙茶。我国较为著名的乌龙茶品种有武夷岩茶、安溪铁观音、水仙、冻顶乌龙等。

4. 黄茶

黄茶的基本特征是叶色黄、汤色杏黄明净、叶底黄，香味清悦醇和，属轻发酵茶。加工工艺是鲜叶采摘后，经杀青揉捻后，堆积闷黄，再炒，再堆积闷黄，然后烘焙干燥。根据鲜叶原料的嫩度和大小分为黄芽茶、黄小茶和黄大茶。黄芽茶以单芽或一芽一叶为原料制成；黄小茶以一芽二叶为原料制成；黄大茶以一芽多叶为原料制成。我国较为著名的黄茶品种有君山银针、蒙顶黄芽等。

5. 白茶

白茶是我国的特产，主要产于福建、广东等地。白茶的基本特征是干茶披满白毫，毫香重、毫味显，如银似雪，十分素雅。茶叶冲泡后，芽叶完整而舒展，汤色浅淡，味鲜醇，属轻发酵茶。加工工艺是萎凋、晒干或烘干。根据鲜叶原料的采摘嫩度和茶树品种，又分为白芽茶和白叶茶。白茶味温性凉，具有退热降火、健胃提神之功效，一般在盛夏酷暑时节饮用。我国较为著名的白茶品种有白牡丹、贡眉、白毫银针等。

6. 黑茶

黑茶主要产自湖南、四川、云南、广西等地。黑茶的基本特征为香味醇和、汤色深、橙黄带红，属后发酵茶。加工工艺是以粗老的芽叶为原料，一般采用一芽五六叶、高温杀青、揉捻、堆积做色、长时间发酵。黑茶主要用作紧压茶的原料，可精制压制成砖茶。我国较为著名的黑茶品种有普洱茶、六堡茶、湖北老青茶等。

（二）再加工茶类

再加工茶类是以基本茶类的茶叶为原料，经再加工而形成的茶叶产品，根据加工方法的不同，可以分为花茶、保健茶、袋泡茶、萃取茶等。

1. 花茶

花茶是中国特有的茶类，它是用成品茶做原料，加入鲜花窨制而成。花茶的品种有很多，都是以鲜花的名称来命名，主要有茉莉花茶、珠兰花茶、玉兰花茶、桂花茶等。其中茉莉花茶香气浓烈，具有茉莉花的清香，是花茶中的上品，以苏州和福州产地为优。

2. 保健茶

保健茶是用茶叶和某些中药配伍后制成的再加工茶，对人体具有养身保健、预防和治疗疾病的功能。保健茶的代表品种有苦丁茶、紫阳富硒茶、首乌松针茶等。

3. 袋泡茶

袋泡茶是在散茶基础上发展起来的，其特点是冲饮方便，清洁卫生，泡茶时可以避免茶叶漂浮，也适合西方国家泡茶加糖、加奶的习惯。

4. 萃取茶

萃取茶是以干茶为原料，用热水或其他溶剂萃取茶叶中的可溶物，滤去茶渣，获得的茶汁经加工制成瓶装或罐装液态茶，如娃哈哈公司生产的系列茶饮料。

三、茶叶的感官质量鉴别

茶叶的感官质量鉴别主要根据外形和内质两个方面进行。

（一）外形鉴别

茶叶的外形鉴别主要通过形状、色泽、嫩度和净度4个方面进行。

1. 形状

主要看茶叶条索的松紧、曲直、匀整、轻重及芽头的多少，以确定原料的细嫩程度和做工的精细程度。条索细紧的质量好，条索粗大轻飘的质量差。不同类型的茶叶对条索的要求并不完全一样，一般来讲，红茶、绿茶、花茶以条索紧细、圆直、均匀者质量为好，粗松开口者质量较差；乌龙茶以条索肥壮、均匀者为好。

2. 色泽

看茶叶颜色的深浅、枯润、明暗、有无光泽、有无杂色等。凡色泽油润、光泽明亮者为优；凡色泽浊杂、枯暗无光者为次。

（1）红茶色泽　以红褐乌黑、油润的为上品；橘红、橘黑、有花青的为下品。

（2）绿茶色泽　以翠绿有润、光滑而起霜的为上品；暗黄、枯黄的为下品。

（3）花茶色泽　以青绿带嫩黄者为优。

（4）乌龙茶色泽　以乌润的为上品；黄绿、枯黄的为下品。

3. 嫩度

茶叶的嫩度是通过芽尖和白毫的多少来鉴别的。芽尖和白毫多且身骨重实者为好；无芽尖和白毫者为次。

4. 净度

茶叶净度是指茶叶中杂质含量的多少。茶叶洁净无杂质者为好，茶片、茶末含量较少的为好。

(二) 内质鉴别

内质鉴别包括汤色、香气、滋味、叶底等内容。

1. 汤色

鉴别时看汤色的深浅、明暗、清浊、色泽。

(1) 红茶汤色　以红艳明亮者为优；红艳欠明亮者次之；红暗混浊者为差。

(2) 绿茶汤色　以碧绿、清澈、明亮者为优；黄绿欠明亮者次之。

(3) 花茶汤色　以淡黄、明亮者为优；欠明亮者次之。

(4) 乌龙茶汤色　以橙红、清澈、明亮者为优；橙黄欠明亮者次之。

2. 香气

茶汤的香气以清高、浓烈持久为优；平淡、稍久的为次；低淡、有异味（如青臭烟气味、霉味、酸味、焦味等）的为差。

(1) 红茶香气　以鲜高浓强持久、蜜香显著者为优；较浓欠鲜纯正者为次；平淡者为差。

(2) 绿茶香气　以鲜灵浓厚者为优；较浓欠鲜纯正者为次；平淡者为差。

(3) 花茶香气　以鲜灵、花香盖茶香、茶香衬花香者为优；平淡者为差。

(4) 乌龙茶香气　以香高浓烈带有兰花香气者为优；欠浓纯正者为次；平淡者为差。

3. 滋味

滋味是鉴定茶叶质量的重要指标。滋味与香气密切相关，香气高的，滋味也好。

(1) 红茶滋味　以鲜醇甘甜带有蜜糖香者为优；欠鲜浓纯正者为次；平淡、粗涩者为差。

(2) 绿茶滋味　以鲜醇浓厚者为优；欠鲜浓纯正者为次；平淡粗涩者为差。

(3) 花茶滋味　与绿茶相似，与香气结合评定。

(4) 乌龙茶滋味　以甘醇带有兰花香者为优；欠鲜浓纯正者为次；平淡、粗老者为差。

4. 叶底

叶底以细嫩明亮、柔软、肥厚、匀齐者为好；叶底粗老、瘦薄、段碎多者为次。

(1) 红茶叶底　以红鲜明亮嫩匀者为优；红明、欠润、欠匀者为差；红暗带叶多者最差。

(2) 绿茶叶底　以肥壮黄绿嫩亮者为优；黄绿欠润者为差；青暗花杂者最差。

(3) 乌龙茶叶底　以边红、心绿、柔软、明亮者为优；色暗发乌或带绿色者为差。

四、茶叶的特性与保管

(一) 茶叶的基本特性

1. 吸湿性

茶叶中的一些成分如糖类、蛋白质、茶多酚、果胶质等有机成分都是亲水性的，因此，能引起茶叶吸潮。

2. 陈化性

茶叶在存放过程中，香气会慢慢消失，色泽变暗、变深，茶味淡薄，这种现象叫做茶叶陈化。陈化会使茶叶的品质不断降低。存期越长，陈化的程度越严重。

3. 吸附异味性

茶叶的多孔性组织和亲水性胶体成分，使茶叶具有较强的吸附性，能够吸收其他气味。茶叶若吸收异味，其香气和滋味就会大大减退，严重的还会失去饮用价值。

(二) 茶叶的保管方法

1. 生产、流通企业中茶叶的保管

生产和流通企业的茶叶数量大，主要采取低温、低湿、封闭式冷库保管储存，保鲜效果好，经济适用。一般仓库温度不超过5℃，温度越低效果越好，相对湿度控制在60%以下，冷库内设有控湿装置,可以控制库内湿度。由于茶叶的热传导较差,茶叶入库冷藏前最好进行预冷。冷藏后的茶叶出库时要先在冷库预备室或走廊上存放一天,使茶叶温度上升至接近室外温度才可出库。如用密封容器,须在出库 2～3 日后,再行开启为好。茶叶在仓库内储存 8 个月,品质基本可以保持不变。

传统的储存方法是石灰储存法。这种方法是利用石灰的吸湿性,使茶叶保持充分干燥。储存前要选用口小肚大、不易漏气的陶坛作为容器,洗净晾干,用草纸衬垫坛底。将石灰石装入白细布袋中,把待存茶叶先用软白纸包装,然后外扎牛皮纸包好,置于坛内四周,中间放入 1～2 只石灰袋,再在上面覆盖上茶包,装满为止。陶坛装满后,用数层厚草纸密封坛口,压上厚木板以减少外界空气进入。若当地阴雨天气较多,石灰袋内灰块呈粉末状时,则应注意更换石灰袋。用这种方法储存保管可以使茶叶在一年内保持原有的色泽和香气。

另外,还可采用充氮储存法。预先将茶叶水分干燥至 4%～5%,装入不透光、不透气的容器中,进行抽氧充氮密封。由于茶叶处在无氧、干燥、无光、低温的条件下,茶叶的陈化基本上可以制止。用这种方法保管的茶叶,经 3～5 年仍能保持原来的色、香、味特性。

2. 家庭用茶叶的保管

家庭选购茶叶一般量小且大多是散装的,启封后不会一次性用完,应进行重新包装储存,才能保持茶叶的原有品质。家庭茶叶的保管,应力求做到防潮、不串味。

普通保管方法是将茶叶放在铁皮制的有双层盖的茶盒内。装茶叶时,最好是连同包装茶叶的纸一起放入盒内,这对保持茶叶的香气效果更好些。

第二节 酒 类

凡含有酒精成分的饮料都称为酒。自古以来,人们就以酒作为饮料。适量饮酒,具有兴奋神经、增进食欲、舒筋活血、祛湿御寒的作用。酒也是许多中草药优良的萃取剂。一些低度酒如黄酒、啤酒、葡萄酒还能提供人们一定的营养素,饮用它们有利于人体健康。因此每逢佳节、宴请宾客时,人们都乐意饮酒以助兴。但过量饮酒会引起酒精中毒,对人们的健康造成损害。

一、酿酒的原理

酿酒是将含糖的原料,经水解后,逐步转为单糖,然后在不同酵母所分泌的酶的作用下,引起酒精发酵而得到具有色、香、味的产品的过程。

大多数饮料酒是由淀粉做原料。淀粉属于多糖,广泛存在于植物中,一般谷物、薯类及含淀粉的果实都可以作为酿酒的原料。先经过淀粉糖化过程,使其由多糖转为双糖,再由双糖分解为单糖,然后再进行酒精发酵。如果所用原料(如葡萄、苹果)含有大量单糖,则可以直接进行酒精发酵。酿酒的基本步骤及其化学反应式为

第一步:淀粉水解为麦芽糖——$(C_6H_{10}O_5)_n + nH_2O \longrightarrow nC_{12}H_{22}O_{11}$

第二步:麦芽糖水解为单糖——$C_{12}H_{22}O_{11} + H_2O \longrightarrow 2C_6H_{12}O_6$

第三步:葡萄糖发酵形成酒精——$C_6H_{12}O_6 \longrightarrow 2C_2H_5OH + 2CO_2$

二、酒的分类

我国的酒类品种繁多,酿造方法各不相同。采用的原料也不一样,而且酒内酒精的含量差异较大。这些特点决定了酒的分类方法有多种多样。目前,酒的分类主要有以下几种。

(一) 按酿制方法分类

1. 蒸馏酒

蒸馏酒是把含糖或含淀粉的原料,经糖化、发酵、蒸馏而制成的酒,如我国的白酒、国外的白兰地、威士忌酒等。其特点是酒精度较高,刺激性强。

2. 发酵原酒

发酵原酒也称压榨酒。它是把含糖或淀粉的原料经糖化（或不经过糖化）、发酵后直接提取或用压榨法制成的酒，如啤酒、葡萄酒、果酒等。其特点是酒精度低，刺激性小，并具有一定的营养价值。

3. 配制酒

配制酒是指将白酒或酒精与一定比例的糖料、香料、中药等配制而成的酒，如竹叶青、五加皮、虎骨酒等。其特点是酒内含有一定的糖分和固体物，有一定的药用价值。

（二）按酒精含量分类

1. 高度酒

酒精度在40°以上的是高度酒，如高度白酒、白兰地等。

2. 中度酒

酒精度在20°～40°之间的是中度酒，如中度白酒和配制酒。

3. 低度酒

酒精度在20°以下的是低度酒，如葡萄酒、果酒、黄酒、啤酒等。

（三）按经营习惯分类

按经营习惯，酒可分为白酒、啤酒、黄酒、葡萄酒、果酒、配制酒等。

三、白酒

以含淀粉等糖类成分的物质为原料，通过酒曲、酵母的作用而糖化和发酵，再经过蒸馏制成的一种无色、透明、含有高度酒精成分的酒称为白酒。我国白酒的原料很多，不同的原料，酿出的成品酒风味各异，就是同一种原料，因产地和品种不同，酒的风格也区别很大。

（一）白酒的成分

在白酒的成分中，最主要的成分是酒精和水。此外还含有数量不多的其他成分，如酸、醛、酯等，白酒的质量与这些成分的含量与比例有密切的关系。白酒的不同风格也主要取决于这些含量少的成分。

1. 酒精

白酒一般是高度酒，酒精是白酒的主要成分。酒精是衡量酒度高低的标志，白酒的酒度是以20℃时酒精容量百分比表示的，100毫升白酒中含酒精40毫升，其酒度为40°。白酒中酒精含量越高，对人体的消化系统的刺激性也就越强，给人体健康带来不利影响。所以不能以酒度高低评价白酒的质量。从对人体健康的影响和对白酒口味的绵软性来看，白酒的酒精含量不宜过高。

2. 酸类

白酒中所含的酸类物质主要是发酵时产生的羧酸，还有醋酸、丁酸、己酸和少量的乳酸。它们的沸点均高于酒精和水，但随着水蒸气和酒精混合气体，或多或少会馏入酒中。一般在酒尾中酸的含量较多，而酒头中较少。白酒中含有少量的酸对风味有好的作用。含酸较少的酒，酒味淡薄，在白酒贮存过程中，酸与醇能酯化形成芳香的酯类。但含酸过多时，也会使白酒风味变劣，产生酸涩感觉和降低甘美风味。

3. 醛类

微量的醛类能使白酒气味芬芳。但醛类具有较强的刺激性和辛辣味，并有害于人体。白酒中所含的醛主要是乙醛，乙醛沸点较低，蒸馏时酒头中含量较多，新蒸出的白酒，含醛较多，所以新酒性烈，经过贮存后，乙醛会因挥发而减少，另外，乙醛与酒精发生缩合反应能生成芳香的乙缩醛。

4. 酯类

酯是一种芳香的成分，它是醇类和羧酸酯化反应的产物。在发酵后期酯的形成较多，因此白酒发酵时间越长,香气越浓。白酒在贮存中酯的含量也会有所增加。由于白酒中存在的羧酸和醇类种类不同,形成的酯也不相同。不同的酯具有各自的香气特点,因此,白酒香型的划分主要取决于芳香成分的区别,而酯是其中最主要的芳香成分。

(二) 白酒的香型

我国的白酒尤其是名酒和优质酒,由于酿酒原料、生产工艺、设备等条件的不同,形成了不同的香型和风味特点。我国于1979年的第三届全国评酒会上实施按香型进行评比,自此,白酒的香型遂为国内广大消费者接受。目前,中国白酒共分酱香、清香、浓香、米香、凤香、芝麻香、豉香、特香、老白干香、兼香和药香11大香型。

1. 酱香型

所谓酱香,就是有一股类似豆类发酵时发出的一种酱香味。这种酒的特征是:酱香突出,幽雅细腻,酒体丰富醇厚,回味悠长,香而不艳,低而不淡。茅台酒就属此类酒的典型代表,且具有隔夜留香、饮后空杯香犹存的特点。

2. 清香型

这种香型的酒以乙酸乙酯和乳酸乙酯两者的结合为主体香。它的主要特征是:清香醇正,诸味协调,醇甜柔和,余味爽净,甘润爽口,具有传统的老白干风格。山西杏花村汾酒是这类香型的代表。

3. 浓香型

浓香型酒以泸州老窖、五粮液酒为代表,它们的主要特征是:窖香浓郁,绵甜甘洌,香味协调,尾净余长。它以乙酸乙酯为主体香,很受消费者喜爱。

4. 米香型

米香型白酒以桂林三花酒、冰峪庄园大米原浆酒为代表,其特点是蜜香清雅,入口柔绵,落口爽净,回味怡畅。它的主体香味成分是 β-苯乙醇和乳酸乙酯。在桂林三花酒中,这种成分每百毫升高达3克,具有玫瑰的幽雅芳香,是食用玫瑰香精的原料。

5. 凤香型

凤香型以陕西的西凤酒为代表,酒中芳香成分以乙酸乙酯为主。

6. 芝麻香型

芝麻香型以山东景芝神酿酒为代表,此类酒淡雅香气,焦香突出,入口芳香,以焦香、糊香气味为主,无色、清亮透明;口味比较醇厚,爽口,有类似老白干酒的口味,后味稍有苦味。

7. 豉香型

豉香型以广东佛山玉冰烧酒为代表,以大米为原料,小曲为糖化发酵剂,边半固态液态糖化边发酵酿制而成的白酒。

8. 特香型

特香型以江西四特酒为代表,以大米为原料,有复合香气,香味谐调,余味悠长。

9. 老白干香型

老白干香型以河北衡水老白干为代表,酒色清澈透明,醇香清雅,甘洌丰柔,回味悠长而著称于世。

10. 兼香型

(1) 酱中带浓型 表现为芳香、舒适、细腻丰满、酱浓协调、余味爽净悠长,如湖北白云边酒。

(2) 浓中带酱型 主要表现在浓香带酱香,诸味协调,口味细腻,余味爽净,如黑龙江的玉泉酒等。

11. 药香型

药香型以贵州董酒为代表,又称董香型,酒液清澈透明,药香舒适,香气典雅,酸度较高,后味较长。

> **小知识**
>
> **"芝麻香型白酒"不是芝麻酿造的**
>
> 1957年9月,山东省著名酿酒专家于树民到山东省最大的酿酒企业——山东景芝酒厂进行技术指导。在酿造车间里,于工程师无意中从景芝传统产品中品出有一股淡淡的芝麻香味。1964年,著名漫画大师华君武在孔子故里社教,工作之余,散步街头,回到住处的时候,常常到商店里买回当时山东最有名的景芝酒,不经意间,华老也品尝出酒中有一股近似焙炒芝麻的香味,之后,又有许多消费者纷纷来信,反映传统景芝酒中有芝麻香味道。
>
> 2006年,山东省科技厅组织全国著名酿酒专家对"芝麻香型白酒的研制"成果进了科技鉴定,鉴定意见认为:芝麻香型白酒是由山东景芝酒业股份有限公司首先提出,精选优质高粱、小麦,经独特水质、气候和生产工艺而酿成,芝麻香幽雅纯正、醇和细腻、香气谐调、余味悠长、风格典雅,符合当前白酒幽雅、爽净的消费趋势。这一传统创新的工艺被山东省政府公布为省级非物质文化遗产,并作为山东省白酒行业唯一酿造工艺申报了国家级非物质文化遗产,芝麻香型白酒的五项技术成果申报了国家专利。

(三)白酒质量的感官鉴别

名优白酒的感官质量,主要包括色、香、味、风格4个部分。白酒品评就是通过眼观其色、鼻闻其香、口尝其味,并综合色、香、味3个方面感官的印象,确定其风格的方法。

1. 色

白酒色的鉴别,是用手举杯对光或白布作底,用肉眼观察酒的色调、透明度及有无悬浮物和沉淀。好的酒液像水晶体一样高度透明,优良的酒品都具有清、透、明的液相。观察、评价酒品的色泽是评酒的一个重要部分。

2. 香

白酒的香气是通过人的嗅觉来感受。评气味时,执酒杯于鼻下7~10厘米,轻嗅其味。酒品的香气历来是人们评价酒品时十分注意的,一般都以香气浓郁清雅为上品。

3. 味

味是尝酒中最重要的部分,饮酒入口要慢而稳,使酒先接触舌尖,其次是舌两侧,最后到舌根,使酒液满舌而进行味觉全面判断,主要看"酸、甜、苦、辣、涩"五味是否协调、平和。只有酒中的各种味感的相互配合,酒味协调,酒质肥硕,酒体柔美的酒品才能称得上是美味佳酿。

4. 风格

酒的风格,即酒的典型性。典型性是品评必不可少的一个项目。对多种酒进行品评时,常常是将属于不同类型的酒分别编组品评,以便比较。判断某一种酒是否具有应有典型风格,首先必须掌握本类酒的特点和要求,并对所评酒的色、香、味有一个综合的确切的认识,通过思考、对比和判断,才能确定。同一类酒中的每个品种之间都存在差别,每种酒的独特风格应是稳定的,各种名贵的酒品无一不是以上乘的质量和独特的风格,而受到广大饮者的喜爱。

(四)我国名优白酒简介

我国白酒中名酒众多,但能经得住考验并屡受好评的有以下8大名酒。

1. 茅台酒

产地:贵州省仁怀市茅台镇

简介:茅台酒被誉为我国的国酒,是我国大曲酱香型酒的鼻祖,是酿造者以神奇的智慧,提高粱之精,取小麦之魂,采天地之灵气,捕捉特殊环境里不可替代的微生物发酵、糅合、升华而耸起的酒文化丰碑。茅台酒源远流长,据史载,早在公元前135年,古属地茅台镇就酿出了使汉武帝"甘美之"的枸酱酒。1915年，茅台酒荣获巴拿马万国博览会金奖，享誉全球。

2. 五粮液

产地：四川省宜宾市

简介：五粮液酒是浓香型白酒的典型代表，是以高粱、大米、糯米、小麦和玉米五种粮食为原料，经陈年老窖发酵，长年陈酿，精心勾兑而成，具有香气悠久、味醇厚、入口甘美、入喉净爽、各味谐调、恰到好处、酒味全面的独特风格，是当今酒类产品中出类拔萃的珍品。

3. 洋河大曲

产地：江苏省泗阳县洋河镇

简介：该酒属浓香型大曲酒，系以优质高粱为原料，以小麦、大麦、豌豆制作的高温火曲为发酵剂，辅以闻名遐迩的"美人泉"水精工酿制而成。沿用传统工艺"老五甑续渣法"，同时采用"人工培养老窖，低温缓慢发酵""中途回沙，慢火蒸馏""分等贮存、精心勾兑"等新工艺和新技术，形成了"甜、绵、软、净、香"的独特风格。

4. 汾酒

产地：山西省汾阳县杏花村

简介：汾酒是我国古老的历史名酒。名酒产地，必有佳泉。杏花村有取之不竭的优质泉水，给汾酒以无穷的活力。跑马神泉和古井泉水都流传着美丽的民间传说，被人们称为"神泉"。酿造名酒，必有绝技。1932年，全国著名的微生物和发酵专家方心芳先生，到杏花村"义泉涌"酒家考察，把汾酒酿造的工艺归结为"七大秘诀"，即："人必得其精，水必得共甘，曲必得其时，高粱必得其真实，陶具必得其洁，缸必得其湿，火必得其缓"的"清蒸二次清"工艺。

5. 古井贡酒

产地：安徽省亳州市古井镇

简介：古井贡酒的历史始自曹操向汉献帝进献九酝春酒，至今已有1800多年的历史，并以"色清如水晶、香醇如幽兰、入口甘美醇和、回味经久不息"的独特风格，被誉为"酒中牡丹"。

6. 董酒

产地：贵州省遵义市

简介：董酒产于贵州省遵义市董酒厂，因厂址坐落在北郊董公寺而得名。董酒是我国白酒中酿造工艺最为特殊的一种酒品。它采用优质黏高粱为原料，以"水口寺"地下泉水为酿造用水，小曲、小窖制取酒醅，大曲、大窖制取香醅，酒醅香醅串烧而成。风格既有大曲酒的浓郁芳香，又有小曲酒的柔绵、醇和、回甜，还有淡雅舒适的药香和爽口的微酸。

7. 剑南春

产地：四川省绵竹县

简介：绵竹剑南春酒，产于四川省绵竹县，因绵竹在唐代属剑南道，故称"剑南春"。早在唐代就产闻名遐迩的名酒——"剑南烧春"，相传李白为喝此美酒曾在这里把皮袄卖掉买酒痛饮，留下"士解金貂""解貂赎酒"的佳话。北宋苏轼称赞这种蜜酒"三日开瓮香满城""甘露微浊醍醐清"，其酒之引人可见一斑。

8. 泸州老窖

产地：四川省泸州市

简介：泸州老窖特曲酒，是浓香型大曲类酒，产于四川泸州曲酒厂。泸州老窖特曲酒，酒液无色晶莹，酒香芬芳浓郁，酒体柔和纯正，清冽甘爽，酒味谐调醇浓。饮后余香，荡胸回肠，香沁脾胃，味甜肌肤，令人心旷神怡，妙不可言。无论是善饮者或不常饮酒的人，一经品尝都能感到风味特殊。泸州老窖特曲酒，之所以具有独特的风格，关键在于发酵的窖龄长，是真正的老窖。据史载，泸州曲酒厂最老的窖至今已有400多年的窖龄，风貌依旧，令人神往。

游人莫不以一睹为幸。

四、啤酒

啤酒是酒类中含酒精最低的一种低度酒,并含有充沛的二氧化碳。在炎热的夏天,有消暑散热的功效,所以啤酒又是一种清凉饮料。啤酒还有"液体面包"之称,这是由于啤酒中含有丰富的营养成分。

啤酒起源于地中海南岸的巴比伦和亚述,迄今已有九千年的历史。我国酿造啤酒始于20世纪初,1903年德国在青岛建立了我国第一家啤酒厂,此后沙俄在哈尔滨、日本在沈阳、英法在上海相继开设了啤酒厂,我国自建的第一家啤酒厂是1915年的北京双合盛啤酒厂。

(一) 啤酒的原料

生产啤酒的原料有大麦、酒花、水、淀粉辅助原料和啤酒酵母。

1. 大麦

啤酒采用大麦作为原料,一方面取其淀粉和蛋白质成分,另一方面使大麦发芽,取其淀粉酶作为糖化剂。酿造啤酒的大麦应选择含淀粉较多和蛋白质适中(过多时酿造的啤酒的稳定性差)、发芽率高、麦粒饱满,大小一致,色泽鲜黄,无病虫害和霉变的大麦。

2. 酒花

酒花又名蛇麻花,是荨麻种植物,在雌花的花瓣基部有黄色花粉,其中含有芳香的酒花油和苦味的树脂,花瓣中含有鞣质,这些成分赋予啤酒特殊的香味和爽口的苦味,并能与麦汁中的蛋白质结合成鞣质盐,除去沉淀,以利于麦汁的澄清和啤酒的稳定性。树脂还能防止杂菌的繁殖。所以酒花对啤酒的风味质量和稳定性有重要的作用。选择酒花应以朵大,花瓣闭合,色泽黄绿,有清香者为好,不能有种子存在。

3. 水

酿造啤酒用水量很大,水的好坏直接影响啤酒质量,特别是用于制麦芽和糖化的水与啤酒质量关系很大。酿造啤酒的水应是无色、无味、清澈透明的,水的硬度应小,水中不能含有机物和有害的微生物。

4. 淀粉辅助原料

为了节省大麦芽的用量,可以在酿造时选用一部分含淀粉较多的原料,这样有利于降低成本和提高啤酒的质量,常用的淀粉辅助原料有碎大米和去胚的碎玉米。

5. 啤酒酵母

用于酿造啤酒的酵母要求纯种培养的耐低温酵母。根据啤酒发酵方式的不同,有上层酵母和下层酵母两种,通常是用下层酵母进行酒精发酵,只有酿造酒精含量较高的啤酒时才用上层酵母。

(二) 啤酒的分类

1. 根据是否杀菌分类

根据是否杀菌,啤酒可分为鲜啤酒和熟啤酒两种。

(1) 鲜啤酒 鲜啤酒又称生啤酒或扎啤,没有经过杀菌,口味比较鲜爽,是夏天畅销的清凉饮料。一般鲜啤酒发酵时间较短,稳定性较差,鲜啤酒中还存在有活酵母,如果存放温度稍高或时间稍长,酒中活酵母就会因繁殖而出现酵母浑浊,所以鲜啤酒的保存期短。鲜啤酒多用桶装或大罐散装,运销鲜啤酒适宜在低温(15℃以下)下进行。鲜啤酒只适宜地产地销,不适宜远运。

(2) 熟啤酒 将生啤酒经过杀菌工序(在62℃热水中保持30分钟)即为熟啤酒。熟啤酒稳定性较好,保存期一般在60天以上,罐装产品可以保存半年以上。但啤酒经杀菌后,味道会发生变化,色泽上也有变深的倾向。

2. 根据麦汁浓度不同分类

根据麦汁浓度不同,啤酒可分为低浓度、中浓度和高浓度3种。

(1) 低浓度啤酒　发酵前麦汁的浓度通常只有6°~8°，酒精含量约为2%，较适合于夏天作为清凉饮料。它的稳定性差，须注意保存温度和控制保存期。

(2) 中浓度啤酒　它的麦汁浓度为10°~14°，尤以11°~12°最普遍，酒精含量在3.5%，这是啤酒中产量最多的品种。

(3) 高浓度啤酒　它的麦汁浓度为14°~20°，酒精含量为4.9%~5%，这种啤酒的稳定性较好，适宜储存和远销。

3. 根据颜色的深浅不同分类

根据颜色的深浅不同，啤酒可分为黄啤酒和黑啤酒两种。

(1) 黄啤酒　黄啤酒又称浅色啤酒，它呈浅黄色，口味较清爽，酒花、香气较突出。这是啤酒中最主要的品种。

(2) 黑啤酒　黑啤酒又称深色啤酒，它呈咖啡色，富有光泽，是用焦香麦芽作为原料酿制而成的，麦汁浓度较高，发酵度较低，固体物含量较高，口味比较醇厚，有明显的麦芽香。

小知识

什么是干啤？

"干啤"二字源于英文，意思是干净、不留余味的啤酒，即口味纯正、清爽、无甜、无后苦等余味的啤酒。啤酒喝多了使人发胖，究其原因，是啤酒中残糖产生的热量所致。20世纪80年代后期，日本朝日啤酒厂采用科学方法，对传统工艺作出特殊处理，使酵母发酵度从60%提高到75%，制成了干啤。干啤的主要特点是发酵度高，含极少的残糖成分，喝后不会使人轻易发胖，适合现代人的营养观念，又有较好的口感，老少皆宜。因此现在干啤风行于全世界，广受青睐。

(三) 啤酒质量感官鉴别

1. 透明度

啤酒的色泽虽有深有浅，但都要求酒液透明，不能有悬浮的颗粒，更不能有沉淀。啤酒出现这些不正常的现象都说明啤酒的稳定性差。造成稳定性差的原因，或是由于酿酒的工艺操作不完善，或是存放啤酒的条件不适合，或啤酒存放已超过了保存期限，所以对不同啤酒规定了一定的保存期。啤酒出现有失光（即不透明）现象，说明质量不合要求，不允许再供应市场。如果是由于污染杂菌而引起的不透明啤酒，是不能供饮用的。

2. 色泽

啤酒因使用的麦芽种类不同，其色泽有深浅的区别。用短的和浅色麦芽制成的啤酒，其色较浅为黄啤酒，黄啤酒的色泽趋向于色浅者为优。用长的焦麦芽制成的啤酒，其色泽较深为黑啤酒，黑啤酒的色泽应呈深咖啡色。

3. 泡沫

啤酒的泡沫对啤酒质量具有特殊的意义，有清凉爽口和解暑散热的作用（即所谓"杀口"），所以要求啤酒有充沛的泡沫。将啤酒倒入杯中，泡沫能升起较高，泡沫细腻洁白，并能挂杯；泡沫的消失较慢，它不同于汽水的泡沫很快消失，这就是啤酒泡沫的持泡性。啤酒泡沫的这些特征与啤酒中含的二氧化碳多少有关，也与啤酒中存在的表面活性物质（如蛋白质、酒花树脂、酒精等）有关，前者决定泡沫是否充沛，而后者决定泡沫细腻洁白程度和较好的持泡性。

4. 啤酒的香气和滋味

啤酒应具有酒花的清香和麦芽香。黄啤酒要求酒花清香突出，黑啤酒则要求有明显的麦芽香。啤酒的滋味应具有爽口愉快的感觉，黑啤酒还要求口味醇厚。啤酒的滋味不能有不成熟和其他的异杂味。

五、葡萄酒

葡萄酒是以葡萄为原料，经过压榨和发酵酿造的低度酒。葡萄酒具有鲜亮的光泽和水果香气，同时还有酒的醇香。葡萄酒含糖类、有机酸及维生素等营养成分，适量饮用有益于人体健康。同时，饮用葡萄酒能降低血管阻塞的可能性，有效预防心肌梗死。据美国电视时事杂志调查，法国人的三餐和美国人一样，都是高脂肪和高营养食物，但心脏病患者只有美国人的三分之一。究其原因是法国是全世界消耗葡萄酒最多的国家，平均每人每年喝63.5千克，约80瓶酒。

（一）葡萄酒的分类

1. 按色泽分类

葡萄酒按色泽分为红葡萄酒和白葡萄酒两种。

（1）红葡萄酒　用红色或紫红色葡萄为原料，采用皮肉混合发酵方法制成。使酒中溶有葡萄的色素，经氧化而呈红色或暗红色。红葡萄酒含糖量较高，酒味甜美微酸。

（2）白葡萄酒　用黄绿色葡萄或用红皮白肉的葡萄汁为原料，一般采用皮肉分离发酵而成。发酵后，酒的色泽多为浅黄色。白葡萄酒含糖量较低，酒味酸甜适口，醇厚芬芳。

2. 按糖分含量分类

葡萄酒按糖分含量分为干葡萄酒和甜葡萄酒两种。

（1）干葡萄酒　酒中含糖极少。含糖在1%以下的为极干葡萄酒，含糖在4%以下的为半干葡萄酒。前者无甜味，后者有微弱的甜味。我国消费习惯不爱喝干葡萄酒，而国外则多以干葡萄酒为佐餐酒。

（2）甜葡萄酒　含糖分较多，是干葡萄酒中加入适量糖浆，使酒有明显的甜味。按糖分含量不同又分普通甜葡萄酒，含糖分为4%~14%；特浓甜葡萄酒，含糖分在14%以上，甜味浓，适合女士饮用。

3. 按加工方法分类

葡萄酒按加工方法分为原汁葡萄酒、半汁葡萄酒、加料葡萄酒、起泡葡萄酒等。

（1）原汁葡萄酒　全部由葡萄发酵的产品。

（2）半汁葡萄酒　一半为原汁葡萄酒，其他是添加食用酒精、糖分和配料混合而成。

（3）加料葡萄酒　在原汁葡萄酒中加入药料、香料、糖分等。如丁香葡萄酒、人参葡萄酒等。加香料的为香型葡萄酒，加药料的为补型葡萄酒。

（4）起泡葡萄酒　一般属于白葡萄酒，酒内含有二氧化碳，开瓶后有大量泡沫产生，如香槟酒。

小知识

香槟酒的来历

远在两千多年前，法国香槟地区就开始种植葡萄和酿制葡萄酒了。1668年，该地区奥维利修道院担任管家修士的丹·佩里农，立志酿造出甘甜可口的葡萄酒。他把各种灰葡萄酒互相掺拌，用软木塞密封后放进酒窖。第二年春天，当他把那些酒瓶取出时，发现瓶内酒色清澈，明亮诱人。一摇酒瓶"砰"一声巨响，他吓了一跳，瓶塞也不翼而飞，酒喷出了瓶口，芳香四溢。大家争着品尝新酒，把这种酒称为"爆塞酒""魔鬼酒"。后来，人们用产地的名字把它命名为香槟酒。

（二）葡萄酒的品质指标

1. 色泽

酒液应具有天然色泽，如干红葡萄酒为粉红和淡红色，干白葡萄酒为淡黄色。并要求清亮透明，不混浊。

2. 香气

酒液闻起来应感觉到天然的水果香气，陈酒还具有浓郁的酒香，不应有其他杂味。

3. 滋味

酒液酸甜适口，口感醇厚，甜型酒甜而不腻，干型酒干而不涩。

六、黄酒

黄酒是我国特有的传统饮用酒，因其色泽黄亮而取名黄酒。黄酒是用糯米、大米或黍米为主要原料，通过酒药、麦曲的糖化发酵，最后经压榨制成的，属于低度酒的发酵原酒。酒性醇和，适宜长期贮存，具有"越陈越香"的特点。黄酒除了饮用外，中药常以黄酒配制药丸或作"药引"，在烹调鱼、肉等荤腥菜肴时，黄酒是一种重要的调料，具有去腥提味的作用。

（一）黄酒的类型

根据酿造选用的主要原料、曲药和酿酒方法的不同，黄酒大致可以划分为以下4种类型。

1. 糯米黄酒

糯米黄酒是以糯米或大米为主要原料，以酒药和麦曲为糖化发酵剂酿制而成的，主要产地在长江以南各省。

2. 红曲黄酒

红曲黄酒是以糯米或大米为主要原料，以红曲为糖化发酵剂酿制而成的，主要产地在福建、广东，浙江温州、金华一带也产红曲黄酒。

3. 黍米黄酒

黍米黄酒是以黍米为主要原料，以天然发酵的块状麦曲为糖化发酵剂酿制而成的，主要产地在山东、东北地区，如山东即墨老酒。

4. 大米清酒

大米清酒是以大米为主要原料，以纯种米曲霉和清酒酵母为糖化发酵剂酿制而成的，主要产于吉林省。

（二）我国名优黄酒简介

1. 绍兴加饭酒

绍兴黄酒可谓是我国黄酒的佼佼者。绍兴酒在历史上久负盛名，在历代文献中均有记载。宋代以来，江南黄酒的发展进入了全盛时期，尤其是南宋政权建都于杭州，绍兴与杭州相距很近，故绍兴酒有较快的发展。当时的绍兴酒中，首推"蓬莱春"为珍品。南宋诗人陆游的诗句中，不少都流露出对家乡黄酒的赞美之情。目前，现代国家标准中的黄酒分类方法，基本上都是以绍兴酒的品种及质量指标为依据制定的。其中绍兴加饭酒在历届名酒评选中都榜上有名。加饭酒，顾名思义，是在酿酒过程中，增加酿酒用米饭的数量，相对来说，用水量较少。加饭酒是一种半干酒。酒度15°左右，糖分占0.5%~3%。酒质醇厚，气郁芳香。此外，还有元红酒、善酿酒、香雪酒等酒都具有很高的品质，远销国外三十多个国家和地区。

2. 福建龙岩沉缸酒

龙岩沉缸酒，历史悠久。在清代的一些笔记文学中，多有记载。现在为福建省龙岩酒厂所产。这是一种特甜型酒，酒度在14°~16°，总糖分可达22.5%~25%。内销酒一般储存两年，外销酒需储存三年。龙岩沉缸酒的酿法集我国黄酒酿造的各项传统精湛技术于一体。比如说，龙岩酒用曲多达4种：有当地祖传的药曲，其中加入30多味中药材；有散曲，这是我国最为传统的糖化用曲；有白曲，这是南方所特有的米曲；红曲更是龙岩酒酿造必加之曲。酿造时，先加入药曲、散曲和白曲，先酿成甜酒，再分别投入著名的古田红曲及特制的米白酒，长期陈酿。龙岩酒有不加糖而甜，不着色而艳红，不调香而芬芳三大特点。酒质呈琥珀光泽，甘甜醇厚，风格独特。

七、洋酒

我国对外国酒习惯称之为洋酒，世界上许多国家都有各自产酒的历史和文化。目前，洋酒的品种很多，酒的品牌更是五花八门，举不胜举。比较著名的产酒国家有：法国、英国、德国、意大利、美国、俄罗斯、瑞士、西班牙等。这其中最著名的当首推法国。法国生产的白兰地、香槟酒、红葡萄酒、白葡萄酒及各种烈性甜酒，都是首屈一指的。其次是英国，英国生产的金酒和威士忌，都非常受人们的欢迎。

1. 白兰地

白兰地是英文 Brandy 的译音，是以果实的浆汁或皮渣经发酵、蒸馏、橡木桶陈贮制成的蒸馏酒，原产于法国。白兰地酒精含量为 38%～45%，除乙醇和水外，还含有高级醇、酸类、酯类、醛类、酚类化合物等成分。法国白兰地酒的酒液呈棕黄色，澄清、透明、晶亮，具有白兰地原料品种醇厚的橡木香，香气协调，有自然感，浓馥而幽雅，余香绵延、味醇和、甘冽、细腻、丰满、绵长。

白兰地以法国生产的最为知名。法国著名白兰地产区有两个：一个为干邑地区，另一个为雅马邑地区。按法国酒类命名原产地保护法规定，只有在法国干邑地区经过发酵、蒸馏和在橡木桶中贮存的葡萄蒸馏酒才能称为干邑酒，在别的地区按干邑同样工艺生产的葡萄蒸馏酒不能叫干邑酒。干邑酒，其等级与原酒在橡木桶中贮存年限的长短有直接关系。干邑酒分成许多等级，从低到高分别为 VS 级（酒龄在 4 年半以下的）、VSOP 级（酒龄在 4 年半至 6 年半之间的）、XO 级（6 年半以上的）、EXTRA 级等，干邑酒贮存时间越长，质量越好，价格越高。

干邑酒知名品牌有人头马、轩尼诗、马爹利、拿破仑等。其中，人头马公司生产的路易十三被誉为"烈酒之王"，它百分之百使用大香槟区几千种"生命之水"调制而成，并放置在古老的橡木桶贮藏长达五十至一百年，滴滴佳酿盛装在雕有百合花徽的纯手工水晶瓶中，瓶颈以 24K 纯金雕饰，为极具收藏价值的艺术品。人头马路易十三是经典卓绝的珍贵典藏，更是馈赠重要友人的至佳之选。饮用人头马路易十三，就像经历一段奇幻美妙的感官之旅。最初可感觉到波特酒、核桃、水仙、茉莉、百香果、荔枝等果香，旋即流露香草的香味；待酒精逐步挥发，鸢尾花、紫罗兰、玫瑰、树脂的清香更令人回味。一般白兰地的余味只能持续 15～20 分钟，而此酒余味萦绕长达 1 小时以上。

2. 威士忌

威士忌是英文"Whisky"的译音，是以大麦、小麦、黑麦或玉米为主要原料，以大麦芽为糖化剂，采用液态发酵，然后蒸馏，最后在橡木桶内经数年贮存而制成的一种蒸馏酒。威士忌酒色泽呈琥珀色，酒度在 40°左右。

威士忌以苏格兰生产的较为知名，著名品牌有芝华士十二年、芝华士皇家礼炮、红方、黑方、百灵坛等，这些苏格兰威士忌独具泥炭熏烤麦芽工艺，与其他国家生产的威士忌明显不同。其中芝华士十二年以其特佳酒质，已成为举世公认衡量优质苏格兰威士忌的标准。十二年陈酿的芝华士十二年威士忌，品质永远保持水准，成为有史以来声誉最高的苏格兰优质威士忌，其高贵银箔纸盒装潢，更是人所共知。芝华士也是目前各地酒吧销量最好的洋酒之一，流行喝法是加绿茶或者红茶及冰块。

3. 金酒

金酒是英文"Gin"的译音，也叫杜松子酒。此酒用大麦、玉米为主要原料，经液态发酵、蒸馏制成原酒，在原酒中浸泡杜松子后，再经过蒸馏，使酒具有杜松子的花露香气。金酒为无色透明液体，酒度 40°左右。

4. 朗姆酒

朗姆酒是英文"Rum"的译音，此酒以甘蔗汁、甘蔗糖蜜为原料，经液态发酵后，蒸馏制成原酒,在橡木桶中陈酿,最后与香料兑制而成。朗姆酒酒液透明金黄,有独特的香气,酒度40°左右。

5.伏特加

伏特加又名俄得克,原产于俄罗斯。此酒以马铃薯或玉米为原料,经液态发酵和连续蒸馏成高纯度酒精,然后用水稀释至所需酒度,加入适量活性炭吸附杂质,最后过滤装瓶,即为成品。这种酒杂质含量低,口味较纯正。

> **小知识:什么是鸡尾酒?**
>
> 鸡尾酒起源于美洲,它是以白兰地、威士忌、金酒、朗姆酒、伏特加等烈酒或是葡萄酒作为基酒,再配以果汁、蛋清、苦精、牛奶、咖啡、可可、糖等其他辅助材料,加以搅拌或摇晃而成的一种饮料,最后还可用柠檬片或薄荷叶作为装饰物。因为鸡尾酒素来就非常讲究色、香、味、形的兼而有之,所以人们又往往习惯性将其称为"艺术酒"。同时,鸡尾酒配制方法简单,可根据个人对酒的要求和爱好即配即饮,所以在宴会上、在酒吧间、特别是在家庭中,越来越受到人们的欢迎。在我国,人们对酒的嗜好开始向低度、营养饮料方面转化。中国式鸡尾酒是用我国传统的大曲酒(高度白酒)及营养丰富的果汁加以配制的,既保留了曲酒的香醇,又具有果汁的营养和风味。

第三节 烟草制品

烟草作为一种特殊的消费品,已有500多年的历史,其发源地在中南美洲,是印第安人开创的。1492年哥伦布发现美洲大陆后烟草传到世界各大洲,约在1581年由欧洲传入我国。目前,中国吸烟人数高达3.5亿,是世界上吸烟人口最多的国家,也是世界上最大的烟草生产国和消费国。

"吸烟有害健康"已是公认的事实,其中,卷烟在不完全燃烧的情况下产生的焦油含有16种致癌物质、4000~5000种化学成分,可导致纤毛失去保护功能,损害巨噬细胞,降低人体免疫力,引发多种癌症。据估计,中国每年有一百万人死于和吸烟有关的疾病。我国政府根据国情对卷烟实行高价高税政策,一方面积极宣传吸烟有害健康;另一方面做好给城乡人民群众供烟的工作。

> **小知识:世界无烟日**
>
> 自20世纪50年代以来,全球范围内已有大量流行病学研究证实,吸烟是导致肺癌的首要危险因素。为了引起国际社会对烟草危害人类健康的重视,世界卫生组织1987年11月建议将每年的4月7日定为"世界无烟日",并于1988年开始执行。但因4月7日是世界卫生组织成立的纪念日,每年的这一天,世界卫生组织都要提出一项保健要求的主题。为了不干扰其卫生主题的提出,世界卫生组织决定从1989年起将每年的5月31日定为世界无烟日,中国也将该日作为中国的无烟日。

一、烟草的种类及分布

目前被植物学家确认的烟草已有66个品种。但被人们栽培食用的只有两个品种:一个是普通烟草,又叫红花烟草,是一年生或二三年生草本植物。这种烟草宜种植于较温暖地带。另一种是黄花烟草，黄花烟草又称薰烟草，是一年生或两年生草本植物。这种烟草耐寒能力较强，适宜于在低温地区栽培。我国所栽培的烟草除了北方有少量黄花烟草之外，大部分是普通烟草。在绝大多数地方，人们所食用的都是烟草的叶片，作为商品，也把烟草称为烟叶。根据从古至今所栽培的各种烟草的品种特性、栽培条件、调制方法、主要用途，主要分为以下6类。

1. 晾晒烟

该品种生产的区域较广，种植历史最悠久，几乎遍及全球。这是最早传入我国的烟草品种。加工成烟制品的方法也较简单，一般是把田间生长已成熟的烟叶，采摘扎把挂在屋檐下晾晒干燥后即成烟叶，用手工制成相当于现在的雪茄烟和烟丝，用简单的烟具抽吸。晾晒烟有两种生产消费方式：一种是农民自种自吸，或有少量出售；另一种是对晾晒烟进行规模生产，用于制造烟制品，如制造雪茄烟、烟丝、鼻烟、嚼烟等。晾晒烟也可少量搭配用于生产卷烟，但它辛辣味重，刺激性大，消费面较窄。

2. 烤烟

原产于美国弗吉尼亚州，国际上称弗吉尼亚型烤烟，也叫美烟。由于这种烟叶是在烤房内装上火管加温烘烤的，所以确切的名称叫烤烟。烟叶经烘烤后，叶片色泽金黄，光泽鲜明，味香醇和，是世界各国生产卷烟的主要原料，其产量约占全球烟草总量的40%以上。烤烟型卷烟的主要原料为烤烟，其他类型的烟制品在生产中也需使用烤烟。烤烟的主要生产国家有：中国、美国、加拿大、印度、津巴布韦等国。中国烤烟产量约占烟叶总产量的80%以上，烤烟生产主要集中在云南、河南、贵州、山东等省。

3. 白肋烟

白肋烟原产于美国，是由于叶片的茎、脉呈乳白色而得名。它属一种深褐色晾烟，调制方法是把生长成熟的烟叶挂在能控制温湿度的晾栅内调制晾干。这种烟叶香气浓郁，尼古丁含量较高，是生产混合型卷烟的主要原料。种植白肋烟的国家有美国、巴西、日本等国。我国于20世纪50年代先后在山东、河南、安徽、湖北、重庆等地种植白肋烟，烟叶品质逐步提高，已用于生产混合型卷烟。

4. 香料烟

香料烟叶主要产于土耳其、保加利亚、希腊、泰国等国。它是一种特殊品种，叶片很小，烟叶含有较高的芳香物质。香料烟叶的产量较低，一般亩产约40~50千克，因而售价较高，只能少量使用生产混合型卷烟。

5. 雪茄烟

制作雪茄的原料烟叶要求很严，分为包叶烟、束叶烟和芯叶烟三种。其中要求最严的是包叶烟，要求叶片薄而轻，叶脉细，组织细密，弹力与张力强，颜色均匀而有光泽。这种包叶烟一般都要专门种植，最好是遮阴栽培，采摘后在房中晾干，属于晾烟的一种。我国包叶烟的产地以四川为主，以浙江桐乡所产质量最好。我国生产的很多晒红烟都可以作雪茄束叶与芯叶的原料。

6. 黄花烟

黄花烟与上述5种红花烟在植物分类上属不同的种，有较大的差异。它的植株比红花烟矮小，生长期短，耐寒力强，我国种植黄花烟的地区都在北方，其中著名的有兰州黄花烟（即兰州水烟）、东北蛤蟆烟、新疆伊犁莫合烟（又称马合烟）。大多加工制为斗烟和水烟。

> **小知识：烟草新品种——"药烟"**
>
> 近年来我国农学家已经研究选育成功一种新型的"药烟"，它是利用药用植物与烟草进行远缘杂交之后培育成的。例如山西农业大学的药烟育种科研组就已培育成功具有中草药成分的人参、黄芪、金银花、薄荷等9种"药烟"。这些"药烟"可以降低烟中有害物质的含量，对人体某些疾病有一定的疗效，是很有前途的一种新型的烟草品种。

二、烟丝的化学成分

卷烟是由烟叶加工成烟丝后，经加料加香，用盘纸卷制而成的。主料烟丝的质量决定了卷烟的等级和质量，它的化学成分和特性代表了卷烟的化学成分及特性。烟丝在燃烧时可产生4000多种化学物质，其主要化学成分包括糖分、蛋白质、焦油与烟碱、芳香物质、微量矿物质和水分。

1. 糖分

烟丝中的糖分主要是水溶性糖（如葡萄糖、果糖、蔗糖、麦芽糖等），它是由烟叶中的淀粉转化而来的，是卷烟中的有利成分。烟丝中的糖分在卷烟燃烧过程中，使烟气呈酸性反应，能降低烟气的辛辣和苦涩等不良气味，使吸味醇和。此外，糖分使烟丝具有较大的韧性和弹性，从而增强了卷烟的填充力和燃烧性。因此，卷烟烟丝中糖分含量通常随着卷烟的等级质量提高而增加。

2. 蛋白质

烟丝中一般含有5%～15%的蛋白质。蛋白质的作用与糖分相反，通常蛋白质含量的增加，能使燃烧后烟气呈碱性反应，产生烧焦羽毛的臭味和苦味，使咽喉感到不舒服，吃味由辛辣而变苦，烟丝的吸味质量降低。因此，蛋白质含量的增加会引起卷烟质量的下降。目前，常利用糖分与蛋白质含量的比值，作为评定卷烟吸味质量的指标，此比值称为施木克值。施木克值越大，卷烟等级越高。公式为

$$\text{施木克值} = \frac{\text{糖分含量}/\%}{\text{蛋白质含量}/\%}$$

3. 焦油和烟碱

卷烟燃着后的烟气里含有0.1～1微米的小颗粒物，吸入人体呼吸器官内即冷凝集聚。集聚物主要是焦油和烟碱，是一种褐色物质。

焦油中0.2%是致癌物质，0.4%是诱癌物质。医疗卫生界提出吸烟危害健康的主要理由是卷烟焦油中含有少量危害健康的物质，因此，发展低焦油卷烟，逐步降低卷烟的焦油释放量，提高卷烟的安全性，已成为卷烟行业的大势所趋。降低卷烟焦油可从两个方面着手：一方面，通过农业上的技术途径，例如用基因工程培育低焦油、高香味的遗传品种，采用栽培措施提高烟草中的钾和硝酸盐含量等，由于科技含量高、效果慢等因素的影响，在国内不常用。另一方面，也是目前国内较常用的方法，例如采用增加滤嘴长度、使用强吸附力的特制滤嘴等方式截留主流烟气中的颗粒物来降低卷烟的焦油。

烟碱俗称尼古丁，是一种可溶性的含氮化合物。由于它具有兴奋中枢神经的作用，所以是引起人们爱好吸烟的重要原因。但吸入过量会引起神经麻痹、头晕、呕吐，并对心脏不利，如一次吸入40毫克时，会导致人死亡。一般烟丝中含烟碱1.5%较适中，高于1.8%劲头过大，低于1.3%劲头不足。

4. 芳香物质

卷烟的芳香气味，主要是芳香物质形成的。烟丝中的芳香物质分为两类：一是由烟叶表面

散发出来的香气,即烟叶中具有芳香气味的挥发油所产生的;二是在燃烧时产生的香气,主要是树脂加热时变软而散发出的香气。烟丝中芳香物质随烟叶原料的品种、产地、调剂方法等情况不同而有较大的差别。

5. 矿物质

烟丝中的矿物质主要有钾、钙、钠、镁等。这些矿物质多呈碱性,使卷烟烟气有强烈的刺激性,以含量较少为好。

6. 水分

烟丝水分高低,不仅与卷烟的霉变有直接的关系,并且还与卷烟的质量有密切的关系。烟丝正常的含水量应保持在11%～13%。烟卷含水量正常,则其燃烧性较好,透气适当,烟的芳香气味协调,吸味醇和,劲头适中。若烟含水量过高,则燃烧慢,易熄火,吸味平淡,生理强度低,易霉变。卷烟含水量过低,则燃烧速度过快,刺激性增强,吸味辛辣,烟丝平缩发脆,易造成空头烟。

三、卷烟的真伪鉴别

卷烟真伪的鉴定大体可分为两种方式,一种是通过感官评吸的方式对卷烟真伪进行判定。由于这种方式需要由经过严格培训的专业技术人员来进行,不便于掌握,这里不作赘述。下面介绍另一种容易掌握并实际运用的方式,即通过卷烟的外在特征直观鉴别卷烟的真伪。这种方式一般采用对比法,即以被鉴别卷烟的标准产品为对照样品,由表及里逐项进行对比鉴定,可从条装、小盒包装、烟支外观和烟丝的一些特征进行真伪鉴别。

1. 看条盒包装

标准卷烟的条盒透明纸一般采用BOPP或PVC透明纸,纸质光亮、透明度高,包装后紧贴牢固、整洁、无麻点、无伸展不开的褶皱。假冒卷烟采用的透明纸一般较厚、透明度差,包装后较松散,表面不洁。标准卷烟的条盒商标标记印刷清晰、完整,套色均匀,无漏版现象,包装后图案居中,条装外形方正、粘贴牢固。假冒卷烟商标印刷一般较粗糙,颜色同标准卷烟条盒比较差异大,漏版严重,包装施胶较重且不均匀。

2. 看小盒包装

标准卷烟小盒外包装透明纸紧贴牢固、整洁,表面无破损,拉带完好、平齐,拉带端头有一翘起的圆头小舌;假冒卷烟一般透明纸包装不紧凑,有较大褶皱或麻点,拉带一般为平头、较窄,有些甚至无拉带头。标准卷烟小盒商标标记印刷清晰完整,套色均匀,无漏版现象,包装后小盒图案均匀居中,外形方正,外表洁净,粘贴牢固,施胶平直均匀,硬盒内舌粘贴牢固、内衬铝纸压花均匀;假冒卷烟一般商标较粗糙,颜色同标准卷烟商标比较差异大,有漏版现象,包装后图案不方正、表面不洁,盒内舌易脱落,内衬铝纸质量粗糙。

3. 看烟支外观

标准卷烟烟支钢印字体清晰完整、位置适当,表面光洁饱满、无皱纹,烟支长短一致、切口平齐,假冒卷烟一般钢印残缺、高低不一,颜色或浅或深,烟支表面不洁、切口有毛渣,卷烟纸罗纹及水松纸颜色同标准卷烟亦有差异。标准卷烟含水率一般控制在11%～13.5%(也就是说轻轻将烟支弯曲后松开,烟支能够基本复原),手感适中;假冒卷烟水分大小不一致,手感较差,烟支偏硬,弯曲后不易复原。标准卷烟鼻闻应有纯正的清香、不刺鼻;假冒卷烟则根本不加香或有明显异味或霉变气味。

4. 看烟丝

标准卷烟的烟丝颜色均匀一致,光泽油润,切丝宽度均匀,无杂质、烟末;而假冒卷烟一般烟丝较碎、宽窄不一致,有较多杂质,缺乏油润性。标准卷烟的梗丝一般经膨化处理,梗丝柔软、厚度均匀,烟丝内无明显的硬梗签;而假冒卷烟梗丝一般不经膨化处理,烟丝内含有较多硬梗签。

> **小知识**
>
> **中华烟的鉴别**
>
> 1. 条包装
> ① 条包装透明纸由于摩擦系数低，手感光滑，光泽好，而假烟摩擦系数大，滞手，光泽差。假烟条盒与条盒透明纸之间间隔大，尤其在条盒的两端差异明显。
> ② 条装为无字母金拉线，拉线头为半圆形，顺时针拉开，而假烟头形无规则。
> ③ 透明纸粘封在有条码侧与边缘平行，呈一条直线状，宽度均匀一致，而假烟不平行、不直、不均匀。
> ④ 条盒采取欧式上开盖，条盒透明纸右上角透明纸内侧采用自动喷墨隐形防伪技术。防伪标志在紫外灯下呈紫蓝色，由集团图案、两个字母"ZH"、十位数字（分两行）组成，"ZH"为中华二字汉语拼音字头，后十位数字分别代表生产日期、班别、车号。
> ⑤ 对回收使用的旧条盒，注意边角处往往有磨损和玷污痕迹，往往有两次粘封或拆后封痕迹。
>
> 2. 小盒包装
> ① 盒装透明纸手感光滑光泽好，假烟滞手。
> ② 盒装为无字母拉线，拉线头为方形，顺时针拉开；而假烟无规则。
> ③ 透明纸粘封在有警句的条码侧，粘封平、直、匀；而假烟不够平行、不够直、不够匀。
> ④ 防伪标志在盒正面下缘，"中国上海卷烟厂出品"在下边透明纸内侧，除呈一行排列和无集团图案外，与条盒防伪技术、内容一致。
> ⑤ 小盒粘封拆开后，左右两侧有规则的三条胶线，而假烟为片状。小盒与内衬纸粘封左右为一条胶线，呈八字形，前后为两条胶线，而假烟采取不粘或无规则片状。
> ⑥ 小盒底打有一个字母二位数字的密码钢印，代表年、月、车号。
>
> 3. 烟支
> ① 烟支排列顺序为7、7、6，而假烟一般为7、6、7。
> ② 烟支长度、圆周、外观、钢印规范，烟支无小号；假烟不规范，且有的有小号。
>
> 4. 烟丝
> ① 烟丝由烟丝、膨胀烟丝、少量梗丝构成。
> ② 烟丝颜色橘黄至金黄光泽油润，而假烟颜色和光泽差。
> ③ 膨胀烟丝采取CO_2干冰膨胀法，数量比例为$5\%\sim8\%$，将烟丝倒入丙酮溶液中，有漂浮的烟丝为膨胀烟丝；而假烟无漂浮烟丝。

复习思考题

一、填空题

1. 茶叶的主要成分是_____、_____和_____，决定着茶叶的色、香、味。
2. 绿茶根据干燥和杀青的工艺不同，又可将其分成_____、_____、_____、_____。
3. 根据加工工艺的不同，红茶可分为_____、_____和_____ 3种。
4. 酒按酿制方法分为_____、_____和_____ 3种。
5. 白酒的成分中，_____和水是最主要成分。

6. 根据是否杀菌，啤酒可分为_____和熟啤酒；根据颜色的深浅，啤酒可分为_____和黑啤酒。
7. 按色泽分，葡萄酒可分为_____和白葡萄酒；按糖分含量，葡萄酒可分为_____和甜葡萄酒。
8. 黄酒是用_____、_____或黍米为主要原料，通过酒药、麦曲的糖化发酵，最后经压榨制成的。
9. _____是世界各国生产卷烟的主要原料。其产量约占全球烟草总量的40%以上。
10. 烟叶中含_____，具有兴奋中枢神经的作用，是引起人们爱好吸烟的重要原因。

二、单项选择题

1. 下列不属于不发酵茶的是（　　）。
   A. 信阳毛尖　　　　B. 西湖龙井　　　　C. 祁红　　　　D. 洞庭碧螺春
2. 下列属于发酵茶的是（　　）。
   A. 武夷岩　　　　B. 黄山毛峰　　　　C. 祁红　　　　D. 铁观音
3. 下列属于蒸馏酒的是（　　）。
   A. 白酒　　　　B. 啤酒　　　　C. 葡萄酒　　　　D. 黄酒
4. 下列属于发酵原酒的是（　　）。
   A. 五粮液　　　　B. 绍兴酒　　　　C. 白兰地　　　　D. 竹叶青
5. 茅台酒的香型为（　　）。
   A. 浓香型　　　　B. 清香型　　　　C. 酱香型　　　　D. 米香型
6. 浓香型白酒以（　　）为代表。
   A. 茅台酒　　　　B. 汾酒　　　　C. 泸州老窖　　　　D. 董酒
7. 被称为"液态面包"的酒为（　　）。
   A. 白酒　　　　B. 啤酒　　　　C. 葡萄酒　　　　D. 黄酒
8. 山东即墨老酒是以（　　）为主要原料。
   A. 大米　　　　B. 糯米　　　　C. 玉米　　　　D. 黍米
9. 白兰地的原产地为（　　）。
   A. 法国　　　　B. 英国　　　　C. 美国　　　　D. 俄罗斯
10. 下列成分中属于卷烟的有利成分的是（　　）。
    A. 糖分　　　　B. 蛋白质　　　　C. 焦油　　　　D. 烟碱

三、问答题

1. 茶叶的主要成分有哪些？对人体有何作用？
2. 分别简述红茶、绿茶、乌龙茶的特征及其代表品种。
3. 如何用感官鉴别茶叶的质量？
4. 酒是如何分类的？白酒、啤酒、葡萄酒是如何分类的？
5. 白酒有哪几种香型，各有何特点及其代表品种？
6. 简述卷烟的成分与质量的关系。

实 践 训 练

实训项目：茶叶的种类及其质量的鉴别

（一）实训目的
掌握茶叶感官质量鉴别的方法。

（二）原料准备
红茶、绿茶、花茶和乌龙茶的新、陈茶各500克；茶盘、茶碗或茶杯若干只。

（三）实训要求
1. 能区别茶叶的类型。
2. 能鉴别同一种茶叶质量的优劣。

（四）实训步骤
1. 茶叶品种的鉴别
① 取4种不同品种的新茶，倒入茶盘，进行形状、色泽、嫩度、净度等外观特征的鉴别。

② 用茶杯或茶碗冲泡后，进行香气、汤色、滋味、叶底等内质鉴定。
③ 说出鉴定结果并进一步体会 4 种茶叶的特点。
2. 茶叶质量的鉴别
① 取同一品种的新茶、陈茶分别倒入茶盘。
② 分别比较、检查茶叶的形状、色泽、嫩度、净度等外观特征。
③ 冲泡后进行香气、汤色、滋味、叶底等内质检查。
④ 说出新茶、陈茶的质量特征。
（五）实训结果
将四种茶叶的新茶、陈茶的外观鉴别及内质鉴定结果用文字叙述填在下表中。

茶叶名称	茶叶外形审评				茶叶内质审评			
	形状	色泽	嫩度	净度	汤色	香气	滋味	叶底
红茶（新茶）								
红茶（陈茶）								
绿茶（新茶）								
绿茶（陈茶）								
花茶（新茶）								
花茶（陈茶）								
乌龙茶（新茶）								
乌龙茶（陈茶）								

第十章 纺织品商品知识

【学习目标】
① 掌握纺织纤维的分类及其主要特点。
② 掌握纺织纤维的感官鉴别方法。
③ 了解纱线的形成过程及纱线细度的表示方法。
④ 掌握纺织品的质量指标。
⑤ 了解服装的概念、基本功能、分类。
⑥ 理解服装设计和服装穿着基本常识。

纺织品是人们日常生活中的必需品,品种繁多,花色万千,可分为机织品、针织品两大类。

机织品是由相互垂直的两系统纱线(经纱和纬纱)在织机上按一定规律交织而成的织品,主要有棉布、呢绒、丝织品、化纤织品等。在传统的商品生产和经营中,各种纺织布匹一直占主导地位,然而在新形势下,服装的生产和经营已成为主流。

针织品是用织针将由各种纤维纺成的纱线,弯纱成圈,按一定规律相互连接和串套而成的织物,如汗衫、背心、棉毛衫裤、绒衣裤、袜子、手套等成品。

第一节 纺织纤维

纺织纤维是织造纺织品的基本原料,纤维的性质直接影响着纺织品的性能,纺织品又是服装等服饰商品的制作原料。纤维是一种细长而柔韧的物质,它的长度要比直径大千万倍,直径常用微米来表示,而长度则以毫米或厘米表示。在自然界中,纤维的种类很多,但不是所有的纤维都可以作为纺织纤维。纺织纤维应具备以下条件。
① 纤维的长细度符合纺织加工的要求。
② 具有一定的化学稳定性,在水或常见的化学试剂中不溶解。
③ 具有一定的保温性、吸湿性、透气性。
④ 具有一定的强度,并有适当的弹性。
纺织纤维按其来源可分为天然纤维和化学纤维两大类。

一、天然纤维

天然纤维是自然界中原有的或经人工培植而获得的纤维。它分为植物纤维和动物纤维两种。植物纤维的主要成分是纤维素,所以又称纤维素纤维,常用的植物纤维有棉花和麻类;动物纤维的主要成分是蛋白质,所以又称蛋白质纤维,常用的蛋白质纤维有蚕丝、羊毛。

(一)棉纤维

棉纤维是棉属植物种子表面生成的绒毛,属种子纤维,在所有纺织纤维中,无论是产量还是用量,均居世界首位。

1. 主要品种

棉纤维按棉花品种的不同可分为长绒棉、细绒棉、粗绒棉三种。

(1)长绒棉 又细又长,直径约18~20微米,纤维长度在33毫米以上,用来织造轻薄细匀的棉织物，是高档的纺织原料，主要产于我国新疆地区。

（2）细绒棉　直径约18～20微米，纤维长度约25～31毫米，用来织造一般的棉织物，是产量最大的棉纤维品种，主要产于我国华北、长江流域、黄土高原等地区。

（3）粗绒棉　又粗又短，直径约23～26微米，纤维长度在13～26毫米，其品质低劣，一般不用来作纺织原料。

2. 形态结构

成熟的棉纤维是具有天然转曲的细长略呈扁平带状的管状物体。棉纤维的横截面呈腰圆形，由外向里可分为初生层、次生层和中腔三部分。

（1）初生层　是棉纤维的最外部的一层，它是由棉籽的表皮细胞生长起来的极薄而透明的薄膜，其主要成分为果胶，外部覆有蜡质。蜡质对纤维起保护作用，能防止水的浸入，在纺纱时，也能起润滑作用。但它会给纤维染色带来困难，因此在漂染前必须清除。

（2）次生层　是由纤维素逐日积淀而形成层状结构，为棉纤维生长"日轮"，是棉纤维的主要部分，其主要成分为纤维素。

（3）中腔　是棉纤维停止生长后，所遗留下来的空隙，中腔内主要含有少量的含氮物质及色素。

3. 理化性质

（1）具有天然转曲　用显微镜观察一根成熟的棉纤维时，可以看到像扁平带子状的天然转曲。天然转曲能使棉纤维具有良好的抱合性能，天然转曲越多，成纱时纤维间因抱合力大会自然加大纱线的强力，纤维品质也就越好。

（2）强度高　棉纤维强度是指拉断一根纤维所需要的力，以克力来表示。在同一品种中，一般纤维越粗，其强度越高，但棉纤维的强度不单纯取决于纤维的粗细，也与棉花的类别、品种有关。一般来说，相同直径的长绒棉的强度要大于细绒棉。

（3）吸湿性好　棉纤维的主要成分为纤维素，纤维素含有大量的羟基（亲水性基团），另外棉纤维属于多孔性物质，次生层存在许多缝隙和孔洞，水分子易进入其内部，故吸湿性好。

（4）耐碱不耐酸　棉纤维对碱的抵抗能力强，其织品可用强碱性洗涤剂洗涤。

小知识：什么叫丝光？

在常温和低温下将棉纤维浸入浓度为18%～25%的烧碱溶液，棉纤维会发生膨胀，转曲消失而呈圆管状，长度缩短，若及时施加张力阻止其缩短，则纤维会出现丝状光泽（这种光泽在碱洗净后仍能保持），其强度增加，吸湿性提高，易于染色印花。纺织工业上常利用此方法处理棉纤维，通常称为丝光工艺。

（二）麻纤维

麻是一年生或多年生草本植物，和棉同属植物纤维，但棉是种子纤维，麻为韧皮纤维。麻纤维的主要成分为纤维素和半纤维素，其中纤维素约占60%～70%，半纤维素约占10%～15%。麻纤维的次要成分有果胶质、木质素、含氮物、蜡质等。

1. 主要品种

麻的种类很多，但纺织价值较高且产量较大的只有苎麻和亚麻。

（1）苎麻　苎麻产量以我国最多，约占世界总产量的50%以上，故有"中国草"之称。苎麻直径约40微米，纤维长度20～250毫米，平均为60毫米，是麻类中最长的。苎麻纤维吸水快，干燥也快，吸湿、散湿性很好，透气性好，是夏季衣着的适宜原料。苎麻与涤纶混纺织成的麻涤布，缝制夏装，有质轻、凉爽、挺括、不贴身、透气、便于洗涤等特点。

（2）亚麻　亚麻原产于俄罗斯，在我国的主要产区是黑龙江省。亚麻直径约12～17微米，纤维长度约17～25毫米。亚麻强度与苎麻接近，虽比苎麻柔软，但比棉硬挺，其织物挺直，但弹性差，皱后不易回复，亚麻的吸湿、散湿速度仅次于苎麻。亚麻主要用于织制亚麻衣料或与苎麻、棉、化纤混纺织制各种衣着用品和装饰用品。

2. 理化性质

（1）强度高　麻纤维的强度在所有天然纤维中是最好的，而且在湿态下强度提高20%。

（2）吸湿性好　麻纤维中天然纤维素含量为60%～70%，纤维素大分子内存在游离亲水性羟基，与水分子发生氢键结合而吸湿，同时纤维内有许多孔隙可以吸收水分。

（3）柔软性差　麻纤维的断裂伸长率只有3%，在天然纤维中最小，纤维不易弯曲，刚性大，因此麻织物在穿着时有刺痒感。

（4）耐碱不耐酸　和棉纤维一样，麻纤维的主要成分为纤维素，耐碱性较强，而耐酸性较差。

（三）羊毛纤维

羊毛是人类在纺织上最早利用的天然纤维之一。羊毛纤维柔软而富有弹性，有天然形成的波浪形卷曲，可用于制造呢绒、绒线、毛毯、毡呢等生活用品和工业用品，其衣料具有手感丰满、保暖性好、穿着舒适等特点。

1. 羊毛的结构和外观形态

羊毛的显微结构由外向内可分为3层。

（1）鳞片层　是片状角朊细胞组织，像鱼鳞片状重叠覆盖于毛干的外部，能起保护皮质层，抗拒化学药剂、日光、空气的侵蚀，防止机械损伤及体现羊毛的光泽等作用。

（2）皮质层　是羊毛纤维的主体部分。皮质层由许多纺锤细胞组成。这种细胞分两种不同的细胞——位于卷曲内侧的偏皮细胞和位于卷曲外侧的正皮细胞。正皮细胞含量少但吸湿大，易染色，皮质层中还存在着天然色素。

（3）髓质层　位于羊毛中心，是由结构疏松充满空气的角朊细胞组成。髓质层使纤维脆而易断，不易染色。但是如纤维稍有些髓质层，纤维刚性增加，保暖性也好。

2. 羊毛的种类

根据髓质层的有无及髓质层的形态，羊毛纤维可分为以下4种类型。

（1）绒毛　绒毛无髓质层，又叫无髓毛，纤维细软，纺织价值最高。

（2）两型毛　两型毛中心髓质层断续出现而非整根纤维都有，纤维稍粗，纺织价值较好。

（3）粗毛　粗毛中心髓质层连续出现，无卷曲，纤维较粗，纺织性能差，只能制作粗纺呢绒或制毡。

（4）死毛　死毛除鳞片层外，全是毛髓，无纺织价值。

3. 理化性质

（1）可塑性　在100℃的沸水或蒸汽中，羊毛纤维会逐渐膨胀发软失去弹性，这时如把羊毛压成各种形状，并迅速冷却，解除压力后已压成的形状可长久不变。毛纺业常利用羊毛纤维的可塑性使毛织物更加美观。

（2）缩绒性　是羊毛纤维在热湿条件下受到挤压或揉搓等外力作用时，由于鳞片顺、逆方向的摩擦系数有差异以及天然卷曲的存在，使纤维移动并相互缠绕，结果使织品面积缩小，变厚，缩出紧密绒面的性质。在织造粗纺呢绒和毛毯过程中往往利用这种特性。

（3）弹性和回弹力好　羊毛纤维具有较好的弹性和回弹力，其断裂伸长率高达35%，所以羊毛织物不易折皱。

（4）吸湿性好　羊毛纤维是吸湿性较强的一种纤维，其吸湿性高于棉纤维和蚕丝纤维，其吸湿性好的原因有两点：一是纤维结构松散，水分子易进入；二是纤维包含的亲水性基团较多。

（5）耐酸不耐碱　羊毛纤维的主要成分为蛋白质，耐酸性较强，而耐碱性较差。如在5%的烧碱溶液中煮沸5分钟，会全部溶解。羊毛纤维受碱破坏后强力下降、颜色发黄、手感粗糙。

（6）耐热、耐低温　羊毛纤维具有一定的耐热性和良好的耐低温性。当温度升至70℃时，颜色开始发生变化，手感粗糙，当长时间处在100℃以上时，强度下降，160℃以上时发出臭味，220℃以上开始碳化，300℃以上燃烧。羊毛纤维在-60～-50℃的低温下，柔韧性和强度无明显变化。

（四）蚕丝纤维

蚕丝是蚕在结茧时吐出的丝缕，是自然界唯一可供纺织用的天然长丝。

1. 蚕丝的种类

用作纺织纤维的蚕丝主要是桑蚕丝和柞蚕丝。

（1）桑蚕丝　也称家蚕丝，是最早在我国被利用的天然纤维。桑蚕丝大多为白色，光泽独特柔和，手感滑爽、柔软而有弹性，吸湿性优于棉，但不如羊毛，对人体无刺激性，是高级纺织原料。主要用于织制各种组织结构的各类丝织物和丝绸服装及装饰用品。

（2）柞蚕丝　是用柞蚕茧为原料缫制而成，也是由数根蚕丝相互并合靠丝胶黏合而成的。因为我国柞蚕茧产量占世界80%左右，柞蚕在国外也叫中国柞蚕。柞蚕丝有天然淡黄色，光线柔和，强度、弹性、吸湿性优于桑蚕丝。柞蚕丝主要用于织制各种中厚柞丝绸、装饰绸等。

2. 蚕丝的结构

每根蚕丝实际上是由两根平行排列的单纤维黏合而成。这两根单纤维即蚕丝的丝质（又称丝素），将丝质并列黏合在一起的是丝胶。从横截面上观察，丝质呈不规则的椭圆形或三角形。蚕丝的这种结构是由蚕的生理特性决定的。

3. 理化性质

（1）色泽　蚕丝具有独特的光泽，表面越洁净光泽也越强。蚕丝细脆不牢，不能直接用来织造，必须将数根蚕丝依靠丝胶黏合成具有一定粗细的长丝（即生丝）才能织造。抱合力好的生丝，表面茸毛少，光泽较强，生丝精炼成熟丝，会更显得洁白夺目。

（2）强度　蚕丝的强度高于棉纤维，不如羊毛和麻。湿态强度又低于干态强度，其弹性优于麻、棉，劣于羊毛。

（3）吸湿性　由于蚕丝的主体丝质为多孔性物质且含有亲水性基团，故吸湿性较强，在天然纤维中仅次于羊毛。

（4）耐热性　蚕丝的耐热性较高，高于羊毛纤维和棉纤维。当温度在120℃时不起明显变化，若温度升高到150℃，丝胶凝固变色，235℃即焦化发出与羊毛燃烧相似的臭味。

（5）耐酸碱性　蚕丝的主要成分为蛋白质，耐酸性强，耐碱性差，丝纤维在碱液中可以引起不同程度的水解。

二、化学纤维

化学纤维是以天然高分子物或人工高分子物为原料，经过化学工艺加工而取得的纺织纤维。按最初原料的来源，化学纤维可分为人造纤维和合成纤维两大类，人造纤维称"纤"，合成纤维称"纶"。

（一）人造纤维

人造纤维也称再生纤维，是用木材、棉短绒、蔗渣、大豆、花生、乳酪等天然的高分子物质为原料，经过化学处理与机械加工而制得的，与原高分子物质在化学组成上基本相同的纤维。其品种主要有黏胶纤维、富强纤维、铜氨纤维、醋酸纤维、大豆纤维等，其中黏胶纤维在人造纤维中产量最大。

黏胶纤维简称黏纤，其基本化学成分与棉纤维相同，因此性能总体上与棉纤维相似，但也有不同的地方。黏胶纤维强度低，在湿态下强度显著下降，因此不能用劲搓洗。黏胶纤维具有良好的吸湿性，织品是优良的夏季布料。由于其吸湿性能好，所以染色性能也好，能染出各种鲜艳的颜色。黏胶纤维弹性差，缩水率大，织品不挺括，易起皱、变形、下垂等。黏胶纤维也是纤维素纤维，所以耐碱不耐酸。

富强纤维是黏胶纤维的改进品种，与黏胶纤维相比，湿态强力好，缩水变形较小。但对原料的要求较高，一般用棉浆或高级木浆。

小知识：莫代尔和纯棉的区别

纯棉是一种天然棉花植物，而莫代尔（Modal）是奥地利兰精（Lenzing）公司开发的高湿模量的纤维素再生纤维，该纤维的原料采用欧洲的榉木，先将其制成木浆，再通过专门的纺丝工艺加工成纤维。纤维的生产过程极其环保。它的湿强度要比普通黏胶提高了许多，柔软性、吸湿性、染色性均优于纯棉产品；用它所做成的面料，具有宜人的柔软触摸感觉和悬垂感以及极好的耐穿性能。莫代尔和纯棉还有的区别就是莫代尔具有良好的外观以及具有丝绸般的光泽，显得雍容华贵，大大提升了服装的档次；良好的手感和悬垂性，使得服装显得更加飘逸，随身性更强，极柔软的触感，赋予了织品第二肌肤之美称。而纯棉织物则比较死板，光泽度不是很好，并且不光滑。

（二）合成纤维

合成纤维是利用石油、煤、天然气等为原料，先制得低分子化合物，经人工合成为高分子化合物后，再经过机械加工而制得的纤维。合成纤维的综合性能比天然纤维差，但个别性能优于天然纤维。此外，强力大、耐腐蚀、不霉不蛀是其共同的长处。合成纤维的品种很多，有聚酯纤维（涤纶）、聚酰胺纤维（锦纶）、聚丙烯纤维（丙纶）、聚乙烯醇纤维（维纶）、聚丙烯腈纤维（腈纶）、聚氯乙烯纤维（氯纶）、聚氨酯纤维（氨纶）等。

1. 聚酯纤维

聚酯纤维（涤纶）——挺括不皱。涤纶俗称的确良，产量约占世界合成纤维产量的48%，居合成纤维首位。涤纶强度高，耐磨性好，仅次于锦纶，弹性优良，与羊毛相似；耐晒性好，仅次于腈纶；耐热性居合成纤维之首，而抗皱性优于任何纺织纤维。涤纶吸湿性差，其织物尺寸稳定性好，缩水小，易洗、快干、免烫，但透气性差，易生静电，易沾污，染色也较困难。纯纺的涤纶织品不多，涤纶多与天然纤维或其他化纤混纺，以弥补其不足，改善消费性能。

2. 聚酰胺纤维

聚酰胺纤维（锦纶）——结实耐磨。锦纶是合成纤维中发展最早的品种，在世界合成纤维总产量中占第二位。锦纶的优点是密度较小，弹性强，耐折挠性好，耐碱、耐霉、耐虫蛀、易染色，尤其是强度和耐磨性优于其他纺织纤维。其缺点是吸湿性、耐磨性和耐晒性差，易变形。锦纶多与羊毛或其他毛型化纤混纺或纯纺成各种布料，也用长丝织制各种针织品，如袜子、运动衣等。

3. 聚丙烯腈纤维

聚丙烯腈纤维（腈纶）——蓬松耐晒。腈纶世界产量居合成纤维第三，由于其性质近似羊毛，有"合成羊毛"之称。腈纶蓬松、柔软、弹性好，保暖性比羊毛高15％左右，腈纶强度高于羊毛，耐日光性优于其他纺织纤维（日晒1000小时，强度下降不超过20％），染色容易且色泽鲜艳，但其耐磨性差，吸湿性差，易生静电。腈纶长丝很少，大多制成毛型或中长型短纤维，纯纺或与羊毛及其他化纤混纺制成各种织物、绒线、人造毛皮等。

4. 聚乙烯醇纤维

聚乙烯醇纤维（维纶）——优廉耐用。由于维纶性质近似棉花，有"合成棉花"之称。维纶吸湿性较好，在标准状态下回潮率为4.5％～5％，耐腐蚀性和耐日光性好。维纶耐酸性比棉好，耐碱性比棉差，不易霉蛀。维纶的耐热水性较差，在湿态110～115℃时有明显的变形和收缩，在水中煮沸3～4小时，织品明显变形并发生部分溶解；弹性不佳，在服用过程中易褶皱；染色性较差，色泽不鲜艳。维纶主要以棉型短纤维为主，常用于与棉或黏胶纤维混纺织造吸汗性、透气性良好的睡衣、床单布及其混纺织品。

5. 聚氨酯纤维

聚氨酯纤维（氨纶）——弹性优异。氨纶是一种新型纺织纤维，除具有涤纶所有的长处外，它还具有较好的吸湿性和高超的弹性。氨纶丝不能直接用于织造加工，必须在氨纶丝的表面包覆一层纤维或纱线，制成氨纶包芯纱或包覆纱。包芯纱常用于运动衣等弹力织物以及针织服装的辅料（袖口、领口等）和紧身衣裤等。包覆纱则用于袜子、贴身衣、弹力织物等。

6. 聚氯乙烯纤维

聚氯乙烯纤维（氯纶）——耐腐难燃。氯纶的耐酸性、耐碱性、耐氧化剂性均强，是合成纤维中最耐酸的品种之一，浓硫酸、浓盐酸对其强度几乎无影响。氯纶纤维燃烧性差，一离开火，就自动熄火，制品防燃性好。氯纶常用于制作防燃沙发布、床垫布、窗帘布和其他室内装饰用布、耐化学药剂的工作服、过滤布、针织品以及棉絮等。氯纶耐热性差，在60～70℃就会收缩，在沸水中收缩率高达50％，因此，洗涤水温应在60℃以下，并且不可烘干，这大大限制了其在衣着上的广泛运用。

7. 聚丙烯纤维

聚丙烯纤维（丙纶）——轻盈坚牢。丙纶密度小于水，是纺织纤维中最轻的纤维。丙纶强度高，弹性和抗皱性好，可与涤纶比美，耐磨性也比较好，但次于锦纶。丙纶不吸湿，其织物缩水小，易洗快干，但易起静电，穿着有闷热感，用丙纶与棉纤维、黏胶纤维等吸湿性好的纤维混纺可克服上述不足。丙纶的主要缺点是对光、热的稳定性差，不耐熨烫，难染色，近年来已有所改进。丙纶主要用做地毯、装饰布、包装材料、绳索、条带等，也可混纺织造工作服、运动衣、袜子、蚊帐等。

小知识：什么是莱卡棉？

莱卡棉是由氨纶纤维（Spandex，聚氨基甲酸酯纤维的简称）制成的面料，有时直接称呼"氨纶布"，在粤语地区也称"拉架"（莱卡的粤语发音）。

"莱卡"是英文单词LYCRA的译音，于1937年由德国拜耳公司（Bayer）研究成功，1959年美国杜邦公司（DuPont）开始生产，是杜邦公司氨纶纤维的注册商标，它能极大地提高织物的弹力与延伸性，氨纶拉伸后的回复性好是它最大的优点。与传统弹性纤维不同的是它的伸展度可达500％，且能回复原样。就是说，这种纤维可以非常轻松地被拉伸，回复后却可以紧贴在人体表面，对人体的束缚力很小。莱卡纤维可以配合任何面料使用，被称作是"友好的"纤维，它良好的品质被同行所认可。只要是采用了莱卡的服装都会挂有一个三角形吊牌，这个吊牌也成为高质量的象征。

三、纺织纤维的鉴别

纺织纤维的鉴别方法有多种,人们在日常生活中主要采用手感目测法和燃烧法进行鉴别。

1.手感目测法

手感目测法是鉴别人员用眼看和手摸衣料的光泽色彩、光滑程度、黏涩干爽性、折皱性、弹性、柔软悬垂性等进行鉴别。进一步可从衣料上拆下纱线,解捻后根据纤维的长短、长度整齐度、柔软或粗糙等特征加以确定。

例如:棉织物手感柔软,布面干爽,色泽暗淡;毛纤维细而柔,毛织物手感温暖、滑糯挺爽、活络丰满、富有弹性,手捏放松后皱褶迅速恢复,光泽柔和,毛纤维较长,有卷曲;麻织物手感粗硬、坚韧、挺括、易皱、凉爽,布面有经纬向随机分布的节,麻纤维长度长、粗硬,因有胶质而集成小束;丝织物手感柔软、光滑爽洁、富有强力,揉搓时发出特有的丝鸣,丝纤维为长纤维,且有特殊的光泽;人造纤维织物手感平滑柔软,有湿冷感,色彩鲜艳,光泽柔和,用手捏紧放松后皱褶较多,且恢复慢,湿态下强度低;不同品种合成纤维强度在外观手感上很相近,用手感目测法区别较难,可用燃烧法进行鉴别。

2.燃烧法

燃烧法是一种简便且常用的鉴别服装面料方法。鉴别时,先从织物上拆下几根纱线或纤维,用镊子夹住,慢慢移近火焰,仔细观察纤维接近火焰、在火焰中以及离开火焰时燃烧的程度、气味和灰烬等的特征,据此可大致判断纤维种类。这种方法只适用于纯纺织物的鉴别,对混纺和交织织物以及经过防火、防燃等特殊处理后的织物不适宜。常用纤维的燃烧特征见表10-1所示。

表 10-1　各种纤维燃烧时的特征

纤维	临近火焰	在火焰中	离开火焰	气味	灰烬特征
棉花	不熔化不缩离火焰	快速燃烧不熔融	继续燃烧	烧纸味	色灰、量少质松软
麻	不熔化不缩离火焰	快速燃烧不熔融	继续燃烧	烧纸味	色灰、量少质松软
蚕丝	熔化卷曲缩离火焰	燃烧缓慢稍熔	燃烧很慢,有时自熄	燃羽毛味	色黑、圆珠状、质脆易成粉末
羊毛	熔化卷曲缩离火焰	燃烧缓慢稍熔	燃烧很慢,有时自熄	燃毛发味	色黑、块状、质脆易破碎
黏纤	不缩离火焰	燃烧速度很快	余火微微移动	烧木材味	色灰白、量少或无灰
醋纤	熔化并缩离火焰	在熔融中燃烧	继续熔融燃烧	醋酸味	色黑、不规则珠形,质脆
涤纶	熔化并缩离火焰	在熔融中缓慢燃烧	通常自熄	似芳香族化合物	色黑褐、质硬而韧的圆珠状
锦纶	熔化并缩离火焰	在熔融中燃烧	通常自熄	煮扁豆味或芹菜味	色浅褐、质硬而韧的圆珠状
腈纶	熔化并缩离火焰	在熔融中快速燃烧	继续熔融燃烧	煤焦油般辛酸气味或鱼腥味	色黑质、硬而脆、不规则珠形
维纶	熔化并缩离火焰	在熔融中燃烧	继续熔融燃烧	电石般刺鼻臭味	棕褐色、质硬而韧、珠状
丙纶	熔化并缩离火焰	在熔融中燃烧	继续熔融燃烧	燃烧蜡烛味	棕褐色、质硬而韧、圆珠状
氯纶	熔化并缩离火焰	在熔融中缓慢燃烧	自熄	氯气的刺激性臭味	色黑、质硬、不规则珠状
氨纶	熔化并缩离火焰	在熔融中燃烧	继续熔融燃烧	特殊臭味	色黑、质硬而脆块状

第二节　纱　　线

一、纱线的形成

把短纤维加工成纱线的过程称为纺纱工程。根据纺织纤维的不同,常分为棉纺工程、毛纺工程、麻纺工程等。蚕丝和化纤长丝有时需加捻,有时则直接用于织造。现代纺纱工程一般经过开松、梳理、牵伸和加捻四个环节。

1. 开松

开松是利用各种机械,通过撕、扯、弹、打,把压紧成包的大纤维块松解成小块或小束的过程。开松使纤维间的横向联系的规模和范围减小,为进一步松解成单根纤维状态创造条件。在开松过程中也清除掉较重的杂质,如泥沙、棉籽等。

2. 梳理

梳理是用密集的梳针将纤维小块或小束松解成单根纤维状态的过程。梳理中,各根纤维间横向联系基本被破坏,但仍不彻底,因为纤维大多屈曲成弯钩,一根纤维内部两段间或纤维的小段间还有一定的横向联系。梳理还进一步起着除去纤维中叶屑、草屑、纤维细小杂质的作用。梳理后纤维成为网状,经喇叭口和压辊再收成条子,形成纤维间沿轴向取向的初级纵向联系。

3. 牵伸

牵伸是将条子抽长拉细,借助纤维抽拔的相互摩擦作用,使纤维弯钩消除,逐步伸直,直至条子达到预定粗细的过程。牵伸彻底消除了纤维间残存的横向联系,为建立纤维间有规律的首尾衔接的纵向联系创造了条件。

4. 加捻

加捻是利用回转运动使纤维细条绕其自身扭转,每转一周加上一个捻回,借纤维相互摩擦和外层纤维段在绕轴心回转而受拉伸时对内层纤维的压力,使纱条内纤维间的纵向联系固定下来。这样形成的连续细长条称为单纱,简称纱,将两根或两根以上的单纱并和后,再加一定捻合的加工过程,叫做捻线,其产品称为股线,简称线。纱线是纱和线的总称。

二、纱线细度的表示方法

纱线细度即纱线的粗细程度。习惯上表示细度的方法不用纱线的直径表示,而是用号数、支数或旦数来表示。

(一) 号数

纱线号数一般指公制号数,又称特克斯,简称特,用 Nt 表示,是指在公定回潮率时,1千米长的纱线所具有的重量克数。计算公式为

$$Nt = \frac{Gb}{L} \times 1000$$

式中　L——纱线试样长度,米;
　　　Gb——在公定回潮率时重量,克。

棉纱或棉型化纤纱的细度一般用号数来表示。号数属定长制指标,号数越大,纱线越粗。

小知识:什么是公定回潮率?

同一试样,回潮率不同,它的重量也不同。因此,在解决有关纱线重量标准问题上,国家有"公定回潮率"的统一规定。如棉纱的公定回潮率为 8.5%,亚麻纱的公定回潮率为 12%,苎麻纱的公定回潮率为 10%,精梳毛纱的公定回潮率为 16%,粗疏毛纱的公定回潮率为 15%。

(二) 支数

纱线支数为一定重量的纱线所具有的长度,有公制支数和英制支数两种表示方法。

1. 公制支数

公制支数用 Nm 表示,是指在公定回潮率时,1 克重的纱线所具有的长度(以米表示)的数值。计算公式为

$$Nm = \frac{L}{Gb}$$

式中　L——纱线试样长度,米;
　　　Gb——公定回潮率时重量,克。

毛型或毛型化纤纱的细度一般用公制支数来表示。公制支数属定重制,纱线越细,支数越高。

2. 英制支数

英制支数用 Ne 表示,是指在标准回潮率 9.89% 时,1 磅重的纱线所具有的长度 840 码的倍数。即 1 磅重的纱线,有几个 840 码长,就是几支纱。计算公式为

$$Ne = \frac{L'}{840Gb'}$$

式中　L'——纱线试样长度,码;
　　　Gb'——公定回潮率重量,磅。

棉纱或中长型化纤纱的细度可用英制支数来表示。英制支数属定重制,纱线越细,支数越高。

(三) 旦数

旦数即丹尼尔数,用 D 表示,是指在公定回潮率时,9000 米长的纱线所具有的重量克数。计算公式为

$$D = \frac{Gb}{L} \times 9000$$

式中　L——纱线试样长度,米;
　　　Gb——公定回潮率时重量,克。

蚕丝、化纤长丝的细度一般用旦数来表示。旦数属定长制指标,纱线越粗,旦数越大。

三、纱线的质量

纱线的好坏,直接影响着织物的美观和内在质量。反映纱线质量优劣的标志主要有捻度、强度和断裂伸长率、外观疵点等。

(一) 捻度

1. 定义

捻度是指纱线加捻的程度,在一般情况下,是以单位长度内纱线加捻的回数来表示。当纱线用公制支数表示细度时,其捻度用 10 厘米内的捻数表示,当纱线用英制支数表示细度时,其捻度用 1 英寸(2.54 厘米)内的捻数表示。

加捻对纱线的物理机械性能以及外观手感特征有重大影响。在加捻允许数值范围内,纱线的强度随捻度的增加而增大。因为加捻能增加纤维间的滑动阻力,使纱线中的纤维抱合紧密,从而提高纱线强度。纱线捻度的适当,既使纱线具有相当的强度,又可使纱线具有一定的柔软性。同时,捻度适当还能改善纱线的光泽和赋予纱线特殊的外观效应。

2. 捻向

纱线捻度的捻向有 S 捻和 Z 捻之分。纱线的捻向从右下角倾向左上角,倾斜方向与"S"

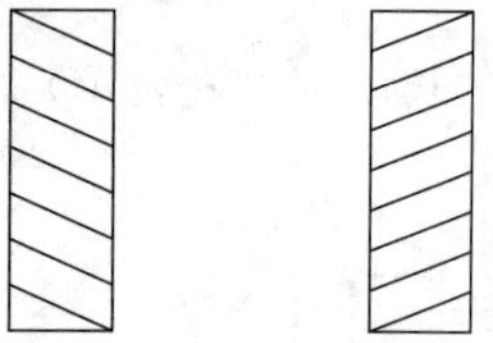

图 10-1 纱线捻向示意图
(a) S捻　(b) Z捻

的中部一致，称 S 捻；纱线的捻向从左下角倾向右上角，倾斜方向与"Z"的中部一致，称 Z 捻，如图 10-1 所示。

（二）强度和断裂伸长率

1. 纱线的强度

纱线的强度是指拉断 1 根纱线所需要的力，用单纱强力来表示，单位是克力。纱线强度因其支数不同而使测定结果互异。为了反映强度与纱线细度的关系，一般都是在测定单纱强力后，换算成断裂长度来表示其强度大小。公式为：

$$断裂长度（千米）=\frac{公制支数（米/克力）\times 强力（克力）}{1000}$$

2. 断裂伸长率

纱线受拉伸，拉长到一定程度才会断裂，拉长的部分与原来长度的百分比就是纱线的断裂伸长率。公式为：

$$断裂伸长率=\frac{伸长断裂时的长度-原长度}{原长度}\times 100\%$$

一般来说，纤维质量越好，纤维在纱线中的排列越平行，如捻度又很适当，则纱线的强度与断裂伸长率均较好。

（三）外观疵点

纱线上疵点（简称纱疵）有损于织物的外观与耐用性，纱疵种类很多，最常见的纱疵有糙节和杂质。

1. 糙节

糙节在棉纱中称棉结，在毛纱中称毛粒，其实是短纤维缠绕在一起而形成的大小不同的结瘤。它通常由一定长度（或一定重量）的纱线内存在的个数来表示。

2. 杂质

纱线的杂质是指附在纱线上的细小非纤维物质。通常用一定长度（或重量）的纱线中所含杂质粒数来表示。

第三节　纺　织　品

一、纺织品的形成

纺织品的形成一般要经过织造工艺和染整工艺两个阶段。

（一）织造工艺

织造工艺是指将纱线通过机械作用交织编结成织物的过程。纺织品分为机织物和针织物两类，其织造工艺因织物不同而不同。

1. 机织物

机织物用相互垂直的两个系统的纱线，通过织机上各种机构配合运转，在织机上按一定的织物组织进行交织而成。织物组织的种类很多，最基本的有平纹、斜纹、缎纹三种组织。

（1）平纹组织　平纹组织是最简单的织物组织（如图 10-2 所示）。平纹组织交织点排列紧密，露在织物表面的经纬纱长度较短，所以织物结构紧密，质地坚牢，耐磨性好，无正反面之分，但手感较硬，缺乏弹性，光泽较差。棉布中的平布、府绸，呢绒中的凡立丁、派力司，丝绸中的绸等都是采用平纹组织织成的。

（2）斜纹组织　斜纹组织是经纬交织点形成明显斜向纹路的织物组织（如图 10-3 所示）。

斜纹组织织物表面光泽和柔软性较平纹好。在经纬纱支数和经纬纱密度相同的情况下，其强度比平纹差。因此，在实际生产中一般用加大经纬密度的方法来增加织物的强度。棉布中的斜纹布、毛织物中的华达呢、丝织物中的绫都是采用斜纹组织织造的。

图 10-2　平纹组织

图 10-3　斜纹组织

（3）缎纹组织　缎纹组织是原组织中较复杂的组织，织物表面经纱与纬纱相交织形成互不相连的经交织点或纬交织点，而且交织点均匀散布在织物上（如图 10-4 所示）。缎纹组织的特点是柔软、平滑并具有柔和的光泽，但交织点少而分散，织物表面浮线长。因此质地不坚牢，表面摩擦后易起毛。棉布中的直贡呢、横贡呢，绸缎中的缎织物等都采用缎纹织造。

2. 针织物

针织物是将纱线在针织机上由线圈相互套结而成。针织物组织结构的种类很多，按编织方式的不同可分为纬编织物和经编织物两大类。

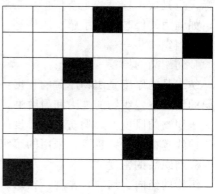

图 10-4　缎纹组织

（1）纬编织物　是采用一根或若干根纱线同时沿着织物的横向顺序形成线圈，纵向相互串套连接的织品。其特点是质地柔软，有较大的延伸性，弹性好，但线圈易脱散。

（2）经编织物　是一组或几级平行排列的纱线纵向地各自形成线圈，与织物横向相互连接形成的针织品。其特点是织物表面平坦，不卷边，但弹性差，延伸性小。

（二）染整工艺

纺织品的染整是根据纤维的性质和产品特点，利用各种机械设备对纺织品进行化学和物理处理的过程。其目的是美化织物，提高织物的适应性能。纺织品的染整工艺包括前处理、染色、印花、整理四个阶段。

前处理的目的是除去纺织品上的天然和人为杂质，提高白洁度和纯度，改善纺织品的品质。染色主要有浸染和扎染两种，是利用染料使其与纤维结合，使纺织品获得均匀、统一并有一定牢度的颜色。印花是把染料或颜料按预先的设计施加到纺织品上形成花纹图案的加工过程，有直接印花、防染印花、拔染印花 3 种。整理是纺织品染整工艺的最后工序，其目的是通过物理或化学方法改善纺织品的手感和外观，提高服用性能或赋予其某种特殊功能。

二、纺织品的质量

纺织品的质量要求有内在质量要求和外观质量要求，不同的纺织品质量指标和要求也有不同，但大致有以下 4 个方面的质量指标和检验项目。

(一)纺织品的主要技术规格

1. 纺织品的原料

纺织品的原料决定着织品的机械性能、服用性能、外观手感、风格以及价值等,因此对鉴定织物的种类、质量及含量具有重要意义。在织物中,有纯纺织物、混纺织物和交织织物。对于混纺织物,规定一定的混纺比,混纺比不同,纱线的机械性能和服用性能也不同。

2. 纺织品的幅宽和匹长

纺织品的幅宽也叫门幅,是指纺织品的宽度,以厘米为计量单位。幅宽的规格很多,如棉织品,窄幅为88~92厘米,中幅为110~114厘米,宽幅为140厘米以上。

织物的匹长,通常用米来表示。棉织物的匹长,一般在27~40米之间。毛织物的匹长,精纺织物为50~60米,粗纺织物为30~40米。在标准中规定,每匹净长不短于15米。

3. 纺织品的重量

纺织品的重量一般用每平方米克重来表示,以克/米^{2}作计量单位,一般把小于200克/米^{2}重量的织物视为薄型织物,200~350克/米^{2}的织物称为中厚织物。它是纺织物用料的重要指标,也是成本核算的主要依据,是纺织品厚度的反映,直接影响纺织品的机械性能和服用性能,如强力、保暖性、手感、风格等。影响纺织品重量的因素主要是纱线的细度、经纬纱密度和织物组织。

4. 纺织品的厚度

纺织品的厚度是织物厚薄的程度。织物厚度的设计,主要取决于织物的用途。在其他条件相同的情况下,织物的强力和耐磨性,将随着织物的厚度增加而增大。织物的保温性能也主要取决于织物的厚度。影响纺织品厚度的因素主要是纱线的粗细、织物的组织、经纬纱密度。采用的纱线越粗,织物越厚;采用的组织越松,厚度越厚;经纬纱的密度越大,织物越厚。

5. 纺织品的密度

织物的经向(纬向)密度,指纺织品纬向(经向)单位长度内经纱(纬纱)根数。公制密度是指在10厘米长度内经纱(纬纱)的根数,即根/10厘米。英制密度,是指在1英寸(2.54厘米)长度内经纱(纬纱)的根数。织物的经纬向密度以两个数字中间加符号"×"表示,例如236×220表示织物经向密度为236根/10厘米,纬向密度为220根/10厘米。纺织品的密度越小,说明织物越蓬松,织物空气含量大,相应的织物的热导率小,保暖性好。

(二)纺织品的机械性能

纺织品在外力作用下呈现的应力与应变之间的关系称为纺织品的机械性能。纺织品的机械性能不仅对织物的耐用性影响大,而且有的机械性能还会影响织物的尺寸稳定性、手感和风格。因此,纺织品的机械性能指标是判断织物质量的重要标志。由于纺织品在使用过程中所承受的外力形式不同,因此织物机械性能也有多种,如断裂强度与断裂伸长率、撕裂强度、顶裂强度、耐磨性、抗皱性和免烫性等。

1. 纺织品的断裂强度和断裂伸长率

断裂强度是纺织品拉伸到断裂时所能承受的最大强力。它与纺织品的纤维原料、纱线的粗细、纱线的密度、纺织品的组织有关。

断裂伸长率是表示纺织品受到拉伸至断裂时的伸长百分数。断裂伸长率越大,纺织品越耐用。

2. 纺织品的撕裂强度

纺织品的撕裂强度主要用于机织物的测定。织物在使用中被其他物件钩住,受外力成裂缝,以致被撕成两半,称为撕裂。撕裂强度是以织物被撕裂时所能承受的最大负荷来表示的。它与纱线的强度成正比。

3. 纺织品的顶裂强度

纺织品的顶裂强度主要用于针织物的测定。将一定面积的织物周围固定，从织物的一面给以垂直的力，使其破坏，称为顶裂。顶裂强度是以织物被顶裂时所能承受的最大负荷来表示的。它与纺织品的原料、密度、纱线强度关系甚大。

4. 纺织品的耐磨性

纺织品的耐磨性是指织物抵抗磨损的性能。纺织品的磨损，一般从外层开始，然后向内发展，如此多次磨损使纺织品由厚变薄，重量减轻，组织破坏，破洞出现，强度下降。

纺织品的耐磨性的测定方法有平磨、曲磨、折边磨、运动磨、翻滚磨等。纤维的伸长率大，弹性回复率高，纺织品的耐磨性就好。羊毛强度不高，易变形，但容易回复，故耐磨性优良。锦纶柔软、易变形，但强力大、变形回复性好，制成的织物和纱线耐磨性优良。棉花虽然强力不错，但变形能力低，耐磨性差。

5. 抗皱性和免烫性

抗皱性是纺织品抵抗揉搓和弯曲而引起的皱痕变形的能力。抗皱性差的纺织物做成的衣服，在穿着过程中容易起皱，会严重影响服装的外观。

免烫性一般是指纺织品经洗涤后，不需要熨烫仍保持原有平挺的性能。

影响抗皱性和免烫性的因素有纤维的性质、纤维几何形态、混纺织物的混纺比、纱线和织物组织结构及染整工艺等。羊毛与涤纶的抗皱性和免烫性好。

（三）纺织品的服用性能

1. 纺织品的起毛、起球

纺织品在穿着使用与洗涤过程中不断受摩擦，使表面的纤维头端露出，呈现许多毛绒，称为"起毛"。若这些毛绒不脱落，就会纠缠在一起，呈现许多珠形小粒，称为"起球"。起毛、起球有损织物外观，降低织物的服用性能。起毛、起球与纤维抱合力、纱线、织物的结构、整理工艺有关，也与耐磨性有关。锦纶、涤纶等耐磨性强，一旦表面形成小球后，不易脱落，"起毛""起球"就严重。

2. 纺织品的缩水

纺织品经水洗后因其尺寸的变化称为缩水，纺织品的缩水程度用缩水率来表示。织物的经向和纬向按规定的洗涤方法进行处理，在处理后经纬向长度产生的差与处理前原长的比，称为该织物经向或纬向的缩水率。纺织品缩水后，往往面积减少，厚度加大，使服装尺寸难以掌握，甚至造成成衣变形，影响使用和美观。影响纺织物缩水的因素很多，主要取决于纤维的吸湿性能。以涤纶为代表的合成纤维因为不吸水，故在水洗后不发生褶皱。天然纤维特别是棉麻纤维在水中易变形，故水洗后大多发生褶皱。

3. 纺织品的悬垂性

纺织物的悬垂性是指从中心提起织品后，纺织品本身自然悬垂产生匀称美观折向的特性。裙装、幕布、家用装饰布要求悬垂性好，高级外衣及领带也要求悬垂性好。涤纶、羊毛、丝制成的织物悬垂性优良。麻、棉、黏胶、维纶悬垂性能较差，薄型织物的悬垂性优于厚型织物。

4. 纺织品的透气性和保暖性

纺织品的透气性是指纺织品具有的透过空气的特性。夏季用纺织品要求有较好的透气性，冬季用纺织品要求有适当小的透气性，既能防止冷空气入侵和热空气散失，又能使人体散发的污气和水汽及时向外排出。

纺织品的保暖性是指纺织品的热传递性能，主要取决于纤维本身的传递性能和织品内空气的含量。

(四）纺织品的外观指标

1. 纺织品的染色牢度

纺织品的染色牢度是指染色织物经多次洗涤或在外界因素的影响下，能保持原来色泽的能力。织物染色牢度，主要有日晒、皂洗、汗渍、熨烫和摩擦等牢度指标。在穿用、洗涤、熨烫过程中，染料数量会减少或起化学变化，产生褪色或变色现象，结果严重影响外观和使用，它与缩水、起球一起，是消费者关心的三大问题之一。由于作用因素很多，染色牢度通常是用多项指标表示，如内衣对汗渍牢度和皂洗牢度要求较高，外衣对日晒牢度、摩擦牢度、熨烫牢度和刷洗牢度等要求较高。

各项染色牢度的好坏，除日晒牢度按1～8级评定外，其余按1～5级评定，1级最差，8级或5级最好。评定时，是将试验后染样与漂白织物分别与褪色样卡和沾色样卡进行比较，按其颜色或沾色的情况评定其等级。

2. 纺织品的外观疵点

纺织品的外观疵点是指纺织品上存在的各种缺陷。这些缺陷不但影响织品的外观，而且有些疵点同时也严重影响纺织物的坚牢度和使用性能。纺织品外观疵点的种类、数量、分布状况是纺织品分等、分级的重要依据。

根据疵点的分布情况可分为局部性外观疵点和散布性外观疵点两类。

（1）**局部性外观疵点** 是指出现在纺织物部分面积上的疵点，如破损、织疵、斑渍、色条、横档等。

（2）**散布性外观疵点** 是存在于纺织品的很大一块面积内或遍及织物全匹中的疵点，如棉结、杂质、缺经、染色不匀、色差、错花、条花、歪斜、幅宽不符、起毛不匀等。

纺织品外观疵点的检验一般在织品检验机上进行，对照织品标准评定等级。

第四节 服　　装

一、服装的概念

服装是指穿于人体起保护和装饰作用的制品，其同义词有"衣服"和"衣裳"（中国古代称"上衣下裳"）。最广义的衣物除了躯干与四肢的遮蔽物之外，还包含了手部（手套）、脚部（袜子、鞋子、靴子）与头部（帽子）的遮蔽物。

服装是一种带有工艺性的生活必需品，而且在一定生活程度上，反映着国家、民族和时代的政治、经济、科学、文化、教育水平以及社会风尚面貌，是社会主义物质文明和精神文明建设的必然内涵。

二、中国服装的历史

中国服装历史悠久，可追溯到远古时期。在北京周口店猿人洞穴曾发掘出约1.8万年前的骨针。浙江余姚河姆渡新石器时代遗址中，也有管状骨针等物出土。可以推断，这些骨针是当时缝制原始衣服用的。中国人的祖先最初穿的衣服，是用树叶或兽皮连在一起制成的围裙。后来，每个朝代的服饰都有其特点，这和当时农、牧业及纺织生产水平密切相关。春秋战国时期，男女衣着通用上衣和下裳相连的"深衣"式。大麻、苎麻和葛织物是广大劳动人民的衣着用料，统治者和贵族则使用丝织物，部分地区也用毛、羽和木棉纤维纺织织物。汉代，丝、麻纤维的纺织、织造和印染工艺技术已很发达，染织品有纱、绡、绢、锦、布、帛等，服装用料大大丰富。出土的西汉素纱襌衣仅重49克，可见当时社会上已能用桑蚕丝制成轻薄透明的长衣。唐宋到明代服式多是宽衣大袖，外衣多为长袍。清代盛行马褂、旗袍等满族服式，体力劳动者则穿短袄长裤。辛亥革命后，特别是"五四"运动后吸收西方服式特点的中山服、学生服等开始出现。1950年以后，中山服几乎已成为全国普遍流行的服装，袍褂几近消失。自20世纪80年代以来，随着改革开放的不断深入，人们不仅仅是思想开放了，着装更注重个性化。近年来，最受青春时尚的女性欢迎的应该算是非主流的个性服装了。个性服装突出了个性元素，每一件都手工订制，成本虽高，但更能满足新时代人们对服装的需求。

三、服装的功能

服装具有保健和装饰、防护三方面功能。

1. 保健功能

服装能保护人体，维持人体的热平衡，以适应气候变化的影响。服装在穿着中要使人有舒适感，影响舒适的因素主要是用料中纤维性质、纱线规格、坯布组织结构、厚度以及缝制技术等。

2. 装饰功能

服装的装饰功能表现在服装的美观性，满足人们精神上美的享受。影响美观性的主要因素是纺织品的质地、色彩、花纹图案、坯布组织、形态保持性、悬垂性、弹性、防皱性、服装款式等。

3. 防护功能

有些服装具有特定的防护功能，人们在从事特定工作时穿着可用来抵抗强烈的日晒、极度的高温与低温、冲撞、有毒化学物等恶劣环境对人体的侵害。例如，防静电服装是防止衣服的静电积聚，以防静电织物为面料而缝制的，适用于对静电敏感场所及易发生火灾或爆炸的危险场所穿用。

四、服装的分类

服装的种类很多，由于服装的基本形态、品种、用途、制作方法、原材料的不同，各类服装亦表现出不同的风格与特色，变化万千，十分丰富。不同的分类方法，导致人们平时对服装的称谓也不同。目前，大致有以下几种分类方法。

（一）按人们活动性质分类

可分为生活服装、运动服装、工作服装、军警服装、戏剧服装等。各种不同服装品种对材料的选择各有其特定的要求。

1. 生活服装

生活服装又分内衣、衬衣、浴衣、外衣和时装等。

（1）内衣　是紧贴肌肤的衣服，一般选用富于吸湿性和良好贴身性的材料，如纯棉和混纺针织物等。

（2）衬衣　是穿在内衣之外的衣服，也可当作外衣，要有穿着舒适、平挺抗皱、易洗快干等特点。宜选用纯棉织物或混纺织物等，既有相当牢度，又有良好的服用性能。

（3）浴衣　浴后直接穿在身上，以吸收人体表面大量水分，宜选用柔软而富有弹性并能吸湿的毛圈机织物和针织物。原料选用棉以及有吸湿性能的混纺织物。

（4）外衣　是穿在外面的各类服装。外衣常反映穿着者的风度、身份和工作性质。外衣种类繁多，有西服、中山装、夹克等，常随国情民俗而异。

（5）时装　具有明显的时间性，往往每隔若干年就会出现一种特有的服装形式，形成一时的风尚。时装制作和时装织物的生产都有很强的时间性，从而要求设计和生产者有充分的预见性。时装有时需要用新品种面料加工，对色彩、花形有较高的要求。

2. 运动服装

运动服是从事某项运动专用的服装，也包括旅游服和轻便工作服等。运动服应最大限度地满足具体运动项目的要求。这类服装仅靠设计和裁剪的技巧是不够的，必须靠材料来弥补其不足，应用有伸缩性的衣料。至于材料的保温性、透气性、吸湿性和坚牢度也应考虑能适应各种运动的环境与动作。一般选择棉、毛、麻和化纤混纺或纯纺的针织物，有的用弹性织物。

3. 工作服装

工作服是工作时所穿的各种服装。有的作为专门的防护服，有的象征某项职业，便于识别。所用材料随工作要求而定，除了有强度、耐磨性和一般服用性能外，还可能有某些特殊的要求，如防火、防油污等。

4. 军警服装

军警服装是国家武装人员穿着的各种衣服。军服在质量、制作、颜色、款式和其他性能方面都有严格要求。一般应坚牢耐磨、舒适保暖。还有些军警服装，为保证在作战条件下的生命安全，还具备防弹、防爆、防辐射、防毒等功能。

5. 戏剧服装

戏剧服装较多地注意舞台效果。选用材料很广泛，根据节目内容和舞台演出的特定需要，常应用各种彩色丝绒和金银线进行刺绣加工，以增加色彩。

（二）根据服装的穿着组合分类

1. 整件装

整件装为上下两部分相连的衣着形式，如连衣裙等因上装与下装相连，服装整体形态感强。

2. 套装

套装为上衣与下装分开的衣着形式，有两件套、三件套、四件套。

（三）按服装面料与工艺制作分类

分为中式服装、西式服装、刺绣服装、呢绒服装、丝绸服装、棉布服装、毛皮服装、针织服装、羽绒服装等。

除上述一些分类方式外，服装还可按性别、年龄、民族等方面进行分类。

五、服装设计

（一）服装设计的前提条件

服装所具有的实用功能与审美功能要求设计者首先要明确设计的目的，要根据穿着的对象、环境、场合、时间等基本条件去进行创造性的设想，寻求人、环境、服装的高度和谐。这就是通常说的服装设计必须考虑的前提条件——TPO 原则。TPO 三个字母分别代表 time（时间）、place（场合、环境）、object（主体、着装者）。

1. 时间

简单地说不同的气候条件对服装的设计提出不同的要求，服装的造型、面料的选择、装饰手法甚至艺术气氛的塑造都要受到时间的影响和限制。同时一些特别的时刻对服装设计提出了特别的要求，例如毕业典礼、结婚庆典等。服装行业还是一个不断追求时尚和流行的行业，服装设计应具有超前的意识，把握流行的趋势，引导人们的消费倾向。

2. 场合、环境

人在生活中要经常处于不同的环境和场合，均需要有相应的服装来适合这不同的环境。服装设计要考虑到不同场所中人们着装的需求与爱好以及一定场合中礼仪和习俗的要求。一件晚礼服与一件运动服的设计是迥然不同的。晚礼服适合于华丽的交际场所，它符合这种环境的礼仪要求，而运动服出现在运动场合，它的设计必然是轻巧、合体且适合运动需求的。一项优秀的服装设计必然是服装与环境的完美结合，服装充分利用环境因素，在背景的衬托下更具魅力。

3. 主体、着装者

人是服装设计的中心，在进行设计前设计师要对人的各种因素进行分析、归类，才能使设计具有针对性和定位性。服装设计应对不同地区、不同性别和年龄层的人体形态特征进行数据统计分析,并对人体工程学方面的基础知识加以了解,以便设计出科学、合体的服装。从人的个体来说,不同的文化背景、教育程度、个性与修养、艺术品位以及经济能力等因素都影响到个体对服装的选择,设计中也应针对个体的特征确定设计的方案。

(二) 服装设计要素

服装设计是以服装功能为前提的技艺设计。服装的款式、色彩和面料是服装设计的三大基本要素。

1. 款式

服装的款式是服装的外部轮廓造型和部件细节造型,是设计变化的基础。外部轮廓造型由服装的长度和纬度构成,包括腰线、衣裙长度、肩部宽窄、下摆松度等要素。服装的外部轮廓造型形成了服装的线条,并直接决定了款式的流行与否。部件细节的造型是指领型、袖型、口袋、裁剪结构甚至衣褶、扣子的设计。点、线、面、体,是一切造型的基本要素。

(1) 点　点在空间中起着标明位置的作用,具有注目、突出诱导视线的性格。点在空间中的不同位置及形态以及聚散变化都会引起人的不同视觉感受。在服装中小至纽扣、面料的圆点图案,大至装饰品都可被视为一个可被感知的点,在服装设计中恰当地运用点的功能,富有创意地改变点的位置、数量、排列形式、色彩以及材质某一特征,就会产生出其不意的艺术效果。

(2) 线　点的轨迹称为线,它在空间中起着连贯的作用。线又分为直线和曲线两大类,它具有长度、粗细、位置以及方向上的变化。不同特征的线给人们不同的感受。例如水平线平静安定,曲线柔和圆润,斜向直线具有方向感。同时通过改变线的长度可产生深度感,而改变线的粗细又产生明暗效果等。在服装中线条可表现为外部轮廓造型线、褶裥线、装饰线以及面料线条图案等。服装的形态美的构成,无处不显露出线的创造力和表现力。

(3) 面　线的移动形迹构成了面。面具有二维空间的性质,有平面和曲面之分。面又可根据线构成的形态分为方形、圆形、三角形、多边形以及不规则偶然形等。不同形态的面又具有不同的特性。例如,三角形具有不稳定感,偶然形具有随意活泼之感等。面的形状千变万化,同时面的分割组合、重叠、交叉所呈现的布局又丰富多彩。它们之间的比例对比、机理变化和色彩配置,以及装饰手段的不同应用能产生风格迥异的服装艺术效果。

(4) 体　体是由面与面的组合而构成的,具有三维空间的概念。不同形态的体具有不同的个性,同时从不同的角度观察,体也将表现出不同的视觉形态。体是自始至终贯穿于服装设计中的基础要素,设计者要树立起完整的立体形态概念。一方面服装的设计要符合人体的形态以及运动时人体的变化的需要,另一方面通过对体的创意性设计也能使服装别具风格。

2. 色彩

服装的色彩变化是设计中最醒目的部分。服装的色彩最容易表达设计情怀,同时易于被消费者接受。服装配色不仅仅只意味着衣服的配色,而是包括帽子、手套到鞋子在内的整体配色。服装的配色首先是确定选用何种颜色能更好地表达设计意图。因此在进行色彩组合之前,还须弄清这种颜色的性格。火热的红、爽朗的黄、沉静的蓝、圣洁的白、平实的灰、坚硬的黑,服装的每一种色彩都有着丰富的情感表征,给人以丰富的内涵联想。如何使色彩、情感得以和谐,给人一种愉快的视觉效果,这是服装配色的关键。

3. 面料

面料给予消费者以强烈的视觉和触觉刺激。服装款式上的各种造型并不仅仅表现在设计图纸上,而是用各种不同的面料和裁剪技术共同达成的,熟练地掌握和运用面料设计才会得心应手。常见的面料如棉、毛、丝、麻、化纤及裘革等都是服装设计的理想面料。由于织物结构、性质、性能不同，所以不同面料呈现不同的肌理效应、悬垂性能、视觉效果。服装设计正是调动以上各种因素，从而使服装线、型增添无穷的变化，创造出迥异不同的款式。

六、服装穿着常识

(一) 着装基本知识

1. 服装色彩搭配

服装的色彩是着装成功的重要因素。着装配色要遵守的一条重要原则，就是根据个人的肤色、年龄、体型选择颜色。如肤色黑，不宜着颜色过深或过浅的服装，而应选用与肤色对比不明显的粉红色、蓝绿色，最忌用色泽明亮的黄橙色或色调极暗的褐色、黑紫等。皮肤发黄的人，不宜选用半黄色、土黄色、灰色的服装，否则会显得精神不振和无精打采。脸色苍白者不宜着绿色服装，否则会使脸色更显病态。而肤色红润、粉白者，穿绿色服装效果会很好。白色衣服对于任何肤色效果都不错，因为白色的反光会使人显得神采奕奕。体型瘦小的人适合穿色彩明亮度高的浅色服装，这样显得丰满；而体型肥胖的人用明亮度低的深颜色则显得苗条等。大多数人体型、肤色属中间混合型，所以颜色搭配没有绝对性的原则，重要的是在着装实践中找到最适合自己的搭配颜色。

2. 穿着西服的礼仪

西服以其设计造型美观、线条简洁流畅、立体感强、适应性广泛等特点而越来越深受人们青睐。几乎成为世界性通用的服装，可谓男女老少皆宜。穿着西装应遵循以下礼仪原则。

① 西服套装上下装颜色应一致。在搭配上，西装、衬衣、领带其中应有两样为素色。

② 穿西服套装必须穿皮鞋，便鞋、布鞋和旅游鞋都不合适。

③ 配西装的衬衣颜色应与西服颜色协调，不能是同一色。白色衬衣配各种颜色的西服效果都不错。正式场合男士不宜穿色彩鲜艳的格子或花色衬衣。衬衣袖口应长出西服袖口1~2厘米。穿西服在正式庄重场合必须打领带，其他场合不一定都要打领带。打领带时衬衣领口扣子必须系好，不打领带时衬衣领口扣子应解开。

④ 西服纽扣有单排、双排之分，双排扣西装应把扣子都扣好，单排扣西装如不系扣子敞开，显得潇洒、帅气。

⑤ 西装的上衣口袋和裤子口袋里不宜放太多的东西。穿西装内衣不要穿太多，春秋季节只配一件衬衣最好，冬季衬衣里面也不要穿棉毛衫，可在衬衣外面穿一件羊毛衫。穿得过分臃肿会破坏西装的整体线条美。

⑥ 领带的颜色、图案应与西服相协调，系领带时，领带的长度以触及皮带扣为宜，领带夹戴在衬衣第四粒、第五粒纽扣之间。

⑦ 西服袖口的商标牌应摘掉，否则不符合西服穿着规范。

(二) 服装号型知识

服装号型是消费者选购服装的最基本依据。鉴于目前市场上服装标号混乱，新服装号型国家标准已由国家质量监督检验检疫总局、国家标准化管理委员会批准发布，以实现我国服装标号统一化，方便广大消费者选购。GB/T 1335.1—2008《服装号型 男子》和GB/T 1335.2—2008《服装号型 女子》于2009年8月1日起实施。GB/T 1335.3—2009《服装号型 儿童》于2010年1月1日起实施。

标准规定了号、型、体型分类3个方面的内容。

1. 号

号指人体的身高，以厘米为单位表示，是设计和选购服装长短的依据。

2. 型

型指人体的上体胸围或下体腰围，以厘米为单位表示，是设计和选购服装肥瘦的依据。

3. 体型

体型以人体的胸围与腰围的差数为依据来划分，并将体型划分为以下 4 类。

（1）Y 型　　即宽肩细腰型，男子胸腰落差为 22~17 厘米，女子为 24~19 厘米。

（2）A 型　　为一般体型，男子胸腰落差为 16~12 厘米，女子为 18~14 厘米。

（3）B 型　　该体型腹部略突出，多为中老年人，男子胸腰落差为 11~7 厘米，女子为 13~9 厘米。

（4）C 型　　该体型腰围与胸围尺寸相差较小，属肥胖体型，男子胸腰落差为 6~2 厘米，女子为 8~4 厘米。

新标准采用字母、数字共同标注。其中数字部分分别为身高和胸围（或腰围），字母部分为体型分类。例如，上衣类标注 165/88 B 就表示适合身高 165cm、胸围 88cm 的 B 体型人穿着。又如，下装类标注 160/78 C 则表示适合身高 160cm、腰围 78cm 的 C 体型人穿着。

复习思考题

一、填空题

1. 纺织纤维按其来源可分为_____和_____两大类。
2. 棉纤维的横截面呈腰圆形，由外向里可分为_____、_____和_____ 3 部分。
3. 麻的种类很多，但纺织价值较高且产量较大的只有_____和_____。
4. 用作纺织纤维的蚕丝主要是_____和_____。
5. _____是以天然高分子物或人工高分子物为原料，经过化学工艺加工而取得的纺织纤维，按最初原料的来源，可分为_____和_____两大类。
6. 现代纺纱工程一般经过_____、_____、_____和_____ 4 个环节。
7. 纱线捻度的捻向有_____捻和_____捻之分。
8. 织物组织的种类很多，最基本的有_____、_____、_____ 3 种组织。
9. 纺织品在穿着使用与洗涤过程中不断受摩擦，使表面的纤维头端露出，呈现许多毛绒，称为_____。若这些毛绒不脱落，就会纠缠在一起，呈现许多珠形小粒，称为_____。
10. 服装的_____、_____和_____是服装设计的三大基本要素。

二、单项选择题

1. 强度最大的天然纤维是（　　）。
   A. 棉纤维　　　　B. 麻纤维　　　　C. 羊毛　　　　D. 蚕丝
2. 有卷曲，光泽柔和，手感丰满、温暖，弹性好的天然纤维是（　　）。
   A. 棉纤维　　　　B. 麻纤维　　　　C. 羊毛　　　　D. 蚕丝
3. 下列羊毛类型中，纺织价值最高的是（　　）。
   A. 绒毛　　　　B. 两型毛　　　　C. 粗毛　　　　D. 死毛
4. 有"合成羊毛"之称的合成纤维是（　　）。
   A. 锦纶　　　　B. 涤纶　　　　C. 腈纶　　　　D. 维纶
5. 下列合成纤维中，弹性最大的是（　　）。
   A. 锦纶　　　　B. 涤纶　　　　C. 氯纶　　　　D. 氨纶
6. 涤纶的特点，可以用以下四个字来概括（　　）。
   A. 结实耐磨　　　　B. 挺括不皱　　　　C. 蓬松耐晒　　　　D. 耐腐难燃
7. 蚕丝、化纤长丝的细度一般用（　　）来表示。
   A. 公制号数　　　　B. 公制支数　　　　C. 英制支数　　　　D. 旦数
8. 下列纺织品中，不属于针织品的是（　　）。
   A. 棉布　　　　B. 手套　　　　C. 羊毛衫　　　　D. 袜子
9. 下列属于纺织品的服用性能指标的是（　　）。
   A. 抗皱性　　　　B. 耐磨性　　　　C. 悬垂性　　　　D. 染色牢度

10. 一条裤子上标注 160/78 C，则该条裤子表示适合（　　）体型人穿着。
   A. 标准　　　　　　　　B. 偏瘦　　　　　　　　C. 偏胖　　　　　　　　D. 肥胖

三、问答题

1. 简述棉纤维的结构。
2. 简述羊毛纤维的性质。
3. 简述主要合成纤维性质。
4. 简述纱线细度的表示方法。
5. 简述纺织品的主要质量指标。
6. 简述服装设计的TPO原则。

实 践 训 练

实训项目：纺织面料鉴别

（一）实训目的

通过实训，了解棉、麻、丝、毛及合成纤维的特点及常用的感官鉴别纺织纤维的方法。

（二）实训步骤

1. 选取不同颜色、图案棉、麻、丝、毛、合成纤维（不限品种）布料各两块。
2. 将十块布料裁剪成宽5厘米、长15厘米布条若干。
3. 将十种布条随机由上到下排列，排列好并用订书机订牢，标明序号（最上面布条为1号，依次排序）。
4. 制成若干布样组合后，请学生随机抽取某一布样组合由上到下进行鉴别，并填写记录单。

面料序号	棉	麻	丝	毛	合成纤维
1					
2					
3					
4					
5					
6					
7					
8					
9					
10					

说明：在你认为面料所属的属性栏内画"√"。

（三）实训要求

采用手感目测法和燃烧法进行鉴别。在用燃烧法鉴别时，应从备样中剪取一小块布料，用镊子夹着，防止烧伤手指，并注意勿使"熔融滴落物"落在皮肤上，以免烫伤。

（四）成绩评定

每鉴定正确一种记10分，满分为100分。

第十一章 日用工业品商品知识

【学习目标】
① 掌握玻璃制品的生产原料与制造工艺。
② 掌握肥皂的主要成分与去污原理。
③ 了解洗衣粉的组成和分类方法。
④ 了解牙膏的成分和主要品种。
⑤ 了解化妆品的原料和主要品种。
⑥ 掌握常用塑料制品的特征和鉴别方法。

日用工业品是指供给人们日常使用的工业产品,俗称日用百货。日用工业品种类繁多,用途广泛,主要包括玻璃制品、日用化工商品、塑料制品等。

第一节 玻璃制品

玻璃最初由火山喷出的酸性岩凝固而得。约公元前 3700 年前,古埃及人已制出玻璃装饰品和简单玻璃器皿,当时只有有色玻璃,约公元前 1000 年前,中国制造出无色玻璃。公元 12 世纪,出现了商品玻璃,并开始成为工业材料。18 世纪,为适应研制望远镜的需要,制出光学玻璃。1873 年,比利时首先制出平板玻璃。1906 年,美国制出平板玻璃引上机。此后,随着玻璃生产的工业化和规模化,各种用途和各种性能的玻璃相继问世。现代,玻璃已成为日常生活、生产和科学技术领域的重要材料。

一、玻璃的化学成分

玻璃的化学成分极其复杂,随应用原料的不同而有差别。普通玻璃的化学成分可用通式 $XR_2O \cdot YRO \cdot ZSiO_2$ 来表示。式中,R_2O 为一价氧化物,如 Na_2O、K_2O 等,RO 为二价氧化物,如 CaO、MgO、BaO、ZnO、PbO 等。在普通玻璃中各类氧化物的含量范围是:一价氧化物的含量 14%~16%,二价氧化物的含量 11%~12%,二氧化硅的含量 71%~75%。二氧化硅有时部分地由氧化硼(B_2O_3)、氧化铝(Al_2O_3)等代替,而使玻璃中含有硼酸盐和铝酸盐。为提高玻璃的质量,改善玻璃的性质,或使其具有某种特性,还可引入其他辅助物质。

> **小知识:玻璃的颜色**
>
> 在玻璃中加入各种金属和金属氧化物亦可以制成各种颜色的玻璃。例如少量锰可以制成淡紫色的玻璃,硒亦有类似的效果。少量钴可以制成蓝色的玻璃,少量镍可以制成蓝色、深紫色,甚至是黑色的玻璃。少量钛则可以制成棕黄色的玻璃。微量的金(约 0.001%)制成的玻璃的颜色非常鲜明,像是红宝石的颜色。锡的氧化物及砷的氧化物可制成不透明的白色玻璃,这种玻璃好像是白色的陶瓷。铜的氧化物会制成青绿色的玻璃,少量金属铜则会制成深红色、不透明的玻璃。

二、玻璃的性质

玻璃的性质与构成玻璃的氧化物的种类以及各类氧化物的含量有密切关系，因此不同成分的玻璃在性质方面有很大的差别。

（一）机械性质

机械性质是决定玻璃坚固耐用性的主要原因。在机械性质中与玻璃制品质量特别有关的是玻璃的抗张强度和抗压强度、硬度和脆性。

1. 抗张强度

抗张强度即抗拉性，是指拉断单位面积试样所承受荷重的大小，一般玻璃的抗张强度在 $4\sim8$ 千克力/毫米^2（1千克力＝9.8牛）。玻璃的抗张强度与其成分有关，增加 B_2O_3 的含量，可使玻璃抗张强度显著提高，硼硅玻璃的抗张强度可达 $10\sim12$ 千克力/毫米^2。增加 PbO 的含量，可使玻璃抗张强度降低。玻璃的抗张强度随玻璃直径的增加而减少。例如直径为 3.5 毫米的玻璃纤维，其抗张强度高达 365 千克力/毫米^2。当玻璃表面存在微小的裂纹，会降低其强度。

2. 抗压强度

抗压强度即抗压性，是指玻璃在单位面积上所能承受的极限压力，超过极限压力玻璃即破碎。玻璃的抗压强度要比抗张强度大 $14\sim15$ 倍，一般玻璃的抗压强度在 $60\sim160$ 千克力/毫米^2 之间，有时可高达 200 千克力/毫米^2。玻璃的抗压强度与其化学成分有关，同时取决于其结构和生产工艺。

3. 硬度

玻璃的硬度，是指玻璃抵抗其他较硬物体对其刻划的能力。玻璃硬度的大小，主要取决于化学组成，石英玻璃及含有 $10\%\sim12\%$ B_2O_3 的硼硅玻璃硬度较大，含碱性氧化物多的玻璃硬度较小，含氧化铅的晶质玻璃硬度最小。

4. 脆性

凡超过其强度极限立刻破裂的材料，称为脆性材料。玻璃的脆性就是耐冲击强度，用试样被破坏单位面积所受到的冲击力来测定。玻璃体是典型的脆性体，受到冲击极易破碎，在破碎之前没有明显变形。

（二）热稳定性

玻璃能经受急剧的温度变化而不致破裂的性能，称为玻璃的热稳定性或耐热性。由于玻璃的抗压强度比抗张强度大许多倍，所以，玻璃迅速加热时，比在迅速冷却时的热稳定性要好得多（忍受急热比忍受急冷强）。

玻璃的热稳定性与其成分有关，SiO_2 含量越高，玻璃的热稳定性越好。薄壁制品比厚壁制品热稳定性好，制品厚度均匀比不均匀的热稳定性好。玻璃制品存在细小的裂纹，也会降低其热稳定性。玻璃制品结构式样不同，其热稳定性亦有差异，如平底杯比圆底杯热稳定性差，大型玻璃制品比小型玻璃制品热稳定性差。

（三）化学稳定性

玻璃表面抵抗周围介质作用的能力，称为玻璃的化学稳定性。玻璃和其他物质比较，具有良好的化学稳定性。它既不像木材那样易于腐烂，也不像黑色金属那样易于锈蚀变坏。玻璃能抵御酸、碱、水和各种化学物质的侵蚀，是很多商品不可比拟的。

玻璃对酸的抵抗能力很强，一般的无机酸或有机酸，不会对玻璃发生强烈的腐蚀作用。只有氢氟酸（HF）可以使玻璃溶解，化学反应式如下

$$SiO_2 + 4HF = 2H_2O + SiF_4$$

玻璃对碱的抵抗能力比酸稍弱。随着碱液浓度、温度的增加和时间的延长，其腐蚀作用

越大。

水在常温时对玻璃作用甚微，但热水作用则较强。玻璃长时间受潮湿空气中水分和二氧化碳的侵蚀，表面会产生白点、斑点或薄膜，使透明度降低甚至丧失，这种现象称为玻璃风化。

（四）光学性质

1. 透明性

透明性，即透光性。当光透过玻璃时，也像透过其他任何透明介质一样，光能降低。这是由于玻璃表面的反射和光被玻璃体本身吸收而引起的。对于多数日用玻璃来说，光线透过得越多，被吸收得越少，则其质量越好。如良好的窗用玻璃，可以透过入射光的90%，反射约8%，吸收约2%。

玻璃的透明性与其成分有关，玻璃中所含二氧化硅、氧化硼等成分，可以提高其透明度，氧化铁则会降低其透明度。玻璃的透明性也与其厚度有关，对于不同厚度的同一种玻璃来说，它具有不同的吸光性能。例如灯泡玻璃很薄，能透过大量的光，透明度较高；而大块较厚玻璃则吸收较多量的光，透明度较差。

2. 折光性

光线不仅在玻璃表面发生吸收和反射，而且会发生折射。玻璃的折光性用折射率来表示，增加玻璃成分中氧化铅的含量，可以提高玻璃的折射率，普通玻璃的折射率为1.48～1.53，而含氧化铅的晶质玻璃的折射率为1.61～1.96，可制成光辉悦目的艺术品和高级日用器皿。

三、玻璃的原料与生产工艺

（一）玻璃的原料

制造玻璃的原料，可分为主要原料和辅助原料两大类。

1. 主要原料

玻璃的主要原料是形成玻璃熔体的基础，是引入玻璃成分中各种氧化物的原料。如石英砂、石英岩是引入 SiO_2 的原料，硼砂是引入 B_2O_3 的原料，长石是引入 Al_2O_3 的原料，石灰石是引入 CaO 的原料，白云石是引入 MgO 的原料，纯碱、芒硝是引入 Na_2O 的原料。

2. 辅助原料

辅助原料的作用是用以促进玻璃的熔制，改进玻璃的性能。

（1）澄清剂　在高温下放出形成较大气泡的气体，消除在熔制时存在于玻璃熔体中的气泡，这种物质称为澄清剂，如 $NaNO_3$、Na_2SO_4。

（2）助熔剂　能加速玻璃的熔融过程，如 $NaNO_3$、KNO_3。

（3）着色剂　使玻璃呈现不同的颜色，如 CoO（使玻璃呈蓝色）、MnO_2（使玻璃呈紫色）、Fe_2O_3（使玻璃呈绿色）、FeO（使玻璃呈深绿色）、$AgNO_3$（使玻璃呈黄色）。

（4）脱色剂　在原料中杂质中的着色物质（石英砂中含铁、铬氧化物）超过一定限度后，将使玻璃染上不同颜色，可在配合料中加入少量脱色物质。如矿石中往往含有少量的 Fe_2O_3、FeO，使玻璃产生绿色，加 MnO_2 后产生的紫色与其为互补色，从而使玻璃消除杂色，呈现无色透明状。

（5）乳浊剂　在玻璃配合料中加入某些物质，使玻璃熔体在冷却时析出极小的结晶颗粒，这些颗粒自身不穿透光线，而将光线向四方散射，使玻璃变成乳浊色。常用冰晶石（Na_3AlF_6）、磷酸氢钙（$CaHPO_4$）作乳浊剂。

（二）玻璃的生产工艺

玻璃的生产工艺主要包括以下步骤。

1. 原料预加工

将开采的天然矿石,如石英岩、石灰石、长石、白云石等,经过干燥、粉碎、过筛,使其符合颗粒度的要求。

2. 配合料制备

按照所制玻璃的配方,在预加工后的原料中加入辅助制剂,成为玻璃的配合料。

3. 熔制

玻璃配合料在池窑或坩埚窑内进行高温加热,使之形成均匀、无气泡,并符合成型要求的液态玻璃。熔制分5个阶段。

(1) 硅酸盐的形成　熔制温度在800~900℃时,金属盐发生分解,生成金属的氧化物并放出气体,氧化物与SiO_2作用而成硅酸盐。

(2) 玻璃熔液的形成　继续加热,当温度升至1200~1250℃时,烧结物开始熔化,玻璃液有大量气泡,成分也不均匀。

(3) 澄清　温度再升高,达到1400~1500℃时,玻璃液黏度降低,开始放出气态的夹杂物,除去气泡。

(4) 均化　长时间处在高温下,其化学组成逐渐趋向一致,由于扩散作用,玻璃液消除了条纹而变成均一体。

(5) 冷却　把温度降低到950℃左右,使玻璃液具有成型时必需的黏度。

4. 成型

将液态玻璃加工成所要求形状的制品,如平板、各种器皿等。

5. 热处理

通过退火、淬火等工艺,消除或产生玻璃内部的应力、分相或晶化,以及改变玻璃的结构状态。

(1) 退火　退火是将成型的玻璃制品逐渐加温,使之接近软化温度,然后慢慢降温。

(2) 淬火　淬火是将成型的玻璃制品逐渐加温,使之接近软化温度,然后快速降温。

四、玻璃的品种

1. 平板玻璃

平板玻璃是传统的玻璃产品,主要用于门窗,起着透光、挡风和保温作用。要求表面光滑平整,无缺陷,并具有较好的透明度。平板玻璃的厚度不同,用途各异。玻璃的厚度用厘表示。

(1) 3~4厘玻璃　日常所说的3厘玻璃,就是指厚度3毫米的玻璃。这种规格的玻璃主要用于画框表面。

(2) 5~6厘玻璃　主要用于外墙窗户、门扇等小面积透光造型。

(3) 7~9厘玻璃　主要用于室内屏风等较大面积但又有框架保护的造型。

(4) 9~10厘玻璃　可用于室内大面积隔断、栏杆等装修项目。

(5) 11~12厘玻璃　可用于弹簧玻璃门和一些活动人流较大的隔断。

(6) 15厘以上玻璃　一般市面上销售较少,往往需要定制,主要用于大面积的玻璃墙面。

2. 压花玻璃

压花玻璃又称花纹玻璃和滚花玻璃,玻璃表面有花纹图案,可透光,但却能遮挡视线,即具有透光不透明的特点,有优良的装饰效果。玻璃厚度一般为3~5毫米,压花玻璃因透视性、花纹的不同而各异。根据透视性压花玻璃可分为:近乎透明可见的、稍有透明可见的、几乎遮挡看不见的和完全遮挡看不见的。根据花纹类型可分为菱形压花、方形压花等。压花玻璃主要用于门窗、室内间隔、浴厕等处,安装时花纹面朝向内侧,可防脏污。

3. 中空玻璃

中空玻璃是由两层或两层以上普通平板玻璃所构成。四周用高强度、高气密性复合黏结剂，将两片或多片玻璃与密封条、玻璃条黏结密封，中间充入干燥气体，框内充以干燥剂，以保证玻璃片间空气的干燥度。

中空玻璃因留有一定的空腔，而具有良好的保温、隔热、隔音等性能，主要用于采暖、空调、消声设施的外层玻璃装饰。

4. 钢化玻璃

钢化玻璃又称强化玻璃，其制作工艺是把成型后的玻璃器皿均匀加热到接近软化温度（650℃）后，在处于软化状态但尚未变形的情况下，迅速地从玻璃两面均匀地用冷空气冷却而制成。

钢化玻璃的特性是强度高，其抗弯曲强度、耐冲击强度比普通平板玻璃高3~5倍，即使破裂后碎片无棱角，安全性能好，主要用作汽车、火车上门窗玻璃。

5. 夹丝玻璃

夹丝玻璃也称防碎玻璃，它是将普通平板玻璃加热到软化状态时，再将预热处理过的铁丝或铁丝网压入玻璃中间而制成。它的特性是防火性优越，可遮挡火焰，高温燃烧时不炸裂，破碎时不会造成碎片伤人。另外还有防盗性能，玻璃割破还有铁丝网阻挡。主要用于屋顶天窗、阳台窗。

6. 夹层玻璃

夹层玻璃是安全玻璃的一种。它是在两片或多片平板玻璃之间，嵌夹透明塑料薄片，再经热压黏合而成的平面或弯曲的复合玻璃制品。其主要特性是安全性好，受外力冲击时，由于玻璃板与塑料胶结十分牢固，只在表面出现裂纹，而不会出现碎片脱落。抗冲击强度优于普通平板玻璃，并有耐光、耐热、耐湿、耐寒、隔音等特殊功能，多用于与室外接壤的门窗。

小知识：防弹防盗玻璃

防弹防盗玻璃由多片不同厚度的透明浮法玻璃和多片PVB胶片科学地组合而成，总厚度一般在20毫米以上，要求较高的防弹玻璃总厚度可以达到50毫米以上。为了增强玻璃的防弹防盗性能，玻璃的厚度和PVB的厚度均增加了。由于玻璃和PVB胶片黏合得非常牢固，几乎成为一个整体，且因玻璃具有较高的硬度而PVB胶片具有良好的韧性，当子弹接触到玻璃后，它们的冲击能量被削弱到很低的程度乃至为零，所以不能穿透。同样，金属的撞击也只能将玻璃击碎而不能穿透，因此起到防弹防盗的效果。

第二节 日用化工商品

以化学原料为主要成分的日用工业品商品通称日用化工商品。

日用化工商品的主要特点是：化学原料可以是人工合成，也可以是天然原料，商品的成分之间在一定时期内不发生化学反应，商品的功能和用途主要依赖于化学成分的性质，此类商品是日常生活中，尤其是在洗涤、美容中用到的小商品，主要包括肥皂、洗衣粉、牙膏和化妆品等。

一、肥皂

油脂和碱反应所生成的高级脂肪酸盐称为肥皂。肥皂溶于水，具有良好的去污力，特别适合人工搓洗衣物。

肥皂历史悠久。据史料记载，最早的肥皂配方起源于西亚的美索不达米亚，大约在公元前3000年的时候，人们便将1份油和5份碱性植物灰混合制成清洁剂。中国人也很早就知道利用草木灰和天然碱洗涤衣服，人们还把猪胰腺、猪油与天然碱混合，制成块，称"胰子"。

> **小知识：肥皂的由来**
>
> 因为古人在黄河流域使用皂荚来洗衣服，后来到长江流域就没有皂荚树了，于是他们又发现有另一种树，其果实跟皂荚的性能一样，可以洗衣服，但是此树比皂荚更为肥厚丰腴，所以给它取名叫肥皂子，也叫肥皂果。后来发明了人造的去污剂的时候，依然使用了"肥皂"这个词。

（一）肥皂的主要成分与去污原理

肥皂的主要成分是脂肪酸金属盐，通式为RCOOM，式中RCOO为脂肪酸根，M为金属离子。日用肥皂中的脂肪酸碳数一般为10～18，金属主要是钠或钾等碱金属。

从结构上看，在高级脂肪酸盐的分子中含有非极性的憎水部分（烃基）和极性的亲水部分（羧基）。憎水基具有亲油的性能。在洗涤时，污垢中的油脂被搅动，分散成细小的油滴，与肥皂接触后，高级脂肪酸盐分子的憎水基（烃基）就插入油滴内，靠范德华力与油脂分子结合在一起。而易溶于水的亲水基（羧基）部分伸在油滴外面，插入水中。这样油滴就被肥皂分子包围起来，分散并悬浮于水中形成乳浊液，再经摩擦振动，就随水漂洗而去，这就是肥皂去污原理。

普通肥皂不宜在硬水或酸性水中使用。一般硬水中存在大量的钙离子和镁离子，而肥皂在水中电离后形成的脂肪酸根离子会和镁离子与钙离子结合生成脂肪酸镁和脂肪酸钙，脂肪酸钙和脂肪酸镁都是不溶于水的沉淀物，大大降低肥皂的去污能力。

（二）制皂原料与工艺

1. 制皂原料

（1）油脂　油脂来源于动物脂肪如牛油、羊油、猪油、鱼油等和植物的种子如大豆油、菜籽油、米糠油、棉籽油等。

（2）油脂代用品　松香是一种由浅黄色至深褐色的半透明的块状体，是针叶树分泌的树脂（松节油）经蒸馏后所得的残余物，其主要成分是树脂酸。加入松香能增大肥皂的溶解性、起泡性，使肥皂的洗净作用充分发挥，防止酸败。

（3）碱　氢氧化钠（俗称烧碱或火碱）是皂化油脂的主要化学品。碳酸钠（俗称纯碱或苏打）能与脂肪酸或松香起中和反应生成肥皂，且比烧碱价廉，故常用于中和脂肪酸和松香，以降低成本。制造软皂与液体皂时则用氢氧化钾。

（4）硅酸钠　硅酸钠俗称水玻璃，是洗衣皂中的重要助洗剂，有增加肥皂硬度、减少肥皂收缩和防止肥皂酸败的作用，对皂内残存的游离氢氧化钠起缓冲作用，减少对人体皮肤的刺激。硅酸钠的加入量根据油脂的配方而定，在香皂中约加入1%。

（5）香料　香料不仅赋予肥皂芳香的气味，更重要的是具有良好的消毒杀菌作用。

（6）其他配料　有着色剂、抗氧剂、消毒剂、漂白剂、加脂剂、荧光增白剂、螯合剂、钙皂分散剂等，在制皂中视肥皂的质量和要求而加入。

2. 制皂工艺

制皂的基本化学反应是油脂和碱相互作用生成肥皂和甘油，反应所得的皂经盐析、洗涤、整理后，称为皂基，再继续加工成为不同商品形式的肥皂。

（1）精炼　除去油脂中的杂质。常用的精炼过程包括脱胶、碱炼（脱酸）、脱色。脱胶是除去油脂中的磷脂等胶质；碱炼的主要作用在于除去油脂中的游离脂肪酸；脱色是指去除油脂中的色素和杂质。

（2）皂化　油脂精炼后与碱进行皂化反应。沸煮法因为工艺成熟，成皂质量可靠，比较经济，因而是主要的皂化方法。它的各道工序都在皂锅内进行，皂锅面呈圆形或方形，锅底呈锥形。油脂和烧碱在皂锅内煮沸，当皂化率达 95% 左右时，皂料呈均匀的闭合状态时即停止皂化操作。

（3）盐析　在闭合的皂料中，加食盐或饱和食盐水，使肥皂与稀甘油水分离。闭合的皂胶经盐析后，上层的肥皂叫做皂粒；下层带盐的甘油水从皂锅底部排出，以回收甘油。

（4）洗涤　分出废液后，加水及蒸汽煮沸皂粒，使之由析开状态成为均匀皂胶，洗出残留的甘油、色素及杂质。

（5）碱析　为使皂粒内残留的油脂完全皂化，经碱析进一步洗出皂粒内的甘油、食盐、色素及杂质。

（6）整理　目的是调整碱析后皂粒内电解质及脂肪酸含量，减少杂质，改善色泽，获得最大的出皂率和质量合格的皂基。整理时要加入适量电解质（如烧碱、食盐），调整到足以使皂料析开成上下两个皂相。上层为纯净的皂基，下层为皂脚。皂脚色泽深，杂质多，一般在下一锅碱析时回用。

（7）成型　皂基冷凝成大块皂板，然后切断成皂坯，经打印、干燥成洗衣皂、香皂等产品。

（三）肥皂的种类

1. 洗衣皂

洗衣皂适合人工搓洗织物，常见的有黄色洗衣皂、增白皂、透明皂等。普通使用的黄色洗衣皂，一般掺有松香，松香是以钠盐的形式而加入的，其目的是增加肥皂的溶解度和起泡性，并且作为填充剂也比较便宜。增白皂是在制皂过程中加入碳酸钠和水玻璃（含量可达 12%），并加入 0.5% 左右的荧光增白剂（无色或淡黄色的有机染料），用于白色或浅色织物洗涤。透明皂是在制皂过程中加入甘油、酒精、蔗糖等成分以防止肥皂结晶，因此皂体呈透明状，用途功能类似增白，但质量不及增白皂。

2. 香皂

香皂是人们常用的清洁皮肤用品，以高级动植物油脂为主要原料，例如用牛油或棕榈油与椰子油混用，特点是组织细腻、紧密，易于溶解、泡沫丰富，去污力强，游离碱少，不刺激皮肤，质地纯洁，没有填充物，脂肪酸的含量都在 80% 以上。香皂按香型有檀香型、玫瑰型、百合型、兰花型、水果香型等。

儿童皮肤细嫩、抵抗力差，需要一种温和而对皮肤又有保护作用的香皂。儿童护肤香皂在配方中有羊毛脂、硼酸、中性泡花碱等添加剂，并配用香味浓郁、儿童喜欢的桂花香精。洗涤后，能增强皮肤的柔润感，有消毒、杀菌、止痒等功能，并无碱性刺痛感。

3. 药皂

药皂是在制皂过程中加入苯酚、甲苯酚或硼酸等药物成分,有杀菌消毒的功效,脂肪酸含量在58%~80%。

4. 皂粉

皂粉的活性物质主要是脂肪酸,原料90%以上来自可再生的植物油脂,具有天然、去污力强、超低泡、易漂洗等特点。同时皂粉不像洗衣皂那样对水有要求,即使在低温和高硬度水中仍然表现出优良的洗涤性能。

小知识

皂粉与洗衣粉的区别

天然皂粉不等于洗衣粉,两者主要区别如下。

第一,所用原料不同。天然皂粉活性物主要是脂肪酸,其起始原料90%以上来自可再生植物油脂,而目前洗衣粉活性物主要是烷基苯磺酸钠,其起始原料是石油。

第二,由于主活性物不同,因此两者的配方结构要求不相同。

著名肥皂专家陈锡康认为,天然皂粉和洗衣粉除了原料结构不同决定了本质不同外,从功能上看,天然皂粉要优于洗衣粉,更适合洗贴身衣物。

二、洗衣粉

用合成的表面活性剂配制的洗涤剂就称为合成洗涤剂。洗衣粉是指粉状的合成洗涤剂。20世纪40年代以后,随着化学工业的发展,人们利用石油中提炼出的化学物质——烷基苯磺酸钠,制造出了比肥皂性能更好的洗涤剂。后来人们又把具有软化硬水、提高洗涤剂去污效果的磷酸盐配入到洗涤剂中,这样洗涤剂的性能就更完美了。人们为了使用、携带、存储、运输等方便,就把洗涤剂制造成了洗衣粉。

由于洗衣粉能在井水、河水、自来水、泉水,甚至是海水等各类水质都表现出良好的去污效果,并广泛使用于各类织物,所以其生产和使用就迅速发展起来了。现在,洗衣粉几乎是每一个家庭必需的洗涤用品了。

(一) 洗衣粉的成分

洗衣粉的成分共有5大类:活性成分、助洗成分、缓冲成分、增效成分、辅助成分。

1. 活性成分

活性成分就是洗涤剂中起主要作用的成分。洗涤活性成分是一类被称作表面活性剂的物质,它作用就是减弱污渍与衣物间的附着力,在洗涤水流以及手搓或洗衣机的搅动等机械力的作用下,使污渍脱离衣物,从而达到洗净衣物的目的。

要想达到好的去污效果,洗衣粉中应含有足够的活性成分。根据所用活性剂的种类和产品的类别,洗衣粉中活性成分的量一般不得低于13%。

2. 助洗成分

洗衣粉中的助洗剂是用量最大的成分,一般会占到总组成的15%~40%。助洗剂的主要作用就是通过束缚水中所含的硬度离子,使水得以软化,从而保护表面活性剂使其发挥最大效用。

所谓含磷、无磷洗涤剂,实际是指所用的助洗剂是磷系还是非磷系物质。在传统洗衣粉生产中,三聚磷酸钠($Na_5P_3O_{10}$)等磷酸盐是一种重要的助洗剂,占洗衣粉含量的30%~50%,可以起到抗硬水作用。但这些磷酸盐随废水排入江河湖海,容易导致严重的富营养化。目前许多省市制定了地方法规,禁止或限制含磷酸盐洗涤剂的销售和使用。

在非磷系的助洗剂中,被业界所公认能够较好替代磷酸盐成分的,是一种被称为沸石的物质。

> **小知识**
>
> **什么是富营养化?**
>
> 所谓富营养化是指水体中含有大量的磷、氮等植物生长所需的营养物质,造成藻类和其他浮游生物爆发性繁殖,水体中的溶解性氧量下降,水质恶化,导致鱼类和其他生物大量死亡的现象。富营养化现象通常发生在湖泊、河口、海湾等水流缓慢,营养物质容易积累的封闭或半封闭性水域。水体出现富营养化时,大量繁殖的浮游生物往往会使水面呈现红色、棕色、蓝色等各种颜色。这种现象发生在海域称为"赤潮",发生在江河湖泊中则叫"水华"。世界各地曾出现过多起"水华"及"赤潮"事件,如北美洲的伊利湖富营养化严重,面临"死亡"的危机;日本的濑户内海因频繁发生"赤潮",给渔业生产带来的经济损失巨大。中国的情况也不容乐观。据调查,全国因受污染达到富营养化水平的湖泊已占全部湖泊的63.6%,其中污染严重的有太湖、滇池、巢湖等;天津附近的渤海湾也曾出现过多起"赤潮"。

3. 缓冲成分

衣物上常见的污垢,一般为有机污渍,如汗渍、食物、灰尘等。有机污渍一般都是酸性的,使洗涤溶液处于碱性状态有利于这类污渍的去除,所以洗衣粉中都配入了相当数量的碱性物质。一般常用的是纯碱和水玻璃。

4. 增效成分

为了使洗涤剂具有更好的和更多的与洗涤相关的功效,越来越多的洗涤剂含有特殊功能的成分,这些成分能有效地提高和改善洗涤剂的洗涤性能。

根据功能要求,在洗涤剂中使用的增效成分有这样几类:提高洗净效果的,如酶制剂(蛋白酶、脂肪酶、淀粉酶等)、漂白剂、漂白促进剂等;保持织物白度的,如荧光增白剂、防染剂;改善织物手感的,如柔软剂、抗静电剂等。

5. 辅助成分

这类成分一般不对洗涤剂的洗涤能力起提高改善作用,但是对产品的加工过程以及产品的感官指标起较大作用,比如在洗衣粉中加入香料可使衣物香气宜人。

(二)洗衣粉的分类

洗衣粉是合成洗涤剂的一种,是必不可少的家庭用品。目前市场上的洗衣粉主要有以下3种分类,它们各具特点。

1. 普通洗衣粉和浓缩洗衣粉

普通洗衣粉,颗粒大而疏松,溶解快,泡沫较为丰富,但去污力相对较弱,不易漂洗,一般适合于手洗。浓缩洗衣粉颗粒小,密度大,泡沫较少,但去污力强(至少是普通洗衣粉的两倍),易于清洗,节水,一般适宜于机洗。

2. 含磷洗衣粉和无磷洗衣粉

含磷洗衣粉以磷酸盐为主要助剂,而磷元素易造成环境水体富营养化,从而破坏水质,污染环境。无磷洗衣粉则无这一缺点,有利于水体环境保护。为了保护社会环境,建议使用无磷洗衣粉。

3. 加酶洗衣粉和加香洗衣粉

加酶洗衣粉就是洗衣粉中加有酶,加香洗衣粉就是洗衣粉中加有香精。加酶洗衣粉对特定污垢（如果汁、墨水、血渍、奶渍、肉汁、乳、酱油渍等）的祛除具有明显效果，同时其中的一些特定酶还能起到杀菌、增白、护色增艳等作用。加香洗衣粉在满足洗涤效果的同时让衣物散发芳香，使人感到更舒适。

（三）洗衣粉的选购和使用

1. 洗衣粉的质量鉴别

（1）从包装上区分　名牌优质洗衣粉，包装袋印刷清晰，无错版及油墨污染现象，假冒名牌洗衣粉，包装多数是印刷厂剔出来的废品，有错版及油墨污染现象。

（2）从外观上区分　名牌优质洗衣粉，粉为类似小米粒的空心颗粒状，装袋蓬松饱满，手摸袋有滑松感，颜色纯正，颗粒分布均匀。假冒伪劣洗衣粉则夹杂粗颗粒或硬结块，装袋后不满，袋空隙较大，粉颜色灰黄。

（3）从使用上区分　名牌优质洗衣粉，放入水中溶解快，手触溶液无烧手感，溶液清而滑爽，发泡量多，去污力明显，用量少但洗涤效能明显，气味不刺鼻。假冒伪劣洗衣粉放入水中溶解慢，水溶液混浊，盆底有沉淀物，手触溶液有烧手感，泡沫量很少，去污力差，加大用量后，其洗涤效能仍很低，并散发出刺鼻的碱性味。

2. 洗衣粉使用常识

① 洗涤前，必须把织物用清水浸湿再放入已溶化的洗涤液里，否则对纤维的强力会有影响，而且也不易把泡沫冲洗干净。

② 洗衣粉的浓度在 0.2%～0.5% 时，洗涤去污能力最强，也就是在一面盆清水中加入 5～10 克的洗衣粉就足够了。若使用浓缩洗衣粉可以少用一半以上，洗衣粉过量会使溶液碱性增加而对织物纤维有损伤。

③ 织物在溶液中浸泡时间约 15 分钟洗涤最好。时间太长，会降低织物的强力，甚至使油污再沉积；时间太短，又会使洗涤活性物的乳化、分散、增溶作用发挥不出来，污垢还未全部地悬浮在溶液中，也会降低洗涤效果。

④ 如果袖口、领口太脏时，可撒少许干粉轻轻揉搓。

⑤ 洗涤温度不宜太高，一般在 40℃ 左右为宜。

小知识

洗衣服时水温越高越好吗？

洗衣服的水温不是越高越好。因为我们常用各种含酶洗衣粉，其中的酶制剂主要有碱性蛋白酶和碱性脂肪酶。碱性蛋白酶用于分解蛋白质类污物，如汗渍、血渍等；碱性脂肪酶则主要作用于脂肪酸及其酯类污物，也就是我们通常所指的油污类。两种酶的活性高低与温度有关，大约 40℃ 为最适合。温度过高或过低都会降低酶的活性。其次，蛋白质有变性作用。其显著特征就是蛋白质凝固，溶解性显著降低，鸡蛋煮熟后凝固就是一例。引起变性的条件之一就是高温。衣物上的蛋白质类污物同样会是这样。所以，如果洗衣时水温过高，会使它们变性凝固于织物纤维之上，从而更难以洗净。

三、牙膏

牙膏是口腔卫生用品，它的前身是牙粉。早在 2000 年以前，古罗马就有人用滑石粉刷牙。早期的牙粉主要用碳酸钙作为摩擦剂，以肥皂为表面活性剂。18 世纪英国开始工业化生产牙粉，牙粉才作为一种商品。1840 年法国人发明了金属软管，为一些日常用品提供了合适的包装，这导致了一些商品形态的改革。1893 年奥地利人塞格发明了牙膏并将牙膏装入软管中，从此牙膏开始大量发展并逐渐取代牙粉。中国从 19 世纪末开始生产牙粉，1926 年在上海生产了第一支牙膏（三星牌）。

随着科学技术的不断发展，工艺装备的不断改进和完善，各种类型的牙膏相继问世，产品的质量和档次不断提高，现在牙膏品种已由单一的清洁型牙膏，发展成为品种齐全，功能多样，上百个品牌的多功能型牙膏，满足了不同层次消费水平的需要。

中国牙膏工业协会的定义为：牙膏是和牙刷一起用于清洁牙齿，保护口腔卫生，对人体安全的一种日用必需品。

根据牙膏的定义，牙膏应该符合以下各项要求。

① 能够去除牙齿表面的薄膜和菌斑而不损伤牙釉质和牙本质。
② 具有良好的清洁口腔作用。
③ 无毒性，对口腔黏膜无刺激。
④ 有舒适的香味和口味，使用后有凉爽清新的感觉。
⑤ 易于使用，挤出时成均匀、光亮、柔软的条状物。
⑥ 易于从口腔中和牙齿、牙刷上清洗。
⑦ 具有良好的化学和物理稳定性，仓储期内保证各项指标符合标准要求。
⑧ 具有合理的性价比。

（一）牙膏的成分

牙膏是由粉状摩擦剂、湿润剂、表面活性剂、胶合剂、香料、甜味剂及其他特殊成分构成的。

1. 摩擦剂

牙膏中常用的摩擦剂如下。

（1）碳酸钙（$CaCO_3$） 碳酸钙有重质和轻质两种，重质碳酸钙是将岩石中的石灰岩和方解石粉碎、研磨、精制而成。轻质碳酸钙是将钙盐溶于盐酸中，再通入二氧化碳，得到碳酸钙沉淀。轻质碳酸钙颗粒细，密度小，可用于牙膏。

（2）磷酸氢钙（磷酸氢钙二水盐$CaHPO_4 \cdot 2H_2O$和磷酸氢钙无水盐$CaHPO_4$） 磷酸氢钙分为二分子水的二水盐和无水盐两种。二水盐和其他成分有良好的混合性，但由于无水盐硬度高，摩擦力强，因此在特制除烟渍的牙膏中，可在二水盐中混入5%～10%的无水盐。

（3）焦磷酸钙（$Ca_2P_2O_7$） 焦磷酸钙是将磷酸氢钙高温处理而得到的。由于它不和含氟化合物发生反应，故可用作含氟牙膏的基料。

（4）水合硅酸（$SiO_2 \cdot nH_2O$） 水合硅酸是非常细的白色微粒，可用于透明牙膏中。另外，由于其密度大，可作牙膏的增量剂和增黏剂使用。

（5）氢氧化铝［$Al(OH)_3$］ 氢氧化铝的颗粒较粗，但不会损伤珐琅质，且能增加牙膏的光亮度，并具有优良的洁齿力。

2. 湿润剂

湿润剂可防止牙膏在软管中固化变硬，并使膏体具有光泽等效能。用于牙膏中的湿润剂有甘油、丙二醇、山梨醇等多种。

3. 表面活性剂

表面活性剂又称发泡剂，既能快速发泡，又能清洗口腔中的污垢，且不能有异味。牙膏用的表面活性剂纯度要求很高，目前广泛采用的是中性洗涤剂——月桂醇磺酸钠，一般用量为2%。

4. 胶合剂

胶合剂能使膏体增稠而达到需要的黏度，防止货架期分离出水。配方中用量为1%～2%。常用的胶合剂有CMC（羧甲基纤维素钠盐）及其衍生物、角叉菜、海藻酸钠等多种物质。

5. 香料

香料可以改善牙膏气味，具有良好的杀菌、防腐作用，用量为1%～2%。牙膏用的香料香型应清新文雅，清凉爽口。配方中普遍使用的有留兰香油、薄荷油、冬青油、丁香油、橙油、黄樟油、茴香油、肉桂油等。

6. 甜味剂

甜味剂赋予牙膏一定的甜味，掩饰其他原料产生的异味，可用木糖醇做甜味剂。

7. 其他特殊成分

为了防治口腔疾病，有的牙膏中还加入了一些特殊成分，如为除去口臭常在牙膏中加入铜叶绿酸，为防治龋齿可加入氟化合物。

（二）牙膏的品种

目前我国使用的牙膏分为普通牙膏、含氟牙膏和药物牙膏三大类。

1. 普通牙膏

普通牙膏的主要成分包括摩擦剂、洁净剂、润湿剂、防腐剂、芳香剂，具有一般牙膏共有的作用，如果牙齿健康情况较好，选择普通牙膏即可。

2. 含氟牙膏

含氟牙膏是将氟磷酸钠、氟化钾之类的氟化物加入牙膏中，被认为是有效的龋齿预防剂。多年实践证明，氟化物与牙齿接触后，使牙齿组织中易被酸溶解的氢氧磷灰石形成不易溶的氟磷灰石，从而提高了牙齿的抗腐蚀能力。有研究证明，常用这种牙膏，龋齿发病率降低40%左右。

但氟化物是一种有毒物质，如果人体吸收过多会引起氟中毒，从2009年2月1日起，我国开始实施新的牙膏强制性国家标准，要求含氟牙膏必须标明具体的氟含量。新国标规定，成人牙膏含氟量需在0.05%～0.15%，儿童牙膏含氟量需在0.05%～0.11%，且要将具体含量标注在包装上。2009年2月1日前生产的含氟牙膏在保质期内仍可销售；如果是2月1日后生产的，未按规定标注氟含量的牙膏则不能上市销售，否则将依据《中华人民共和国产品质量法》相关规定予以处罚。

3. 药物牙膏

药物牙膏则是在普通牙膏的基础上加一定药物，刷牙时牙膏到达牙齿表面或牙齿周围环境中，通过药物的作用，起到减少牙菌斑、防治牙周病的作用。现在国产药物牙膏的种类，一般可归纳为以下4类。

（1）脱敏类牙膏　在牙膏中加入氯化锶（锶盐）以及有脱敏镇痛作用的中草药（丁香、丹皮酚等），对牙根暴露引起牙齿过敏疼痛的牙病有脱敏镇痛作用。

（2）活血化瘀促进局部血循环、改善代谢类牙膏　在牙膏中加入中草药田七、两面针等，均属此类。常用此类牙膏对辅助防治牙齿及牙龈的疾病有一定的作用，长期使用未见有副作用，是有益无害、老少皆宜的牙膏。

（3）抗菌消炎类牙膏　牙膏中加入某些化学药物，以达到抗菌斑、抑菌消炎的作用。这类牙膏对局部原因引起的口臭、牙龈出血、牙周炎等确有一定效果。

（4）防垢牙膏　加入蛋白酶类、多糖酶类或其他药物，有减少牙垢沉积和钙化的作用。

四、化妆品

根据2007年8月27日国家质量监督检验检疫总局公布的《化妆品标识管理规定》，化妆品是指以涂抹、喷洒或者其他类似方法，散布于人体表面的任何部位，如皮肤、毛发、指（趾）甲、唇齿等，以达到清洁、保养、美容、修饰和改变外观，或者修正人体气味，保持良好状态目的的化学工业品或精细化工产品。

有史以来，世界各地和各族人民都使用化妆品。尽管由于文化习俗不同，人们把自己打扮得更具魅力的方法也不同，但是一些护肤用品以及美容的办法却世世代代流传下来。随着社会的进步与发展，化妆品也日益成为人们日常活动中不可缺少的物质。化妆品对保护人体皮肤的健康，美化容貌具有重要的不可轻视的作用。

> **小知识：中国化妆品市场现状**
>
> 　　随着我国城镇化率的提升、人口结构的变化、收入水平的提高以及化妆品使用习惯的培养，国内化妆品行业处于稳定增长期。据国家统计局统计，2015年我国化妆品零售额达2049亿元，中国已经成为全球最大的化妆品市场之一。目前在中国化妆品市场上，中高端市场基本被外资、合资企业所占据，欧莱雅、宝洁、资生堂、雅诗兰黛等几家国际巨头形成了寡头竞争之势。国内亦涌现出一批以美加净、六神、大宝、郁美净、舒蕾、欧珀莱、隆力奇等为代表的优秀民族化妆品品牌。
>
> 　　据Euromonitor的统计数据估计，我国化妆品行业的市场容量为3156.8亿元，2011～2015年的年均复合增长率达到8.2%，到2020年化妆品市场规模或达4352亿元，2016～2020年的年均复合增长率为6.7%。
>
> 　　虽然我国化妆品市场已经初具规模，但是我国人均化妆品消费水平仅仅略高于印度、越南等国家，远远低于欧美地区以及日本和韩国等国家，化妆品人均年消费额仅相当于美国、日本的1/8左右。未来随着我国经济的持续快速发展，市场需求潜力将不断释放，叠加我国庞大的人口基数，化妆品行业具有巨大的成长空间。

（一）化妆品的原料

制造化妆品所用的原料品种有数千种。主要可分为以下6类。

1. 油性物料

这是许多护肤化妆品和发用化妆品的基本成分。常用的有动植物油脂和蜡，如貂油、橄榄油、蓖麻油、巴西棕榈蜡（卡诺巴蜡）、蜂蜡、羊毛脂等；矿物油和蜡，如石蜡、白油（液体石蜡）、凡士林、地蜡等；由化学加工或合成的产品，如脂肪酸、脂肪醇、羊毛醇、角鲨烷、各种酯类等。

2. 表面活性剂

表面活性剂在化妆品中起乳化、去垢、增溶、分散和湿润等作用，主要包括乳化剂和去垢剂。乳化剂广泛用于护肤化妆品和发用化妆品中，去垢剂则主要用在洗发香波和浴液中。一般说来，表面活性剂的使用和选择是现代化妆品制造技术的关键。

3. 保湿剂

保湿剂可以防止皮肤水分过快蒸发，从而调节皮肤角质层适当的水分，保持皮肤鲜润和柔软。常用的保湿剂有丙二醇、山梨醇、聚乙二醇、乳酸钠等。此外，某些氨基酸类物质和水解蛋白等也是良好的保湿剂。

4. 增稠剂

增稠剂使乳胶保持稳定，增加稠度，并能帮助乳剂中分散的固相（粉剂）悬浮。常用的有4类：从动植物中提取的，如淀粉、明胶、果胶等；从动植物中提取再进一步经化学加工（半合成）的，如羧甲基纤维素、羟乙基纤维素、海藻酸钠、改性淀粉等；化学合成的，如聚乙烯醇、聚丙烯酸树脂等；矿物类物料经过精制的，如微粒氧化硅、胶态硅酸铝镁等。

5. 粉剂

粉剂主要用于香粉、粉饼、胭脂、眼影粉和粉底霜等化妆品中，使粉质微粒涂敷于面部，起美容作用或遮盖皮肤上的某些缺陷。粉剂要有一定的吸收性、黏附性和滑爽性。常用的有滑石粉、高岭土、云母粉（珠光粉）等。

6. 添加剂

添加剂是用量较少但能起特殊作用的物料。主要有以下各类。

（1）防腐剂　用以抑制微生物的繁殖。常用的是对羟基苯甲酸酯（俗称尼泊金）、山梨酸、脱氢乙酸等。

（2）抗氧剂　用以防止不饱和油脂或不饱和脂肪酸及其衍生物的氧化酸败。常用的是二叔丁基对甲酚、叔丁基羟基苯甲醚、维生素 E 等。

（3）金属螯合剂　用于防止混入的金属离子直接或间接造成化妆品质量的恶化。常用的有乙二胺四乙酸钠、柠檬酸、苹果酸等。

（4）营养剂　用以保护皮肤或头发健康，防止因缺乏营养而引起的皮肤或头发的损伤。常用的营养剂有维生素 A、维生素 E 和氨基酸制品，一般具有营养作用的中草药亦属此类。

（5）色料　主要用于美容化妆品、发用化妆品和演员用油彩，一般分为有机合成色素、天然色素和无机颜料三类。无论哪种色料都必须符合国家标准的要求，确保对人体安全。

（6）香料　香料是化妆品的重要成分，使大多数品种的化妆品具有芬芳的气味。

（二）化妆品的分类

化妆品的种类繁多，分类方法也有多种形式：按使用对象分为男用、女用、儿童用和老年人用；按添加的有效成分分为芦荟系列、植物美白系列、海藻系列等；按使用部位分为护肤用、发用、美容修饰用等；按化妆品生产许可证产品分类共分 6 个申证单元，前四个单元又分若干申证小类，划分如下。

1. 一般液态单元

一般液态单元包括不需经乳化的液体类化妆品，分为 4 小类。

（1）护发清洁类化妆品　如洗发液、发露、发油（不含推进剂）、摩丝（不含推进剂）、梳理剂、洁面凝胶、液体面膜等。

（2）护肤水类化妆品　如护肤水、紧肤水、化妆水、收敛水、卸妆水、眼部清洁液、按摩液、护唇液等。

（3）染烫发类化妆品　如染发剂、烫发剂。

（4）啫喱类化妆品　如啫喱水、啫喱膏、美目胶等。

2. 膏霜乳液单元

膏霜乳液单元包括需经乳化的膏、霜、脂、乳液类化妆品，分为两小类。

（1）护肤清洁类化妆品　如膏、霜、蜜、香脂、奶液、洗面奶等。

（2）发用类化妆品　如发乳、焗油膏、染发膏、护发素等。

3. 粉单元

粉单元包括散粉、块状粉类化妆品，分为两小类。

（1）散粉化妆品　如香粉、痱子粉、爽身粉、定妆粉、面膜粉等。

（2）块状粉化妆品　如胭脂、眼影、粉饼等。

4. 气雾剂及有机溶剂单元

气雾剂及有机溶剂单元包括含有推进剂的气雾剂类化妆品产品和含有易燃易爆有机溶剂的化妆品产品，分为两小类。

（1）气雾剂类化妆品　如摩丝、发胶、彩喷等。

（2）有机溶剂类化妆品　如香水、花露水、指甲油等。

5. 蜡基单元

蜡基单元包括以蜡为主基料的化妆品，如唇膏、眉笔、唇线笔、发蜡、睫毛膏等。

6. 其他单元

其他单元是指属于化妆品但是不能归属于以上5类的产品。

（三）常用的化妆品

1. 润肤霜

润肤霜是一种水包油型的膏状的乳化体，具有滋润和保护皮肤的作用，涂在皮肤上就会像雪花一样地消失，又因白似雪花，故又名雪花膏。雪花膏涂在皮肤上立即融成一层透明的薄膜，正是这层薄膜起着滋润保护皮肤的作用，防止皮肤干燥皱裂。

2. 香脂

香脂又叫冷霜，从外观看很像雪花膏，是雪花膏的一种姊妹产品，也是一种膏状的乳化体。但它与雪花膏不同，它是一种油包水型的乳化体。雪花膏中的油性原料是硬脂酸，而香脂中的油性原料是指各种蜡类、凡士林。雪花膏在使用时没有油腻的感觉，而香脂则恰好相反，香脂涂在皮肤上形成一种油性的薄膜，保护皮肤的柔软性和弹性，防止干裂。在防止皮肤冻裂和日晒方面，香脂比雪花膏有显著的优点。由于它所含的油脂成分较多，润肤作用良好，所以涂在皮肤上有一种非常舒服的感觉。

3. 奶液

奶液是一种水包油型的浆状的乳化体，含有20%左右的油性原料，以普通香精作芳香剂，因为它们呈浆状，所以它们又称为浆状雪花膏。奶液具有与雪花膏相同的功用。但较雪花膏对皮肤有更大的滋润性。

小知识

什么是水包油和油包水？

乳化剂可分为水包油型（O/W型）和油包水型（W/O型）两种。水包油即水为连续相，油为分散相；油包水即油为连续相，水为分散相。水包油型的护肤品，质地比较清爽，适合油性、混合性、中性皮肤用；油包水型的护肤品，质地比较稠厚，适合干性皮肤使用。两者可通过以下简单方法鉴别。

将乳液或是乳霜取绿豆般大小放入水中，通常水包油型会浮在水面上，而且稍微搅拌就会慢慢溶解变成乳白色。相反，大部分油包水型的乳液或乳霜会沉于水面下，且不易溶于水中。

---

4. 洗发水

洗发水又称洗发液或洗发精、洗发香波（香波是英文shampoo的音译），是应用最为广泛的头发和头皮基础护理化妆用品，主要功能是清洁头发和头皮，同时为头发的整理造型打下基础，有些产品还具有去头屑功能、焗油功能、防脱发功能和营养发质功能。洗发水的主要成分为非离子型表面活性剂，碱性小，不损伤头发，而儿童洗发水则采用两性型表面活性剂为制作原料，对皮肤和眼睛无刺激性。

5. 护发素

护发素是洗发后使用的一种头发调理剂，可以使头发柔软，易于梳理，抗静电，赋予光泽。头发洗涤后带有负电荷，产生静电，不易梳理。护发素的主要成分是阳离子表面活性剂，可吸附在头发上形成均匀的单分子膜，中和了残留在头发表面的负电荷。护发素一般由5%左右的阳离子表面活性剂、增脂剂、保湿剂等构成。

6. 染发剂

染发剂是氧化型二剂分别包装的。一剂含有染料中间体的基质或载体,染料中间体由于分子量小可以渗透到头发纤维中去;另一剂是氧化显色剂,多选用过氧化物盐类。二剂混合使用,涂于头发,经过一段时间,氧化剂可以把头发纤维中的染料氧化偶合成显色的大分子,共轭显色的大分子染料在头发纤维中被锁紧,起到永久性染发作用。

7. 香水

香水由于香精含量的不同以及用途的不同而有各种名称。习惯上香精含量多的称为香水精,较多的称为香水,较少的称为花露水。香水类的基本成分是酒精和香精。香水质量的好坏主要在于香精的质量,优质的香水通常以天然香料为主体香料,而低级香水则以合成香料为主体成分。香水中香精由以下3部分组成。

(1) 头香　人们首先闻到的香气成分即头香,其特点是沸点低,易挥发,主要是合成香料。

(2) 体香　是香精的主体,能代表香水的主要香气特征,紧跟在头香后面,在较长时间内稳定,沸点、挥发度仅次于头香,一般为玫瑰油、丁香油等花香型香料。

(3) 基香　是香精中残留的部分,沸点高,挥发度小,一般为檀香、麝香等木香型、动物类香料。

第三节　塑　料

塑料是指以合成树脂为主要成分,在一定温度、压力等条件下可以塑造成型,而在常温下保持形状不变的材料。塑料主要有以下特性。

① 大多数塑料质轻,化学性质稳定,不会锈蚀。
② 耐冲击性好。
③ 具有较好的透明性和耐磨性。
④ 绝缘性好,导热性低。
⑤ 一般成型性、着色性好,加工成本低。
⑥ 大部分塑料耐热性差,热膨胀率高,易燃烧。
⑦ 尺寸稳定性差,容易变形。
⑧ 多数塑料耐低温性差,低温下变脆。
⑨ 容易老化。
⑩ 某些塑料易溶于溶剂。

一、塑料的分类

塑料种类很多,常见的分类方法主要有以下两种。

(一) 按理化特性分类

根据各种塑料不同的理化特性,可以把塑料分为热塑性塑料和热固性塑料两种类型。

1. 热塑性塑料

热塑性塑料是指在特定温度范围内能反复加热软化和冷却硬化的塑料,如聚乙烯、聚四氟乙烯等。热塑性塑料受热时变软,冷却时变硬,能反复软化和硬化并保持一定的形状。可溶于一定的溶剂,具有可熔、可溶的性质。热塑性塑料具有优良的电绝缘性,特别是聚四氟乙烯(PTFE)、聚苯乙烯(PS)、聚乙烯(PE)、聚丙烯(PP)都具有极低的介电常数和介质损耗,宜于作高频和高电压绝缘材料。热塑性塑料易于成型加工,但耐热性较低,易于蠕变,其蠕变程度随承受负荷、环境温度、溶剂、湿度而变化。

2. 热固性塑料

热固性塑料是指在受热或其他条件下能固化或具有不溶（熔）特性的塑料，如酚醛塑料、脲醛塑料等。热固性塑料热加工成型后形成具有不熔、不溶的固化物，其树脂分子由线型结构交联成网状结构，再加强热则会分解破坏。热固性塑料具有耐热性高、受热不易变形等优点，缺点是机械强度一般不高，但可以通过添加填料，制成层压材料或模压材料来提高其机械强度。

（二）按使用特性分类

根据各种塑料不同的使用特性，通常将塑料分为通用塑料、工程塑料和特种塑料3种类型。

1. 通用塑料

一般是指产量大、用途广、成型性好、价格便宜的塑料。通用塑料有5大品种，即聚乙烯（PE）、聚丙烯（PP）、聚氯乙烯（PVC）、聚苯乙烯（PS）及丙烯腈-丁二烯-苯乙烯共聚物（ABS）。它们都是热塑性塑料。

2. 工程塑料

一般指能承受一定外力作用，具有良好的机械性能和耐高、低温性能，尺寸稳定性较好，可以用作工程结构的塑料。

3. 特种塑料

一般是指具有特种功能，可用于航空、航天等特殊应用领域的塑料。如氟塑料和有机硅具有突出的耐高温、自润滑等特殊功用，增强塑料和泡沫塑料具有高强度、高缓冲性等特殊性能，这些塑料都属于特种塑料的范畴。

二、塑料的原料与加工方法

（一）塑料的原料

1. 合成树脂

合成树脂是塑料的最主要原料，其在塑料组分中的含量一般在40%～100%。由于含量大，而且树脂的性质常常决定了塑料的性质，所以人们常把树脂看成是塑料的同义词。例如把聚氯乙烯树脂与聚氯乙烯塑料、酚醛树脂与酚醛塑料混为一谈。其实树脂与塑料是两个不同的概念。树脂是一种未加工的原始聚合物，它不仅用于制造塑料，而且还是涂料、胶黏剂以及合成纤维的原料。而塑料除了极少一部分含100%的树脂外，绝大多数的塑料，除了合成树脂外，还需要加入其他物质。

2. 填料

填料又叫填充剂，它可以提高塑料的强度和耐热性能，并降低成本。例如酚醛树脂中加入木粉后可大大降低成本，使酚醛塑料成为最廉价的塑料之一，同时还能显著提高其机械强度。填料可分为有机填料和无机填料两类，前者如木粉、碎布、纸张和各种织物纤维等，后者如玻璃纤维、硅藻土、石棉、炭黑等。

3. 增塑剂

增塑剂可增加塑料的可塑性和柔软性，降低脆性，使塑料易于加工成型。增塑剂一般是能与树脂混溶，无毒、无臭，对光、热稳定的高沸点有机化合物，最常用的是邻苯二甲酸酯类。例如生产聚氯乙烯塑料时，若加入较多的增塑剂便可得到软质聚氯乙烯塑料，若不加或少加增塑剂（用量<10%），则得硬质聚氯乙烯塑料。

4. 防老化剂

阻止和延缓塑料制品在加工、贮存和使用过程中的老化，常添加不同的防老化剂，如抗氧化剂、紫外光稳定剂和热稳定剂。

5. 着色剂

着色剂可使塑料具有各种鲜艳、美观的颜色。常用有机染料和无机颜料作为着色剂。

6. 润滑剂

润滑剂的作用是防止塑料在成型时不粘在金属模具上，同时可使塑料的表面光滑美观。常用的润滑剂有硬脂酸及其钙镁盐等。

7. 发泡剂

发泡剂用于泡沫塑料的制造，是指通过物理状态变化或加热分解放出 N_2、NH_3、CO_2 等无害气体，并能在高聚物中产生细孔或蜂窝状结构的低分子物质。

除了上述助剂外，塑料中还可加入阻燃剂、交联剂、抗静电剂等，以满足不同的使用要求。

（二）塑料的加工方法

根据各种塑料不同的成型方法，可以分为压塑、挤塑、注塑、吹塑、压延等多种类型。

1. 压塑

压塑也称模压成型或压制成型，压塑主要用于酚醛树脂、脲醛树脂、不饱和聚酯树脂等热固性塑料的成型。

2. 挤塑

挤塑又称挤出成型，是使用挤塑机（挤出机）将加热的树脂连续通过模具，挤出所需形状的制品的方法。挤塑有时也用于热固性塑料的成型，并可用于泡沫塑料的成型。挤塑的优点是可挤出各种形状的制品，生产效率高，可自动化、连续化生产；缺点是不能广泛采用此法加工热固性塑料，制品尺寸容易产生偏差。

3. 注塑

注塑又称注射成型。注塑是使用注塑机（或称注射机）将热塑性塑料熔体在高压下注入到模具内经冷却、固化获得产品的方法。注塑也能用于热固性塑料及泡沫塑料的成型。注塑的优点是生产速度快、效率高，操作可自动化，能成型形状复杂的零件，特别适合大量生产；缺点是设备及模具成本高，注塑机清理较困难等。

4. 吹塑

吹塑又称中空吹塑或中空成型。吹塑是借助压缩空气的压力使闭合在模具中的热的树脂型坯吹胀为空心制品的一种方法，吹塑包括吹塑薄膜及吹塑中空制品两种方法。用吹塑法可生产薄膜制品，各种瓶、桶、壶类容器及儿童玩具等。

5. 压延

压延是将树脂和各种添加剂经预期处理后通过压延机的两个或多个转向相反的压延辊的间隙加工成薄膜或片材，随后从压延机辊筒上剥离下来，再经冷却定型的一种成型方法。压延是主要用于聚氯乙烯树脂的成型方法，能制造薄膜、片材、板材、人造革、地板砖等制品。

三、塑料的主要品种

（一）热塑性塑料的主要品种

1. 聚乙烯塑料

聚乙烯塑料（PE）是由乙烯经聚合而成的高分子化合物，按其密度可分为低密度聚乙烯（相对密度为 0.91~0.25）和高密度聚乙烯（相对密度为 0.941~0.965）。由于聚乙烯的密度、结晶度和分子量的差异，其性能差异也较大。一般而言，低密度聚乙烯的机械性能较高密度聚乙烯稍差，其制品较高密度聚乙烯软。因聚乙烯无毒，故可作为药品、食品、玩具等的包装材料。低密度聚乙烯的最大用途是用于地膜覆盖、农用大棚、包装材料、果品保鲜，也可用于电线、电缆、绝缘护套、塑料花、塑料儿童玩具等。高密度聚乙烯可制作管材、各种容器等。

2. 聚氯乙烯塑料

聚氯乙烯塑料（PVC）是以聚氯乙烯树脂为主要成分，加入稳定剂、润滑剂、改性剂、填料、颜料等各种助剂，经加工得到所需形状的塑料制品。聚氯乙烯塑料制品的种类很多，根据树脂中增塑剂量的多少，可分为软质聚氯乙烯制品和硬质聚氯乙烯制品。软质聚氯乙烯制品主要有各种透明和不透明的塑料布，如雨衣、台布、包装薄膜等，硬质聚氯乙烯制品主要有各种板材、管材、管件等许多建筑装饰材料。聚氯乙烯塑料的共同特点是适用范围广，具有阻燃性。

3. 聚丙烯塑料

聚丙烯塑料（PP）是由丙烯聚合而成的高分子化合物。聚丙烯塑料无味、无毒，相对密度为 0.90～0.91，是最轻的日用塑料。耐热性高，在沸水中不软化、不变形，其使用温度可达 140℃。有较强的刚性、韧性和曲折性，有一定的透光性和透气性。耐油性、耐光性差，易老化，所有制品都必须加抗氧剂和紫外线吸收剂。聚丙烯塑料是容易加工的塑料，其应用广泛，可制作家用器具（如饭碗、汤勺、口杯、脸盆、保温瓶壳、梳子、玩具等）、电视机外壳、管材、板材、包扎带、电缆包覆和护套、双向拉伸薄膜、包装箱、瓦楞板等。

4. 聚苯乙烯塑料

聚苯乙烯塑料（PS）是由苯乙烯聚合而成的高分子化合物，是无色、无味、无毒且具有光泽的透明固体，其密度为 1.04～1.09，刚硬，敲击时有清脆的响声。脆性大，冲击强度低，耐油性差，表面硬度低，不能用硬物摩擦，使用温度较低，适合在 70℃ 以下使用。聚苯乙烯主要用于制作透明或色泽鲜艳的各类制品，如文具、灯具、灯饰、室内外装饰、化妆品容器、果盘、仪表外壳、车灯、光学零件等，还可用于制成不同密度的泡沫塑料，用做绝热、隔音、防震、漂浮、包装材料和软木代用品等。

5. 聚甲基丙烯酸甲酯塑料

聚甲基丙烯酸甲酯塑料（PMMA）俗称"有机玻璃"，是由甲基丙烯酸甲酯聚合而成的高分子化合物，质轻，相对密度为 1.18，不易破碎，透明度似无机玻璃，具有塑料中最高的透明度，表面硬度低，容易有硬物划痕。由于它的高度透明性，常用来制造光学和照明工具，如航空窗玻璃、仪表盘、汽车灯罩、装饰品等，着色后可制造纽扣、牙刷柄、广告牌等。

6. ABS 塑料

ABS 树脂为丙烯腈、丁二烯、苯乙烯的共聚物，丙烯腈（A）使 ABS 有良好的耐化学腐蚀性、耐热性及表面硬度，丁二烯（B）使 ABS 有韧性，耐冲击强度高，苯乙烯（S）使它具有良好的加工性及染色性能。主要制品有电器部件、旅行箱、安全帽等。由于 ABS 塑料具有良好的电镀性能，其制品可代替金属部件，生产各种美观的电器零件、日用品部件，如电机机壳、收音机壳、仪表壳、冰箱衬里、文体用品、玩具、乐器等。

7. 聚酰胺塑料

聚酰胺塑料（PA）又称尼龙，为白色半透明体、无毒无味，具有良好的冲击强度和拉伸强度以及优良的耐磨性。但其耐热性差，长期使用温度不高于 80℃。主要用于制作尼龙绳、牙刷、网线袋等日用品。

8. 硝酸纤维素塑料

硝酸纤维素塑料（CN）又称为"赛璐珞"，其本身无色透明，质轻，弹性好，易着色，其最大的缺点是易燃，且燃烧速度很快。硝酸纤维素塑料是制造乒乓球最理想的材料，也可制成各种色彩鲜艳的玩具、手风琴外壳、眼镜架、三角尺等。

9. 聚四氟乙烯塑料

聚四氟乙烯（PTFE）的外观呈透明或不透明，蜡状不亲水，光滑不黏，摩擦特征与冰相似，外观似聚乙烯但比聚乙烯重1倍多。其突出优点是有良好的耐热性和最佳的耐腐蚀性，最高使用温度为260℃，有"塑料王"之称。主要用于制造耐化学腐蚀强的材料，例如抗腐蚀管子、阀门以及化工设备的防腐衬里和涂层；它还被广泛用作不粘性材料，比如不粘锅的贴胶层及不粘油抽油烟机涂层等；在医疗方面还可用于制造代用血管、人工心肺装置、消毒保护器等；用聚四氟乙烯薄膜还可包装贵重的药物。

（二）热固性塑料的主要品种

1. 酚醛塑料

酚醛塑料（PF）俗称电木，表面坚硬光滑，质脆易碎，断面结构粗糙，均为黑色或棕色的不透明体，沸水浸泡不变软，不溶于任何溶剂，加热不熔融，绝缘性能优良。常用来制造耐热和电气绝缘制品，如锅柄、水壶提手、瓶盖、电灯灯头、插座、开关、电表壳等。

2. 脲醛塑料

脲醛塑料（VF）具有玉石般的外观，俗称电玉。脲醛塑料表面坚硬，质脆易碎，断面结构较细密，色泽鲜艳美观，耐热性不如电木，使用温度在100℃左右，不易燃烧，电绝缘性能良好。常用来制造各色纽扣、瓶盖、琴键、象棋及电气产品如插头、灯罩、灯座等。电玉具有一定的毒性，不宜制造食品器皿。

3. 密胺塑料

密胺塑料（MF）是以三聚氰胺与甲醛为原料，经缩聚反应而制成的。密胺塑料强度大，表面硬度高，不易变形，它的手感和外观极似瓷器，而其抗冲击强度比瓷器高3倍。它的耐热性、耐水性都很好，卫生性能亦好，无毒、无臭、无味。常用来制造各种杯、盘、碗、筷、勺等餐具及烟灰缸等日用品。

小知识

塑料制品上的三角标

每个塑料容器都有一个小小身份证——一个三角形的符号，一般就在塑料容器的底部。三角形里边有数字1~7，每个编号代表一种塑料容器，它们的制作材料不同，使用禁忌也不同。

第1号：PET（聚乙烯对苯二甲酸酯），这种材料制作的容器，就是常见的装汽水的塑料瓶，也俗称"宝特瓶"。

第2号：HDPE（高密度聚乙烯），清洁剂、洗发精、沐浴乳、食用油、农药等的容器多以HDPE制造。容器多半不透明，手感似蜡。

第3号：PVC（聚氯乙烯），多用以制造水管、雨衣、书包、建材、塑料膜、塑料盒等器物。

第4号：LDPE（低密度聚乙烯），随处可见的塑料袋多以LDPE制造。

第5号：PP（聚丙烯），多用以制造水桶、垃圾桶、箩筐、篮子和微波炉用食物容器等。

第6号：PS（聚苯乙烯），由于吸水性低，多用以制造建材、玩具、文具、滚轮，还有速食店盛饮料的杯盒或一次性餐具。

第7号：PC（聚碳酸酯）及其他类塑料制品。PC是被大量使用的一种材料，尤其多用于制造奶瓶、太空杯等。

四、常用塑料制品的鉴别

塑料制品的鉴别方法很多，不外乎感官鉴别法和理化鉴别法两大类。最常见的并且简单易行的感官鉴别法有外观鉴别法和燃烧鉴别法两种。

(一) 外观鉴别法

从各种塑料的外观特征如光泽、透明度、光滑性、手感、表面硬度、敲击声及将其放入沸水中和放入水中等来区分和判断塑料种类。有关塑料的外观特征如下。

1. 聚乙烯塑料

本色为乳白色透明体，手摸有石蜡油腻感，质地柔软能弯曲，放在水中能浮于水面，沸水中显著软化。

2. 聚氯乙烯塑料

硬制品坚硬平滑，敲击时声音发闷，色泽较鲜艳。软制品柔软富弹性，薄膜透明度较高，而无蜡质感，放在水中下沉，遇冷变硬，有特殊气味。

3. 聚丙烯塑料

本色为乳白色半透明体，手摸润滑但无油腻感，质地硬挺有韧性，放在水中能浮于水面，沸水中软化不显著。

4. 聚苯乙烯塑料

聚苯乙烯塑料表面硬度与透明度较高，色泽鲜艳，其主要特点是敲击或轻掷时，有类似金属的清脆声，弯折时易碎裂，断口处为银白色。

5. 有机玻璃

外观似水晶，透明度高，色泽鲜艳，弯曲时有韧性，敲击时声音发闷，用柔软物摩擦制品，能产生芳香水果气味。

6. 硝酸纤维素塑料

富有弹性，用柔软物摩擦表面能产生樟脑气味。

7. 聚酰胺塑料

表面光滑坚韧，色泽淡黄，敲击时无清脆声。

8. 酚醛塑料

表面坚硬，清脆易碎，断面结构松散，多为黑色、棕色的不透明体，敲击时发出类似木板的沉闷声。

9. 脲醛塑料

表面坚硬，清脆易碎，断面结构紧密，大多为浅色半透明体，并有玉石般光泽。

10. 密胺塑料

外观手感似瓷器，表面坚硬光滑，断面结构紧密，沸水中不软化。

(二) 燃烧鉴别法

燃烧鉴别法是将塑料试样在火焰上燃烧，观察塑料燃烧的难易程度、火焰颜色、气味和冒烟情况以及熄火后塑料的色泽、形态等，根据这些特征来鉴别塑料品种的方法。常见塑料的燃烧特征如下。

1. 聚乙烯塑料

容易燃烧，火焰上端为黄色，下端为蓝色，燃烧同时有熔融物滴落，离火后能继续燃烧，有石蜡燃烧的气味。

2. 聚氯乙烯塑料

难燃烧，在火焰上能够燃烧，离火即灭，火焰呈黄色，有刺激性酸味。

3. 聚丙烯塑料

燃烧性能与聚乙烯相似，但火焰上端有少量黑烟。

4. 聚苯乙烯塑料

容易燃烧，为橙黄色火焰并冒浓黑烟，离火后能继续燃烧，发出特殊的苯乙烯单体气味。

5. 有机玻璃

容易燃烧，为浅蓝色火焰，顶端呈白色，离火后能继续燃烧，有水果香味。

6. 硝酸纤维素塑料

极易燃烧，燃烧迅速、完全，火焰呈黄色，少烟，有樟脑气味。

7. 聚酰胺塑料

缓慢燃烧，离火后缓慢熄灭，火焰呈蓝色，顶部黄色，燃烧同时熔化滴起泡沫，有烧焦羊毛味。

8. 酚醛塑料

在火焰上能慢慢燃烧，与火焰接触部分炭化开裂，火焰呈黄色，离火后能自动熄灭，有木材和苯酚气味。

9. 脲醛塑料

难燃烧，与火焰接触部分发白开裂，火焰尖部呈浅绿色，离火后能自动熄灭，有尿臭气味。

10. 密胺塑料

难燃烧，在火焰上膨胀开裂，火焰呈黄色，离火后自动熄灭，有甲醛气味。

复习思考题

一、填空题

1. 玻璃的化学成分极其复杂，普通玻璃的化学成分可用通式_____来表示。
2. 在机械性质中与玻璃制品质量特别有关的是玻璃的_____强度和_____强度、硬度和脆性。
3. 油脂和碱反应所生成的_____称为肥皂。
4. 在传统洗衣粉生产中，_____等磷酸盐是一种重要的助洗剂，但容易导致严重的富营养化。
5. 润肤霜是一种膏状的水包油型乳化体，具有滋润和保护皮肤的作用，涂在皮肤上就会像雪花一样地消失，又因白似雪花，故又名_____。
6. 香水中香精由三部分组成，即_____、_____、_____。
7. _____是塑料的最主要成分，其在塑料中的含量一般在40%～100%。
8. 根据各种塑料不同的使用特性，通常将塑料分为_____塑料、_____塑料和_____塑料3种类型。
9. 硝酸纤维素塑料又称为_____，是制造乒乓球最理想的材料。
10. 脲醛塑料具有玉石般的外观，俗称_____。

二、单项选择题

1. 下列玻璃原料中，引入 Al_2O_3 的原料是（   ）。
   A. 石英砂　　　　　B. 长石　　　　　C. 石灰石　　　　　D. 白云石
2. 蓝色的玻璃制品含有下列哪一种氧化物（   ）。
   A. $AgNO_3$　　　　B. Fe_2O_3　　　C. MnO_2　　　　D. CoO
3. 油脂和烧碱在皂锅内煮沸至皂化率达（   ）左右，皂料呈均匀的闭合状态时即停止皂化操作。
   A. 80%　　　　　　B. 85%　　　　　C. 90%　　　　　D. 95%
4. 下列洗衣粉的成分中，容易导致严重的富营养化的是（   ）。
   A. 活性成分　　　　B. 助洗成分　　　C. 缓冲成分　　　D. 增效成分
5. 根据牙膏强制性国家标准，成人牙膏含氟量需在（   ）之间。
   A. 0.01%～0.05%　　B. 0.05%～0.15%　C. 0.15%～0.30%　D. 0.30%～0.45%
6. 下列化妆品中，属于油包水型的是（   ）。
   A. 香脂　　　　　　B. 奶液　　　　　C. 雪花膏　　　　D. 润肤霜
7. 下列塑料中，属于热塑性塑料的是（   ）。
   A. PA　　　　　　　B. MF　　　　　　C. VF　　　　　　D. PF

8.下列塑料中，属于热固性塑料的是（　　）。
 A. ABS　　　　　　B. MF　　　　　　C. PVC　　　　　　D. PS
9.生产塑料薄膜制品采用的成型方法是（　　）。
 A.吹塑　　　　　　B.注塑　　　　　　C.挤塑　　　　　　D.压塑
10.富有弹性，用柔软物摩擦表面能产生樟脑气味的塑料是（　　）。
 A.有机玻璃　　　　B.赛璐珞　　　　　C.电木　　　　　　D.电玉

三、问答题
1.简述玻璃制品的主要性质。
2.简述肥皂的去污原理。
3.为什么市场上销售的洗衣粉大多为无磷洗衣粉？
4.简述牙膏的主要成分。
5.简述化妆品常用的分类方法。
6.简述塑料制品的特性及主要成分。
7.简述塑料制品的分类方法

实 践 训 练

实训项目：塑料制品的感官鉴别

（一）实训目的

掌握几种鉴别塑料制品的方法，并做到方法简明，速度快，准确性高，通过实验，对某些塑料的识别特征有所了解。

（二）实训原理

每种塑料都有各自独特的外观和燃烧性能。因此，可以利用人体的视觉、触觉、听觉、嗅觉，对塑料制品的外观及燃烧性能进行实验，以此判断塑料制品的种类。

（三）实训材料

聚乙烯、聚氯乙烯、聚丙烯、聚苯乙烯、聚甲基丙烯酸甲酯（有机玻璃）、硝酸纤维素（赛璐珞）、聚酰胺（尼龙）、酚醛（电木）、脲醛（电玉）、密胺。

酒精灯1只，镊子两把，500毫升烧杯2只，水浴锅、电炉。

（四）实训结果

将10种塑料的外观鉴别及燃烧鉴别结果用文字叙述填在下表中。

1.塑料制品外观鉴别实验报告

各种塑料制品的外观鉴别结果

塑料品种	外观鉴别项目					
	透明度	手感	表面硬度	气味	敲击	水中
聚乙烯						
聚氯乙烯						
聚丙烯						
聚苯乙烯						
聚甲基丙烯酸甲酯(有机玻璃)						
硝酸纤维素(赛璐珞)						
聚酰胺(尼龙)						
酚醛						
脲醛						
密胺						

2. 塑料制品燃烧鉴别实验报告

各种塑料制品的燃烧鉴别结果

塑料品种	燃烧情况和气味				
	燃烧难易	离火后状态	焰色与烟色	灰烬状态	气味
聚乙烯					
聚氯乙烯					
聚丙烯					
聚苯乙烯					
聚甲基丙烯酸甲酯（有机玻璃）					
硝酸纤维素（赛璐珞）					
聚酰胺（尼龙）					
酚醛					
脲醛					
密胺					

第十二章　商品与环境

【学习目标】
① 明确商品与环境的关系，理解环境保护的重要性。
② 掌握环境管理体系认证的概念。
③ 了解 ISO 14000 环境管理体系。
④ 了解生命周期环境管理的内容。

随着科学技术的进步，市场经济的发展，人们的物质生活越来越丰富，但人类赖以生存的生态环境却遭到了极大的破坏，商品对环境的污染程度已经逐渐威胁到了人类的健康和安全。商品与环境问题越来越引起人们的关注，因此，商品学界将商品与环境的问题纳入了商品学的研究范围。如何合理利用资源，减少和消除商品生产和消耗对环境的污染，成为了当代商品学研究的一个重要问题。

第一节　商品对环境的污染及防治

一、环境和环境污染

1. 环境的概念

环境总是相对于某一中心事物而言的，环境因中心事物的不同而不同，因中心事物的变化而变化。《中华人民共和国环境法》从法学的角度对环境概念进行了阐述："本法所称环境是指影响人类生存和发展的各种天然的和经过人工改造的自然因素的总体，包括大气、水、海洋、土地、矿藏、森林、草原、野生生物、自然遗迹、人文遗迹、风景名胜区、自然保护区、城市和乡村等。"它包括自然环境和社会环境，我们通常所称的环境是指自然环境。自然环境就是指围绕着人类周围的各种自然因素的总和，由大气圈、水圈、土圈、岩石圈和生物圈 5 个自然圈所组成。

自然环境按其主要的组成要素可分为大气环境、水环境（包括海洋环境、江河环境、湖泊环境等）、土壤环境、生物环境（如森林环境、草原环境等）、地质环境等。

2. 环境污染的概念

环境污染是指人类直接或间接地向环境排放超过其自净能力的物质或能量，从而使环境的质量降低，对人类的生存与发展、生态系统和财产造成不利影响的现象。具体包括：水污染、大气污染、噪声污染、放射性污染等。

水污染是指水体因某种物质的介入，而导致其化学、物理、生物或者放射性等方面特征的改变，从而影响水的有效利用，危害人体健康或者破坏生态环境，造成水质恶化的现象。很多疾病与水污染有关，如伤寒、霍乱、痢疾、传染性肝病等均是由水的不洁引起的。

大气污染是指由于人类活动或自然过程引起某些物质进入大气中，呈现出足够的浓度，达到足够的时间，并因此危害人体健康或污染环境的现象。大气污染对人的危害主要表现为呼吸道疾病；对植物的危害表现为抑制其生理机制，造成成长不良，甚至死亡。大气污染还影响全球气候，造成气候不断恶化。温室效应和酸雨就是由于大气污染形成的。

噪声污染是指所产生的环境噪声超过国家规定的环境噪声排放标准,并干扰他人正常工作、学习、生活的现象。噪声污染与水污染、大气污染被看成世界范围内的三个主要环境问题。长期受噪声污染的人听力容易受损,并且高血压、动脉硬化和冠心病的发病率要高于一般人。

放射性污染是指由于人类活动造成物料、人体、场所、环境介质表面或者内部出现超过国家标准的放射性物质或者射线。放射性污染对生物的危害十分严重,如果人在短时间受到大量放射性物质的照射,就会产生急性损伤,轻者有感染、腹泻呕吐症状,重者会产生中枢神经损伤甚至死亡。

> **小知识:日本核污染食品世界担忧**
>
> 2011年,日本大地震导致福岛核电站放射性物质泄漏,周边大片地区遭受核污染。当时世界各国,纷纷对核污染波及地区的日本食品、农产品下达进口禁令。我国国家质量监督检验检疫总局当年也发布通告,要求经销商不能从日本福岛县、群马县、栃木县、千叶县等10个都县进口食品、食用农产品及饲料。
>
> 福岛核电站泄漏的放射性物质包括碘131、铯137、锶90、钚等,其中铯伤害肌肉,锶和钚危害骨骼。即使是半衰期较短的核物质,如碘131,也不意味着其对人的健康没有危险,只不过它们到了半衰期后,危险已经减半。核辐射对人们健康的危害是通过空气和食品渠道产生的,吸入被污染的空气和食入被污染的食品是最重要的途径。所以,对食品、饮水的防范应当是重点。

二、商品与环境的关系

人类的一切生产活动都直接或间接地取自环境,商品的生产和流通活动更是离不开人类所处的各种环境。由于商品与环境之间存在的相互关系存在着两面性,所以,在商品生产流通过程中,应密切关注商品与环境的关系,使商品不仅能满足人类的物质需要,又能切实关注商品与环境的相互影响作用,降低商品生产对环境带来的负面影响,更好地保护人类社会所依存的各种环境。

商品的生产、交换、消费是一个连续的过程,环境污染主要是由大规模的工业生产造成的。在商品的生产流通过程中,需要开发资源,取得原料和能源,对自然环境造成了一定程度的破坏。而各种原料、能源在生产中由于不能全部成为产品,形成废气、废水和各种各样的固体废物排入环境,又对环境造成了污染。商品生产出来后,需要被包装和运输才能到顾客手中,而在其过程中也造成了环境污染,如汽车尾气污染等。现代社会中,商品消费过程中所产生的垃圾和废旧物资以及其他物资对空气、水资源、土地等造成了严重的污染,但是我国对废旧物的回收率相当于世界先进水平的1/4~1/3,很多可再生资源尚未得到回收利用,流失严重,于是,出现了"垃圾包围城市"的现象。据不完全统计,我国生活垃圾产生量增长快,尤其是城市生活垃圾,每年以8%~10%的速度增长,并且有进一步恶化的趋势。因此,商品的发展和流通与环境有着密不可分的关系。

> **小知识:白色污染**
>
> 白色污染是人们对难降解的塑料垃圾(多指塑料袋)污染环境现象的一种形象称谓。它是指各类生活塑料制品使用后被弃置成为固体废物,由于随意乱丢乱扔,难于降解处理,以致造成城市环境严重污染的现象。

"白色污染"对环境产生"视觉污染"和"潜在危害"两种负面效应。

① "视觉污染"是指散落在环境中的塑料废弃物对市容、景观的破坏，如散落在自然环境、铁道两旁、江河湖泊的一次性发泡塑料餐具和漫天飞舞或悬挂枝头的超薄塑料袋，给人们的视觉带来不良刺激。

② "潜在危害"是指塑料废弃物进入自然环境后难以降解而带来的长期的深层次环境问题，主要包括以下几个方面：a.塑料地膜废弃物在土壤中大面积残留，长期积累，造成土壤板结，影响农作物吸收养分和水分，导致农作物减产。b.抛弃在陆地上或水体中的塑料废弃物，被动物当作食物吞食，导致动物死亡。c.进入生活垃圾中的塑料废弃物重量小、体积大，很难处理。如果将其填埋会占用大量土地，且长时间难以降解。

三、商品对环境污染的防治措施

1. 强化环境立法，提高公民环境意识

1983年，我国政府宣布把环境保护列为一项基本国策，提出在经济发展过程中经济效益、社会效益和环境效益相统一的战略方针。为了防治环境污染，我国相继颁布了《中华人民共和国环境保护法》《中华人民共和国水污染防治法》等一系列法律。"保护环境，人人有责"，防治环境污染是每个公民的责任，我们应当清醒地认识到人类对生态环境造成的污染和破坏，并以积极的态度参加各项环境保护活动，自觉培养保护环境的道德风尚。

> **小知识：我国"限塑令"**
>
> 2008年1月9日国务院下发了《关于限制生产销售使用塑料购物袋的通知》，规定自2008年6月1日起，在所有超市、商场、集贸市场等商品零售场所实行塑料购物袋有偿使用制度，一律不得免费提供塑料购物袋。
>
> 据国家发改委提供的信息，实施"限塑令"一年以来，全国超市塑料袋使用量减少了2/3，减少塑料消耗约27万吨，加上其他商品零售场所可减少塑料消耗40万～50万吨，每年可节约石油240万～300万吨，减少二氧化碳排放量760万～960万吨。
>
> 我国实行"限塑"，是利用经济手段治疗人们对白色污染的依赖，通过宣传教育让老百姓把自觉摒弃塑料袋变成习惯，最终实现"禁塑"。

2. 提高科学技术，降低环境污染

科学技术的进步，是推动经济发展的动力，也是搞好防治环境污染的动力。科学技术的提高与进步是环境污染防治的重要保证和关键。有计划地对落后的工业企业进行技术改造，提高企业人员和装备水平，增加经济效益，压缩污染物排放量，减轻对环境的危害；逐步地对现有的污染处理设施进行技术改造，通过改造，采用国际先进处理的工艺和技术设备，增强处理能力，降低成本；用现代化的技术和设备装备各级环保监测站，提高监测水平。

3. 开发绿色产品，使用绿色包装

绿色产品是指生产过程及其本身节能、节水、低污染、低毒、可再生、可回收的一类产品，它是绿色科技应用的最终体现。绿色包装是指以天然植物和有关矿物质为原料研制成对生态环境和人类健康无害，有利于回收利用，易于降解、可持续发展的一种环保型包装。绿色产品和绿色包装能直接促使人们消费观念和生产方式的转变，其主要特点是以市场调节方式来实现环境保护为目标。公众以购买绿色产品为时尚，促进企业以生产绿色产品作为获取经济利益的途径，从而减轻环境污染，保持生态平衡。

> **小知识：世界环境日**
>
> 世界环境日是每年的 6 月 5 日。由 1972 年 6 月 5 日在瑞典首都斯德哥尔摩召开的世界第一次联合国人类环境会议所建议，于 1972 年 10 月经第 27 届联合国大会通过确定的。每年的这一天，联合国各成员国要以各种形式开展保护环境的宣传活动。从 1974 年开始，联合国环境规划署根据这一年的主要环境问题，确定一个宣传的主题。从 1987 开始，以一个城市作为联合国的宣传活动中心。联合国根据当年的世界主要环境问题及环境热点，有针对性地制定每年的"世界环境日"的主题。联合国系统和各国政府每年都在这一天开展各种活动，宣传保护和改善人类环境的重要性。
>
> 联合国环境规划署确定 2016 年世界环境日主题为打击非法野生动物贸易，口号为"为生命呐喊"，意在唤起各国和社会进一步的认识和行动，打击对于《濒危物种贸易公约》所涉及的保护物种的非法贸易。世界环境日纪念活动主办国为非洲南部国家安哥拉。

第二节 环境管理体系认证

一、环境管理体系认证的概念

环境管理体系认证是第三方公证机构依据公开发布的环境管理体系标准，对供方的环境管理体系实施评定，评定合格的由第三方机构颁发环境管理体系认证证书，并给予注册公布，证明供方具有按既定环境保护标准和法规要求提供商品的环境保护能力。目前，世界各国进行环境管理体系认证时采用的标准是 ISO 14000 系列标准。

二、ISO 14000 环境管理体系

（一）产生背景

由于人类过度追求经济增长而忽略环境的重要性，导致温室效应加剧、水体严重污染、土地大量荒漠化、森林锐减、生态环境被严重破坏。面对如此严重的形势，人类开始考虑采取一种行之有效的办法来约束自己的行为，希望以一套比较系统、完善的管理方法来规范人类自身的环境活动，以求达到改善生存环境的目的。

自 20 世纪 80 年代起，美国和西欧的一些公司为了响应持续发展的号召，减少污染，提升企业在公众心中的形象，开始建立各自的环境管理方式，这是环境管理体系的雏形。荷兰于 1985 年提出建立企业环境管理体系的概念，并于 1988 年试行实施，1990 年进入标准化和许可证制度。欧盟于 1990 年在德国慕尼黑的环境圆桌会议上专门讨论了环境审核问题。英国也在质量体系标准（BS750）基础上，制定 BS7750 环境管理体系。英国的 BS7750 环境管理体系和欧盟的环境审核实施后，欧洲的许多国家纷纷开展认证活动，由第三方予以证明企业的环境绩效。这些实践活动奠定了 ISO 14000 系列标准产生的基础。

1993 年 6 月，国际标准化组织（ISO）成立了 ISO/TC207 环境管理技术委员会，专门负责环境管理工作，主要工作内容就是环境管理体系的标准化。主要工作目的就是要支持环境保护工作，改善并维持生态环境的质量，减少人类各项活动所造成的环境污染，使之与社会经济发展达到平衡，促进经济的持续发展。1996 年 9 月 1 日 ISO 正式颁布环境管理体系标准，目前 ISO 14000 系列标准已包括 15 项独立的标准。

（二）ISO 14000 系列标准的主要内容

1. ISO 14001：《环境管理体系——规范及使用指南》

ISO 14001 是 ISO 14000 系列标准中的主体标准。它规定了组织建立、实施并保持的环境

管理体系的基本模式和 17 项基本要求。该体系适用于任何类型和规模的组织，并适用于各种地理、文化和社会条件。标准的总目的是支持环境保护和污染预防，协调它们与社会需求和经济需求的关系。标准可供组织建立一套机制，用来确定环境方针和目标。通过环境管理体系的持续改进，实现组织环境绩效的持续改进。

ISO 14001 标准是对一个组织的环境管理体系进行认证、注册和自我声明的依据。组织可以通过展示对本标准的成功实施，使相关方确信它已建立了妥善的环境管理体系。标准不包括职业安全卫生管理方面的要求。

2. ISO 14004：《环境管理体系——原则、体系和支持技术通用指南》

该标准简述了环境管理体系的五项原则，为建立和实施环境管理体系，加强环境管理体系和其他管理体系的协调提供可操作的建议和指导。它同时也向组织提供了如何有效地改进和保持环境管理体系的建议，使组织通过资源配置，职责分配以及对操作惯例、程序和过程的不断评价来有序地处理环境事务，从而确保组织确定并实现其环境目标，达到持续满足国家或国际要求的能力。该指南不是一项规范标准，目的是为环境管理体系的实施和强化它与组织全部管理工作的关系提供帮助，不适用于环境管理体系的认证和注册。

3. ISO 14010：《环境审核指南——通用原则》

该标准给出了环境审核定义及有关术语，并阐述了环境审核通用原则，旨在向组织、审核员和委托方提供各种环境审核的一般原理。

4. ISO 14011：《环境审核指南——审核程序——环境管理体系审核标准》

该标准提供了进行环境管理体系审核的程序，包括审核目的，启动审核直至审核结束一系列步骤要求，以判定环境管理体系是否符合环境管理体系审核准则。适用于实施环境管理体系的一切类型和规模的组织。

5. ISO 14012：《环境审核指南——环境审核员资格要求》

该标准提供了关于环境审核员的资格要求，它对内部审核员和外部审核员同样适用。内部审核员与外部审核员都需要具备同样的能力，但由于组织的规模、性质、复杂性和环境因素不同，组织内有关技能与经验的发展水平不同等原因，不必满足本指南规定的所有具体要求。

6. ISO 14040：《生命周期评价——原则和框架》

该标准于 1997 年 6 月 1 日正式颁布，是 ISO 14000 系列标准中的工具性标准。标准规范了生命周期分析方法，并给出了"生命周期评价"过程所涉及的概念定义和具体方法要求。

三、环境管理体系认证的作用

1. 有利于提高企业的竞争力

ISO 14000 强调污染防治和持续改进，规定了一个以规划、实施、检查、改进（PDCA）螺旋上升的开环为核心的反馈管理机制。采用 ISO 14000 管理模式有助于提高管理者和员工的环境意识，改善企业形象，减少法律纠纷和环境投诉，提高技术水平，减少排污收费，遵守环境法律法规，通过环境方面的优势来赢得客户，扩大市场。

2. 有利于企业积极主动地改善环境行为

环境法律法规，规定和规范了企业的环境行为，为企业的环境保护工作指明了方向和目标，在企业的持续发展中起着重要的作用。而遵守法律法规正是环境管理体系贯穿始终的基本要求，是体系管理的重要内容。环境管理体系强调遵守相关的法律法规，使企业的环保工作长期、持续地满足法律、法规的要求，有利于企业积极主动地改善环境行为。

3. 有利于消除技术性贸易壁垒，促进国际贸易

ISO 14000 系列标准被美国、日本、欧盟等发达国家和地区广泛使用，成为一种国际潮

流。国际上很多国家逐渐对进口商品的生产厂家提出 ISO 14000 要求，以此来限制进口。通过环境管理体系认证可以使出口国出口产品达到国际标准水平，避免各国的技术性贸易壁垒，提高在国际市场上的竞争力。

第三节　商品生命周期环境管理

一、生命周期环境管理

1. 商品生命周期

环境管理中的商品生命周期是指从原料采购开始，经过原料加工、产品制造、产品包装、运输和销售，然后由消费者使用、维修，最终回收再循环或作为废物处理和处置的整个过程。

企业输入对环境产生影响的材料、能源、水等物质，必然会输出企业的产品、副产品和废弃物或污染排放物。在企业的生产经营活动中，作为产品、原材料所投入的资源和能源，构成了地球资源耗竭和能源短缺问题，而废弃物或污染排放物的排放又造成了环境污染问题。因此商品生命周期各阶段与环境问题密切相关。

2. 生命周期环境管理

生命周期环境管理是指运用计划、组织、协调、控制、监督等手段，对商品生命周期各阶段涉及有关生态环境的各种活动所实施的一种旨在提高经济效益和环境效益的约束化管理。

ISO 14000 系列标准中涉及商品生命周期环境管理内容的主要有环境标志和声明、生命周期评价两项工作。环境标志和声明是对企业及其商品的环境行为的确认，也是指导绿色消费的一种手段。生命周期评价是对商品生命周期全过程的环境影响进行评价，主要是以预防为主，对商品及企业实行全过程的环境控制。

二、环境标志

（一）环境标志的概念

环境标志（environmental label，简写为 EL），是一种标在产品或其包装上的标签，它表明该产品不仅质量合格，而且在生产、使用和处理处置过程中符合特定的环境保护要求，与同类产品相比，具有低毒无害、节约资源等环境优势。

环境标志工作一般由各国政府授权给环保机构。环境标志具有证明性，能证明产品符合要求；环境标志具有权威性，由企业、商会或其他团体申请注册，并对使用该证明的商品具有鉴定能力和保证责任；环境标志还具有时效性，每 3~5 年需重新认定。

环境标志引导各国企业自觉调整产业结构，采用清洁工艺，生产对环境有益的产品，最终达到环境与经济协调发展的目的。环境标志以其独特的经济手段，使广大公众行动起来，将购买力作为一种保护环境的工具，促使生产商在每个阶段都注意环境影响，并以此观点重新检查他们的产品周期，从而达到预防污染、保护环境、增加效益的目的。

（二）各国常见环境标志

1. 中国十环标志

图形由青山、绿水、太阳及十个环组成。环境标志图形的中心结构表示人类赖以生存的环境，外围的十个环紧密结合，环环相扣，表示公众参与，共同保护环境；同时十个环的"环"字与环境的"环"同字，其寓意为"全民联合起来，共同保护人类赖以生存的环境。"我国于 1993 年发布了环境标志图形，即"十环标志"。这是中国唯一由政府颁布的环保产品证明性商标。至今已先后制定了五十多项环境标志产品标准，环境认证产品种类达五十一类，涉及建材、纺织品、汽车、日化用品、电子产品、包装制品等行业。如图 10-1 所示。

2. 德国蓝色天使标志

该标志图形为两支蓝色的橄榄枝环绕着一个张开双臂的小孩，象征着为下一代留下一片蓝天和绿叶。德国于1977年提出蓝色天使计划，是世界上第一个实施环境标志的国家，其环境标志是以联合国环境规划署的蓝色天使表示的。环境标志自实施以来，已具有权威性并获得该国国民的认同，已成为许多国家环境标志的示范。如图10-2所示。

3. 北欧白天鹅标志

该标志图形为一只白色天鹅翱翔于绿色背景中。北欧白天鹅环境标志是1989年由北欧部长会议决议发起，统合北欧国家，发展出的一套独立、公正的标志制度，为全球第一个跨国性的环境标志制度。参与的国家包括挪威、瑞典、冰岛及芬兰四个国家，产品规格分别由四个国家研拟，但经过其中一国的验证后，即可在四国通行。如图10-3所示。

4. 日本生态标志

该标志图形以双手拥抱着地球，象征"用我们的手来保护地球和环境"，以两只手拼出一个英文字母"e"，代表"地球""环境""生态"三个英文单词的首字母的小写，意味着对地球、环境和生态的保护。日本环境厅于1989年开始推行环境标志制度。如图10-4所示。

图10-1 中国十环标志　　　图10-2 德国蓝色天使标志　　　图10-3 北欧白天鹅标志

5. 欧洲欧盟之花标志

该标志图形为一朵绿色小花。为了鼓励在欧洲地区生产及消费绿色产品，欧盟于1992年公布实施欧盟之花标志。会员国设有一个主管机关来管理、审查环境标志申请案。经过十几年的发展，欧盟之花标志已在欧洲市场上享有了很高的声誉。如图10-5所示。

6. 加拿大环境选择标志

该标志图形由枫叶和三只鸽子组成。枫叶代表加拿大的环境，三只鸽子象征3个主要的环境保护参加者：政府、产业、商业。加拿大的环境标志计划"环境选择"始于1988年，它是由政府组织的，由隶属于环境保护部的秘书处负责管理，技术机构是加拿大标准协会。如图10-6所示。

图10-4 日本生态标志　　　图10-5 欧洲欧盟之花标志　　　图10-6 加拿大环境选择标志

三、生命周期评价

（一）生命周期评价的概念

生命周期评价（life cycle assessment，简称LCA），是一种用于评估产品在其整个生命周期中,即从原材料的获取、产品的生产直至产品使用后的处置,对环境影响的技术和方法。生命周期评价是对一个产品系统的生命周期中输入、输出及其潜在环境影响的汇编和评价。

生命周期评价的对象是一个方案,评价的目的是表示此种产品的生命周期对环境的影响程度,即从产品的原材料获取、商品设计、加工制造、包装运输、流通销售、使用维护、报废回收处置的整个过程进行的评价,是通过对产品生命周期的所有环境影响进行全面、科学的评价,并据此对产品的环境性能进行改善。

(二) 生命周期评价的过程

生命周期评价的过程是:首先辨识和量化整个生命周期阶段中能量和物质的消耗以及环境释放,然后评价这些消耗和释放对环境的影响,最后辨识和评价减少这些影响的机会。生命周期评价注重研究系统在生态健康、人类健康和资源消耗领域内的环境影响。ISO 14000 系列标准将生命周期评价分为以下 4 个步骤。

1. 目的与范围的确定

明确评估分析的目的与被分析产品及其功能。

2. 清单分析

用量化的数据来标识系统范围内的所有过程对资源的消耗以及其环境排放物。预测产品的整个生命周期过程中输入和输出的详细情况,填写清单。

3. 影响评价

影响评价是生命周期评价中非常重要的一个环节,它涉及环境影响指标数据的分类和计算,目的是对清单分析所识别的环境影响因子进行定性和定量的评价,以确定产品全生命周期过程中的物质能量交换对其外部环境的影响程度。

4. 结果解释

根据以上三步评估过程所得到的结果,说明减少环境影响的需要和措施,提出一些改进性原则和方法。

复习思考题

一、填空题

1. 自然环境按其主要组成要素可分为_____、水环境、_____、生物环境和地质环境等。
2. 环境污染具体包括_____、大气污染、_____和放射性污染。
3. 商品生产中形成的"三废"即_____、_____和_____直接排放到环境当中,造成了空气、水和土壤的污染。
4. 目前,世界各国进行环境管理体系认证时使用的标准是_____。
5. ISO 14000 强调污染防治和持续改进,规定了一个以_____、_____、_____、_____螺旋上升的开环为核心的反馈管理机制。

二、单项选择题

1. 由青山、绿水、太阳及十个环组成的环境标志是哪个国家的?( )
   A. 中国   B. 美国   C. 德国   D. 加拿大
2. 下列不属于环境标志的是 ( )。
   A. 蓝色天使标志   B. 国际羊毛标志   C. 白天鹅标志   D. 欧盟之花标志
3. 世界上第一个实施环境标志的是 ( )。
   A. 中国   B. 美国   C. 德国   D. 加拿大
4. 下列哪种资源是可再生资源?( )
   A. 石油   B. 天然气   C. 煤   D. 树木
5. 参与北欧白天鹅标志的国家不包括 ( )。
   A. 挪威   B. 瑞典   C. 俄罗斯   D. 芬兰

三、问答题
 1. 什么是环境污染？
 2. 什么是绿色产品和绿色包装？
 3. 什么是环境管理体系认证？
 4. 生命周期评价的过程是什么？
 5. 各国常见的环境标志有哪些？

案 例 分 析

 2014年5月，南昌一幼儿园发生集体中毒事件，两个孩子被诊断为败血症，其他70余名幼儿出现不同程度的过敏现象。经环境监测部门检测，中毒事件是由于该幼儿园因翻新装修导致室内空气中甲醛等有害气体超标。近年来，室内甲醛超标而导致疾病甚至威胁生命安全的案例数不甚数，越来越多的人也在购买家具的时候多了一个条件：环保。有很多因素影响着家具的环保性能，其中最重要的一点是甲醛。

 家具中的甲醛主要来自板材中的黏合剂。板式家具或者定制家具使用的板材主要包括刨花板、密度板、胶合板等人造板材，制造这种板材的过程简单来说就是将木材处理成木屑，再加入黏合剂，通过高温挤压等方式，将木屑加工成板材，而甲醛就存在于黏合剂中。因为甲醛具有较强的黏合性，可加强板材硬度、防虫、防腐，且价格便宜，所以以它为主要成分的脲醛树脂是各种人造板材的原材料。

 在环境诉求日益强烈的时代，环保家具成为人们安全家居的保障。2017年2月1日起《环境标志产品技术要求——家具》（HJ 2547—2016）正式实施，与原先的标准相比进一步增强了家具环保性。新版标准总体上更加严格，调整增加了多项环保要求。新版标准增加了对皮革和人造革原材料的要求，增加了生产过程中废物回收、处理的要求，调整了溶剂型木器涂料中有害物质限量的要求，增加了产品中可迁移元素和邻苯二甲酸酯的限量要求。"目前国内最高标准的绿色环保认证是中国环境标志，俗称十环标志，这个标志是由国家环保总局授权的绿色认证，也是我国唯一由政府颁布的最高权威环保产品标志。"某装潢设计公司的工作人员向记者介绍。它意味着该产品不仅质量合格，而且在生产、使用过程中符合国家的环保要求。"与此前执行的标准相比，新版标准总体上更加严格，调整增加了多项环保要求。这也意味着新版标准施行后，我国能够取得环境标志的家具产品将更加绿色环保。"该工作人员介绍说。

 迄今为止，家具生产和使用过程中的环境污染问题依然存在。新版标准施行后，能够取得环境标志的家具产品将更加绿色环保。同时，新版标准的推行将有助于促进我国家具行业技术进步。但从另一个角度来说，这意味着家具领域将面临更加严格的标准，接受更严苛的考验，行业新一轮洗牌开启。

思考题：
 1. 解读 HJ 2547—2016《环境标志产品技术要求——家具》，你认为这一标准对于我国家具企业有何机遇和挑战？
 2. 怎样做才能杜绝企业冒用环保认证标志现象？

参 考 文 献

[1] 窦志铭.商品学基础.第4版.北京：高等教育出版社，2016.
[2] 万融.商品学概论.第3版.北京：中国财政经济出版社，2013.
[3] 万融.商品学概论.第5版.北京：中国人民大学出版社，2013.
[4] 刘北林.商品学.北京：中国人民大学出版社，2006.
[5] 曹汝英.商品学概论：理论、实务、案例、实训.第2版.北京：高等教育出版社，2014.
[6] 曹汝英.商品管理.北京：中国财政经济出版社，2015.
[7] 蔡玉秋.商品学.北京：中国电力出版社，2016.
[8] 刘增田.商品学.第2版.北京：北京大学出版社，2013.
[9] 方光罗.商品检验与养护.大连：东北财经大学出版社，2005.
[10] 代丽君.商品学实验教程.北京：中国物资出版社，2006.
[11] 陈明华.商品学习题集.北京：北京理工大学出版社，2007.